RELAÇÕES
DE OBJETO

Blucher

RELAÇÕES DE OBJETO

Decio Gurfinkel

Relações de objeto
© 2017 Decio Gurfinkel
Editora Edgard Blücher Ltda.

1ª reimpressão – 2019

Blucher

Rua Pedroso Alvarenga, 1245, 4º andar
04531-934 – São Paulo – SP – Brasil
Tel.: 55 11 3078-5366
contato@blucher.com.br
www.blucher.com.br

Segundo o Novo Acordo Ortográfico, conforme
5. ed. do *Vocabulário Ortográfico da Língua
Portuguesa*, Academia Brasileira de Letras,
março de 2009.

É proibida a reprodução total ou parcial por
quaisquer meios sem autorização escrita da
editora.

Todos os direitos reservados pela Editora Edgard
Blücher Ltda.

Dados Internacionais de Catalogação na Publicação (CIP)
Angélica Ilacqua CRB-8/7057

Gurfinkel, Decio

Relações de objeto / Decio Gurfinkel. – São
Paulo : Blucher, 2017.

568 p.

Bibliografia

ISBN 978-85-212-1217-1

1. Psicanálise 2. Relações objetais (Psicanálise)
I. Título.

17-0855   CDD 150.195

Índice para catálogo sistemático:
1. Psicanálise

Conteúdo

"Manter teso o arco da conversa" *Renato Mezan* 9

Introdução 35

1. Da pulsão à relação de objeto 57

   O pulsional e o relacional: dois "modelos" fundamentais 58

   Várias psicanálises em uma? 64

   Por uma epistemologia regional da psicanálise 67

   Psicanálise freudiana, psicanálise depois de Freud 71

   Afinal, quantos paradigmas? 77

   E quais *novos paradigmas?* 81

   O "efeito Winnicott": virtudes e desvios 87

   As relações de objeto e as matrizes clínicas... em Freud! 93

   A "era das escolas" e a complexidade da psicanálise contemporânea 105

   A dialética continuidade/transformação e o progresso da psicanálise 115

PARTE I

Fundações

2. Abraham: da ordem pré-genital à psicanálise do caráter 129

   Uma ordem pré-genital 129

Nasce uma "psicanálise do caráter"	132
Caráter e teoria da libido: Abraham faz história	135
O estudo do caráter na era pós-freudiana	144
A psicanálise do caráter e as relações de objeto	147
Abraham: precursor das relações de objeto?	151

3. Ferenczi: a criança e o cuidado — 159

O cuidado da criança: saúde e doença	160
A técnica em questão: frustração ou relaxamento?	169
A ética do infantil: uma revisão	181
O traumático na constituição psíquica e na situação analítica	189
A sexualidade infantil e a teoria pulsional em Ferenczi	197
A regressão em análise e as controvérsias sobre a técnica	203
A introjeção e a formação do Eu	211
Thalassa e a metapsicologia do princípio regressivo	222
Ferenczi, pioneiro das relações de objeto?	231

PARTE II

O edifício

4. Balint: regressão e falha básica — 245

De Budapeste a Londres: uma trajetória singular	246
A regressão: recapitulação e reenunciação	253
A falha básica: um conceito-chave	264
Balint e Ferenczi: uma herança direta	273
Winnicott e Ferenczi: heranças e paradoxos	282
O legado de Balint	291

5. Fairbairn e a busca de objeto — 297

Uma trajetória excêntrica	298
Busca de prazer, busca de objeto	301
Reconstruindo a metapsicologia freudiana: teoria do desenvolvimento e psicopatologia	309

A "estrutura endopsíquica": uma nova tópica	317
Fairbairn, Klein e Winnicott	325
Difusão em fogo lento	332
Isolamento e confrontação	340
O legado de Fairbairn	347

6. Winnicott e a transicionalidade 357

Da pediatria à psicanálise	358
A invenção da transicionalidade	369
Wulff: um contraponto inesperado	373
Transicionalidade e relações de objeto	382
"Clínica da dissociação"	385
Dissociação e psicose	390
Uma nova matriz clínica?	402
Psicopatologia e contexto relacional	404
Bate-se numa criança, agora com Winnicott!	413
O conceito de saúde	425
O viver e a criatividade	429
Saúde e cuidado: família, escola e sociedade	432
Winnicott: entre o si-mesmo e o encontro com o outro	446
O neto de Freud	454

PARTE III

Debates

7. As pulsões revisitadas 461

A libido, o eu e o self	462
Winnicott e as pulsões: uma releitura	466
Excitação e trabalho de simbolização	468
O princípio regressivo, a pulsão de morte e a "solidão essencial"	473
Inato ou adquirido?	476
A etiologia da psicose: Bion e Winnicott	480
O "combate ao inatismo" e a pulsão de morte	493

8. Busca de objeto? 501

Balint critica Fairbairn: a busca de prazer subsiste! 503

Os "modelos mistos" e a psicanálise contemporânea 507

Winnicott critica Fairbairn: não desbancar Freud! 514

O debate prossegue 525

Um Fairbairn vivo e reciclado 537

Referências 545

"Manter teso o arco da conversa"

Renato Mezan[1]

Respondendo em 1906 ao convite do editor Hugo Heller para indicar dez bons livros, Freud os compara a "bons amigos [...], que elogiamos diante dos outros, sem que esta relação suscite um temor reverencial, uma sensação da nossa profunda insignificância frente à grandeza alheia".[2]

Por esse critério, o que Decio Gurfinkel nos oferece em *Relações de objeto* é sem dúvida um "bom" livro – e em primeiro lugar porque a sua própria relação com os autores que estuda nada tem de "temor reverencial", que, nesse caso, significaria adesão dogmática às teses deles, como se fossem a "verdadeira psicanálise". Ao contrário, reconhecendo com franqueza e até com admiração a "grandeza alheia", situa-se – e situa a nós, como leitores – numa posição de diálogo entre pares, posição fundada no fato de, por

---

1 Psicanalista, professor titular da Pontifícia Universidade Católica de São Paulo (PUC-SP) e membro do Departamento de Psicanálise do Instituto Sedes Sapientae.
2 Freud, S. (1906/2003). Carta a Hugo Heller (01/11/1906). In S. P. Rouanet, *Os dez amigos de Freud* (Vol. 1, p. 12). São Paulo: Companhia das Letras. Também em Freud, S. (1974). *Epistolario* (Vol. 2, p. 44, carta 135). Barcelona: Plaza y Janet.

sermos todos psicanalistas, termos em princípio acesso a algo bastante semelhante àquilo de que eles tratam: o processo analítico em nós e em nossos pacientes, com tudo o que comporta enquanto fonte de reflexão, teorização e ensinamentos sobre a vida psíquica do ser humano.

A maneira como realiza seu projeto, porém, faz do que escreveu bem mais que meramente um "bom" livro. Enquanto tomava notas para o presente texto, ocorreu-me que é também um livro "suficientemente bom" – se tomarmos o advérbio não na acepção usual de "razoavelmente", mas a partir do conceito bem conhecido de Winnicott quanto à mãe "presente-ausente na intensidade, no ritmo e no tempo adequados" (p. 383). Com isso, quero dizer que nos traz uma quantidade impressionante de informações, organizadas com clareza, expostas num estilo agradável, como se estivesse conversando com o leitor (por exemplo, iniciando várias frases com um coloquial "Ora, [...]"), e analisadas com a argúcia serena que caracteriza uma obra já considerável.[3]

Essa seria a "presença", a marca autoral. Contudo, é a "ausência" – no caso, de qualquer pretensão de enunciar verdades definitivas e proferir julgamentos supostamente objetivos – que torna seu livro "amigável" no sentido de Freud: chama a atenção a quantidade de pontos de interrogação ao longo do texto, e especialmente nos parágrafos finais de vários capítulos, que servem como síntese do que precedeu e abrem direções para novas pesquisas.

Se ao proceder assim Decio se mostra um discípulo de Balint e Winnicott, que tanto insistiram na necessidade de o analista não ser intrusivo, o trabalho para transformar em livro uma parte do

---

3 Além deste, quatro livros – *A pulsão e seu objeto droga* (1996); *Do sonho ao trauma* (2001); *Sonhar, dormir e psicanalisar: viagens ao informe* (2008); *Adicções: paixão e vício* (2011) –, vários capítulos em obras coletivas e diversos artigos em revistas científicas.

DECIO GURFINKEL   11

pós-doutorado que tive o privilégio de supervisionar na PUC-SP[4] merece um qualificativo até mais vigoroso que "suficientemente bom": para dizê-lo de uma vez, estamos diante de uma obra excelente, uma contribuição notável para a historiografia da psicanálise e para a psicanálise *tout court*, destinada a se tornar um clássico do campo pela abrangência da sua concepção, pela solidez do argumento e pela relevância do conteúdo para o trabalho cotidiano do psicanalista. É justo, assim, que a "elogiemos diante de todos", já que, como continuava Freud na carta a Heller, deveremos a ela "algo do nosso conhecimento e da nossa concepção" quanto a algumas partículas presentes na "água que bebemos" durante nossa formação como analistas – e, acrescentaria eu, também na que servimos aos pacientes em nossos divãs.

O percurso a que nos convida o autor compõe-se de quatro etapas. A "Introdução" apresenta o problema, os pressupostos com que o aborda e o método de que se servirá, ancorados num contexto teórico, clínico e historiográfico construído com esmero. Segue-se uma segunda, dedicada às "fundações" do "pensamento das relações de objeto", ou seja, a Karl Abraham e Sándor Ferenczi enquanto precursores dele, e ao "edifício" propriamente dito, constituído pela obra dos protagonistas mais importantes do Grupo Independente da Sociedade Britânica de Psicanálise, a saber Michael Balint, Ronald Fairbairn e Donald Winnicott. A etapa final, intitulada "Debates", utiliza o exposto nas anteriores para mostrar os três "em ação", discutindo questões que interessavam a todos e sobre as quais têm posições ora próximas, ora bastante divergentes.

Essa forma de escrever a história da psicanálise pressupõe, obviamente, grande familiaridade com o percurso individual de cada

---

4   *Da pulsão à relação de objeto: análise histórica das concepções psicanalíticas das adicções, 2006-2009.* Uma parte dessa pesquisa originou o livro sobre as adicções, outra o que o leitor tem em mãos, e uma terceira aguarda ainda as adaptações que o autor estima necessárias para dá-la a público.

autor, porém vai além disso, na medida em que atenta para o *campo* em que se inscrevem as ideias e as práticas clínicas. Nisso se distingue da opção mais frequente nos livros do gênero, que se limita a apresentar os autores uns após os outros, deixando ao leitor a tarefa de reconstituir o contexto no qual se inscrevem e no qual buscavam intervir ao formular seus conceitos e hipóteses. Para montar uma exposição desse tipo, é necessário discernir os temas em torno dos quais ocorreram tais debates, quem está próximo de quem e por que, a partir de quais pressupostos em parte herdados e em parte inovadores se organizam as diversas posições, que ecos favoráveis ou críticos cada uma produziu – em suma, fazer descerem as ideias do céu das abstrações para o plano complexo e tumultuado da vida real.

No caso da psicanálise, esse plano envolve o ambiente institucional em que transcorrem as discussões – aqui, a polarização da Sociedade Britânica em torno das "Valquírias da Psicanálise" (como John Bowlby chamava Anna Freud e Melanie Klein), às quais se opunham os Independentes, mas com que precisavam conviver – e, de modo mais geral, o que Decio denomina o "vetor transferencial" presente em toda elaboração teórica no campo de saber inaugurado por Freud. Centrando a parte final (e, a meu ver, a mais original) de *Relações de objeto* no exame de certos debates quanto às noções de libido e de objeto ele faz amplamente jus à proposta de "manter sempre teso o arco da conversa" entre os autores que estuda, e entre eles e nós.

A metáfora do arco, inspirada num verso de Caetano Veloso ("A tua presença morena"), me fez lembrar que nosso autor é também um pianista e violonista talentoso. Lendo o manuscrito, ficava à espreita de alguma outra imagem musical – e a encontrei numa passagem sobre *O brincar e a realidade*, de Winnicott (p. 372). Decio o compara a uma peça do tipo "tema e variações", a distinguir tanto do formato "suíte" (de danças ou estudos, tão cultivado desde Bach até os compositores românticos), próprio a coletâneas "nas quais o compromisso temático não é tão evidente", quanto do gênero "sonata", com sua arquitetura em movimentos que exploram o potencial de células melódico-rítmicas contrastantes, de hábito ouvidas já no primeiro e mais amplo deles.

Ora, é essa a estrutura de *Relações de objeto*. A introdução pode ser vista como análoga ao *allegro* inicial da sonata clássica, expondo e desenvolvendo dois temas que o atravessarão de ponta a ponta: a constituição e a difusão do "pensamento das relações de objeto", e um ponto de vista próprio sobre a história da psicanálise em geral, na qual aquele deve ser incluído. As seções centrais estudam, nos cinco autores mencionados, certos aspectos essenciais para a construção dessa perspectiva; seu andamento tranquilo e reflexivo se assemelha ao *adagio* da forma-sonata. Os "Debates" equivaleriam então ao rondó final, assim chamado porque seu tema retorna em círculo ou em espiral no decorrer do movimento, geralmente de caráter mais dançante – e é o que faz Decio, alternando os "pares" segundo o assunto em discussão.

Do que ele tem a dizer sobre os alicerces e os diversos andares do edifício das relações de objeto, darei uma breve ideia mais adiante. Antes, porém, convém destacar a tese que a meu ver torna seu livro um marco doravante indispensável no terreno dos estudos sobre a história da psicanálise.

Princípios, método e opções historiográficas

Se retomássemos hoje em dia o conceito de psicanálise proposto por Freud no verbete que escreveu para a *Encyclopaedia britannica*[5]

---

5   Freud, S. (1981/1922). Psicoanálisis. In *Obras completas de Sigmund Freud* (Vol. 2, p. 2661). Madrid: Biblioteca Nueva.

– no qual a define como um método de investigação dos processos e fenômenos inconscientes, um método terapêutico para tratar das psiconeuroses, e uma disciplina científica fundamentada em ambos –, seria necessário acrescentar a estes elementos um quarto, que se referiria ao fato de os psicanalistas se terem dotado de uma forte estrutura institucional. A ela incumbe promover a troca de conhecimentos por meio de encontros periódicos (congressos, colóquios, simpósios) e de publicações (livros, revistas), e também organizar em moldes relativamente comuns à formação de quem deseja exercer o *métier*.

Esse fato, que – após décadas de existência da Associação Internacional de Psicanálise (IPA), de entidades alternativas, de milhares de livros e de inúmeras revistas nacionais e internacionais – poderia passar por natural, revela-se a uma consideração atenta o mais decisivo para os rumos que tomaram tanto a teoria quanto a prática clínica, porque nem uma nem outra foram deixadas a cargo de profissionais atuando cada um por si e seguindo caminhos submetidos apenas ao seu próprio julgamento. Nada existe de semelhante nas áreas conexas, seja na Medicina, seja nas ciências humanas: embora haja associações de psiquiatras, neurólogos, filósofos ou psicólogos, seus membros não se relacionam com elas, nem com seus mestres, colegas e discípulos da mesma maneira que os analistas com as suas instituições e com os outros analistas.

Como afirmei anteriormente, essa circunstância faz com que a história da psicanálise deva obrigatoriamente ser escrita levando em conta uma dimensão teórico-clínica – o surgimento e a evolução de conceitos, doutrinas e procedimentos técnicos – e uma dimensão que contemple as pessoas que criaram uns e outras, tanto sob o viés biográfico quanto sob o das relações que estabeleceram, no ambiente institucional, com seus antecessores e com seus contemporâneos. É essa complexa rede de fatores, na qual se interligam indivíduos, associações afetivas e organizacionais, modos de absorver o saber já constituído e de o transformar através de inovações clínicas e conceituais, que determina aquilo que aparece na superfície como doutrinas, posições, práticas terapêuticas e de transmissão, e que cabe aos historiadores localizar, compreender e relatar em seus escritos.

Estes, por sua vez, formam mais uma dimensão da psicanálise, a da sua historiografia, na qual podemos distinguir a vertente "leiga" (autores provenientes da filosofia, das ciências sociais, da história ou dos estudos literários) e a vertente *insider* (autores psicanalistas). Neste segundo caso, o modo como desempenham sua tarefa constitui também uma intervenção no campo freudiano, intervenção que podemos caracterizar como essencialmente *política*. Com efeito, desde que Freud redigiu a "História do Movimento Psicanalítico" para justificar a exclusão de Adler e Jung, a narração dos fatos se fez acompanhar por uma visão quanto ao *sentido* da história relatada e frequentemente por uma apologia das posições do historiador (e/ou do seu grupo), cujo complemento foi, de maneira igualmente frequente, a crítica aberta ou velada das posições das quais ele discordava. Em outros termos, a forma como se vê o passado da disciplina está longe de ser neutra, porque é tributária de uma concepção do que deve ser a psicanálise, e, portanto, também do que ela *não* deve ser.

De modo geral, e sem que essas visões se expressem necessariamente em obras que trazem no título as palavras "história da psicanálise", elas levaram a duas posturas antagônicas. A primeira é a que expus acima, e predominou na "era das escolas" – o período que se seguiu à morte de Freud (1939), quando o que eram até então tendências de opinião mais ou menos coesas se cristalizaram em agrupamentos rivais, cada qual pretendendo ser o herdeiro legítimo do fundador e excluindo os demais dessa privilegiada categoria.

16 "MANTER TESO O ARCO DA CONVERSA"

Assim se solidificaram oposições rígidas segundo um eixo "certo/errado", com as consequências esperáveis de intolerância recíproca e de alergia ao que não proviesse do grupo em questão. Kleinianos acusavam os adeptos da *ego-psychology* de, por serem surdos ao clamor do arcaico, praticarem uma psicanálise estagnada; estes retrucavam considerando as inovações dos adversários pouco fundamentadas, e beirando a não psicanálise (o volume de mais de mil páginas contendo as "Discussões Controversas" que tiveram lugar em Londres durante a guerra é prova suficiente do que estou afirmando). Na década de 1950, Lacan estimagtizou as duas escolas como responsáveis por "desvios" que teriam amortecido o gume das revolucionárias descobertas de Freud ("o sentido de um retorno a Freud é o retorno ao sentido de Freud", lemos em "La chose freudienne"). Nesse clima sufocante, os membros do Grupo Independente da Sociedade Britânica procuraram não se constituir numa escola, mas sua voz minoritária levou bastante tempo para se fazer ouvir.

A segunda postura frente ao passado da psicanálise parte da recusa dessa visão estreita, e busca reparar os equívocos dela derivados, visando recuperar o que Decio Gurfinkel – que se inclui nessa corrente – chama ao longo do seu livro de "dialética sutil da continuidade e da ruptura". Entre diversas passagens que afirmam com vigor essa ideia, destaco uma logo no início dele, que dá o tom de todo o resto:

> *o desenvolvimento da psicanálise não se dá de modo linear, e sim por meio de movimentos variados, muitas vezes paralelos – que se desconhecem ou não se reconhecem entre si –, outras vezes por meio de diálogos intensos ou de confrontos violentos, mas sempre de modo descontínuo, irregular e contraditório. (p. 52)*

Essa posição de princípio não é menos política que a outra – pois visa promover entre os analistas uma atitude de respeito e tolerância com outras formas de pensar e de trabalhar no interior de um território comum, o que é claramente um gesto político – e é infinitamente preferível também como opção metodológica para se orientar em meio à multiplicidade de pensamentos e de práticas que compõem a psicanálise.

Isto posto, ele escolhe como mapa para a sua viagem pela história das teorias *stricto sensu* a leitura de Jay Greenberg e Stephen Mitchell em *Object relations in psychoanalytic theory* (1983), que a vê como balizada por dois grandes modelos da psique: um que acentua as fontes endógenas e tem como centro de gravidade o conceito de pulsão, e outro que toma como fulcro da vida psíquica as relações com os outros reais, que "codeterminam estruturalmente" a formação da personalidade (p. 37). Para os autores americanos, esse segundo modelo, também conhecido como "das relações de objeto", surgiu como contraponto à unilateralidade do primeiro, que via esses "outros" primariamente como base para a formação de objetos *internos* e como meio para o alívio das tensões originadas na dinâmica pulsional.

A história das teorias psicanalíticas seria então a da formação e do desenvolvimento desses dois modelos, resultando ora em novas proposições no interior de cada um, ora em "acomodações" no primeiro para dar conta de processos e fenômenos ininteligíveis sob a ótica da sua versão "dura e pura", ora na criação de modelos "mistos", construídos com elementos de ambos. Embora assinalando que certas afirmações de Greenberg e Mitchell devem ser "atualizadas, revisadas, complementadas ou retificadas", é a tese deles que constitui o "princípio metodológico" da obra de Decio, a lente pela qual examina a contribuição dos autores que seleciona e estabelece entre eles relações de filiação, de convergência ou de divergência.

Por sua fecundidade heurística e por sua adequação geral ao território que mapeia, o elegante "planisfério" de Greenberg e Mitchell foi adotado pela maioria dos autores que depois deles se ocuparam com a história das ideias psicanalíticas, entre os quais, no Brasil, Luís Cláudio Figueiredo, Carmem Lucia Valladares, Leopoldo Fulgêncio e eu mesmo. Outros, como Željko Loparić, a revisitaram a partir de pressupostos diferentes. Amparado numa bibliografia vasta e atualizada, Decio dedica boa parte da "Introdução" a precisar sua posição frente aos seus *compagnons de route*; leitor atento e respeitoso, mesmo quando diverge de um de nós fundamenta suas reservas em argumentos que merecem atenção, por exemplo ao analisar o "novo paradigma" elaborado por Loparić, ou certas consequências indesejáveis do que, com Pontalis, denomina o "efeito Winnicott".

No que me diz respeito, como quanto à concepção geral do passado da disciplina e quanto à existência de ao menos duas vertentes igualmente legítimas na teorização e nas implicações clínicas estamos de acordo, considero uma bem-vinda contribuição às hipóteses que apresentei em *O tronco e os ramos*[6] a sua sugestão de ampliar o número de matrizes clínicas que servem de base aos modelos metapsicológicos herdados de Freud, nelas incluindo a do fetichismo e a das neuroses atuais. Por outro lado, não me parece conveniente renunciar ao conceito de paradigma, porque é neste nível máximo de abrangência conceitual que penso deverem ser situados, como espécies num gênero, os modelos metapsicológicos derivados das matrizes clínicas. Para que o leitor possa formar sua própria opinião sobre esse ponto, convém esclarecer ao que se referem essas expressões.

O conceito de paradigma cunhado por Thomas Kuhn designa uma matriz geradora de conceitos em vários níveis, de hipóteses gerais e de teorias regionais sobre a natureza do que constitui o

---

6   Mezan, R. (2014). São Paulo: Companhia das Letras.

objeto da disciplina, de procedimentos de validação e de refutação dos conhecimentos que ela obtém, etc. No caso da psicanálise, considero que decisões sobre quais são esses elementos e por que devem ser eles e não outros os *building blocks*[7] da psique humana originam os dois paradigmas pulsional e objetal, e talvez um terceiro, o subjetal, cujos lineamentos encontraríamos sobretudo na obra madura de Lacan. Um paradigma seria assim o marco mais amplo de um conjunto de ideias que podem ser abraçadas por diversas escolas e por diversos autores, estes eventualmente começando por adotar um e, ao longo da sua obra, evoluindo para posições diferentes, talvez mais matizadas e complexas.

O termo "matriz clínica" se refere a certas organizações psicopatológicas que serviram a Freud para construir modelos metapsicológicos, nos quais se combinam certos elementos particularmente evidentes em cada uma delas. A primeira função desses modelos é dar conta da origem, dos componentes e da acessibilidade à terapia psicanalítica das afecções em questão, mas em suas mãos eles ganham outra, bem mais importante – a de *prismas* através dos quais ele concebe, em diferentes momentos da sua obra, a *totalidade* do funcionamento psíquico. É importante aqui ressaltar que são os modelos teóricos, e não as matrizes clínicas das quais eles se originam, que servem como lente, ferramenta, instrumento ou que outra metáfora se prefira para compreender e eventualmente modificar o que nossos pacientes trazem consigo quando nos procuram.

Paul Bercherie, de quem emprestei essa ideia, sugeriu vincular cada uma das quatro grandes tendências da psicanálise pós-freudiana a um desses modelos. Sua proposta me pareceu extremamente instigante, porque lança uma ponte compreensível entre elas e o trabalho de Freud. Assim como Decio em relação a Greenberg e Mitchell, aceito-a como fundamento geral para discernir os movimentos de

---

7 Tijolos fundamentais, como os chamam Greenberg e Mitchell.

continuidade e de ruptura no âmbito da psicanálise, mas faço reparos (que não vêm ao caso agora) a algumas afirmações específicas do autor francês ao relacionar tal modelo a tal escola.

Esclarecida a terminologia, voltemos à sugestão de Decio quanto a ampliar o número de matrizes clínicas. A questão está longe de ser bizantina: ao contrário, representa de modo condensado um dos pilares do formidável esforço de pensamento que resultou no seu livro. Por que considerar o fetichismo e as neuroses atuais como análogos às estruturas psicopatológicas já mencionadas? Porque, ao estudá-las, Freud se deparou com um mecanismo de defesa (a dissociação do ego, que reconheceu no fetichismo) e com uma relação entre os sintomas e o passado do indivíduo diferente da que prevalece nas psiconeuroses (que identificou nas neuroses atuais). Ora, nem um nem outra são redutíveis aos, ou deriváveis dos, fatores equivalentes na gênese destas últimas – respectivamente, a intensidade e a mobilidade da libido na histeria, a retração narcísica nas psicoses, o ódio na neurose obsessiva, e a identificação na melancolia.

Se é certo que nosso pai comum foi o primeiro a descrever e conceituar tais fatores, formulando a respeito deles ideias extremamente fecundas, por outro lado não creio que essas duas patologias tenham representado, *para ele*, matrizes clínicas em sentido estrito: não chegaram a constituir prismas através dos quais tenha considerado o conjunto dos processos psíquicos. No máximo, se poderia dizer que construiu modelos metapsicológicos para dar conta da gênese e do modo de formação dos sintomas que as caracterizam – mas isso não basta para os alçar à categoria de *modelos gerais da psique* distintos dos quatro estudados por Bercherie e por mim.

Decio, aliás, concorda com essa avaliação[8] – e isso me permite sugerir que poderia avançar um pouco mais na sua tese. Com efeito,

---

8 Cf. p. 104.

o que realiza neste livro permite pensar que o fetichismo e as neuroses atuais tenham fornecido as primeiras matrizes clínicas *genuinamente pós-freudianas*: o fato de Freud ter investigado essas formas de organização psíquica – como aliás quase tudo com que nos defrontamos em nosso trabalho clínico – não invalida o fato de que só nas mãos das três gerações seguintes elas ganharam tal estatuto.

Isso porque foram Melanie Klein e Winnicott que utilizaram a dissociação (a grande vedete de *Relações de objeto*) para compreender processos que, *em Freud*, não estão diretamente ligados a ela, como as psicoses, e autores da terceira geração, como Pierre Marty e André Green, que transformaram o que para Freud era uma ausência de vínculo entre sintomas das neuroses atuais e o passado infantil numa grave deficiência da simbolização, tida agora como responsável pelas afecções psicossomáticas e por determinados aspectos das adicções e dos estados-limite.

Decio já havia apresentado em escritos anteriores a ideia de uma *clínica da dissociação*, diferente da do recalcamento, e que coloca ao analista problemas e tarefas terapêuticas diferentes das que encontra na esfera das psiconeuroses. No livro que estamos comentando, dá um passo além e sugere compreender a história da psicanálise como um "interjogo" entre ambas (p. 388). Essa proposta me parece ser a principal novidade do seu livro, tão pródigo em informações e finas análises. Ela traz mais coerência ao desenho da evolução da disciplina, porque entre o trabalho de Freud e o dos seus sucessores lança uma ponte mais larga e mais sutil do que a sugerida por Bercherie.

O passo adiante na tese historiográfica de Decio seria então considerar que, a partir de indicações que na obra de Freud não chegaram a se organizar como modelos gerais da psique, os pós--freudianos criaram os seus com base em matrizes compatíveis com as herdadas dele – e por isso psicanalíticas. Não creio que seria ceder à tentação do "espírito de sistema"[9] se chamarmos a matriz teórica que engendra esses novos modelos de *paradigma objetal* – *objetal* porque o pilar fundamental dele é uma concepção do objeto nova em relação à que caracteriza o paradigma pulsional, e *paradigma* porque se situa num nível de abstração conceitual mais elevado que aquele no qual se encontram os modelos gerais da psique que possibilita construir. Entre estes se situam os que Decio reúne sob a rubrica do "pensamento das relações de objeto", mas também outros, como o que resulta da primeira teoria do sujeito elaborada por Lacan (cujo centro é a noção de fase do espelho), o da sedução originária de Laplanche, talvez o da grupalidade de René Kaës, e assim por diante.

O "pensamento das relações de objeto"

Concluída a apresentação do primeiro tema da sonata composta por Decio, passemos ao exame do segundo. Aqui também, com mão de mestre, sustenta uma tese, desta vez quanto ao cerne mesmo do assunto: a partir de indicações na obra de Abraham, e de bem mais do que isso na de Ferenczi, o pensamento das relações de objeto se constitui e atinge a maturidade com os "três mosqueteiros"[10] que viveram na Grã-Bretanha, cujo trabalho, por sua vez, é uma das fontes do de muitos autores da terceira e da quarta gerações – André Green, Jean-Bertrand Pontalis, Joyce McDougall, Otto Kernberg, Thomas Ogden, Christopher Bollas, René Kaës, e outros. Alguns o vêm articulando ao paradigma pulsional herdado

---

9 Que, para Nietzsche, era uma "falta de probidade" (*Crepúsculo dos ídolos*, I, 26).

10 A associação cabe aqui, pois se opunham ao equivalente aos guardas do cardeal Richelieu (os grupos de Anna Freud e Melanie Klein). Mas só até certo ponto: embora próximos por suas visões da psique e do trabalho analítico, nenhum deles concordaria com o lema "um por todos, todos por um".

de Freud, gerando modelos mistos no sentido de Greenberg e Mitchell – porém, explica Decio, o estudo mais apurado do que vêm pensando ficará para uma outra publicação.

Mas por que, se perguntará o leitor, falar em "pensamento" em vez do usual "escola" das relações de objeto? No plano dos fatos, porque os integrantes do *Middle Group*, preocupados em não cair na vala comum do dogmatismo imperante na Sociedade Britânica, fizeram um "esforço ativo para *não* formar uma escola". Segundo, e mais importante como ilustração da maneira como Decio concebe a história da psicanálise, porque estamos diante de uma tendência que "*atravessou* diversas camadas cronológicas, geográficas e autorais" (p. 110), e que ilumina bem a "dialética sutil" que a estrutura. Ainda hoje "atravessando as fronteiras dos vários territórios psicanalíticos", esse fruto do trabalho teórico de Balint, Fairbairn e Winnicott se apresenta ao mesmo tempo como *positividade* (afirmando certas teses no setores da metapsicologia, do desenvolvimento, da psicopatologia e da teoria do processo analítico), como *negatividade* (opondo-se à primazia dos fatores endógenos própria ao paradigma pulsional), e como *síntese* (pois retoma "sementes" lançadas por Freud a partir de *Luto e melancolia*, quando passa a se interessar mais pela problemática do objeto, e se defronta com algumas questões insolúveis na versão mais radical do paradigma ao qual aderiu em todo o seu percurso).

Trata-se então de mostrar as raízes desse pensamento em Freud – essencialmente, o conceito de identificação e as aporias da noção de narcisismo primário – e no que nosso autor considera uma "camada intermediária" entre essas raízes e os desenvolvimentos dos três arquitetos do "edifício": as implicações da análise do caráter por Abraham, e as consequências teóricas e clínicas do trabalho de Ferenczi. Decio precisa que não irá realizar uma leitura completa da obra desses dois "precursores", ainda que o extenso capítulo dedicado ao mestre de Budapeste se aproxime bastante disso, ao menos no tocante aos artigos que escreveu em seus últimos anos. O que pretende é destacar aquilo que neles serve como âncora para as posições posteriormente defendidas pelos Independentes.

A contribuição de Ferenczi nesse processo é mais evidente: ao dar a importância que se sabe ao trauma, que se impôs a ele pelo estado por assim dizer em carne viva emocional dos pacientes que atendia, foi levado a refletir sobre o papel determinante do adulto cruel na constituição do psiquismo da criança seduzida, maltratada ou mal acolhida. Buscando minorar o sofrimento de pessoas traumatizadas pela violência dessas experiências, desenvolveu uma abordagem que lhes permitisse regredir até esses momentos cruciais da sua infância, o que lhe valeu reprimendas da parte de Freud. O tema da criança ferida por falhas nos cuidados a ela dispensados (ainda que involuntárias, ou devidas à patologia da mãe, quer depressiva quer psicótica), assim como o das possibilidades terapêuticas da regressão, foi explorado por Balint e por Winnicott, numa linha de filiação muito bem iluminada por nosso autor. Mas o fato de trabalhar com elementos relativamente bem conhecidos faz com que aqui haja menos espaço para contribuições originais por parte dele: elas vão surgir com maior clareza na parte dedicada a um dos textos mais importantes e por muito tempo menos valorizados de Ferenczi, a saber *Thalassa*.

Já o capítulo sobre Abraham contém algumas das análises mais perspicazes que encontramos em *Relações de objeto*. Após um retrospecto da origem e da evolução da noção de caráter, Decio nos oferece um estudo com lupa da *História da libido* e dos três artigos em que Abraham abre caminho para um aspecto fundamental do conceito de relação de objeto, ao descrever os estágios libidinais como contendo *modos de apreensão* do objeto. O ponto de partida para esse movimento está em perceber que, na passagem pela fase anal, a criança começa a substituir "uma satisfação autoerótica e narcísica por uma satisfação advinda da relação com o outro" (p. 136). Embora opere claramente no interior do paradigma pulsional, o mestre de Berlim introduz aqui uma observação que vai no sentido das teorias subsequentes – a de que há um "fator intersubjetivo" no desenvolvimento infantil (p. 152), a ser levado em conta como condição tanto favorável quanto possivelmente prejudicial. Esse fator não tem em seu pensamento a mesma importância que adquirirá posteriormente, mas é inegável que, combinado com a ideia de mecanismos que comportam uma dimensão intersubjetiva (incorporação, projeção) e com a de esquemas mentais derivados das trocas corporais, resulta em algo bem mais próximo do paradigma objetal do que jamais chegou Freud.

Além disso, o capítulo inaugura no livro uma linha subsidiária de grande interesse para o analista praticante: a dos comentários clínicos, que à maneira de uma mão esquerda no piano virão dar "volume harmônico" a diversos momentos de cunho mais teórico. Refiro-me às páginas que tratam do "campo clínico das adicções", no qual segundo Decio Abraham foi um pioneiro até hoje pouco reconhecido, e que ele próprio vem cultivando desde os tempos do mestrado. Conclusão: por "estranho"[11] que possa parecer à primeira vista, Abraham é sem dúvida um elo essencial na corrente que conduz ao pensamento das relações de objeto.

Segunda conclusão, desta feita reforçando a sua tese sobre a dialética sutil operante na história da psicanálise: tanto Abraham quanto Ferenczi se empenharam numa "proposta de desdobramento do marco fundamental fincado por Freud", supondo portanto situar-se numa linha de *continuidade* com as doutrinas do fundador. Contudo – e aqui está a marca da dialética –, "Se os *Três ensaios para uma teoria da sexualidade* de Freud foram [...] o ápice do modelo pulsional,

---

11 Cf. p. 151.

foram justamente as releituras de Abraham e de Ferenczi *desta mesma pedra fundamental* que criaram, paradoxalmente, aberturas potenciais em direção ao modelo relacional" (pp. 234-235, grifo meu).

Abraham morreu em 1925, e Ferenczi em 1933. Só podemos especular quais rumos tomariam suas ideias se lhes tivesse sido dado presenciar os debates dos anos 1930 e 1940 a respeito dos estágios mais precoces do desenvolvimento psíquico. Neles tiveram papel de destaque dois discípulos deles, respectivamente Melanie Klein e Michael Balint, em cujo pensamento a noção de relação de objeto veio a ocupar um lugar central. Todavia, ela não tem o mesmo sentido em ambos: embora frequente sob a pena de Klein, para ela trata-se do vínculo com e entre objetos internos, moldados pelo jogo das pulsões e pelas fantasias inconscientes a elas associadas, enquanto desde o início das suas pesquisas Balint se interessa pela ligação do bebê com a mãe real.

Até 1939, ele viveu em Budapeste, e foi ali que, na qualidade de herdeiro intelectual de Ferenczi, lançou as bases de um dos modelos pertencentes ao que chamo de paradigma objetal/relacional – *um* deles, porque, como fica claro à leitura do livro de Decio, há pelo menos três: o balintiano, o de Fairbairn e o de Winnicott.

O próprio Balint, em *A falha básica* (1968), localiza como ponto do qual partiu a noção de *amor objetal passivo*, que se encontra no capítulo de *Thalassa* sobre a evolução do sentido de realidade. Para Ferenczi, o bebê almeja ser amado pela mãe, e não, como na perspectiva freudiana, livrar-se das excitações recriando o estado original de repouso e fechamento sobre si mesmo chamado "narcisismo primário". Dois dos artigos mais inovadores escritos no período húngaro visam exatamente remover do vocabulário analítico esse conceito – que ele considera ter cumprido uma função nos tempos iniciais da psicanálise, mas se tornado inútil e mesmo pernicioso frente a desenvolvimentos ulteriores. Essa posição se apoia nos ensinamentos da clínica – mesmo na regressão mais profunda durante a análise não se chega a observar nada parecido com o suposto narcisismo primário – e num exame rigoroso dos argumentos aduzidos em favor da existência efetiva de uma etapa, ainda que breve, na qual o bebê não se conectaria de modo algum com o mundo exterior.[12]

A crítica balintiana ao narcisismo primário dará o tom de todo o pensamento das relações de objeto. Uma de suas implicações é que um entorno inadequado nos primeiros meses de vida (leia-se uma mãe incapaz de cuidar psiquicamente do seu filho) pode causar uma falha básica (*Grundstörung*), com consequências devastadoras para toda a existência do indivíduo, e para cuja reparação eventual se exigirão na análise dele técnicas capazes de favorecer a regressão, até onde for possível, rumo a esses momentos cruciais do passado.

Indo além de Ferenczi nesse particular, Balint distingue a regressão benigna da variante maligna – e assim encontra ancoragem para outro aspecto do seu trabalho, que Decio destaca e que a meu ver é do maior interesse para a história da psicanálise: o esforço para superar os resíduos traumáticos deixados no movimento analítico pelo desentendimento entre seu mestre e Freud, que por várias décadas praticamente baniram a obra daquele do cenário psicanalítico "oficial". Como prefaciador da edição francesa das *Obras Completas*, e como editor/tradutor para o inglês do *Diário Clínico*, foi ele um dos artífices da recuperação do legado ferencziano, que desde então vem sendo absorvido pelas novas gerações – a ponto de, segundo Decio, fazer hoje parte da "água que bebemos".

A obra madura de Balint, e essa tarefa de resgate, se situam nos anos 1950 e 1960. Antes disso, outro fio do pensamento das

---

12 Cf. "Critical notes on the theory of pregenital organizations of the libido" (1935) e "Early developmental states of the ego; primary love" (1937), em *Primary love and psychoanalytic technique*, Londres, Maresfield Library, 1968 [1952], especialmente p. 103 e seguintes.

relações de objeto foi sendo tecido por William Ronald Fairbairn, cujo trabalho resultou na versão mais radical dele. Isolado em Edimburgo, portanto pensando longe do tumulto e das querelas londrinas, Fairbairn redigiu na década de 1940 uma série de artigos[13] nos quais propõe recentrar o conjunto da teoria psicanalítica em torno de um foco novo: o da busca do objeto como motor essencial da vida psíquica. "A libido não procura prazer, procura objetos": as consequências dessa ideia são de imenso alcance, levando a uma ampla reformulação da metapsicologia, da teoria do desenvolvimento e da psicopatologia, vista agora como decorrente das diversas maneiras de rejeitar o objeto. Muito sumariamente, pode-se dizer que as que se situam na fase mais precoce produzem as estruturas melancólicas e esquizoides, enquanto as próprias de uma segunda etapa conduzem às organizações paranoides e neuróticas (neurose obsessiva, histeria e fobia).

O estudo de Fairbairn a que procede nosso autor – primeiro num capítulo específico, depois na última parte do livro – impressiona pela abrangência e pela serenidade. Abrangência porque, ao lado de informações biográficas provavelmente novas para a maioria dos leitores, da discussão aprofundada das questões que se colocou e das soluções que ofereceu para elas, encontramos nessas páginas um balanço muito elucidativo da contribuição do analista escocês para a psicanálise atual. E serenidade, porque evita os escolhos gêmeos de jogar fora o bebê junto com a água do banho – aqui representada pela crítica exacerbada de Fairbairn a Freud, que certamente tornou mais difícil a assimilação do seu pensamento e mais fácil descartá--lo por "pretender substituir Freud" – e de aceitar sem reservas tudo o que ele propôs.

---

13 Reunidos em 1952 no volume *Psychoanalytic studies of personality*, o único publicado durante sua vida.

Como de hábito, Decio o situa no seu contexto, por exemplo recordando que Melanie Klein incorporou a análise fairbairniana da esquizoidia ao seu conceito inicial de posição paranoide, ou a resenha do seu livro por Winnicott e Massud Khan. Fairbairn se ressentiu bastante do limitado eco produzido por suas inovações, que seus colegas do *Middle Group* aceitaram apenas em parte, e que os kleinianos rejeitaram energicamente. Seus escritos posteriores aos *Studies* tiveram igualmente impacto ínfimo nos debates que agitaram a Sociedade Britânica, e, após seu falecimento em 1964, pouco se falou deles. Foi somente com a publicação do livro de Greenberg e Mitchell (1983), para os quais ele é o principal formulador do paradigma objetal, que seu papel na história da psicanálise começou a ser melhor compreendido. A isso sucedeu uma biografia escrita por seu colega e discípulo John Sutherland (1989), e a publicação dos *Selected papers* (1994), com o que se tornou possível formar uma ideia de conjunto da sua trajetória. Não é um dos menores méritos de *Relações de objeto* oferecer uma leitura atenta dessa obra tão original, e até hoje tão pouco conhecida entre nós.

A discussão por Decio do trabalho de Winnicott me fez pensar no aforisma de Bergson segundo o qual toda filosofia se concentra num ponto único, "sua ideia inicial e central",[14] da qual todo o resto é a explicitação: o capítulo que lhe dedica sustenta que o essencial dele se ancora no conceito de transicionalidade, comparável ao de fase do espelho para Lacan ou ao de posição depressiva para Melanie Klein – "são invenções resultantes de um lento processo de elaboração, e que provocaram, após sua emergência, uma reordenação de grande envergadura no campo da teorização psicanalítica" (p. 358).

Assim como para Balint e Fairbairn, temos uma seção inicial sobre a vida e a trajetória do autor, destacando a importância da

---

14 *Essai sur les données immédiates de la conscience* (1888).

30   "MANTER TESO O ARCO DA CONVERSA"

atividade de pediatra e do contato com Melanie Klein para a constituição da sua maneira de pensar e de clinicar. Após duas longas análises (com James Strachey e Joan Riviere), e de uma supervisão de seis anos com a Grande Dama, o "ciclo de maturidade" de Winnicott começa com o artigo sobre os objetos e fenômenos transicionais (publicado em 1953), e se estende "de modo espantosamente fértil"[15] até sua morte, em 1971. Esse artigo marca o seu afastamento do grupo kleiniano, do qual fizera parte até então. Decio traça o doloroso movimento que o levou a essa posição mais autônoma, e analisa as diferentes versões do texto, retomando inclusive o debate de Winnicott com o psicanalista russo-israelense Moshe Wulff, que em 1946 havia descrito um fenômeno bastante curioso ao qual chamara "fetichismo infantil".[16]

A leitura do artigo de Wulff, além de muito arguta, ressalta um aspecto sempre digno de nota quando estudamos o modo como se produzem inovações importantes, seja em psicanálise, seja em qualquer outro campo de estudos. Wulff relata observações suas e de outros analistas a respeito da ligação das crianças com coisas como o "cobertor mágico", um penico, e outras, bem semelhantes ao que Winnicott descreverá no seu texto. Sua explicação para o apego a elas, "sutil e bastante criativa" (p. 379), se baseia no paradigma pulsional (o objeto-fetiche como substituto do falo materno), ao mesmo tempo em que expressa certas dúvidas sobre as implicações dessa hipótese. Já Winnicott – obviamente sem usar esse vocabulário – percebe que não é possível, *dentro do paradigma pulsional*, que numa fase anterior ao complexo de castração um objeto possa desempenhar aquele papel, ou, em termos kuhnianos, que os comportamentos descritos por Wulff correspondam a uma *anomalia* inexplicável com

---

15 Cf. p. 363 e pp. 371-373.

16 "Fetishism and object-choice in early childhood", do qual Decio propôs a tradução comentada e a publicação no número 40 da revista *Percurso* (2008).

os recursos daquele paradigma. Exigem portanto uma reformulação do quadro de referência – e sua análise deles o leva a formular os conceitos de *espaço transicional* e de *ilusão*, sobre os quais nos vinte anos seguintes construirá seu edifício teórico.

Note-se que, diante de fenômenos da mesma natureza, Wulff pensa em termos das transformações da libido, enquanto a sugestão de Winnicott se refere à outra grande vertente da teoria do desenvolvimento, a que trata do Eu. Ambas surgem do trabalho de Freud, mas é inegável que ele avançou muito mais no que se refere à primeira que no tocante à segunda – algo que, aliás, reconhece explicitamente nos anos 1920, ao afirmar que o estágio alcançado pela nova ciência estava a exigir uma "psicanálise do ego". Esta será, com efeito, a direção das tendências pós-freudianas, cada qual a seu modo – assim surgirão, além do "pensamento das relações de objeto", a *ego-psychology*, a teoria kleiniana do ego, e, na França, os primeiros estudos de Lacan.

Com efeito, os teóricos estudados por Decio conferem à evolução do Eu um lugar mais eminente que o delegado à da libido, ou, para ser mais exato, compreendem o desenvolvimento libidinal à luz do sujeito como um todo, enquanto os adeptos do paradigma pulsional fazem o inverso – para eles, os processos na esfera libidinal (= pulsional) comandam os que afetam o ego. A diferença é de peso, e relevante para entendermos por que Winnicott irá propor uma teoria do *self*, construto conceitual que não tem paralelo no paradigma pulsional.

A temática do ser autêntico e do viver criativo, que ocupa lugar proeminente no pensamento maduro de Winnicott, é o que permite a Željko Loparić aproximá-lo da visão do homem em Heidegger, e sugerir que com ele a psicanálise encontra um paradigma capaz de substituir o freudiano – "o andarilho no leito da mãe" (Édipo) é substituído pelo pós-metafísico "bebê no colo da mãe". Em suma, sem se dar conta disso, Winnicott teria realizado melhor que Binswanger o projeto de uma *Daseinanalyse* enfim consistente.

Não é esse o ponto de vista de Decio, como fica claro pelo amplo espaço que concede às relações do *teórico* Winnicott com seus predecessores: Freud, Klein e – ainda que não reconhecido até bem tarde em sua vida – Ferenczi. O resultado dessas análises é um salutar contraponto à tendência de retirar Winnicott – e qualquer outro pensador importante na psicanálise – do contexto efetivo no qual surge, evolui e intervém. Nem de Freud se pode dizer que pense sozinho: sabemos pela correspondência com Abraham e Ferenczi o papel que esses interlocutores tiveram na formulação dos conceitos de oralidade e de princípio regressivo, tão importantes no sistema freudiano.

E não é só a história da nossa disciplina que precisa levar em conta essas relações complexas: é também a sua epistemologia. Decio relembra uma antiga sugestão minha quanto à conveniência de construirmos uma epistemologia regional da psicanálise, na qual alguns aspectos específicos não podem ser ignorados – o que não é de admirar, se com Gérard Lebrun considerarmos que toda epistemologia é de certo modo regional, ou seja, refere-se à maneira como cada disciplina organiza seu campo de conhecimento. É isso que a distingue do que o filósofo francês chamava de "teoria racionalista da ciência". Sobre essa epistemologia regional, objeto aliás de estudos recentes de Leopoldo Fulgêncio, Decio afirma sem meias palavras que

> *O vetor transferência é o mais poderoso e específico [...].*
> *A luta pessoal de cada grande teórico para compor a*
> *tradição herdada com sua própria busca de inovação e*
> *descoberta é uma constante, e cada um deles teve de se*
> *deparar, nessa luta, com os "restos transferenciais" das*
> *relações com seus analistas, supervisores, mestres ideali-*
> *zados [...], pares aliados e/ou pares rivais etc.* (p. 124)

Ora, como investigar essa dimensão da construção *conceitual* em psicanálise, se começamos por colocar entre parênteses essas relações, tão decisivas para o teórico? Pois elas não operam somente no plano emocional: as questões que o inquietam, os instrumentos para as pensar, o laboratório em que ocorrem os fenômenos que o motivam a pesquisar – ou seja, a situação analítica em seus diversos *settings* –, nada disso é invenção exclusiva do pesquisador: parafraseando Napoleão ao se dirigir aos soldados franceses no Egito,[17] "da janela do teu consultório, várias gerações de analistas te contemplam".

Nesse sentido, a parte final de *Relações de objeto* é exemplar, porque nos mostra os três Independentes discutindo entre si, com Freud e com seus contemporâneos, em especial os kleinianos. Ou seja, no interior da psicanálise real, tal como se apresentava na sua época. Os dois capítulos que a compõem, além de muito informativos, permitem ver como não apenas o "estado da arte" determina as questões a investigar, mas ainda como certas respostas a elas as fazem evoluir, porque as solicitam para pensar coisas novas. Assim, descobrimos Winnicott examinando a pulsão sexual a partir da noção de excitação, e muito provavelmente também por razões pessoais (suas indagações têm como horizonte condições cardiopáticas como a de que ele sofria). Da mesma forma, vemos emergir as concordâncias e discordâncias dele e de Balint frente à posição ultramontana de Fairbairn sobre o princípio de prazer, e em geral quanto à busca do objeto.

Para concluir este aperitivo do que o leitor encontrará no livro de Decio, passo-lhe a palavra, citando uma passagem que me parece resumir o essencial do que ele tem a nos dizer:

---

17 "Do alto dessas pirâmides, quarenta séculos vos contemplam."

> *Uma estratégia que me parece boa é [...] buscar compreen-*
> *der as relações de continuidade e de ruptura, de conver-*
> *gências e de divergências, construindo um diálogo possível*
> *entre os diversos sistemas [...]. Tratar tais movimentos em*
> *termos de tensão dialética entre o modelo pulsional e o*
> *relacional respeita a complexidade desta realidade con-*
> *ceitual multifacetada, ao mesmo tempo que discrimina*
> *pressupostos e perspectivas bastante diferentes e reco-*
> *nhece a importante transformação conceitual que signi-*
> *ficou a introdução paulatina do conceito de relação de*
> *objeto na teorização psicanalítica. (p. 118)*

Sem dúvida, uma postura que "mantém teso o arco da conversa", porque reconhece que *há conversa*, não cacofonia, nem uma voz suprema por cujo intermédio se realize enfim a epifania da verdade. Num campo cujo passado comportou tanto sectarismo e tanta intolerância, a lucidez que perpassa seu livro é uma bem-vinda vacina contra essas doenças infantis do pensamento.

Introdução

O assunto do presente livro são as "relações de objeto"; mas, afinal, o que são "relações de objeto"? Tal expressão é, na verdade, um tanto vaga, e tem sido utilizada pelos psicanalistas com acepções bastante variadas. Aqui, refiro-me a um tipo de pensamento teórico-clínico que surgiu e se desenvolveu no campo psicanalítico e que toma como *foco central* da vida psíquica humana o relacionamento com os outros. Esta perspectiva pode ser qualificada como *intersubjetivista*, em contraste com uma visão que enfatiza prioritariamente a dimensão intrapsíquica da natureza humana.

Este pensamento, cujas sementes foram lançadas nos tempos iniciais da psicanálise por Freud, Abraham e Ferenczi, teve sua época de florescimento entre as décadas de 1940 e 1960, principalmente na Inglaterra, e posteriormente desenvolveu-se e espalhou-se pelo mundo afora, tornando-se uma das perspectivas mais fortes da psicanálise contemporânea. Acredito que, tendo ficado para trás a era das "escolas", o "pensamento das relações de objeto" como que se insinuou – consciente ou inconscientemente – no cotidiano do pensamento teórico-clínico de grande parte dos psicanalistas e,

36 INTRODUÇÃO

de um certo ponto de vista, já faz parte da água que bebemos. Ainda que muitos desconheçam, critiquem ou mesmo rejeitem as formulações dos autores aqui enfocados – e ainda que as diferenças e divergências entre eles sejam muito marcantes –, creio que o "espírito" de tal pensamento já habita há muito tempo a "sabedoria inconsciente" dos analistas.

Faz-se necessário, no entanto, esclarecer melhor o que caracteriza o pensamento das relações de objeto. O que significa exatamente tomar as relações com os outros como o "foco central" da vida psíquica? O foco central se refere, aqui, à motivação básica que move cada um de nós – o "para que" vivemos – e, articulado a isso, ao ponto de vista que adotamos para descrever o desenvolvimento do ser humano, à formação do psiquismo e suas possíveis distorções em direção à patologia – e, ainda, em decorrência, a como concebemos o próprio conceito de saúde. Assim, por exemplo, podemos dizer que, seguindo Freud (pelo menos até 1920), o ser humano está programado para funcionar segundo a busca de prazer e a evitação do desprazer, enquanto, segundo Fairbairn, a motivação básica do ser humano em sua vida é a busca de objeto; cada um destes pontos de partida conduz a diferentes concepções de desenvolvimento, de aparelho psíquico, de psicopatologia e de saúde.

De maneira muito esquemática, podemos dizer que, na psicanálise freudiana original, o grande elemento articulador, que dá corpo à sua concepção da natureza humana, é o conceito de *pulsão*. A teoria das pulsões nos ensina que o objeto é contingente, ou seja, ele é primariamente um meio de se obter prazer e não um fim em si mesmo, sendo, portanto, perfeitamente intercambiável ou mesmo descartado, como se observa quando o indivíduo recorre ao amplo espectro de experiências psicossexuais compreendido entre as práticas autoeróticas e o reino da fantasia. Ao mesmo tempo, tal concepção teórica compreende um complexo de proposições:

pressupõe que aquilo que põe em movimento toda a atividade psíquica é uma fonte energética originariamente não direcionada (libido, pulsão); descreve o desenvolvimento da criança a partir do eixo da libido; concebe as formações psicopatológicas a partir do conflito entre as pulsões e o seu polo opositor – que ora é o Eu, ora a realidade social, e ora a instância interna do supereu – e a partir da dinâmica fixação-regressão referida ao desenvolvimento libidinal –; e, finalmente, concebe a saúde a partir do paradigma de uma organização genital adulta, que pressupõe a elaboração possível das tendências narcísicas e ambivalentes. Esta definição de saúde é polêmica e rejeitada por muitos que se autoproclamam freudianos, mas, querendo ou não, está subjacente ao pensamento freudiano, como bem explicitou Abraham.

Foi exatamente esta observação que fez com que dois importantes historiadores da psicanálise formatassem e desenvolvessem uma proposição que acabou por se tornar célebre e, posteriormente, adotada por um número cada vez maior de estudiosos do tema. Trata-se de Greenberg e Mitchell (1983/2003), que sugeriram conceber a história das ideias em psicanálise como tendo sido presidida pela evolução de um modelo original, baseado no conceito de *pulsão*, em direção a um segundo modelo, pautado nas *relações de objeto*. Segundo este último, a força motivacional e as descrições do desenvolvimento, da psicopatologia e da saúde têm todas como foco central a relação com os outros; e esses "outros" não são meramente alvo das pulsões ou objetos internos de fantasia, mas eminentemente sujeitos que codeterminam estruturalmente a formação da personalidade de seus pares.

Porém, faz-se necessário especificar ainda um pouco mais o uso que faço da expressão "relações de objeto", inspirado em parte na proposta da dualidade de modelos de Greenberg e Mitchell.

Por um lado, devo ressaltar que não incluo na linhagem do "pensamento das relações de objeto" o trabalho de M. Klein, já que,

38   INTRODUÇÃO

ainda que essa grande autora tenha teorizado exaustivamente sobre as "relações de objeto" e tenha sido em grande parte a responsável pela consagração desta terminologia na literatura psicanalítica, ela o fez predominantemente segundo a ótica do modelo pulsional, desenvolvendo extensamente a dimensão *intrapsíquica* nelas implicada. Ora, recuando um pouco no tempo, compreendemos que tal expressão deriva das ideias de "investimento de objeto" e de "escolha de objeto", originalmente propostas por Freud em sua teoria da libido e extensamente discutidas por ele ao longo de toda sua obra.[1] Como se pode ver, o uso que faço da expressão guarda um sentido *mais restrito* que aquele praticado por essa tradição freudo-kleiniana, já que faz referência à transformação substantiva que se deu, na história das ideias em psicanálise, no modo como se entendia e se concebia uma "relação de objeto", ao incorporar à esta, de modo estrutural e definitivo, a sua dimensão necessariamente *intersubjetiva*.

Por outro, também não adoto aqui a proposta de Winnicott de redefinição da expressão "relação de objeto", que, apesar de muito interessante, guarda um caráter bastante específico e regional – e, por que não, quase exótico. Em sua obra de maturidade,[2] o analista inglês elaborou o conceito de "uso do objeto", apoiado no contraponto entre o "relacionar-se com o objeto" e o "usar um objeto". O "relacionar-se com objetos" seria a posição primitiva de um psiquismo que vive imerso em objetos subjetivos, situação que é, por sua

---

1 Cabe ressaltar que Lacan dedicou um seminário inteiro ao tema da relação de objeto (Seminário 4 – 1956/57), assentado em uma releitura das concepções freudianas da perversão, do fetichismo e da fobia. Anteriormente a isso, ele já havia analisado criticamente o trabalho de Balint no seminário sobre os escritos técnicos de Freud (Seminário 1) – sobretudo quanto à questão da intersubjetividade e da primazia da linguagem –, bem como discutido as proposições de Fairbairn sobre a "busca de objeto" no Seminário 2, vendo nelas uma confusão indevida entre imaginário e simbólico.

2 A ideia foi apresentada publicamente em 1968 e publicada em seguida, mas já vinha sido gestada ao longo da década de 1960 (cf. Winnicott, 1971/1996 e 1989).

vez, sustentada por um ambiente que possibilita tal experiência; o "uso do objeto" só emerge a partir de uma operação e de um processo de passagem que inaugura, em virtude da sobrevivência de objetos externos e reais aos ímpetos destrutivos imaginários, a possibilidade de um objeto "objetivamente percebido". Instaura-se, assim, a partir de uma situação primária de indiscriminação bebê--ambiente, uma situação efetivamente intersubjetiva sujeito-objeto, abrindo caminho para a travessia da transicionalidade e para a ulterior "escolha de objeto". Essa é mais uma das "invenções" teóricas de Winnicott que tem conquistado o mundo da psicanálise, já que a ideia do "uso" tem se mostrado rica em desdobramentos e tem sido objeto de múltiplos "usos" e aplicações.

Nesta acepção específica proposta por Winnicott, o "uso do objeto" é uma "capacidade" fruto de uma conquista ocorrida no processo de desenvolvimento precoce, enquanto que o "relacionar--se com objetos" é um estado primário no qual o *infant* ainda não pôde se beneficiar da descoberta/criação de "um mundo de realidade compartilhada que o sujeito pode usar, e que pode realimentá-lo de substâncias outro-que-não-eu" (Winnicott, 1971/1996, p. 94). Essa "relação de objeto" redesenhada por Winnicott não é, neste sentido, intrapsíquica nem intersubjetiva, mas – em um tempo lógico anterior – *pura e eminentemente subjetiva*, sem que ela seja – em sendo "subjetiva" – não relacional, não objetal, "encerrada em si mesma" ou mesmo (primariamente) narcísica. Pois ela se dá na situação paradoxal de um protossujeito inteiramente imerso em um ambiente que o sustenta sem que, no entanto, tenha sido possível construir ainda uma relação com objetos objetivamente percebidos, com todas as novas possibilidades que esta condição proporciona ao sujeito. Como se vê, trata-se de formulação bastante complexa e sutil, que re-enuncia, de modo original, diversas das problemáticas relativas à emergência do sujeito psíquico e à construção da experiência de realidade – uma espécie de

40   INTRODUÇÃO

legado final de Winnicott, que clama por novos desenvolvimentos e discussões.

Mas, como disse, também não é essa acepção que adoto no presente trabalho. O "uso" que aqui faço da expressão "relação de objeto" é, por assim dizer, *menos específico* que aquele sugerido por Winnicott e, ao mesmo tempo, *mais restrito* que aquele praticado pela tradição freudo-kleiniana. Nem puramente subjetivo, nem caracteristicamente intrapsíquico, trata-se de uma "relação de objeto" eminentemente *intersubjetiva*. Ora, segundo tenho notado, é justamente esta acepção *mediana* da expressão "relações de objeto" a que tem se tornado mais corrente entre os psicanalistas de hoje.

A proposição de Greenberg e Mitchell quanto à dualidade de modelos constitui, pois, o princípio metodológico que organiza o presente livro. Parto da hipótese da existência desses dois grandes modelos na história da psicanálise e procuro trabalhar extensamente o processo de passagem e/ou coexistência entre eles ao longo deste pouco mais de um século de existência de nossa disciplina. Ao mesmo tempo, como se verá ao longo do livro, polemizo e assinalo uma imensa quantidade de problemas e contradições derivadas desta maneira de conceber a história das ideias – desde o risco de cairmos em uma polarização simplificadora e reducionista, até o equívoco de uma visão linear de desenvolvimento das ideias que não contemple a sutileza da dialética dos movimentos de continuidade e ruptura que o caracteriza. Além disto, ponho em questão várias das sugestões e afirmações de Greenberg e Mitchell que, a meu ver, necessitam ser atualizadas, revisadas, complementadas ou retificadas.

É digno de nota que, mais recentemente – e, desta vez, em solo brasileiro –, tenha surgido uma hipótese complementar à já clássica proposição de Greenberg e Mitchell. Refiro-me aos desenvolvimentos realizados a partir dela por Renato Mezan, que sugeriu que considerássemos a existência de um *terceiro* paradigma:[3] o "paradigma subjetal". Este teria emergido da obra de Lacan, cujo pensamento se desenvolveu a partir de uma linhagem filosófica específica (Hegel e o estruturalismo) e que, ao definir o inconsciente como "o discurso do Outro", deu origem a uma visão muito particular: a proposição da alienação interna do sujeito como consequência da identificação especular e de sua inscrição na cultura. Para Mezan (2014),[4] trata-se de um "gesto de fundação teórica" irredutível aos dois outros modelos, que originou o postulado metapsicológico das três ordens (imaginário, simbólico e real) e ocupa, por sua vez, um lugar análogo à centralidade da pulsão e do objeto nos outros modelos; assim, "a tese de Greenberg e Mitchell pode ser reformulada: dela conservaremos a análise que conduz à introdução do conceito de paradigma, mas incluindo entre eles o subjetal" (Mezan, 2014, p. 71).

A hipótese de Mezan é contundente e pede um estudo cuidadoso que, esperamos, seja levado adiante. Como ele mesmo afirmou, trata-se de um assunto que não admite respostas rápidas e de uma hipótese que ainda precisa ser colocada à prova. Pois, por um lado, Lacan trabalhou exaustivamente o conceito de pulsão, considerando-o um dos quatro conceitos fundamentais da psicanálise; mas, ao mesmo tempo, tratou-o de uma maneira tão nova que parece difícil "encaixá-lo" no modelo pulsional freudiano. E, por outro lado, deve-se ter em conta que Lacan descreveu a formação da personalidade sempre na dialética Eu-outro, ressaltando o papel do Outro na estruturação da função desejante que move o sujeito e como protagonista dos processos de alienação patológicos, uma vez que o indivíduo

---

3 No capítulo seguinte, comentarei a polêmica terminológica e conceitual quanto à utilização das noções de "paradigma" ou "modelo"; por ora, tomemo-los aqui como equivalentes.

4 A primeira vez que tal ideia veio a público foi em 2006, em artigo da revista *Natureza Humana*.

42   INTRODUÇÃO

está desde sempre marcado e impregnado pelos fantasmas imaginários inconscientes dos pais;[5] mas será que, por isso, ele teria se aproximado do modelo relacional? Ora, é Lacan mesmo quem marca a sua distância em relação ao pensamento britânico das relações de objeto, ao dedicar-se extensamente a demonstrar que o seu "outro" não é um "objeto" no sentido da teoria das relações objetais. Tratar-se-ia, então, de um caso de "modelo misto"? Para Mezan, também não é este o caso: "a reelaboração lacaniana da psicanálise me parece demasiado extensa, demasiado radical em sua concepção e em suas consequências, para que se possa reduzi-la a uma simples recombinação dos paradigmas pulsional e objetal" (Mezan, 2014, p. 70). Tal discussão exige, naturalmente, maior aprofundamento. Penso que, antes de tudo, deve-se ter em conta que Greenberg e Mitchell apresentaram suas ideias no início da década de 1980, e que, ainda

---

5   Nesta mesma direção, penso ser importante lembrarmos da contribuição de J. Laplanche. Pois este, com sua teoria da sedução generalizada e sua proposição da emergência de um objeto-fonte a partir dos significantes enigmáticos enviados ao *infant* pela mãe, também desenvolveu, em solo francês e sob a influência de Lacan – ainda que dele se diferenciando –, uma concepção de sujeito que enfatiza o lugar primordial do Outro em sua fundação e em sua formação (Laplanche, 1988, 1992). Seria de grande interesse realizar um estudo comparativo entre suas proposições e as de outros analistas da era contemporânea da psicanálise, buscando compreender semelhanças e diferenças entre as soluções propostas por cada um no que se refere à polaridade pulsão/objeto. A título de exemplo, podemos mencionar que Green criticou Laplanche por este ter se afastado em demasia do substrato somático da experiência pulsional, desfazendo a rica articulação entre psíquico e somático arduamente construída por Freud; isso teria, em última instância, acabado por desvalorizar o polo pulsional, como ocorreu em certas teorias ditas intersubjetivistas. Para ele, não se deve "opor aquilo que surge do Si mesmo e aquilo que pertence ao Outro. O Si mesmo e o Outro estão igualmente numa relação de complementaridade que impõe, ao mesmo tempo, distingui-los e articulá-los" (Green, 2002/2008, p. 90). Mas, para além deste estudo comparativo, ainda subsiste a questão, antes colocada por Mezan a respeito de Lacan: como situar também o pensamento de Laplanche nesta dualidade "modelo pulsional"/"modelo relacional"?

que elas possam ser consideradas em termos gerais como válidas e úteis, devem passar por cuidadoso escrutínio e estão sujeitas a reformulações mais ou menos significativas; deve-se lembrar também que, nessa época e neste ambiente geográfico (EUA), a força e a importância do tsunami lacaniano mal se fazia sentir, e que, por isso, todo este setor da história da psicanálise não pôde ser considerado no estudo original dos autores norte-americanos.

Ainda assim, no presente livro, optei por trabalhar com a ideia original dos *dois* modelos – pulsional e objetal –, ponto de partida que se mostrou útil e suficiente para os objetivos almejados.

Gostaria de sublinhar que me proponho aqui a abordar o pensamento das relações de objeto segundo uma perspectiva *histórica*, ou seja: estudando o processo dinâmico e complexo de surgimento e desenvolvimento de tal pensamento, conforme ele se desdobrou ao longo dos trabalhos desenvolvidos por alguns psicanalistas tidos como seus principais protagonistas. Penso que esta escolha é importante, pois considero o estudo da história da psicanálise como um instrumento central – uma espécie de "antídoto" – para combater o estreitamento da visão que tantas vezes testemunhamos nos meios psicanalíticos, em uma tendência a se adotar acriticamente visões dogmáticas e submetidas a jogos de influência regionais, políticos, emocionais e transferenciais. Creio que, em contraste com esta tendência, devemos cultivar a busca pelo *discernimento* e que um olhar histórico nos ajuda nessa busca: ele nos proporciona a oportunidade de tomar uma distância em relação ao que se nos apresenta ao olhar no presente imediato e, assim, minorar o risco de uma adesividade que conduz a distorções de visão e a grandes porções de cegueira.

Essa preocupação combina com o "espírito independente" promovido e cultivado por diversos autores que iremos aqui enfocar, em particular por aqueles do *Middle Group* britânico. Penso que

44   INTRODUÇÃO

uma postura "independente" requer um exercício contínuo de trabalho, no campo da dialética, entre o reconhecimento da dependência em relação ao outro e a busca e a valorização da autonomia. Este trabalho se faz pelo interjogo de duas posições: por um lado, temos a consideração e o respeito pela força da filiação e da tradição na formação da identidade de todo psicanalista – "identidade" que se constitui em um campo eminentemente relacional, o que implica em um exercício contínuo da capacidade de "ficar com..." –, e, por outro, temos a valorização, o cultivo e a sustentação da singularidade e da criatividade pessoal do psicanalista, que mobiliza, em contraste, sua capacidade pessoal de "ficar só". É do trabalho contínuo com o conflito gerado por essas duas posições – que pressupõe, como condição preliminar, a capacidade de sustentar e habitar tal conflito – que pode emergir, a meu ver, um "psicanalista independente". Do meu ponto de vista, essa é uma meta que devemos perseguir e abraçar com toda determinação e compromisso no percurso interminável de "tornar-se", "ser" e "se conservar" analista.

É oportuno mencionar aqui que, hoje, já contamos com diversos estudos de história da psicanálise dedicados às relações de objeto, além daquele de Greenberg e Mitchell, publicado em 1983. Gregorio Kohon publicou, em 1986, uma coletânea de trabalhos de autores do *Middle Group*, com uma sucinta e boa introdução histórica desse movimento, e, em 1990, Judith Hughes publicou *Reformulando o território psicanalítico: o trabalho de Klein, Fairbairn e Winnicott*, abordando, à sua maneira, a proposição da transformação do paradigma freudiano e percorrendo, em capítulos sucessivos, as obras desses três autores.[6] Alguns anos depois, Stephen Mitchell (1995) publicou um novo livro, desta vez em parceria com Margaret Black, que se propõe a realizar uma história do pensamento psicanalítico

---

6   Os livros de Kohon (1986/1994) e Hughes (1990) foram traduzidos e publicados no Brasil.

moderno. Em *Freud and beyond*, os autores também percorrem, em ordem cronológica, as obras de Freud, dos autores da Psicologia do Ego, de Sullivan, de Klein, de Fairbairn e de Winnicott, além de Erikson, Kohut, Kernberg, Schafer, Loewald e... Lacan![7] É interessante notar que esses diversos estudiosos acabam por adotar um método de abordagem semelhante, percorrendo alguns autores que são eleitos como os mais proeminentes – que, na maior parte das vezes, coincidem – para, a partir daí, apresentar suas discussões e posições sobre o pensamento das relações de objeto.[8]

Dentro desse modelo geral, o presente livro não é uma exceção: busco aqui, tal qual fizeram esses antecessores, apresentar, de uma maneira própria, esse setor marcante da história das ideias em psicanálise, percorrendo, capítulo a capítulo, as obras dos principais

---

7 Observamos, aqui, uma tendência da "era pós-escolas" que caracteriza a chamada "psicanálise contemporânea": um trânsito cada vez maior entre autores de diferentes correntes e regiões geográficas, buscando diálogos e articulações possíveis entre as diversas linhagens de pensamento, em um espírito de conhecer "o que é mesmo que o meu vizinho tem a oferecer". Assim, em paralelo ao despertar, em alguns círculos norte-americanos, para a importância da obra de Lacan, observamos reciprocamente, nos meios europeus, um aumento de interesse pelas obras de Kohut, Kernberg e Ogden, entre outros. Tal tendência é bastante evidente na América Latina e no Brasil.

8 Além desses estudos, encontramos como importantes fontes de pesquisa alguns livros dedicados a obras específicas – como aqueles que enfocam os trabalhos de Fairbairn ou Winnicott, e que mencionaremos ao longo deste livro –, as marcantes "*life & work*" de Grosskurth (1986/1992) e Rodman (2003) sobre Klein e Winnicott respectivamente, a biografia de caráter mais pessoal de Sutherland (1989/1999) sobre Fairbairn e, também de modo indireto, a biografia de Sabourin (1985/1988) sobre Ferenczi. Outra fonte relevante é o trabalho de André Haynal, que publicou, em 1988, um estudo bastante interessante a respeito da linhagem Ferenczi-Balint, tendo como foco a questão da técnica. Ainda em relação às fontes bibliográficas, deve-se ressaltar que, no Brasil, tem ganhado visibilidade a publicação de uma série de livros dedicados ao estudo dos autores das relações de objeto por Luís Claudio Figueiredo e colaboradores, como o mais recente sobre Fairbairn, de 2013.

46   INTRODUÇÃO

autores. Mas é importante que se compreenda qual é objetivo principal deste livro e o viés específico a que ele se propõe: ainda que seu ponto de partida metodológico nasça da proposição dos dois modelos – pulsional e relacional – na história da psicanálise, a sua meta principal não é ater-se a apresentar um panorama histórico-epistemológico da questão, e sim proporcionar – a partir deste panorama – um solo propício para a compreensão das implicações e consequências desta evolução dos modelos para a experiência psicanalítica tal qual ela se dá hoje, em termos das práticas clínicas e dos pensamentos metapsicológicos que a sustentam – consciente ou inconscientemente. Deve-se considerar também que, com o passar dos anos, temos acesso a uma maior quantidade e qualidade de discussões acumuladas sobre os tópicos relevantes ao tema e que, portanto, objetivamos aqui, também, atualizar e enriquecer o debate em curso.

O material do qual o livro é composto tem origem em fontes diversas. Uma parte significativa dele provém de uma pesquisa de pós-doutorado, na qual uma das linhas de força era justamente o estudo histórico do pensamento das relações de objeto.[9] Mas é importante frisar que tal pesquisa teve a função de melhor esclarecer e ressignificar um caminho de estudos psicanalíticos que eu já vinha percorrendo há muito tempo: tendo partido de uma formação clássica freudiana, fui me aproximando gradativamente de autores

---

9   "Da pulsão à relação de objeto: análise histórica das concepções psicanalíticas das adicções", pesquisa realizada junto ao Programa de Estudos Pós-Graduados em Psicologia Clínica da PUC-SP de 2006 a 2009. Uma parte do material dessa pesquisa originou também um outro livro, *Adicções: paixão e vício* (Casa do Psicólogo). Gostaria de reiterar meu agradecimento à FAPESP pelo apoio recebido (processo n. 05/58749-0) e, mais particular e enfaticamente, a Renato Mezan, supervisor da pesquisa, pelo acompanhamento, pela influência que exerceu sobre meu trabalho ao despertar meu interesse e me transmitir a importância da história da psicanálise e, ainda, por ter me apresentado a obra de Greenberg e Mitchell. Esse encontro teve a sorte de ter sido presidido por um valor maior e que esteve acima das trocas intelectuais: a amizade.

como Winnicott, Balint, Green e Bollas e percebendo a necessidade de compreender como se deu a linha evolutiva destas diversas formas de pensar. A pesquisa de pós-doutorado nasceu, em grande parte, dessa necessidade. Em virtude disso, uma parte do material que compõe o livro é também originado de diversos trabalhos anteriores, que foram reutilizados e totalmente reelaborados para os objetivos aqui buscados; portanto, alguns leitores reencontrarão e poderão reconhecer aqui formulações e discussões cuja fonte original encontra-se em artigos e livros anteriores. Essa situação conferiu ao livro uma característica singular: um olhar mais apurado pode reconhecer nele a existência de diversas camadas que, se por um lado dão a impressão de uma certa irregularidade, por outro refletem o processo histórico autêntico de elaboração progressiva das ideias.

O livro está estruturado em três grandes partes, precedidas por um capítulo, que se segue a esta introdução, dedicado a discutir o enquadramento geral que norteia o trabalho. Nele, dedico-me a apresentar a maneira como compreendo a história e a epistemologia da psicanálise, concebidas segundo a dialética entre os movimentos de continuidade e de ruptura. Em seguida, na parte "Fundações", destaco diversos elementos do pensamento das relações de objeto que surgiram já na época freudiana, enquanto em "O edifício" abordo as obras de Balint, Fairbairn e Winnicott, que, em conjunto, constituíram o "núcleo duro" de tal pensamento. Por fim, em "Debates", destaco algumas problemáticas conceituais essenciais que emergiram a partir do choque produzido pela evolução dos modelos e que permanecem atualíssimas, fazendo parte das indagações da psicanálise contemporânea.

A questão que logo surge é: quais autores abordar em um livro sobre as relações de objeto? Ao examinarmos trabalhos anteriores sobre o tema, observamos que há alguma variação quanto ao destaque e à importância dos autores na história das relações de objeto, mas

48   INTRODUÇÃO

há, ao mesmo tempo, uma convergência significativa quanto à eleição dos autores mais significativos; estas "variações" e "convergências" refletem as diferenças de visão entre os historiadores da psicanálise, bem como a própria complexidade do campo e da matéria.

Penso ser inegável que as sementes do pensamento das relações de objeto se encontram na obra de Freud; ocorre que Freud acabou por subordinar o material teórico-clínico que apontava nesta nova direção ao modelo pulsional hegemônico, em uma estratégia que Greenberg e Mitchell chamaram de "acomodação". Apesar da genialidade, do caráter inesgotável e não superado e de sua participação na fundação do modelo relacional, optei por não incluir neste livro um capítulo especificamente dedicado a analisar a origem do pensamento das relações de objeto na própria obra de Freud; para uma melhor apreciação desse tópico, remeto o leitor ao trabalho detalhado e cuidadoso anteriormente realizado por Greenberg e Mitchell (1983/2003) e Mezan (2014) nessa matéria. Ainda assim, tal discussão será apresentada de modo sucinto no primeiro capítulo – dedicado a situar histórica e epistemologicamente os modelos pulsional e relacional –, e reaparecerá ao longo do livro em várias ocasiões.

Por outro lado, reservei um espaço considerável a Abraham e Ferenczi, por considerar que estes discípulos diretos de Freud da primeira geração – e com mais nitidez o segundo – cumpriram um papel importante e logicamente necessário, por vezes pouco reconhecido, neste setor da história das ideias. De Abraham, destaco o "espírito" do conceito de relação de objeto que se depreende de seu inspirado e minucioso estudo sobre o caráter a partir da perspectiva do desenvolvimento da libido, e de Ferenczi, retomo sua proposição pioneira sobre o papel crucial dos cuidados maternos e familiar no desenvolvimento da criança, bem como as repercussões bombásticas de tal proposição para a situação da cura analítica. Estas proposições levaram ao estudo de temas tão fundamentais quanto polêmicos,

como o da regressão em análise, o caráter retraumatizante da situação analítica e a necessidade de transformações metodológicas para
a abordagem terapêutica de pacientes "feridos" e traumatizados por
cuidados desastrosos, o papel da contratransferência, entre muitos
outros. No conjunto das obras de Freud e destes seus dois principais discípulos colaboradores, encontramos as *fundações* para o
edifício que posteriormente será erigido, sem as quais nada poderia
ter sido construído.

Uma segunda omissão é também digna de nota: do mesmo modo
como não há um capítulo dedicado especificamente à obra de Freud,
tampouco há um capítulo dedicado à de Klein. O motivo é que considero que sua obra cumpriu essencialmente uma função de *ponte*
para a construção do pensamento das relações de objeto.[10] O percurso dos autores que construíram tal edifício passou obrigatoriamente pelas ideias de Klein, mas estes diferenciaram-se de tais ideias
em pontos que podemos considerar como cruciais para o problema
que aqui tratamos. Por isso, prefiro reservar – como já disse – a expressão "relações de objeto" para um uso mais estrito, que não inclui
a acepção que ela ganhou nos escritos do grupo kleiniano. Quanto a
isso, creio ser muito precisa a observação de Green (1975/1988) de
que "o estudo das relações é antes o dos elos que o dos termos unidos
por eles" (p. 53); pois, se com Klein o foco estava na interação do
self com o objeto em termos de processos internos, Winnicott veio
a enfocar, com o paradigma da transicionalidade, *a natureza mesma
do elo* em termos da ligação entre o interno e o externo. O leitor deste
livro notará, no entanto, que, ainda que não haja aqui um "capítulo
Klein", o papel crucial e insubstituível de suas ideias para o pensamento das relações de objeto será abordado em várias passagens ao
longo dos capítulos – bem como as ideias de Freud.

---

10 A função de "ponte" da obra kleiniana é também sustentada e detalhadamente
discutida por Greenberg e Mitchell (1983/2003).

No "Edifício" principal, destaco três autores. Em primeiro lugar, Balint, que ocupou um lugar marcante na história da psicanálise por trazer o pensamento vivo de Ferenczi para o ambiente britânico e por "descongelar" e dar um tratamento produtivo ao impasse entre Freud e Ferenczi quanto à questão da técnica. A partir deste trabalho, ele propôs importantes conceitos teórico-clínicos que contêm o espírito das relações de objeto, com ênfase especial para o estudo da regressão em análise e para a sua criação da conhecida noção de "falha básica".

Fairbairn é nosso segundo autor. Ele tem sido cada vez mais apontado como uma peça-chave das relações de objeto, senão seu mais "puro" representante; apesar disso, permanece sendo um "ilustre desconhecido" em nosso meio. Dediquei-me aqui a apresentar, em linhas gerais, a sua trajetória profissional e as suas principais contribuições, que ganharam sua expressão mais marcante e contundente na proposição sobre a "busca de objeto". Essa feliz formulação, considerada em si mesma e pelo que condensa de sentidos e intenções teórico-clínicas, pode ser tomada como uma espécie de "locomotiva" que puxou o trem da história das relações de objeto. Neste livro, escutaremos este "mote" ressoando ao longo de todo o percurso, até ser colocado à prova de maneira mais contundente na discussão do último capítulo.

Por fim, trago a obra de Winnicott. Justamente por ser mais conhecida e estudada que as outras, apresentar hoje um recorte do seu trabalho se torna mais desafiador. Decidi tomar como eixo principal o tema da transicionalidade, que produziu uma espécie de "pequena revolução" na história das ideias, cujo reflexo se faz sentir em uma singular concepção de natureza humana, de patologia e de saúde. Creio que a genialidade e a inventividade de suas concepções, se comparadas às de seus irmãos de *Middle Group*, inegavelmente se destacam, bem como sua capacidade de equilibrar a ligação com a tradição psicanalítica e a liberdade de pensar e criar. São dignos de nota o grande leque de temas teórico-clinico por ele tratados e o caráter, ao mesmo tempo, fragmentário e perfeitamente articulado de sua obra; e, para além de tudo isto, é preciso ressaltar que seu "pensamento do paradoxo" é um dos que com mais vigor fertilizaram o campo da psicanálise contemporânea.[11]

É evidente que, como pano de fundo da questão da "escolha" dos autores a serem abordados no livro, encontra-se subjacente uma indagação quanto à questão da *primazia*. Quando tudo começou? Em que momento, com quais autores e com quais ideias se originou o pensamento das relações de objeto? Ferenczi teria sido o pioneiro, como sugeriu Balint? Conforme comentou Grosskurth, para boa parte dos ingleses, Klein era vista como a "mãe" da teoria das relações objetais, enquanto para os norte-americanos Fairbairn era o seu "pai". Como veremos ao longo do livro, existem várias versões da história das ideias; penso que essa diversidade reflete, por um lado, a complexidade do campo, e por outro, o modo dinâmico e vivo com que tais histórias são continuamente reconstruídas. A visão do pesquisador depende do ambiente geográfico em que está inserido, das informações a que tem acesso e das influências a que está sujeito (filiações, pontos de cegueira, transferências, inserções grupais e institucionais etc.), o que torna o "escrever e contar a história" um fenômeno vivo e em constante transformação.

---

11 No projeto original, este livro previa uma terceira parte dedicada às "Extensões" do "Edifício" principal, com capítulos dedicados a M. Khan, Green, Bollas e outros. No entanto, o livro ganharia uma extensão muito grande e indesejável, o que nos deixou com a alternativa mais adequada de um projeto de reunir tal material "depois de Winnicott" – a partir da década de 1970 – em publicação futura. Ainda assim, encontrar-se-á, ao longo do livro, diversas menções às contribuições destes diversos autores e de outros mais atuais, especialmente na parte final dos "Debates".

52   INTRODUÇÃO

Mas é preciso considerar, também, a complexidade do campo em si mesma, pois o desenvolvimento da psicanálise não se dá de modo linear, e sim por meio de movimentos variados, muitas vezes paralelos – que se desconhecem ou não se reconhecem entre si –, outras vezes, por meio de diálogos intensos ou de confrontos violentos, mas sempre de modo descontínuo, irregular e contraditório. Sim, mas é precisamente aqui que reside a riqueza e o interesse deste tipo de pesquisa, que não cessa de fascinar e instigar a curiosidade de muitos de nós!

É fundamental frisar ainda – já que estamos no campo da pesquisa *em psicanálise* – que há mais um ingrediente essencial que deve ser ressaltado e que não pode ser deixado de fora: a consideração pela biografia dos ilustres mestres. Esse método de abordagem já foi exercitado com Freud à exaustão, cuja vida foi explorada em detalhe e sob os mais diversos ângulos por inúmeros biógrafos, muitos deles buscando compreender a razão de tamanha genialidade e quais as forças subjetivas mais profundas que moveram o cientista em suas descobertas. O trabalho de Anzieu (1989) sobre a autoanálise de Freud talvez seja um dos mais exemplares, pois, por meio de um estudo minucioso e bastante especulativo, foi capaz de lançar alguma luz, de modo surpreendente e profundamente inquietante, sobre os processos inconscientes que impulsionaram Freud à criação da psicanálise.

Creio que este tipo de abordagem é não somente legítimo, como quase inerente à pesquisa em história da psicanálise. Pois, na construção do conhecimento e, mais particularmente, em psicanálise, a história das ideias está necessariamente imbricada com a história das pessoas, atores ou personagens que a viveram e a fizeram. As ideias surgem e se desenvolvem – nas suas virtudes e em seus vícios – em um ambiente humano e relacional. Ao nos interrogarmos sobre a emergência de teorias e ideias, deve-se sempre e necessariamente considerar a *história do movimento psicanalítico* – como se formaram os grupos e as instituições, quais são os caminhos da formação e do tornar-se analista que cada um segue, como se dão as relações geracionais e intergeracionais; mas é preciso também estudar a *história das transferências*, que deixa sempre, em seu rastro, muitos efeitos e restos não resolvidos: heranças conscientes e inconscientes, referências e reverências, identificações constitutivas e alienantes etc.

É preciso reconhecer que, em muitos casos, a criação dos pensadores se deu também a partir dos seus próprios "buracos" – feridas pessoais e restos de transferências não resolvidos, e as "falhas mais ou menos básicas" que cada um carrega consigo. Assim, segundo algumas leituras plausíveis, Ferenczi desenvolveu suas percepções mais agudas a partir de sua própria vivência de dor e de desamparo, em parte originada no sentimento de não ser amado e não ter sido devidamente cuidado analiticamente por Freud; Fairbairn chegou a uma aguda compreensão dos fenômenos esquizoides a partir de sua própria necessidade de isolamento, originada de uma vivência radical de desencontro em relação ao meio circundante; e Winnicott, em virtude de sua claustrofobia a grupos e sua teimosia em dizer as coisas sempre à sua própria maneira, criou uma das mais belas teorias sobre o *self* e a criatividade. Em função disto, procurei trazer, no presente livro, pequenos retratos biográficos dos autores trabalhados, bem como hipóteses sobre possíveis correlações entre os seus aspectos subjetivos e as características de suas produções. Espero que essas proposições sejam tomadas como sugestões convidativas para que cada um de nós reconheça em si mesmo a dimensão subjetiva e íntima de seu "ser analista" e reflita um pouco mais detidamente sobre ela, e não como uma psicanálise aplicada selvagem e invasivamente na vida íntima dos que nos precederam.[12]

---

12 O leitor notará que me ocupei de "apresentar" os principais personagens que construíram nosso "Edifício", mas abstive-me de recapitular os elementos biográficos daqueles trabalhados nas "Fundações", bem mais conhecidos e já

54 INTRODUÇÃO

Ao final do livro, após percorrer o pensamento dos autores ele-gidos nas "Fundações" e no "Edifício", dirigimo-nos aos "Debates". Nesta parte final, o eixo dos capítulos não está mais organizado por autores, e sim em torno de *questões*. Procuro recolher como tais questões foram tratadas por diversos dos pensadores abordados ao longo do livro e pelos comentadores que os sucederam; em se-guida, as questões são colocadas em diálogo, como uma simulação de uma "mesa redonda" virtual. Busco, assim, recapitular e relançar diversas das questões que a emergência do modelo relacional colo-cou para o campo da psicanálise, e que permanecem em pé e na ordem do dia da psicanálise contemporânea.

Assim, não cessamos de nos perguntar: as pulsões foram "supe-radas" ou deixadas de lado pelos pensadores das relações de objeto? Ou, olhando sob uma outra ótica: será que elas foram, na verdade, redescritas e ressituadas em um novo contexto?

Como se relacionam as linhas de desenvolvimento da libido e do Eu, e como situar o *self* neste novo contexto? Como o pensamento das relações de objeto tem se posicionado em relação à série etio-lógica de Freud e ao problema do inatismo *versus* o ambientalis-mo? E, por fim: como evoluiu o debate em relação à máxima da "busca de objeto" proposta por Fairbairn como alternativa ao prin-cípio do prazer freudiano – e como nos situamos hoje em relação a esta nova consigna?

A esperança do autor é contribuir aqui com um debate tão com-plexo quanto fundamental, cuidando de alertar o leitor contra o

---

trabalhados; e que, ao longo do percurso, cuidei também de apresentar breve-mente alguns personagens coadjuvantes, como Wulff e Bollas. Sobre a articu-lação entre vida e obra de Ferenczi e Abraham, sugiro os trabalhos de Sabourin (1985/1988), Jones (1926/1970) e Mezan (1993/2002, 1999/2002); já os estudos biográficos de Freud são inúmeros e constituem uma "biblioteca à parte", o que torna qualquer indicação bibliográfica dispensável.

risco de respostas esquemáticas e simplificadoras – tão alentadoras quanto enganosas – que infelizmente se apresentam com tanta frequência nos dias de hoje. Se a história da psicanálise se escreve na dialética entre continuidade e ruptura, penso que o nosso compromisso deve ser buscar se equilibrar, com coragem e pensamento aberto, na corda bamba da experiência psicanalítica, mantendo "sempre teso o arco da conversa".[13]

---

13 Parafraseando Caetano Veloso, a partir de verso da canção "A tua presença morena".

1. Da pulsão à relação de objeto

Passados mais de cem anos da criação da psicanálise, vemo-nos muitas vezes desorientados diante da Babel que se tornou este campo do saber. Se a obra de Freud já é, em si mesma, extremamente complexa e multifacetada, no campo pós-freudiano observamos o surgimento de diversos pensadores mais ou menos criativos e originais que contribuíram das mais diversas formas para o desenvolvimento da disciplina, aumentando exponencialmente a sua heterogeneidade e complexidade. A pergunta sobre "o que permanece sendo ainda psicanálise" – frequente quando surgem novas ideias – não é fácil de responder. As respostas dadas são, muitas vezes, enviesadas por leituras parciais, distorções ideológicas, lutas de poder ou sensibilidade pessoal, e são, ainda, influenciadas pelo momento histórico e o contexto político-institucional em que cada pensamento surge. A partir de qual ponto novas ideias transformam os fundamentos da disciplina a ponto descaracterizá-la? E quando tais inovações podem ser compreendidas como um progresso ou como uma contribuição que faz avançar o pensamento? Até onde a psicanálise tolera seus próprios "progressos" sem se romper, sucumbindo à explosão oriunda de suas

58   DA PULSÃO À RELAÇÃO DE OBJETO

possibilidades de derivação? Qual é, afinal, a *elasticidade* da disciplina psicanalítica?

Diante dos enormes desafios levantados por estas questões, apresentarei aqui a proposta de algumas *diretrizes* para nos orientarmos neste campo complexo e multifacetado, tendo como eixo de abordagem a evolução dos modelos teóricos da perspectiva pulsional para a perspectiva da relação de objeto. Para tanto, vou me apoiar inicialmente no trabalho de Greenberg e Mitchell (1983/2003), examinarei em seguida os estudos de epistemologia e de história da psicanálise de Renato Mezan e a "desconstrução" heideggeriana da psicanálise proposta por Željko Loparić a partir do seu estudo da obra de Winnicott, para então esboçar algumas diretrizes para abordar o problema.

O pulsional e o relacional: dois "modelos" fundamentais

Greenberg e Mitchell se propõem a realizar, em *Relações objetais na teoria psicanalítica* (1983/2003), um estudo do tema das relações objetais na história das ideias em psicanálise, almejando uma "psicanálise comparativa", que coloque a concepção dos principais teóricos psicanalíticos quanto a este tema fundamental frente a frente, de modo a evidenciar suas semelhanças e diferenças. Como os autores esclarecem, não se trata de abarcar *todas* as ideias e modelos psicanalíticos; na verdade, a escolha dos "principais teóricos" a serem trabalhados não deixa de ser influenciada pelo viés dos autores, também condicionado por questões regionais. Assim, além do exame cuidadoso da obra freudiana, o livro enfoca principalmente psicanalistas britânicos e norte-americanos; a ausência de comentários a respeito da psicanálise na França e na América do Sul cria uma lacuna incômoda. No entanto, e apesar desta limitação, creio que a abordagem é consistente, equilibrada e abrangente, constituindo um dos principais estudos sobre o tema que hoje conhecemos.

A análise de Greenberg e Mitchell parte da proposição de *duas estratégias principais* para lidar com o problema das relações de objeto na história da psicanálise. A primeira delas, inaugurada pelo próprio Freud, consiste em ampliar e adaptar seu modelo conceitual original para abarcar o problema. O "modelo original" ao qual os autores se referem é aquele calcado no conceito de *pulsão*. Quando Freud desenvolveu a segunda tópica e posicionou a análise do Eu no centro da investigação psicanalítica, ele direcionou o foco para a relação do Eu com o mundo e com os objetos; colocou-se, assim, pela primeira vez, o problema das relações objetais: "as relações objetais tinham que ser incluídas e levadas em consideração; suas origens, significados e destinos não eram, de forma alguma, automaticamente proporcionados e abrangidos pela antiga teoria da pulsão" (Greenberg & Mitchell, 1983/2003, p. 3). Segundo os autores, o caminho "conservador" adotado por Freud consistiu na *derivação* das relações com os outros e das representações internas dessas relações *das próprias pulsões*, ou seja, como vicissitudes das pulsões propriamente ditas; o papel dos objetos é aqui compreendido principalmente em relação à descarga da pulsão: eles podem inibi-la, facilitá-la ou servir como seu alvo. Este caminho foi também adotado por muitos teóricos pós-freudianos.

A segunda estratégia consiste em substituir o modelo pulsional por uma abordagem conceitual fundamentalmente diferente, na qual "as relações com os outros constituem-se nos tijolos fundamentais da vida mental; a criação – ou recriação – de modos específicos de relacionamento com os outros substitui a descarga pulsional como a força motivadora do comportamento humano" (Greenberg & Mitchell, 1983/2003, p. 3). Greenberg e Mitchell consideram que essa nova abordagem surgiu na década de 1940, com Sullivan (nos Estados Unidos) e Fairbairn (na Grã-Bretanha) – cujas perspectivas

60   DA PULSÃO À RELAÇÃO DE OBJETO

conceituais constituem "a principal alternativa sistemática à teoria pulsional" (Greenberg & Mitchell, 1983/2003, p. 4) –, e floresceu nos trabalhos de Winnicott, Guntrip e outros. Essas duas estratégias não aparecem necessariamente de modo excludente; em alguns casos, encontramos teorias de "modelos mistos", nas quais as premissas do segundo modelo são introduzidas e mantidas junto com as premissas do anterior; este foi o caso, segundo os autores, de Balint e de Kohut.[1]

Na verdade, a meta das análises de Greenberg e Mitchell não é empreender uma simples tarefa "classificatória" das teorias – determinar "de qual lado" cada uma se encontra –, e muito menos em tomar partido em termos de "quem está com a razão". Alguns trabalhos sobre a história das ideias em psicanálise são realizados por adeptos de um modelo ou do outro, que tendem a minimizar a importância e o significado das contribuições do outro (os autores citam os exemplos de Modell e Guntrip); para Greenberg e Mitchell, "ambas as linhas de construção teórica foram significativas e frutíferas, e podem ser compreendidas como que lutando de diferentes maneiras com os mesmos problemas" (Greenberg & Mitchell, 1983/2003, p. 4). Se o objetivo dos autores é, como dizem, articular os princípios subjacentes a cada modelo e inserir os principais teóricos na história das ideias psicanalíticas em relação a tais modelos, o seu maior interesse parece ser evidenciar a *tensão dialética* entre as duas estratégias e mostrar como esta tensão tem engendrado uma diversidade de respostas e construções teóricas ricas: "cada grande autor psicanalítico tem tido que se dirigir a esse assunto [as relações objetais], e sua maneira de resolvê-lo determina a abordagem básica e estabelece os alicerces para teorizações ulteriores" (Greenberg & Mitchell, 1983/2003, p. 4).

---

1   André Green é um bom exemplo de autor contemporâneo que pode ser incluído neste grupo de pensadores de "modelos mistos".

Greenberg e Mitchell reconhecem, ainda, os riscos de uma "psicanálise comparativa", mas sublinham, por outro lado, os riscos mais nocivos que se pode incorrer ao *evitar* fazê-lo. A psicanálise pode se tornar uma disciplina fragmentada em escolas isoladas, em perpétua luta motivada mais por razões políticas e por rivalidades que por diferenças conceituais substantivas, formando uma série de ilhas ou seitas de pensamento. Assim, comparações cuidadosas que respeitem as teorias são não só possíveis, mas também necessárias. A experiência pessoal de cada analista em seu trabalho cotidiano também reforça este ponto de vista, pois, conforme lembram Greenberg e Mitchell, a prática clínica de cada analista repousa numa teoria que *já é* uma síntese de informações derivadas de muitas fontes.

Mas, imediatamente, surge uma questão metodológica: como fazer essa "psicanálise comparativa"? E, ao mesmo tempo, uma indagação epistemológica: como fundamentar um estudo desta natureza? Quais ferramentas nos permitem uma comparação de tal ordem?

Greenberg e Mitchell apoiam-se, em seu estudo da teoria das relações de objeto, em Kuhn, pois consideram que sua abordagem do desenvolvimento das ideias científicas é bastante aplicável à história do pensamento psicanalítico. O trabalho de Kuhn faz parte de um movimento de revisão crítica operada pela filosofia da concepção de ciência, até então dominante, calcada no empirismo e no positivismo lógico. Segundo a nova visão, não há fatos e observações puramente objetivos que jazam fora da teoria, pois "a nossa teoria, a nossa compreensão e a nossa maneira de pensar *determinam* o que provavelmente vai ser tomado como fatos, determinando como e o que observamos" (Greenberg & Mitchell, 1983/1994, p. 10).

Em *A estrutura das revoluções científicas*, Kuhn (1962/1978) concebeu a ciência como "solução de problemas", e a história das ideias como uma série de modelos – ou maneiras de ver o mundo – que se sucedem e que são mais ou menos úteis para resolver problemas. Neste trabalho, Kuhn propõe a noção de *paradigma* como sendo o mais amplo e influente destes modelos e sugere que, em cada época, há um "paradigma reinante" que tem uma enorme influência na atividade científica, determinando a seleção dos dados, a escolha dos métodos e a postura esperada para o cientista em seu trabalho. Como assinalam Greenberg e Mitchell, o conceito de paradigma foi muito criticado – especialmente por ser muito vago e flexível – e deixado um pouco de lado pelo próprio Kuhn em seu trabalho posterior, ao perceber que ele convidava a simplificações e a um mau uso. Mas o grande interesse do conceito consistia na abertura que ele proporciona para estudar o processo de *transição* entre paradigmas. Se, em virtude de uma "tendência inercial", o paradigma reinante inspira lealdade e aderência, chega um momento em que novas ideias começam a emergir e, aí, observam-se três estratégias como reação: permanecer leal ao velho paradigma, tentar ampliar os conceitos e as suas fronteiras a fim de incluir os novos dados (estratégia de *acomodação*), ou optar por uma mudança de paradigma – reorganização que pode se tornar inevitável. Ora, o que Greenberg e Mitchell enfocam em sua obra são justamente as reações de *acomodação* ou de *transformação* que sobrevieram com o surgimento de uma "nova ideia" no horizonte psicanalítico – a ideia da relação de objeto.

Ao deixar para trás o termo *paradigma*, Kuhn volta-se preferencialmente para os *modelos*. Em *A tensão essencial*, ele sugere que as crenças compartilhadas pelas comunidades científicas constituem uma *matriz disciplinar*, que emprega vários tipos de ferramentas conceituais – ou diferentes *modelos*. Alguns são simples analogias (ou métodos heurísticos), enquanto outros fornecem um arcabouço básico de orientação e crença, cumprindo um papel muito mais profundo e universal. É nessa última acepção – enquanto verdadeiros "compromissos metafísicos", já que se baseiam em premissas não testáveis – que Greenberg e Mitchell utilizam a noção de modelo, aplicando-a às teorias psicanalíticas. Eles esclarecem ainda que os diferentes modelos que caracterizam o pensamento psicanalítico não são apenas formas de organização de dados clínicos; eles refletem diferentes visões da realidade e, por isso, "não podem ser combinados de modo significativo em uma única teoria" (Greenberg & Mitchell, 1983/2003, p. 20).

Os "compromissos metafísicos" concernem, no caso da psicanálise, a *quatro problemas fundamentais*. Primeiro: o que é primitivo, básico ou estrutural na experiência psíquica e na personalidade – pulsões, desejos, valores, objetivos, relação com outros, identificações, escolhas, ação ou algum outro elemento? Os três problemas seguintes são derivados deste primeiro e concernem à motivação, ao desenvolvimento e à estrutura. O segundo: o que as pessoas buscam? O terceiro: quais são os acontecimentos cruciais na transformação de uma criança em adulto? E por último: como se constitui a forma singular de um indivíduo? É claro que as respostas a estes problemas estão totalmente interligadas, constituindo um sistema de pensamento articulado capaz de gerar hipóteses clínicas e direções interpretativas. Se diferentes teóricos apresentam semelhanças nas suas respostas, estão operando dentro do mesmo modelo; se não, operam em um modelo alternativo.

É assim que Greenberg e Mitchell fundamentam sua abordagem da história das ideias em psicanálise, propondo-se a estudar a dialética entre o modelo freudiano original calcado nas pulsões e o modelo alternativo erigido "a partir das relações do indivíduo com outras pessoas" – modelos denominados "estrutural-pulsional" e "estrutural-relacional", respectivamente. O termo "estrutura" é aqui utilizado para indicar configurações que têm um baixo índice de mudança e que apresentam uma estabilidade em termos de um sistema de pensamento, em ressonância à ideia de "estrutura psíquica", que pressupõe padrões e funções duradouras que tipificam

64 DA PULSÃO À RELAÇÃO DE OBJETO

a personalidade individual. Assim, no modelo estrutural-relacional, a *estrutura* se desenvolve apenas a partir da relação do indivíduo com os outros, e não a partir das pulsões.

Várias psicanálises em uma?

A fim de aprofundar a discussão da fundamentação epistemológica de uma "psicanálise comparativa", recorremos em seguida aos trabalhos de Renato Mezan (1983/1988, 1985c/1988, 1990a/1993, 1990b/1993, 1998a, 1998b, 2002, 2014), que tem desenvolvido em nosso meio uma extensa pesquisa sobre o tema. Após um mergulho denso na obra freudiana (como se vê em *Freud: a trama dos conceitos* e *Freud, pensador da cultura*), Mezan voltou-se também para o estudo de autores pós-freudianos e manteve sempre a preocupação em compreender a relação entre os diversos ramos de pensamento dentro da psicanálise. A partir da constatação da *dispersão* da herança freudiana, tem procurado examinar esse fenômeno "para além dos monólogos cruzados", ou seja: buscando superar a posição dogmática e irracional que diversos analistas por vezes adotam em relação às tradições rivais.

Assim, em artigo dedicado à polarização Klein-Lacan, Mezan (1985c/1988) partiu da concepção de *teoria* como "um conjunto de teses que constituem respostas a um certo número de perguntas" (p. 245) e propôs que, na verdade, os "problemas" abordados pelos dois autores em questão não são os mesmos.

> *O analista kleiniano e o analista lacaniano não escutam a mesma coisa, [...] e não escutam a mesma coisa porque partem de teses bastante diferentes sobre a natureza do inconsciente, sobre as finalidades do processo analítico, e sobre o que significa escutar. (Mezan, 1985c/1988, p. 246)*

Para explicar a origem e a natureza dessas diferenças, Mezan lança a hipótese de "matrizes clínicas" diversas. Segundo esta ideia, certos movimentos inaugurais e definidores das respectivas teorizações teriam sido determinados pelo *tipo de situação clínica ou patologia psíquica* diante da qual cada um dos autores se debruçou prioritariamente. Assim, Lacan partiu do estudo da paranoia e colocou a problemática do narcisismo e da identificação no centro de sua concepção de sujeito por meio da noção de fase do espelho, enquanto Klein partiu do estudo de casos graves de neurose obsessiva em crianças e destacou o papel primordial do sadismo precoce. Segundo Mezan, estas primeiras formulações prefiguram, de certa maneira, os desenvolvimentos teóricos ulteriores de cada autor, preparando o terreno para conceitos como "reparação" e "posição esquizo-paranóide" do lado de Klein, ou para a reformulação da teoria do Édipo e para a concepção lacaniana de "falo".

O mais interessante é poder abordar o entrecruzamento entre os diversos pensamentos *in locu*, ali onde importa: na "trama dos conceitos" e nos desafios colocados pelas problemáticas clínicas. É o que observamos em dois ensaios penetrantes de Mezan (1985a/1988, 1985b/1988) sobre a inveja – estudada seja em relação ao desejo, seja em relação ao narcisismo e à castração. No início de um deles, Mezan assinala o abuso que houve na história da psicanálise – a começar por Freud – do "paradigma da dissidência", segundo o qual uma proposição conceitual *ou* está inteiramente correta, *ou* é um disparate absoluto. Essa visão hoje certamente não mais se aplica, pois

a história da psicanálise gerou uma situação paradoxal: existem diversos modelos teóricos psicanalíticos e escandalosamente não idênticos ao freudismo, que no entanto permanece como a fundação de todos eles. O kleinianismo, o lacanismo, a psicologia do ego, em diferentes níveis e com graus variáveis de distanciamento em relação

*ao modelo original, são derivações do pensamento freu-
diano, sendo outros sem deixar de ser psicanalíticos.
(Mezan, 1985a/1988, p. 76)*[2]

Ao polemizar com o psicanalista uruguaio Ricardo Bernardi,
Mezan retornou ao tema das "várias psicanálises em uma" de
modo mais criterioso no que se refere à sua fundamentação epistemológica. Na época, Mezan manifestou-se em desacordo com o
uso que fez Bernardi do conceito de *paradigma* de Kuhn para descrever o campo das teorizações psicanalíticas. Bernardi propôs a
existência de três grandes paradigmas – o de Freud, o de Klein e o
de Lacan –, cada um constituindo um sistema interconectado de
hipóteses, internamente autorreguladoras, vinculadas a práticas
psicanalíticas específicas e que, portanto, seriam incomensuráveis
entre si. Ele desenvolveu sua tese por meio de um recurso interessante: o exame de três diferentes leituras interpretativas do sonho
do "Homem dos Lobos". Mezan analisou em detalhe o trabalho de
Bernardi e apontou diversas incongruências na sua argumentação;
ressaltou, por fim, a contradição entre a proposta de haver "um
campo compartilhado de problemas" e, ao mesmo tempo, diferentes paradigmas.

A questão nevrálgica surge com a pergunta: "mas será mesmo
adequado falar em paradigmas, no sentido de Kuhn, para descrever
a situação atual da psicanálise?" (Mezan, 1990a/1993, p. 74). A sua
resposta é que a própria noção de paradigma é inapropriada para
abordar a dialética entre unidade e diversidade no campo psicanalítico. Ao contrário das descrições de Kuhn, não houve, na história
da psicanálise, uma "revolução científica": nenhuma das tendências

---

2 O *superego* foi, também, outro dos focos de atenção de Mezan (1985c/1988,
p. 249-251; 2002, p. 460-462) em termos de um estudo comparativo entre diversas abordagens.

chegou a suplantar as outras e as diferentes correntes coexistem no panorama internacional. E, sobretudo, *apenas o trabalho de Freud* preenche as condições definidas por Kuhn para um paradigma: os "elementos centrais do paradigma freudiano continuam a ser os elementos centrais de todos e de cada um dos sistemas [...], embora tenham surgido elementos próprios a cada sistema [...] e certos elementos do sistema inicial tenham visto seu papel ser significativamente alterado" (Mezan, 1990a/1993, p. 81-82). O que se dá, na prática, é uma circulação – maior ou menor, mais ou menos assumida – dos diversos psicanalistas pelos diferentes sistemas e doutrinas, sendo esta pluralidade do campo um sinal da *vitalidade* da disciplina.

Uma vez descartado o uso do paradigma, Mezan apontou alguns caminhos possíveis; um deles é justamente adotar o termo "matriz disciplinar", proposto por Kuhn ulteriormente. Este caminho é semelhante ao adotado por Greenberg e Mitchell que, como vimos, acompanham a própria revisão de Kuhn do "paradigma" como instrumento de análise epistemológica; eles adotaram a noção de *modelo* como instrumento mais adequado para compreender as linhas de força da teorização psicanalítica. A proposta de Mezan (1985c/1988) do termo "matriz clínica" parece seguir este mesmo caminho e guarda, portanto, uma certa "inspiração kuhniana". No entanto, como veremos mais adiante, a pesquisa de Mezan dos últimos anos evoluiu para uma nova reformulação quanto à questão dos paradigmas e modelos.

Por uma epistemologia regional da psicanálise

A leitura crítica de Mezan (1990a/1993) a partir do artigo de Bernardi foi ainda mais longe: ele sugeriu que talvez as ideias de Kuhn não sejam totalmente adequadas para um estudo de história da psicanálise, já que foram elaboradas a partir do estudo da história das ciências *naturais*. Para ele, deveríamos nos empenhar em construir uma "epistemologia regional da psicanálise" que procurasse "discernir de modo mais exato possível como se organiza, *em psicanálise*, a dispersão das perspectivas teórico-clínicas" (p. 83).

Neste espírito, Mezan (2002) elaborou, em ensaio posterior, um *diagrama* – bastante complexo – que buscava inserir a análise epistemológica em um conjunto complexo de planos de abordagem da teoria e da prática da psicanálise. Ele sugeriu uma "posição mediana" para a análise epistemológica, que, por um lado, pressupõe o conhecimento da história externa e interna da teoria e, por outro, deve fundamentar as discussões clínicas. Em seu diagrama, apresenta a seguinte sequência de âmbitos de abordagem, do mais amplo ao mais singular: 1. análise histórica do contexto científico e cultural no qual surgem as ideias psicanalíticas; 2. história interna da teoria, com seus diversos desenvolvimentos e rupturas; 3. análise epistemológica dos enunciados e dos conceitos (situada, portanto, em "posição mediana"); 4. discussão do processo terapêutico *stricto sensu*; 5. estudo da história e da sociologia do movimento analítico como horizonte da prática; 6. estudo do contexto social e cultural no qual se inscreve a prática psicanalítica. Os três primeiros âmbitos referem-se à teoria, enquanto que os três últimos à prática da psicanálise. Considero este "diagrama" um *modelo* de abordagem dos objetos psicanalíticos bastante consistente e preciso, sendo, ao mesmo tempo, abrangente e equilibrado em relação aos diversos vetores implicados neste campo de estudos tão complexo.

Ao levar adiante o projeto de construir uma "epistemologia regional da psicanálise", Mezan encontrou, no filósofo Gérard Lebrun, o apoio para tanto. Este último defende que cada ciência constrói a sua própria racionalidade, ao contrário da ideia de uma "razão universal" que abarca todas as formas de conhecimento do homem ("reflexão racionalista sobre as ciências" de Descartes). A originalidade de um saber implica uma racionalidade própria àquele saber e a tarefa da epistemologia é explicitar as estruturas *daquela* racionalidade. Assim, na construção de uma ciência, observamos o engendramento de objetos *inéditos* pensados segundo conceitos igualmente *inéditos*, forjando "um sistema autóctone de decisões e escolhas" (Lebrun, 1977, citado por Mezan, 2002, p. 438). Lebrun vê em Kant e em Comte antecessores que preparam o caminho para esta mudança de perspectiva e elogia Kuhn por fazer surgir as descontinuidades "sob as reasseguradoras evoluções desenhadas superficialmente" (Lebrun, 1977, por Mezan, 2002, p. 464).

A "decisão fundadora" que deu o impulso para a construção inédita da ciência psicanalítica foi a de que os fenômenos observados na situação clínica são compreensíveis a partir da hipótese do *inconsciente*, dando ensejo a um tipo especial de "causalidade psíquica". Mezan ilustra o desdobramento desta "decisão" nos primeiros passos de Freud, que "decidiu" forjar a noção de recalcamento para explicar os sintomas neuróticos, derivou-a para o enunciado teórico da separação entre representação e afeto e para a articulação entre recalcamento e resistência no tratamento, até complementá-la com uma nova "decisão" derivada: a atribuição da crise histérica à *sexualidade* recalcada. Como ressaltou Lebrun, as decisões tomadas frequentemente parecem, aos olhos dos contemporâneos daqueles que iniciam este movimento, "o cúmulo da arbitrariedade" – como se deu nos primeiros quinze ou vinte anos da história da psicanálise.

É preciso compreender que os "filósofos racionalistas" vieram a se contrapor aos "filósofos medievais" a fim de aniquilar a *revelação* como fonte de conhecimento, mas que, ao postularem a *unidade da razão* e a homogeneidade essencial dos conhecimentos, implantaram a ideia de que a ciência não tem história. Essa concepção veio

70 DA PULSÃO À RELAÇÃO DE OBJETO

a ser questionada por diversos autores, como o próprio Kuhn – que nos traz a visão de uma história descontínua, sujeita a "revoluções" – e Foucault, que propôs a existência, em cada época, de uma *episteme*: solo ou matriz comum que se reflete em diversas disciplinas, que compartilham então uma mesma racionalidade. Lebrun, ao postular que cada disciplina possui sua própria racionalidade, foi, segundo Mezan, "mais radical" e, também, mais "humilde", pois sua epistemologia é mais "dirigida":

> *ela se concentra numa única disciplina [...] e procura compreender como ela constrói seus objetos, como estabelece seus modelos de inteligibilidade, como determina os modos de validação ou de refutação de um enunciado.*
> *(Mezan, 2002, p. 455)*

Faz-se necessária aqui, no entanto, uma ressalva: se, por um lado, cada disciplina constrói sua própria racionalidade, deve-se lembrar, por outro, que existem, em um patamar mais básico, princípios racionais compartilhados por todas as ciências; para Mezan, tais princípios não se situam no plano da epistemologia, e sim da lógica.

Mezan conclui, assim, que "é interessante adotar a ideia de Lebrun sobre a especificidade da montagem racional que caracteriza cada disciplina, bem como sua advertência de que não se deve elevar ciência alguma à categoria de modelo absoluto" (Mezan, 2002, p. 466). Mas a ciência não é uma construção aleatória: o seu feitio reflete a região da realidade em que se situa seu objeto e seu método é concebido de maneira a procurar pôr em evidência, da melhor maneira, suas propriedades *específicas*. O desafio de uma epistemologia da psicanálise é, pois, procurar circunscrever e descrever a especificidade de seu objeto e, a partir daí, compreender a estrutura da montagem conceitual e o método que lhe são peculiares.

Psicanálise freudiana, psicanálise depois de Freud

Dentre as características específicas do campo psicanalítico a serem consideradas, encontra-se o problema do lugar atribuído à obra freudiana no seu *corpus* conceitual. Inúmeros autores têm se debruçado sobre esta questão; acompanhemos a posição adotada por Mezan, apresentada desta vez em contraste à abordagem de Paul-Laurent Assoun. O livro de Assoun, *Introduction à l'épistémologie freudienne*, já havia sido anteriormente examinado por Mezan (1983/1988) em "Rumo à epistemologia da psicanálise". Neste trabalho, Mezan já contestara a proposição de Assoun de que Freud teria sido "o único metapsicólogo" e opinara que há tantas metapsicologias quanto "sistemas de psicanálise": "embora tenha sido fundada por Freud, a psicanálise não é idêntica somente à produção teórica dele" (Mezan, 1983/1988, p. 46). Se as "elaborações metapsicológicas" continuam a avançar com os autores pós-freudianos, o objeto da epistemologia da psicanálise é "a racionalidade da teoria psicanalítica tomada em seu conjunto e em suas diversas variantes" (Mezan, 1983/1988, p. 46). Ou seja: importa operarmos com uma epistemologia *da psicanálise*, e não uma epistemologia *freudiana*. Mezan ressaltou como a argumentação de Assoun desemboca em uma afirmação *dogmática* sobre a identidade epistêmica de Freud, identidade que acaba por ser procurada no terreno obscuro de uma essência freudiana de natureza *pessoal* – seja na paixão por Fliess, seja no "modelo brückiano", seja em um "misterioso atributo" que agia em surdina desde a época de suas pesquisas sobre a cocaína.

O principal ponto de discordância de Mezan com Assoun refere-se, pois, ao esforço deste último de demonstrar que o único "sistema de psicanálise" é o de Freud, de modo que a análise epistemológica deveria se restringir ao estudo de sua obra. Para ele, trata-se de uma "miopia insanável" que, ao enfatizar a autonomia e a "identidade epistêmica" de Freud, oblitera-se "cada vez mais os nexos que unem a

72   DA PULSÃO À RELAÇÃO DE OBJETO

investigação freudiana ao contexto da época e que ao mesmo tempo definem a sua originalidade" (Mezan, 2002, p. 490-491), desconsiderando o processo real de constituição da disciplina psicanalítica. Um caso extremo dessa tendência encontra-se no esforço de transpor esta "substância" freudiana de seus escritos para sua própria pessoa, distorção que Mezan reconhece no trabalho de Cesarotto a respeito da relação de Freud com a cocaína.[3] Trata-se, em suma, de reificar a figura de Freud como um "pensador acima de qualquer suspeita".

Para Mezan, o pensamento de Freud resulta

> de uma complexa conjunção na qual entram fatores pessoais (é o pensamento de Freud, ancorado também na sua vida psíquica e emocional, como o de qualquer outro criador) e fatores "objetivos", como o estado dos conhecimentos científicos da época, a existência da histeria como organização psicopatológica sui generis, e as suas decisões metodológicas e teóricas que engendram [determinadas] consequências [...] É desse entrelaçamento extremamente sutil que surgem seus conceitos e suas hipóteses. (Mezan, 2002, pp. 491-492, grifos do autor)

Ora, é justamente o "entrelaçamento extremamente sutil" entre os diversos fios dos estudos psicanalíticos que procuraremos contemplar neste livro, acompanhando o prosseguimento do "fio da meada" do pensamento de Freud na era pós-freudiana.

Uma das principais decorrências do modo como Mezan situa e trabalha a obra freudiana é não a ver como única e definitiva, e sim

---

3 Discuti detalhadamente o assunto em "Freud, a cocaína e as adicções", capítulo de Adicções: paixão e vício (Gurfinkel, 2011).

colocá-la em perspectiva em relação ao diálogo com o pensamento de outros psicanalistas que o acompanharam ou o sucederam. A psicanálise não é a "obra de um homem só" (Mezan, 2002, p. 492), e a epistemologia não deve tomar Freud como objeto, mas como *fonte* de um modo específico de pensar. O seu escopo deve abarcar os diferentes "sistemas psicanalíticos" e buscar compreender a maneira como o pensamento freudiano foi "apropriado" e "ampliado" por seus sucessores.

Uma consequência natural desta abordagem é a crença na noção de *progresso* em psicanálise. Mais uma vez, Mezan se apoia na tradição filosófica para sustentar tal proposição. Após retraçar uma linha de discussão que parte de Platão e Aristóteles e segue por Hume e Kant, Mezan recorre ao modelo de Bachelard para assentar a ideia de que o objeto científico não é dado, mas construído. A noção de *ruptura* é, aqui, central: o conhecimento científico é construído por uma ruptura com a forma habitual de conhecer e está sujeito a "retificações sucessivas" conforme as situações o exijam. A realidade é inatingível em si mesma, mas é o *horizonte* para o qual tende o conhecimento, que busca dela aproximar-se por meio de tais retificações. A ciência é uma construção coletiva e, portanto, passível de "avanços não triviais". Assim, existe sim um *progresso*: "aumenta o volume de informações, modificam-se as teorias antigas, descobrem-se novas consequências dos princípios admitidos e, vez por outra, também se alteram esses princípios" (Mezan, 2002, p. 478).

Para Mezan, o mesmo se aplica à psicanálise:

> *Cem anos depois, aprendemos a ouvir coisas que eram inaudíveis para Ferenczi ou Freud, e isso não porque sejamos melhores analistas; cem anos de trabalho coletivo se acumularam, e a cada vez que um de nós fecha a porta e senta na sua cadeira, eles estão implícitos em nossa escuta. (Mezan, 2002, p. 478)*

74   DA PULSÃO À RELAÇÃO DE OBJETO

Nota-se, aqui, a força da visão *histórica* de Mezan, que complementa sua abordagem *epistemológica* da psicanálise: esta é a "dupla perspectiva" por ele adotada. Deve-se incluir os diferentes sistemas psicanalíticos no horizonte da análise epistemológica, reconhecendo o progresso que houve neste campo. Não devemos esquecer que carregamos nas costas cem anos de experiência psicanalítica acumulada, que se sedimentou no inconsciente de nossa escuta. A *ruptura* é, neste sentido, uma noção-chave que explicita tal perspectiva histórica, pois "o avanço na ciência é a ruptura com o conhecimento anterior" (Mezan, 2002, p. 479). Guardadas as devidas diferenças, tal ideia é comum ao pensamento de Foucault e à teoria das revoluções científicas de Kuhn; para Mezan, ambos compreendem a articulação necessária entre análise conceitual ou epistemológica e a perspectiva histórica.

Desde seus trabalhos da década de 1980, Mezan enfatizou a necessidade de um estudo abrangente do conjunto complexo de teorias produzidas no campo psicanalítico, sob estas duas vertentes complementares: a histórica e a epistemológica. Assim, uma vez que cada pensamento tem uma trajetória própria, é necessário "adotar uma perspectiva histórica e epistemológica que rastreie as perguntas originais a que cada autor procura responder" (Mezan, 1985c/1988, p. 247); "é urgente a constituição de uma história epistemológica da psicanálise, sem a qual será impossível situar Klein e Lacan, e inevitável cair nas ilusões ideológicas propaladas por seus discípulos" (Mezan, 1985c/1988, p. 251).

Essa *dupla perspectiva* tem sido colocada em ação nos diversos estudos ulteriores de Mezan, que esclareceu: "a abordagem histórica se situa 'a montante' da epistemologia: ela visa elucidar [...] as condições em que se originou seja a disciplina, seja uma parte específica dela" (Mezan, 2002, p. 441). Como observamos em seu diagrama, a abordagem histórica comporta uma dimensão "externa" (análise do contexto científico e cultural) e "interna" (pois a própria teoria possui uma história – a história dos conceitos e das ideias), além do estudo da história do movimento psicanalítico, particularmente importante na nossa disciplina.

Como se vê, *a dupla perspectiva histórica e epistemológica* resume a essência da proposta de Renato Mezan. A epistemologia caracteriza-se por um olhar *sincrônico*, já que ela "apreende as coisas num certo momento e realiza a descrição fina dos procedimentos e teorias utilizados em uma determinada disciplina" (Mezan, 2002, p. 480), enquanto a histórica é o seu contraponto *diacrônico*. Assim, um determinado conceito ou ideia psicanalítica só é mais bem compreendido quando se analisa tanto o contexto da rede conceitual em que ele se insere quanto o caminho do pensamento que levou até ele e que, por sua vez, ele ajudou a impulsionar (isso quando nos atemos apenas à história *interna* da teoria). Em suma:

> *conjugar a perspectiva diacrônica/histórica com a perspectiva sincrônica é, portanto, a única maneira de compreender o desenvolvimento de uma teoria complexa, pois permite seguir ora o trajeto de uma ideia do começo ao fim da obra, ora compreender os vínculos que ela estabelece com outras num dado momento. (Mezan, 2002, p. 480)*

Essa forma de abordagem coloca novos desafios para o estudo da história das ideias em psicanálise. Por um lado, é inegável que o lugar da obra de Freud é único, condição que contribui, como assinalaram Greenberg e Mitchell, para a marcante *singularidade* da psicanálise como ramo do saber.

> *A psicanálise é, praticamente, a criação de um homem. Embora ele tenha começado com um método tomado de*

76 DA PULSÃO À RELAÇÃO DE OBJETO

empréstimo de Josef Breuer e trazido ao seu pensamento uma sensibilidade formada pela familiaridade com a neurologia, fisiologia, psicologia e teoria da evolução, Sigmund Freud desenvolveu a psicanálise trabalhando essencialmente sozinho por dez anos, antes de ter sido acompanhado por colegas de formação semelhante. Este percurso singular de desenvolvimento faz a psicanálise única entre as disciplinas intelectuais porque, quando o trabalho de Freud foi "descoberto" e ele conseguiu companheiros de trabalho, ele já desenhara uma visão totalmente articulada (embora de maneira alguma final) de sua criação. (Greenberg & Mitchell, 1983/1994, p. 14)

O epíteto "pai da psicanálise" indica, como sabemos, esse seu lugar de fundador que não pode ser esquecido.

Por outro lado, o pensamento freudiano não deve ser embalsamado e reificado, sob o risco de anular a história e o progresso da disciplina. Se a psicanálise foi, em seus primórdios, a criação de um homem, ela não é a "obra de um homem só" (Mezan, 2002, p. 492), e a epistemologia *da psicanálise* não equivale a uma epistemologia *freudiana*. Todos os movimentos neste sentido redundam em uma tendência à *dogmatização* do saber que, como se sabe, tem tido consequências nefastas para o movimento psicanalítico e para a prática da psicanálise. Devemos trabalhar, então, com um paradoxo: ao mesmo tempo criatura de seu "pai" – pelo menos em sua origem –, a psicanálise passou a ser adotada, apropriada e recriada por um grupo crescente de colaboradores, tornando-se uma construção coletiva. Se ela *foi* a criação de um homem, ela também *se tornou* um produto coletivo e, por isso mesmo, pôde ganhar o estatuto de conhecimento científico – e ser objeto de um estudo epistemológico!

Afinal, quantos paradigmas?

Esse paradoxo nos permite retornar à questão dos diferentes modelos, paradigmas, matrizes disciplinares ou matrizes clínicas.[4] Creio que nos encontramos em condição de sustentar a tensão dialética entre *origem* e *desenvolvimento*, ou entre *gênese* e *progresso*, no interior da história da psicanálise. Isso significa reconhecer o lugar singular, único e fundador de Freud – sua obra e seu pensamento – e, ao mesmo tempo, compreender que ele não é o único, ainda que tenha assentado a base de tudo o mais. Suas ideias foram desenvolvidas, criticadas e transformadas em diversas direções, tornando uma trama conceitual já originalmente muito complexa (o "entrelaçamento extremamente sutil" das ideias desenvolvidas por Freud) em uma rede ainda mais complexa e multifacetada. As contradições internas e as diversas reviravoltas do pensamento freudiano, ao serem desdobradas, ganharam uma progressão exponencial explosiva na era pós-freudiana. Navegar neste mar de elementos, ligações e contradições é um dos maiores desafios que hoje nos cabe.

Não acho recomendável recuar diante desse desafio. Alguns parecem optar por seguir um caminho unilateral e tomar a parte pelo todo, recusando ou ignorando densos setores da história das ideias e, com isso, correndo o risco de empobrecer a sua própria capacidade de escuta por desconsiderar diversas descobertas relevantes. Outros, ainda, optam por imprimir uma partição no *corpus* psicanalítico a fim de garantir uma suposta coerência de princípios em cada uma de suas sub-regiões. Essa coerência é, no fundo, uma utopia, muitas vezes movida por um pensamento dogmático. Ela pode

---

4   Vale observar que o termo "matriz clínica" introduzido por Mezan – derivado da ideia de "matriz disciplinar" – já contempla a especificidade do campo psicanalítico, no espírito de uma epistemologia regional por ele defendida.

78   DA PULSÃO À RELAÇÃO DE OBJETO

servir para trazer um sentimento de autoasseguramento e poupar o navegante da angústia de se sentir, por vezes, confuso e desnorteado, mas o preço a pagar pode ser muito caro.

Até um certo momento de sua obra, Mezan sustentou que, em psicanálise, só temos um paradigma, no sentido de Kuhn. Assim, por exemplo, quando M. Klein reinventou o conceito de superego derivando-o não mais do complexo de Édipo, mas do sadismo infantil, ela está "fazendo ciência normal": modificando um elemento dentro do mesmo paradigma básico. Para ele, as controvérsias entre as diversas escolas são discussões "entre gente do mesmo partido" (Mezan, 2002, p. 462). É preciso compreender que essa posição não indica uma negação das diferenças entre as correntes de pensamento psicanalíticas; como vimos, a abordagem de Mezan contempla com toda a atenção a historicidade e a complexidade do campo psicanalítico. Trata-se apenas de indicar a inadequação deste modo de análise epistemológica para a região psicanalítica, especialmente no que se refere à sua desconcertante heterogeneidade; em que pese tal inadequação, é evidente que Mezan se alinha a uma abordagem epistemológica que coloca a historicidade no cerne de suas análises.

Mas, como ocorre em todo trabalho de pensamento que se espera ser vivo e dinâmico, a maneira de Renato Mezan se colocar quanto à questão dos paradigmas se transformou ao longo dos anos e notamos, em seus trabalhos mais recentes, uma mudança de posição significativa. Em uma notável revisão crítica de seu próprio trabalho, ele manifestou sua insatisfação com a substituição que havia proposto da palavra "paradigma" pela expressão "matriz clínica" e – também influenciado pelo trabalho de Greenberg e Mitchell – sugeriu uma outra solução: situar os paradigmas em um nível de abstração mais elevado que aquele proposto por Bernardi, o que possibilitou um redesenho do quadro histórico-epistemológico da psicanálise.

Mezan (2014) nos apresenta, então, suas novas proposições nos seguintes termos:

> designarei como disciplina a psicanálise em geral; dentro desta disciplina, convivem ao menos dois paradigmas (o pulsional e o objetal): cada um deles oferece um quadro genérico de referência, prescrevendo e proscrevendo opções determinadas quanto ao conjunto dos problemas pertencentes à disciplina. No interior de cada paradigma, seria apropriado falar em modelos: o modelo freudiano, o modelo kleiniano, etc. (pp. 69-70)

E, no interior de um modelo, podemos reconhecer, por sua vez, diversas *teorias* (teoria da angústia, teoria da libido etc.). É interessante notar que, na obra de um autor, podemos encontrar mais de um modelo e que, para Mezan, podemos identificar na obra de Freud *quatro* modelos – que se desdobrarão, como veremos, na era pós-freudiana, constituindo as chamadas "escolas". Assim, com essa revisão, compreende-se um "paradigma" não mais como a concepção de algum autor específico, mas sim como uma "problemática", que pode ser "modelizada" de maneiras diversas.

As proposições de Mezan situam-se, no fundo, bastante próximas àquelas de Greenberg e Mitchell. Mesmo que tenha redefinido a terminologia básica, Mezan compartilha das análises dos norte-americanos e reafirma a pertinência da proposição dos paradigmas pulsional e objetal; mas é preciso reconhecer também que houve algumas alterações significativas.

Ao indagar-se sobre o que devemos conservar da estrutura geral proposta por Greenberg e Mitchell, Mezan (2014) responde:

> em primeiro lugar, a ideia dos paradigmas [...]; em segundo, algumas análises particularmente precisas, entre as

80 DA PULSÃO À RELAÇÃO DE OBJETO

> *quais a que propõem sobre a escola kleiniana e sobre a*
> *situação da psicanálise nos Estados Unidos; em terceiro,*
> *a ideia de uma evolução interna da obra de Freud, evo-*
> *lução que pode ser caracterizada de formas diferentes*
> *daquela proposta por eles, mas obedecendo ao mesmo*
> *princípio: é em Freud que devemos buscar os pontos de*
> *derivação das escolas pós-freudianas. (pp. 73-74)*

A "forma diferente" – ou o método – adotada por Mezan para conceber a evolução interna da obra de Freud está calcada no "primado da metapsicologia". A partir desse princípio, o autor descreve quatro *modelos* que podem ser reconhecidos na obra de Freud: o modelo inicial da histeria; o modelo da psicose, construído entre 1909-1914; o modelo originado do estudo da neurose obsessiva – no qual o ódio e o narcisismo são proeminentes –; e o quarto modelo, que tem por matriz clínica a melancolia. Esses modelos serão a base daquilo que se desdobrará na era pós-freudiana e que se sedimentará – como veremos adiante – nas diversas "escolas".

Mas Mezan acrescenta ainda uma nova hipótese, bastante fascinante: a possibilidade de reconhecermos um *terceiro* paradigma na história da psicanálise. Trata-se do "paradigma subjetal", fundado por Lacan. "O que me leva a pensar assim é o fato de que os pressupostos filosóficos do lacanismo se assentam sobre uma concepção própria da *alienação interna do sujeito*, como consequência da identificação especular e de sua inscrição na cultura" (Mezan, 2014, p. 71). A linhagem filosófica específica de Lacan – Hegel e o estruturalismo – seria responsável por uma especificidade tal de suas construções que torna difícil assimilá-la aos modelos pulsional ou relacional. Não pecamos por exagero ao ressaltar a magnitude, a originalidade e a ousadia de tal hipótese, cujos desdobramentos e possíveis repercussões mal podemos alcançar no momento. Trata-se de proposição de grande impacto e que, certamente, merece um desenvolvimento que, esperamos, se dê nos próximos trabalhos do autor e/ou de outros pesquisadores. Não daremos prosseguimento aqui a tal discussão porque, se assim o fizéssemos, nos desviaríamos do nosso foco, que é o estudo do pensamento das relações de objeto; quero, no entanto, deixar registrado o valor potencial e a relevância de tal discussão.

E quais *novos paradigmas?*

Examinemos, agora, as proposições de Željko Loparić (1996, 1999a, 1999b, 2001), que tem realizado também uma extensa pesquisa de epistemologia da psicanálise em nosso meio. Um de seus principais focos de interesse é o contraste entre os pensamentos de Freud e de Winnicott, e a hipótese que tem defendido é que o trabalho deste último deu início a um *novo paradigma* em psicanálise (no sentido de Kuhn). Seu estudo comparativo entre os dois autores é extenso e rigoroso, baseado em leitura cuidadosa das obras de ambos, e explora com argúcia e acuidade suas principais diferenças.

A centralidade do complexo de Édipo na teoria psicanalítica constitui um dos pontos de partida principais dos estudos de Loparić. Se, para Freud, tal operador ocupa um lugar estruturante do psiquismo, Loparić nos apresenta o pensamento de Winnicott como uma "psicanálise não edipiana". Klein teria adotado – por sua vez – uma "estratégia revisionista" ao postular um Édipo precoce, procurando manter a centralidade da hipótese freudiana ao mesmo tempo em que a transformava para dar conta da vida mental da criança muito pequena (especialmente quanto ao seu suposto sadismo exacerbado e à culpabilidade decorrente).[5] Winnicott, por outro

---

5   Esta leitura é, em parte, similar à de Greenberg e Mitchell (1983/2003), que viram no sistema kleiniano uma ponte de transição entre Freud e os autores da

82   DA PULSÃO À RELAÇÃO DE OBJETO

lado, teria rompido com o modelo freudiano. Tratar-se-ia de uma "revolução científica" que teria substituído o antigo "problema central" – o do "andarilho na cama da mãe" –, por um novo: o do "bebê no colo da mãe" (Loparić, 1996, p. 47).

O argumento de Loparić assenta-se em leitura dos estudos de Winnicott sobre a psicose e na teoria do desenvolvimento emocional primitivo deles derivado que, de fato, não coloca a problemática pulsional e edipiana no centro do processo básico do desenvolvimento, como o fazem outras concepções psicanalíticas sobre a constituição do sujeito – em particular aquelas ditas "freudianas". As "agonias impensáveis" descritas por Winnicott teriam servido como "anomalias"[6] que instauraram uma crise na psicanálise freudiana, conduzindo à construção de um novo sistema conceitual. O bebê não quer, segundo Winnicott, dormir com a mãe ou castrar o pai; "ele quer a presença segura da mãe que lhe inspire a fé em si mesmo e no mundo" (Loparić, 1996, p. 46). Em substituição a uma teoria do desenvolvimento calcada na função sexual, agora se considera a relação de dependência, o desamparo inicial e a travessia da dependência absoluta rumo à dependência madura.

Deve-se ter em conta que uma ferramenta essencial na abordagem de Loparić é o pensamento de Heidegger. É por meio deste filósofo que Loparić opera, por um lado, uma "crítica desconstrutiva" da psicanálise freudiana e, por outro, reconhece, na "revolução winnicottiana", o cumprimento dos critérios para atender a uma

---

relação de objeto (Fairbairn, Winnicott etc.): "Klein *tanto* permaneceu fiel a, *como* afastou-se da visão de Freud, e serviu como uma figura transicional--chave entre o modelo estrutural-pulsional e o modelo estrutural-relacional" (p. 121, grifos do autor). Estes últimos enfatizaram mais que Loparić, no entanto, o quanto Klein *abriu caminho* para o novo modelo ao transformar, de modo sutil e, em geral, pouco percebido, a própria *natureza* do conceito de pulsão.

6 Termo utilizado por Kuhn para designar o acúmulo de problemas sem solução na história de uma ciência, que produz uma crise de paradigma.

"antropologia científica", segundo a exigência do filósofo. Loparić parte, em seu trabalho, de uma crítica desconstrutiva mais ampla da teoria moderna da subjetividade e da "teorização objetificante em geral e, em particular, da teorização especulativa sobre o ser humano" (Loparić, 2001, p. 107) para, então, concentrar-se no caso específico da psicanálise. Loparić nos traz a crítica de Heidegger a Freud: ao ter concebido a vida humana em termos de cadeias de atos mentais, ele desconsiderou a estrutura do homem como ser-no--mundo e criou uma linguagem descritiva dos fenômenos inspirada na teoria metafísica da subjetividade e no projeto de objetificação da natureza. No entanto, Heidegger não teria contestado "as descobertas empíricas" de Freud: Loparić cita o caso da *repressão* [recalcamento], cuja existência e importância clínica são reconhecidas pelo filósofo.

A crítica mais incisiva recai sobre a metapsicologia. Loparić considera a metapsicologia de Freud – seguindo sua leitura de Heidegger – "um constructo teórico produzido no quadro da ciência natural, que é inadequado para a pesquisa no campo das ciências do homem" (Loparić, 1999a, p. 105). Após uma cuidadosa desconstrução da metapsicologia em três níveis – quanto ao princípio de causalidade, quanto ao modelo do aparelho psíquico e quanto ao conceito de pulsão –, Loparić conclui com uma crítica do conceito de inconsciente: "Heidegger vai *além* do inconsciente freudiano, colocando-se *aquém* da metafísica da subjetividade naturalizada e da psicologia concebida como ciência empírica desse tipo de entidade" (Loparić, 2001, p. 129); em substituição ao inconsciente freudiano, Heidegger "teria avistado" um "não consciente originário". Após realizar sua desconstrução, Loparić retoma a proposta do filósofo de erigir uma ciência do homem "completamente nova", que deveria ser, segundo a sua leitura, "uma psicanálise sem metapsicologia".[7]

---

7 Mezan (1998a) opôs-se particularmente a Loparić nesse aspecto e dedicou um longo ensaio a analisar criticamente as posições deste último quanto à metapsicologia.

84 DA PULSÃO À RELAÇÃO DE OBJETO

Para Loparić, Winnicott compartilha com Heidegger (sem mencioná-lo) o abandono da metapsicologia de Freud "juntamente com seu quadro de referência kantiano e naturalístico" (Loparić, 1999a, p. 105); a sua psicanálise pode contribuir, portanto, para o desenvolvimento da psicopatologia e da terapia "daseinanalítica", de uma antropologia existencial ou mesmo de uma "analítica existencial". Ele identifica, na psicanálise, uma certa tendência de aproximar-se das teses que fazem parte do projeto heideggeriano e, apesar de incluir nessa tendência alguns autores norte-americanos como Schafer e Kohut e vários psicanalistas atuantes na América Latina, considera Winnicott o seu maior expoente.

> Os principais pontos descontrutivos que Heidegger e Winnicott têm em comum são a recusa da concepção do distúrbio patológico humano, não meramente físico, como lacuna de consciência, recusa acompanhada da redefinição do conceito de inconsciente e da rejeição do modo de teorização especulativo. (Loparić, 2001, p. 137)

Com base nesses supostos elementos em comum, Loparić propõe, por fim, *a articulação de um "novo paradigma" para a psicanálise*:

> além de ser filosoficamente mais genuíno, esse paradigma pós-metafísico, proposto nos escritos do filósofo alemão e do psicanalista inglês, parece, conforme indicam as pesquisas de Winnicott e de seus seguidores, ser também mais eficiente do que o paradigma oitocentista de Freud na resolução de problemas clínicos. (Loparić, 2001, p. 137)

Trata-se, sem dúvida, de uma proposição ousada; ela emerge após um longo percurso de análise das obras de Freud e de Winnicott segundo a ótica desconstrutivista de Heidegger e é defendida com grande veemência.

Um bom exemplo de aplicação deste modelo de análise a uma problemática específica é o artigo de Loparić (1999b) sobre a verbalização e a comunicação. Em outro trabalho, ele abordará também, aliás, a revisão crítica heideggeriana de outros conceitos, como a repressão, a introjeção, a projeção e – mais particularmente – a relação entre representação e afeto (Loparić, 2001, p. 114); mas aqui o que põe em movimento a análise é a seguinte pergunta: "é dizível o inconsciente?". A fim de colocar em questão o imperativo de "tudo dizer" da regra fundamental do método terapêutico freudiano, Loparić insere a construção deste método no âmbito mais amplo da história da cultura, acompanhando a "regulamentação iluminista da verbalização". Ele relembra os antecedentes do imperativo de dizer nos confessionários católicos e nos libertinos franceses que, na figura proeminente de Sade, se punham a verbalizar o abominável; ora, as "palavras lúbricas" de Sade caíram no vazio do esquecimento, sendo inclusive ignoradas pelo próprio Freud, que tanto teorizou sobre o "sadismo". Nasce, então, no homem ocidental, uma "ortopedia verbal", uma regulamentação do dizer que o coloca em "liberdade condicional". O sonho iluminista de Leibniz de uma "língua unitária" da ciência – uma língua universal na qual tudo o que existia poderia ser formulado – é exemplar deste momento. Mas a regulamentação do dizer não excluiu apenas a "voz da morte" (a palavra maldita dos libertinos), mas também *o pré-verbal e o não verbal* – e é essa exclusão o foco da análise de Loparić. Ele identifica, na filosofia (particularmente em Nietzsche) e na poesia (Mallarmé, Stefan George, Joyce, Pound e Beckett), alguns antecedentes do que Heidegger veio a formular com toda força: o fato da verdade do ser humano ser constituída por uma *negatividade* – "para além do amor e da morte, do desejo e da agressividade" (Loparić, 2001, p. 338) – que não pode ser transposta em uma comunicação verbal.

86   DA PULSÃO À RELAÇÃO DE OBJETO

Essa proposição coloca um duplo questionamento para a psicanálise: o conceito de inconsciente e a regra da livre associação. Até onde o inconsciente é verbalizável, e até onde a regra da verbalização possibilita colocar em cena a verdade do sujeito? Loparić dedica-se, então, a uma meticulosa desconstrução da regra fundamental da psicanálise e dos princípios que regem o trabalho de interpretação do analista, para anunciar em seguida que, com Winnicott, "a psicanálise rompeu o encanto da verbalização" (Loparić, 1999b, p. 358). Segundo sua ótica, Winnicott reconhece o inconsciente recalcado de Freud mas considera-o uma formação tardia; em acréscimo a tal inconsciente, ele introduz na teorização psicanalítica a ideia de um "não consciente cindido" relacionado à etiologia da psicose, e referido a "algo que devia acontecer, mas não aconteceu" (Loparić, 1999b, p. 359). Mais uma vez, o exame da obra de Winnicott é meticuloso e inteligente, retomando o tema da *comunicação* tão cara ao psicanalista inglês, e discutindo-o em relação à clínica da psicose, ao modelo da comunicação inicial mãe-bebê e ao conceito de "comunicação primária". O resultado do percurso desse belo ensaio é fascinante e estimulante, e, de fato, toca a fundo nas transformações de peso produzidas no campo psicanalítico pelo pensamento de Winnicott.

A proposta desenvolvida por Loparić é, pois, ao mesmo tempo, ousada e impactante. Ela se apoia em uma leitura precisa e meticulosa das obras de Freud e Winnicott e é profundamente reveladora das grandes diferenças existentes entre os dois sistemas conceituais; ela oferece à comunidade analítica um instrumento muito rico para ampliar a sua compreensão destes pensadores. Loparić alia o rigor da visão do filósofo com uma leitura exegética do texto psicanalítico; o simples fato de depararmos com um filósofo se debruçando sobre a obra de Winnicott é, aliás, por si só, digno de nota.[8] E, ao adotar

---

8   Refiro-me ao fato de a obra de Winnicott ter sido muito menos tomada a sério como objeto sistemático de estudo por parte de filósofos que a de Freud.

o pensamento de Heidegger como ferramenta básica, elege um ponto de vista original que possibilita pôr em evidência diversos aspectos de interesse. Assim, por exemplo, compreendemos como de fato a estrutura do homem como ser-no-mundo parece muito mais afim à concepção winnicottiana da unidade inicial indivíduo--meio ambiente – já que "não existe tal coisa chamada *o bebê*" – que ao modelo freudiano do aparelho psíquico, o que coloca o psicanalista inglês mais afinado com certas concepções filosóficas do século XX. A "psicanálise do *self*" de Winnicott coloca na ordem do dia problemáticas como "viver uma vida que valha a pena", viver de modo criativo, sentir que o mundo é real e que se é capaz de experimentar uma autêntica realização do si-mesmo no mundo – preocupações relativamente ausentes no pensamento freudiano.[9]

O "efeito Winnicott":[10] virtudes e desvios

Penso que Winnicott pode ser tomado, de fato, como um exemplo-tipo para estudar as transformações na história das ideias em psicanálise.

---

9 O estudo de Freud (1915c/1981) sobre a *transitoriedade* do belo e do vivo, relacionada ao problema da perda e da morte como inerentes à vida e à natureza humana – e, por decorrência, articulada ao enigma do luto –, deve ser lembrado como uma exceção digna de nota. A melancolia, enquanto negativo da capacidade humana de reerguer-se diante da perda, da dor e da morte, indica precisamente a dimensão patológica do viver criativo. Seguindo esta trilha, o trabalho de Fédida (1999, 2002) sobre a depressão é um ótimo exemplo de um esforço bem-sucedido de aproximar psicanálise e psiquiatria fenomenológica.

10 Empresto aqui uma expressão utilizada por Pontalis (1991), dando prosseguimento à sua proposta de refletir sobre o impacto do pensamento e da presença de Winnicott na história das ideias, no movimento psicanalítico e no "ser analista" das gerações que o sucederam.

88 DA PULSÃO À RELAÇÃO DE OBJETO

Quando ele se dedicou ao estudo da tendência antissocial e mergulhou na clínica da psicose durante a Segunda Guerra Mundial – após uma extensa e *sui generis* experiência combinada de pediatria e psicanálise da criança – recolheu o material para construir uma teoria inovadora dos primeiros passos na formação do ser humano. O psíquico e o somático foram rearticulados em novas bases,[11] a ideia de um processo de integração foi adotada como nunca, e o problema da construção da relação do sujeito com a realidade foi abordada sob uma ótica nova e extremamente fértil: segundo a travessia pela terceira área da transicionalidade, partindo de uma experiência de onipotência fundante em direção ao objeto objetivamente percebido do princípio da realidade.[12]

A teoria da psicose que daí emergiu prescindiu da hipótese freudiana do narcisismo e priorizou o desenvolvimento do Eu em detrimento do desenvolvimento da libido. O modelo freudiano da fixação-regressão, para dar conta da etiologia das perturbações psíquicas, sofreu uma reelaboração significativa, ainda que tenha permanecido como um esquema explicativo de fundo. As agonias impensáveis foram tematizadas em lugar das angústias de castração da situação edipiana, a dissociação tomou o lugar do recalcamento e uma nova dimensão do inconsciente veio à tona. Winnicott (1963b/1989) distinguiu-a do inconsciente recalcado da psiconeurose e referiu-se a um tipo de material derivado de situações traumáticas ocorridas antes que houvesse um Eu capaz abarcá-las – ou de *fazer experiência*. Uma nova dimensão de temporalidade relativa aos processos inconscientes foi então tematizada: aquela de um acontecido não experienciado.[13]

---

11 Cf. "Winnicott e o psicossoma" (Gurfinkel, 2001).

12 Estudei em detalhe este último aspecto – o processo inicial de desenvolvimento que Winnicott designou como "realização" – em "Fé perspectiva e experiência de realidade" (Gurfinkel, 2001), propondo uma aproximação entre os pensamentos de Winnicott e de Merleau-Ponty.

13 Ainda que possamos reconhecer aqui um eco distante da noção freudiana de *posterioridade*.

Mas cabe agora nos perguntarmos: até que ponto estas ideias são *totalmente* originais? Até onde elas substituem ou invalidam as anteriores?

Em alguns trabalhos – e como se verá ao longo deste livro –, tenho assinalado a mudança de perspectiva resultante da passagem de uma "clínica do recalcamento" para uma "clínica da dissociação", ressaltando o papel central cumprido por Winnicott na construção de um novo modelo teórico-clínico na história da psicanálise; essa proposição converge com a leitura de diversos autores. No entanto, pude também observar a importância dos trabalhos de Klein e de Fairbairn como antecessores das formulações de Winnicott neste campo, além de algumas intuições tardias do próprio Freud. Em seu artigo inacabado sobre a dissociação do Eu, publicado postumamente, Freud inicia com as seguintes palavras: "por um momento me encontro na interessante posição de não saber se o que eu vou dizer deveria ser considerado algo familiar e evidente há muito tempo ou algo inteiramente novo e surpreendente. Sinto-me inclinado à segunda alternativa" (Freud, 1938/1981, p. 3.376). Ora, o "algo" novo é o conceito de dissociação, e o "algo" familiar é o recalcamento! Assim, um exame *a posteriori* deste artigo e do tema da dissociação na obra de Freud nos revelou um interjogo muito mais sutil entre *continuidade* e *inovação* na história do conceito de dissociação, ainda que seja inegável o enorme progresso implicado na descoberta de uma "clínica da dissociação".

Outro exemplo em que observamos esta mesma complexidade é quanto ao conceito de inconsciente. É evidente a ampliação do conceito de inconsciente operada por Winnicott. *Ampliação* é o temo correto, pois Winnicott não recusa o inconsciente recalcado, mas acrescenta a ele uma outra forma de inconsciência; da mesma maneira, ele continua a considerar a clínica do recalcamento da psiconeurose ao lado da clínica da dissociação da psicose. Quanto a isso, Greenberg e Mitchell (1983/2003, p. 383-387) descreveram com

90 DA PULSÃO À RELAÇÃO DE OBJETO

bastante clareza as duas tendências que surgiram, após o advento do modelo relacional, no que se refere à questão do diagnóstico e da classificação psicopatológica: alguns autores – como Kohut e Kernberg – sustentaram a correção de adotarmos uma *duplicidade* de construções teórico-clínicas para trabalhar com os pacientes neuróticos e não neuróticos respectivamente, enquanto outros, mais radicais – como Fairbairn –, tenderam a substituir inteiramente o modelo do funcionamento psíquico baseado no recalcamento e no complexo de Édipo por um novo modelo, para *todos* os casos clínicos; daí a proposição de Fairbairn de que, subjacente a toda histeria, se encontra uma problemática esquizoide de fundo. Examinando mais atentamente a evolução do pensamento de Winnicott, vemos que as coisas são um pouco mais sutis e complexas, pois quando, após seus longos anos de pesquisa, ele se volta para a clínica da psiconeurose, ela já não é mais a mesma: é vista e trabalhada com novos parâmetros, ainda que a ideia de uma clínica do recalcamento seja, em tese, conservada.

Mas se a ampliação do conceito de inconsciente proposta por Winnicott é inegável, ela pode também ser reconhecida em outro lugar. Assim, Pontalis realizou uma brilhante análise do que significou a passagem do inconsciente da primeira tópica freudiana para o Isso da segunda tópica, mostrando como este último já apontava para um profundo remodelamento do conceito de inconsciente. No novo modelo, não era mais possível trabalhar em termos de *enigmas* a serem decifrados ou interpretados, portadores de um sentido oculto, mas sim em termos dos *mistérios* (do Ser), cujo desvelamento não passa pela interpretação. Se a primeira tópica pode ser pensada em termos kantianos, a segunda exige Schopenhauer e Nietzsche; pois

dizemos isso quando não sabemos mais nomear [...] a isso não podemos dar nem forma nem figura. As palavras que nos vêm para designá-lo são afetadas por um prefixo negativo: inominável, infigurável, informe. Tantas palavras que exprimem a potência, assim negativa, do inconsciente. (Pontalis, 1999, p. 12)

É surpreendente cotejar os comentários de Pontalis com a leitura de Loparić em "É dizível o inconsciente?". Aquilo que Loparić só viu em Winnicott, Pontalis reconheceu – pelo menos em estado nascente – na segunda tópica freudiana. E, ainda: Pontalis aproxima também, precisamente, esta mudança de concepção aos comentários de Winnicott em *O medo do colapso!* Ao que tudo indica, o próprio Winnicott quis distinguir o tipo de inconsciência por ele proposto daquele de Freud de *O Eu e o Isso*,[14] mas isso não nos impede de reconhecer uma aproximação possível, como o fez Pontalis por meio de sua leitura rigorosa, estimulante e engenhosa.

Com esses pequenos exemplos, quis sugerir que trabalhar exclusivamente em termos da polarização Freud/Winnicott pode nos conduzir a um recorte parcial. É claro que *toda* leitura da história dos conceitos é sempre parcial, e que os dois sistemas conceituais já são suficientemente complexos para justificar o trabalho de pesquisa de uma vida; mas considero frutífero inserirmos, sempre que possível, Freud e Winnicott no âmbito de uma história mais ampla que envolve muitos atores – uma história coletiva – e que deve ser reescrita respeitando a complexidade dos fios que a compõem. A originalidade de Winnicott é inegável, mas fazemos mais justiça à força de seu pensamento quando podemos compreendê-la

---

14 Diz Winnicott (1963b/1999): "The unconscious here is not exactly the repressed unconscious of psycho-neurosis, nor is it the unconscious of Freud's formulation of the part of the psyche that is very close to neurophysiological functioning" (p. 90). Estaria ele se referindo aqui – "esta parte muito próxima ao funcionamento neurofisiológico" – ao *Isso* da segunda tópica?

92 DA PULSÃO À RELAÇÃO DE OBJETO

sustentando a tensão dialética entre a sua singularidade[15] e o diálogo constante com os seus "outros" da comunidade psicanalítica – do passado, do presente e do futuro.

Do meu ponto de vista, a visão panorâmica proposta por Greenberg e Mitchell atende a essa exigência. Em seu trabalho, as obras de Freud e de Winnicott são inseridas em uma história das ideias e compreendidas em conexão a outras obras relevantes. É claro que há um critério e uma meta na abordagem adotada, condicionados ao objetivo da pesquisa – compreender a "relação de objeto" na história da psicanálise –, o que determina também um certo recorte desta história. Mas o resultado do método escolhido mostrou-se bastante profícuo, já que possibilitou compreender as diferenças significativas de visão entre os diversos autores no que se refere ao tópico estudado, bem como os laços de continuidade. São contempladas tanto as releituras sucessivas e as transformações operadas nos conceitos quanto as oposições francas de ideias, sem "escamotear" as diferenças ou "dogmatizar" as posições de cada um. O eixo adotado para este estudo comparativo foi particularmente feliz: "as relações de objeto" de fato marcam uma ruptura teórico--clínica significativa na história da psicanálise, como a análise empreendida bem demonstrou.

---

15 Winnicott reconhecia sua teimosia em falar as coisas com suas próprias palavras – o que chamava de "minha doença" –, e sua tendência de "roubar" ideias e usá-las à sua maneira; é claro que esta postura tem relação com sua concepção de natureza humana, que vê no mais íntimo e no mais pessoal do si-mesmo a fonte da criatividade e um espaço sagrado que não deve ser violado. Retomarei adiante esse ponto, ao comentar a originalidade do conceito de objeto transicional e a maneira peculiar de Winnicott buscar uma "linguagem viva" para a teorização psicanalítica, insistência intimamente vinculada à busca do *self*.

As relações de objeto e as matrizes clínicas...
em Freud!

Uma vez que não se pode voltar no tempo, hoje retornamos a Freud necessariamente segundo um novo olhar. A sua obra não é uma entidade monolítica e não constitui um sistema de pensamento perfeitamente concatenado e a-histórico. Greenberg e Mitchell assinalaram, em seu estudo, as oscilações *do próprio Freud* em relação aos modelos pulsional e relacional; esta leitura é do maior interesse, pois sugerem *a presença em germe das relações de objeto justamente em Freud!*

A pulsão é inquestionavelmente um dos conceitos fundamentais da psicanálise freudiana, fato que Freud nunca deixou de reafirmar; mas uma leitura mais atenta revela elementos de um outro modelo também presentes na sua obra. Se podemos reconhecer nos *Três ensaios sobre a sexualidade*, de 1905, o ponto culminante de implantação do modelo estrutural-pulsional, podemos também entrever sinais de um pensamento das relações de objeto em períodos anteriores e, principalmente, posteriores a esse trabalho fundamental.

No período entre os *Estudos sobre histeria* e a queda da teoria da sedução, pode-se perceber um modo de pensamento que compartilha "algumas das sensibilidades" do modelo estrutural-relacional, especialmente pela falta de especificidade quanto aos conteúdos motivacionais da vida psíquica, posteriormente atribuídos às pulsões. O princípio da constância, a teoria do afeto e o conceito de defesa desse período não implicam a definição de certas "paixões fundamentais" que movem o homem.[16] O "modelo do desejo" da

---

16 Sabemos que outras leituras são possíveis desse período da obra freudiana, como a de Laplanche (1985), que postulou a inerência entre recalcamento e pulsão desde o início da obra.

94 DA PULSÃO À RELAÇÃO DE OBJETO

Interpretação dos sonhos estaria ainda "bastante livre" em termos de possibilidades interpretativas das "paixões fundamentais", tudo dependendo de qual tipo de necessidade o desejo estaria destinado a satisfazer: sexuais, destrutivas, de autoconservação, de segurança, de calor emocional? Aqui estaríamos, pois, em um "ponto de transição" ao modelo pulsional.

Após o estabelecimento do modelo estrutural-pulsional, Greenberg e Mitchell descrevem um longo período de "acomodação teórica" que consistiu em um esforço de preservar as premissas fundamentais deste modelo e, ao mesmo tempo, ir além delas, compondo uma visão muito mais rica e complexa da natureza humana. Esta "reforma" contínua iniciou-se com a introdução do conceito de princípio da realidade, prosseguiu com as "brechas" abertas pela teoria do narcisismo e pela revisão do princípio do prazer, avançou com a segunda teoria da angústia e foi particularmente marcante na construção da segunda tópica. O aumento de importância do papel do objeto na economia libidinal acompanhou a sofisticação de uma teoria sobre o Eu dividido em diferentes unidades estruturais, e colocou em primeiro plano uma teoria sobre a identificação que abriu novas perspectivas para a psicanálise; *Luto e melancolia, Psicologia das massas...* e *O Eu e o Isso*[17] constituem obras fundamentais que criaram as condições para o pensamento teórico-clínico das relações de objeto.

As transformações da teoria do complexo de Édipo também acompanharam esses desenvolvimentos, tornando-se este "uma estrutura teórica, um continente [*container*] que, para ser útil, deve

---

17 É interessante lembrar aqui as observações de Pontalis quanto à nova dimensão da natureza humana que se abre com o conceito de *Isso*, reformulando sobremaneira a concepção de um inconsciente "inteligível" proferidor de enigmas. Por caminhos diferentes, ambas as análises – a de Greenberg e Mitchell e a de Pontalis – apontam para um *progresso* em curso cujas consequências não são simples e nem fáceis de vislumbrar à primeira vista.

ser preenchido com premissas oriundas de um modelo particular" (Greenberg & Mitchell, 1983/2003, p. 77-78). Para os autores, alguns temas de pesquisa tardios de Freud – como as questões pré-edipianas, o vínculo entre angústia e perda do objeto, os estudos sobre a agressividade e a sexualidade feminina – são consequência destes movimentos de *acomodação*, e abriram caminho para o modelo estrutural- -relacional. Segundo eles, Freud não deu sequência de maneira mais completa a este progresso pela necessidade de conservar os princípios fundamentais do modelo anterior, mas outros psicanalistas que o seguiram vieram a fazê-lo.

Conforme mencionado anteriormente, Renato Mezan redesenhou a relação entre a obra freudiana e aquelas que o sucederam de modo um pouco diferente. A partir de uma leitura cuidadosa do trabalho de Greenberg e Mitchell, Mezan ratificou várias das proposições dos autores, mas sugeriu uma outra maneira de desenhar a relação entre Freud e seus sucessores no que tange à história das ideias. Em vez de descrevê-la segundo o ângulo da interação entre os modelos pulsional e objetal, ele tomou como eixo de seu redesenho a metapsicologia, bem como a proposição de quatro modelos criados por Freud em suas sucessivas reformas metapsicológicas que estariam, respectivamente, correlacionados a diferentes matrizes clínicas. Tais *modelos* seriam o ponto de partida das construções conceituais desenvolvidas pelas diferentes escolas pós-freudianas.

Ao postular "o primado da metapsicologia"[18] para escrever sua história das ideias em psicanálise, Mezan argumenta que a

---

18 Vale notar que o interesse no estudo da metapsicologia vem acompanhando as preocupações do autor há muito tempo, como observamos em "Metapsicologia/ fantasia". Nesse artigo, Mezan (1989/1995) revela a dimensão extremamente subjetiva e imaginativa subjacente aos conceitos psicanalíticos supostamente mais "abstratos" e neutros, que, ao contrário do que podemos supor à primeira vista, sempre carregam as marcas do "trabalho do inconsciente" de seu criador. É na própria "linguagem dos conceitos" – terminologia adotada pelo teórico, metáforas

metapsicologia foi sempre, em última instância, a estrutura *primária* – a "raiz" – a partir da qual Freud construiu a teoria psicanalítica, e que os elementos constitutivos de tal teoria – a teoria do desenvolvimento, a psicopatologia e o estudo do processo analítico – são *derivativos* desta. Nota-se como estes três elementos foram descritos por Greenberg e Mitchell como derivados de um postulado primário sobre a motivação básica do ser humano (o impulso das pulsões ou a busca de objeto), enquanto que, para Mezan, eles são decorrentes de uma estrutura prévia conceitual, uma estrutura-alicerce básica que é o ponto de partida e o principal ponto de interesse da pesquisa freudiana. "O que Freud fez, em minha opinião, foi criar uma teoria *para a* clínica, mas não uma teoria *da* clínica" (Mezan, 2014, p. 77); para Mezan, Freud teve sempre – desde o *Projeto* de 1895 – como sua ambição maior criar uma ciência geral do espírito, sendo a experiência analítica apenas uma das fontes para tal empreitada. Em contraste, Ferenczi e os autores ingleses das relações de objeto teriam produzido teorias *da* clínica, tendo como foco prioritário a construção de uma teoria sobre o processo analítico, e não a metapsicologia.

Mas, como sabemos, a estrutura metapsicológica não se manteve imutável ao longo da obra de Freud; muito ao contrário, sofreu diversas modificações bastante significativas. É nesta história evolutiva que o estudo de Mezan se concentra, retrabalhando a proposição de Paul Bercherie sobre a existência de *quatro modelos*

---

e imagens utilizadas para explicar as ideias etc. – que se encontram as marcas desta origem, na qual os processos primários são reencontrados em um tempo anterior ao trabalho de lapidação, sofisticação e encobrimento dos processos secundários. Seguindo esta visão, seríamos tentados a explorar uma vertente da história dos modelos metapsicológicas complementar a esta que aqui acompanhamos, que investigaria a dimensão pessoal e subjetiva subjacente à evolução dos quatro modelos desenvolvidos por Freud; fica, aqui, a sugestão para novos contadores de história...

metapsicológicos reconhecíveis na obra de Freud. Nota-se como a noção de "modelo" é aqui utilizada não como referindo-se ao pensamento de um autor específico, e sim como uma estrutura conceitual suficientemente estável e fundante que possa servir como alicerce primário para a construção de variados desenvolvimentos teóricos, à maneira de potenciais desdobramentos conceituais desta; não se trata, tampouco, de "paradigmas", termo agora reservado por Mezan para designar os paradigmas pulsional, relacional e – talvez – subjetal. Segundo essa visão, portanto, é cabível reconhecer diversos modelos na obra do fundador da psicanálise – a nave-mãe deste campo do saber –, bem como considerar que tais modelos *conformaram* as teorizações do campo pós-freudiano, no qual sobrevieram muitos desenvolvimentos, algumas "escolas" e muito debate – mas não necessariamente novos "modelos".

Bercherie distinguiu na obra de Freud duas camadas, nas quais vigoram diferentes perspectivas de compreensão do espírito humano. A primeira delas, *associacionista*, considera as operações do psiquismo como o resultado de combinação de fatores elementares, ou seja: as estruturas complexas são explicadas pela combinação de elementos simples. É ela que caracteriza, tipicamente, a teoria da libido dos *Três ensaios sobre a sexualidade*. Mas, paulatinamente, emergiu uma perspectiva *globalista*, segundo a qual é o conjunto que determina o sentido e a função de cada um dos elementos que nele se organizam, de modo que os traços essenciais da vida psíquica passam a ser a espontaneidade e a finalidade. A emergência do tema do narcisismo foi, para Bercherie, o *turning point* desta mudança, bem como a proposição de que o amor e o ódio não devem mais ser estudados apenas em termos pulsionais, e sim tendo como base a relação de um sujeito com seus objetos totais. Tal visão só fez se aprofundar nos anos posteriores; a construção da segunda tópica quanto a isso é exemplar, bem como os ensaios dedicados aos tipos libidinais e aos tipos de caráter, tipicamente globalistas.

Essa leitura muito nos interessa, pois, como bem assinalou Mezan, essa ideia de "dois Freuds" nos lembra bastante a proposta de Greenberg e Mitchell, que também enxergaram dois Freuds: um "pulsionalista" e outro "relacionalista". Ora, o modelo pulsional é, de fato, basicamente associacionista, pois parte da pulsão como elemento/átomo da vida psíquica a partir do qual se busca entender toda a complexidade da vida psíquica, enquanto o modelo relacional parte, de saída, da extrema complexidade da vida relacional para compreender a vida psíquica e emocional do ser humano. Uma "duplicidade de Freuds" análoga a essas foi tematizada por diversos outros estudiosos, como foi o caso de Pontalis (1999) que, em seu brilhante ensaio sobre o Isso, ressaltou a enorme mudança conceitual e filosófica que está implícita na passagem da primeira para a segunda tópica. Com essa passagem, o conceito de inconsciente se metamorfoseou de um "inconsciente inteligível" – enigma a ser decifrado – a um "inconsciente burro" – mistério a ser, no máximo, penetrado ou bordeado na sua dimensão de indizível. Pode-se identificar claras repercussões dessa diferença de visão no pensamento dos autores pós-freudianos; conforme comentei anteriormente, Pontalis viu em Winnicott, notadamente em seu ensaio sobre o "medo do colapso", uma tendência do segundo tipo.

Foi também Bercherie quem propôs associar os modelos metapsicológicos de Freud a diferentes estruturas clínicas, no sentido da psicopatologia psicanalítica. Essa proposta foi abraçada por Mezan (2014), que a desenvolveu com muito vigor e viu nela uma retomada de seus trabalhos anteriores a respeito da noção de "matriz clínica". Ele mesmo nos esclarece:

> denomino "matriz clínica" um tipo determinado de organização psicopatológica, com estrutura própria, seus conflitos originadores e suas modalidades características de defesa. A matriz clínica básica de Freud é constituída

pelas neuroses de transferência, como ele próprio não se cansa de repetir, e em especial pela histeria, ao menos no início de sua carreira. Poderíamos mesmo ampliar esta ideia, considerando que em Freud se encontram não uma, mas quatro matrizes: a da histeria, a da neurose obsessiva, a da melancolia e da psicose. [...] me parece plausível a hipótese de que as matrizes clínicas das escolas posteriores estejam estreitamente correlacionadas com uma dessas quatro, cujo primeiro esboço – e certamente mais do que isso – se encontra nos escritos de Freud. (p. 34)[19]

Chegamos, pois, à proposição dos quatro modelos metapsicológicos fundamentais da obra freudiana. Mezan localiza cada um

---

19 Mezan argumenta, ainda, que a opção de adotar a matriz clínica como referência para os quatro modelos metapsicológicos não entra em contradição com o primado da metapsicologia e a consideração de que, em Freud, a psicanálise é uma teoria *da* clínica; pois não foi a experiência clínica que levou Freud a buscar seus "instrumentos para pensar", mas foram determinadas questões gerais sobre o funcionamento psíquico – por exemplo, os diferentes destinos da energia psíquica – que o moviam. Assim, a histeria foi privilegiada nos primeiros tempos, pois mostrou-se como o quadro clínico mais propício para o estudo dos processos psíquicos que atraiam seu interesse na época. Para Mezan, a clínica desempenha uma "função problematizante" – ela apresenta dificuldades que serão transformadas em problemas –, e tais problemas serão sucessivamente reelaborados em níveis cada vez mais abstratos – metáforas e conceitos emprestados de outras disciplinas, articulação de "hipóteses regionais" e *adaptação destas ao modelo geral vigente*. No processo de construção do pensamento, observa-se a combinação entre esta "linha ascendente" (do empírico para o conceitual) e uma "linha descendente", no sentido inverso – movimentos que, de fato, ocorrem simultaneamente, à maneira da dialética de Platão. A relação entre metapsicologia e clínica é, como sabemos, a problemática central da "questão do método" em psicanálise, e cada um dos estudiosos – sejam eles psicanalistas e/ou filósofos – procura elaborar suas próprias respostas para tal ponto nevrálgico.

100 DA PULSÃO À RELAÇÃO DE OBJETO

deles em um período cronológico da obra de Freud no qual determinados escritos-chave teriam apresentado e desenvolvido os elementos que compõem os respectivos modelos.

O primeiro modelo – o da histeria – se deu entre os anos de 1892 e 1905, culminando nos *Três ensaios sobre a sexualidade* – o que coincide com o apogeu do modelo pulsional, segundo a leitura de Greenberg e Mitchell. No modelo da histeria, o substrato conceitual de fundo é a teoria energética da libido, com seus desdobramentos para a fundação do conceito de inconsciente a partir das noções de defesa e de recalcamento. Mezan diverge, no entanto, de Greenberg e Mitchell quanto à leitura que estes fizeram dos primeiros anos de trabalho de Freud: para ele, os autores norte-americanos enviesaram sua compreensão devido ao fato de terem se fixado por demais na problemática da origem externa ou interna da força motivacional da vida psíquica e, por isso, ressaltaram excessivamente o contraste entre um Freud protorrelacional – supostamente evidenciado em sua teoria do afeto dos *Ensaios sobre histeria* e em sua teoria do desejo da *Interpretação dos sonhos* – e o Freud pulsional dos *Três ensaios*. Para Mezan, mais que a problemática do externo *versus* interno, é a teoria da libido enquanto economia da energia nervosa que deve ser tomada como o "centro de gravidade" para se compreender o primeiro Freud, o que nos permite reconhecer, neste período que compreende estes três trabalhos fundamentais de Freud, uma linha de continuidade que nos leva a concluir que se trata de um único e mesmo modelo. Ainda assim, penso que as observações de Greenberg e Mitchell quanto a esse ponto não devam ser descartadas, pois dão ensejo a uma discussão que vale a pena ser sustentada: até onde o viés endógeno da teoria pulsional e o viés intrapsíquico da teoria tópica imperam em toda obra de Freud, e em quais etapas e/ou momentos pontuais dela um outro ponto de vista – de natureza exógena e relacional – ganha alguma proeminência? Creio que a ideia de ver, neste primeiro Freud pré-*Três ensaios*, uma espécie de protomodelo relacional continua sendo frutífera, com desdobramentos bastante interessantes; esta posição pode ser tomada, de modo proveitoso, como um contraponto significativo da tendência de ver a teoria da sexualidade como onipresente na obra freudiana, e como inerentemente articulada com a teoria do recalcamento.

O segundo modelo, cuja matriz clínica é a psicose, teve sua largada iniciada com o intercâmbio entre Freud e Jung, a partir de 1906, sobre a busca de uma compreensão psicanalítica de tal afecção. A hipótese de uma regressão da libido a uma etapa autoerótica – inicialmente lançada por Abraham – foi retomada e desenvolvida por Freud no Caso Schreber e significou um primeiro passo em direção a um modelo globalista. Daí derivou-se o conceito fundamental de narcisismo; mas, em paralelo, é preciso também considerar a "torção capital dos fundamentos da metapsicologia", segundo Bercherie, advinda do artigo sobre os dois princípios do funcionamento mental de 1911. Assim, o modelo da psicose, construído entre 1909 e 1914, teve como focos os temas da retirada da libido da realidade e da regressão, uma revisão do conceito de fantasia e o conceito de narcisismo.

O terceiro e o quarto modelos são baseados, respectivamente, nas matrizes clínicas da neurose obsessiva e da melancolia. Com o estudo do caso do Homem dos Ratos e *Totem e Tabu*, o ódio ganhou um lugar proeminente na metapsicologia e trouxe consigo a exigência de uma reordenação bastante complexa e significativa, como a noção do ódio narcísico ao objeto que afronta os desígnios do Eu. A ambivalência amor-ódio se tornará uma referência básica para repensar a dinâmica pulsional, o desenvolvimento libidinal (com a descrição das organizações pré-genitais da libido) e a situação de transferência. Já o quarto modelo terá na identificação seu conceito-chave e em *Luto e Melancolia* e *O Eu e o Isso* seus textos-base. Mas é importante notar como, a partir de 1920, Freud trabalhará simultaneamente com ambos os modelos; assim, o modelo da neurose

102 DA PULSÃO À RELAÇÃO DE OBJETO

obsessiva teve seu processo de elaboração relativamente interrompido e foi, de certa maneira, "atropelado" pelo modelo seguinte.

> *Freud trabalhará simultaneamente com ambos, ora retomando o baseado na neurose obsessiva (em* Inibição, sintoma e angústia, *de 1926), ora acrescentando novos toques ao que tem por matriz clínica a melancolia (em* O ego e o id*), ora operando uma espécie de síntese entre os dois (no estudo do superego, vinculado simultaneamente à agressividade e à identificação).* (Mezan, 2014, p. 165)

O desenho da história das ideias realizado por Mezan – a partir de Bercherie – segundo o eixo dos modelos metapsicológicos derivados das matrizes clínicas é de grande interesse, mas penso que ele pode ser expandido com algumas hipóteses complementares. Considero que podemos identificar, ainda na obra de Freud, pelo menos duas outras matrizes clínicas que originaram modelos metapsicológicos significativos. As construções metapsicológicas decorrentes de tais matrizes não são tão nítidas e nem foram tão desenvolvidas por Freud como as quatro propostas por Bercherie e Mezan, mas revelaram o seu potencial de forma mais clara na psicanálise pós-freudiana.

No presente livro, apresentarei a hipótese de considerarmos uma outra matriz clínica significativa na obra de Freud além das quatro aqui enumeradas: a matriz clínica do fetichismo.[20] Fui levado a esta hipótese a partir de uma pesquisa na obra de Winnicott que buscava inseri-la e colocá-la em diálogo com a história das ideias em psicanálise. Ao investigar possíveis raízes da teoria da

―――――――――

20 Ver, no capítulo sobre Winnicott, a seção dedicada à "Clínica da dissociação".

transicionalidade no pensamento dos analistas que o precederam, deparei com uma significativa discussão sobre a relação entre fetichismo e objeto transicional e, ao confrontar o trabalho de Winnicott com aquele de Wulff a respeito do fetichismo infantil, acabei por concluir que, em sua obra de maturidade, Freud esboçou – sem o desenvolver plenamente – um novo modelo metapsicológico, baseado, por sua vez, na matriz clínica do fetichismo. Como veremos adiante, o conceito de dissociação é o elemento-chave deste – talvez – *quinto* modelo metapsicológico de Freud. Tal hipótese mereceria, naturalmente, um maior desenvolvimento, que vai além dos objetivos deste trabalho; no entanto, lanço aqui a ideia, a título de uma hipótese provisória. Do ponto de vista cronológico e lógico da evolução da obra de Freud, essa matriz clínica é mais tardia e emergiu posteriormente às quatro já descritas.

Há, ainda, outra matriz clínica a ser considerada: a das neuroses atuais. Tal matriz foi elaborada por Freud, curiosamente, em um momento anterior às demais: durante os tempos de "juventude" da disciplina psicanalítica. Aparentemente, ela teria sido deixada para trás e esquecida na poeira do tempo, mas algumas passagens ulteriores de Freud nos mostram que ela nunca foi de fato abandonada – como sua proposição, em *Introdução ao narcisismo*, da hipocondria como uma terceira forma de neurose atual, ao lado da neurose de angústia e da neurastenia. Tal matriz clínica reapareceu como um modelo fundamental na psicossomática psicanalítica fundada por Pierre Marty – que desenvolveu uma metapsicologia apoiada, em grande parte, nos pressupostos desta matriz clínica – e pode ser reconhecida como uma espécie de "antepassado" psicopatológico tanto dos processos de somatização quanto dos quadros de pânico e das adicções.[21] O conceito de "mentalização" de Marty (1998)

---

21 Desenvolvi essa proposição em *Adicções: paixão e vício* (Gurfinkel, 2011), na seção "Neuroses atuais e psicossomática". Sobre esse ponto, consultar também

104   DA PULSÃO À RELAÇÃO DE OBJETO

enfoca justamente o funcionamento do pré-consciente como um *locus* fundamental de intermediação dos processos psíquicos; ora, não é difícil perceber que as falhas de mentalização descritas por Marty são perfeitamente análogas à deficiência de elaboração psíquica das moções pulsionais que Freud postulou como subjacente às neuroses atuais. Tal deficiência produz uma lacuna crônica de articulação temporal entre o infantil e o atual, interjogo que constitui a essência da estrutura psíquica de toda psiconeurose – daí o contraponto psicopatológico entre neuroses atuais e psiconeuroses.

A sugestão dessas duas outras matrizes clínicas da obra freudiana – a da neurose atual e a do fetichismo – como tendo originado modelos metapsicológicos significativos para compreendermos o desenvolvimento da história das ideias em psicanálise exigiria, naturalmente, um exame mais cuidadoso, o que foge, no entanto, aos objetivos do presente estudo. Para empreendermos tal avaliação, é importante considerar que um quadro psicopatológico só se torna a matriz de um modelo metapsicológico à medida em que evidencia de modo particular e emblemático uma constelação de aspectos do funcionamento psíquico que estão no foco da pesquisa. Creio que, no caso das duas matrizes clínicas que aqui propus, tais aspectos só se tornaram mais claramente o foco da pesquisa psicanalítica *depois* de Freud – como o foi o caso de uma "clínica da dissociação" desenvolvida por Fairbairn, Winnicott e muitos outros, ou de uma clínica sobre as falhas de mentalização e/ou simbolização desenvolvida por Marty, Winnicott, Green e tantos outros. Isso confere a esses dois modelos metapsicológicos uma característica diferente daquela dos quatros outros modelos, que tiveram na pena de Freud uma articulação conceitual bem mais robusta, ainda que "em aberto" para contribuições ulteriores que os desenvolveram e/ou os alteraram consideravelmente.

Laplanche (1998), Ferraz (1997) e M'Uzan (2001/2003).

A "era das escolas" e a complexidade da psicanálise contemporânea

A hipótese sobre os modelos metapsicológicos apoiados nas matrizes clínicas vem em nosso auxílio justamente para responder à questão de por que surgiram as diversas escolas de psicanálise na era pós-freudiana. A localização e tais desdobramentos ficam algo mais nítidos se pensarmos em termos de uma cronologia. Mezan (2014) nos propõe quatro períodos dessa história, que são, respectivamente: 1895-1918, 1918-1939 (ocasião da morte de Freud), 1940-1970/75 e 1975/80 até os dias de hoje. O terceiro desses períodos é justamente a "era das escolas", na qual

> *a psicanálise apresenta-se dividida em tendências que seguem uma evolução própria, impulsionada por fatores por assim dizer endógenos. Formam-se núcleos de teorização divergentes e maneiras estandardizadas de praticar a análise; a diversidade já presente na segunda fase se cristaliza em torno de autores centrais, que são ao mesmo tempo protagonistas de embates institucionais no interior das diversas associações nacionais. (Mezan, 2014, p. 51-52)*

No entanto, não é qualquer "tendência" que merece o qualificativo de uma "nova escola". Para Mezan (2014), para ser considerada uma escola, uma tendência deve propor novos conceitos-chave para o que considera, do ponto de vista epistemológico, as quatro dimensões fundamentais da obra de Freud, a saber: uma teoria geral sobre a psique, uma teoria da gênese e do desenvolvimento da psique, uma teoria das várias soluções possíveis para os

106 DA PULSÃO À RELAÇÃO DE OBJETO

conflitos fundamentais e uma concepção do processo analítico. A partir desse critério, ele considera que

> somente em quatro autores ou grupo de autores encontramos um sistema capaz de se sobrepor coerentemente a todas as vertentes da teoria freudiana: refiro-me a Melanie Klein, a Jacques Lacan, aos fundadores da psicologia do ego (Hartmann, Kris e Loewenstein), e aos analistas "independentes" britânicos reunidos em torno da teoria das relações de objeto, como Fairbairn e Winnicott. (Mezan, 2014, p. 31)

Mezan acrescentou, ainda, uma questão a ser melhor investigada: será que Bion – em sua originalidade – teria erigido a base de uma quinta escola?

A proposta de derivar as "quatro grandes correntes da psicanálise pós-freudiana" dos quatro modelos metapsicológicos acima referidos foi elaborada por Bercherie. Para ele, o modelo da histeria foi a base do "retorno a Freud" lacaniano, o modelo da neurose obsessiva originou a psicologia do ego norte-americana – por meio do trabalho de Anna Freud sobre o ego e os mecanismos de defesa –, e o modelo da melancolia originou o pensamento kleiniano, cujo eixo conceitual gira em torno da dialética dos objetos internos segundo os mecanismos de introjeção, da ambivalência da situação depressiva e de uma reelaboração do conceito e pulsão de morte. Mezan endossa, de modo geral, essa proposta, mas adverte – com razão – que as correntes pós-freudianas são bem mais complexas do que deixa entrever essa caracterização.

A vertente a que ora nos dedicamos no presente trabalho é derivada, segundo Bercherie, do modelo "narcísico-psicótico":

[o] consenso que reúne os membros desta "nebulosa" na qual Balint classificava a si próprio, ao lado de Winnicott e de Searles (Fairbairn também poderia, com bons motivos, ser incluído nela). Além do fato de que esta corrente tira sistematicamente sua originalidade do estudo dos fenômenos esquizoides, ela é a única a propor um conceito qualitativo de saúde psíquica, que encontra sua fonte na concepção das relações de objeto internas e do narcisismo como fenômenos de recuo defensivo frente aos conflitos objetais. (Bercherie, 1985, citado por Mezan, 2014, p. 206)

Aqui, penso ser importante ressaltar como, considerando-se essas colocações, fica claro que tanto Bercherie quanto Mezan – que adota, em linhas gerais, a mesma linha de pensamento – consideram que *as raízes do pensamento das relações de objeto encontram-se na obra freudiana*, como o fizeram Greenberg e Mitchell. A maneira com que cada um concebeu tal enraizamento e sua ulterior evolução é um tanto diferente, mas o "espírito geral" que localiza o ponto de origem de tal pensamento em Freud me parece significativamente convergente.

A concepção proposta por Bercherie e Mezan sobre a gênese do pensamento das relações de objeto me parece bastante interessante, mas um exame mais cuidado nos leva a sugerir alguns reparos. Um primeiro ponto a ser reconsiderado: como veremos ao longo do livro, o modelo da esquizoidia é, de fato, uma matriz clínica fundamental dos autores das relações de objeto, a começar por Fairbairn; mas será que podemos derivá-lo inteiramente do modelo *freudiano* da psicose, segundo a ótica do narcisismo? Creio que não, já que a própria primazia do eixo do narcisismo para se compreender a formação do Eu – que norteia o pensamento dos ditos freudianos –

108 DA PULSÃO À RELAÇÃO DE OBJETO

foi alterada substancialmente: pois a emergência e a construção do Eu foi pensada sobre outras bases, não mais vinculadas diretamente à teoria do desenvolvimento libidinal, e sim segundo parâmetros como a experiência primária de onipotência e de ilusão e os processos de integração, sempre e necessariamente sustentados por um ambiente humano "suficientemente bom". Um segundo ponto: penso também que, pelo menos em alguns destes autores, as construções teóricas foram erigidas a partir de uma combinação entre os modelos da psicose – proposto por Bercherie – e do fetichismo, conforme sugeri acima. Se quisermos buscar, nas raízes freudianas, o ponto de partida do pensamento das relações de objeto, creio que devemos situá-las na *combinação* desses dois modelos; isso fica particularmente nítido em Fairbairn e em Winnicott, para quem a problemática da dissociação é central para a compreensão dos estados esquizoides e da psicose em geral, e o conceito de narcisismo deixou de ser o eixo central para se compreender a formação do Eu.

Em suma, Renato Mezan (2014) prefere

> *vincular os desdobramentos do pensamento freudiano à oscilação entre modelos metapsicológicos [...] a ver nesses desdobramentos uma "acomodação" imposta pela consideração mais atenta da realidade externa ou das relações objetais, como querem Greenberg e Mitchell.* (p. 207)

Mesmo concordando que esses aspectos, de fato, apareceram em um "segundo" Freud, ele não viu neste momento – como o fizeram os norte-americanos – um esforço de acomodação; as coisas são "mais complicadas" e "têm razões mais sutis" que essa. Por outro lado, Mezan insiste que as escolas pós-freudianas construíram suas estruturas conceituais a partir de um "recorte" e um "trabalho intenso" sobre cada um dos modelos metapsicológicos construídos por Freud. Já Greenberg e Mitchell, como vimos, propuseram o surgimento de um novo modelo – o relacional – *a partir* das sementes plantadas por Freud, mas erigido *depois* de Freud, e por outros autores. Note-se ainda que, para Mezan, *todos* os modelos baseados nas matrizes clínicas pertencem ao mesmo paradigma – o pulsional –, e é ele que lhes confere unidade: nesse sentido, "trata-se de modelos *parciais*, que a cada vez ressaltam aspectos diferentes do funcionamento psíquico" (Mezan, 2014, p. 203).

Assim, ao optar por deslocar o conceito de paradigma para um nível maior de abstração, Mezan pôde reunir os diversos modelos "parciais" do pensamento freudiano na unidade maior de um mesmo paradigma, ao mesmo tempo em que reconheceu e trabalhou intensamente com a historicidade interna da evolução deste pensamento. Tal historicidade parece ser o maior ponto de convergência dos diversos autores, ainda que variem os termos em que tal evolução é descrita: segundo Greenberg e Mitchell, houve um "adensamento" progressivo das concepções freudianas, bem como uma "flexibilização" do modelo pulsional original, enquanto para Bercherie tratou-se da passagem de uma perspectiva "mecanicista-associacionista" para uma "histórico-globalista". Parece, pois, que está cada vez mais claro que a "estrutura conceitual daquilo que [Freud] inventou no fim de sua carreira não pode simplesmente ser deduzida do que já estava lá no início dela" (Mezan, 2014, p. 205).

Mas, seguindo esse modo de colocar as coisas, resta ainda em aberto a tarefa de melhor descrever e compreender as profundas transformações que sobrevieram *na era pós-freudiana*. Uma grande mudança foi reconhecida e qualificada como *paradigmática* tanto por Loparić quanto por Mezan, e foi também ressaltada por Greenberg e Mitchell que, no entanto, preferiram tratá-la não como uma mudança de paradigmas, mas como uma evolução de modelos. Esse foi o foco central do trabalho dos norte-americanos, que nos legaram uma grande contribuição ao procurar examinar em detalhe e

110   DA PULSÃO À RELAÇÃO DE OBJETO

esmiuçar ao máximo tal mutação na história das ideias. No presente livro, resgato muito deste trabalho por considerá-lo bastante útil – e ainda atual – para compreendermos como se constituiu historicamente o pensamento das relações de objeto.

O nosso foco principal aqui é, pois, *estudar a evolução da história das ideias em psicanálise, rumo ao pensamento das relações de objeto*. Prefiro manter a denominação "pensamento das relações de objeto" em vez de "escola das relações de objeto" por algumas razões. Primeiro, por considerar que se trata mesmo de um "pensamento" que emergiu em um momento histórico específico na pena de alguns autores, mas que não é tão facilmente delimitável geográfica ou autoralmente. Esse pensamento *atravessou* diversas camadas cronológicas, geográficas e autorais e segue – nos tempos atuais – cada vez mais atravessando as fronteiras dos territórios da psicanálise. Em segundo lugar, devemos lembrar que os principais protagonistas desse pensamento – refiro-me aos autores do *Middle Group* britânico – fizeram um esforço ativo de *não* formarem uma escola, o que combinava bem com algo que, em geral, acreditavam: a importância de cultivar uma espécie de "espírito independente" na práxis da psicanálise, bem como em relação às correntes de pensamento e às instituições e grupos psicanalíticos. É preciso também recordar que tal pensamento se desenvolveu em um momento institucional bastante opressivo, dominado pelas lutas políticas e de ideias entre os grupos de M. Klein e Anna Freud, e que parece ter surgido justamente com a vocação de "abrir uma cunha" no bloco maciço desta polarização, bastante cristalizada. Daí ser mister compreendermos que o "espírito independente" está "no sangue" desse grupo/não grupo que, efetivamente, procurou nunca se escolarizar; não é à toa que tais autores são conhecidos por formar o Grupo Independente ou o Grupo do Meio – pois sua meta foi sempre abrir caminho e abrir espaço *entre* dois polos cristalizados, sem, no entanto, repetir o mesmo erro de construir mais uma "escola".

Considero que o ponto de origem de tal percurso – a evolução da história das ideias rumo ao pensamento das relações de objeto – encontra-se nas sementes lançadas por Freud, especialmente à medida que ele foi complexificando seus modelos teórico-clínicos para incluir cada vez mais a problemática do objeto, do outro, da identificação, da construção da relação com a realidade etc. Ainda que consideremos que tais avanços tenham sido encobertos por uma suposta "reforma acomodativa", ou mesmo que optemos por partir da hipótese da raiz de tal pensamento nas matrizes clínicas da psicose e do fetichismo – e essas duas leituras da história das ideias, de Greenberg e Mitchell e de Mezan respectivamente, não me parecem, de fato, excludentes –, é aí que devemos localizar nosso ponto de origem. Penso que é também importante reconhecermos, ao lado dessas bases freudianas, uma *"camada histórica intermediária"* deste percurso: nela, de um lado, deparamos com Abraham – que lançou os rudimentos do conceito de relação de objeto a partir de sua teoria do caráter e da libido – e, de outro, com Ferenczi, que inaugurou uma reflexão profunda sobre a importância do "cuidado" – tanto no trato dos adultos com a criança quanto na situação analítica – e assentou as bases metapsicológicas e clínicas sobre o princípio regressivo e sobre a clínica do traumático. E, por fim, nosso estudo prosseguirá com a exploração do *"edifício central e maciço" de nossa temática*: o florescimento e o desenvolvimento vigoroso do pensamento das relações de objeto no ambiente da psicanálise britânica entre as décadas de 1940 e 1960, com Balint, Fairbairn, Winnicott e outros.

Hoje, encontramo-nos em uma "era pós-escolas". Os psicanalistas se organizam e se posicionam de maneira muito mais múltipla e diversificada e, apesar de muitos se identificarem com maior ou menor intensidade com os autores "cabeça de chapa" da era pós-freudiana, tal movimento de filiação é muito menos marcado ou "obrigatório". A liberdade de circulação entre as diversas linhagens de pensamento é muito mais patente e, para muitos, também valorizada. É claro que falamos aqui de uma tendência, e não de um movimento homogêneo. Mezan (2014) propõe discriminarmos no período atual da história da psicanálise – caracterizado pela "impossibilidade de caracterizá-lo" – duas grandes vertentes: os ortodoxos e os que transitam por diversas linhas de pensamento. Os primeiros são aqueles que prolongam ainda hoje a postura da era das escolas, considerando que, com seu "líder", a psicanálise atingiu um cume intransponível, enquanto os outros, ao se permitirem circular por diversas linhagens, buscaram construir, a partir daí, o seu próprio pensamento, sem almejar fundar uma nova escola. A valorização de uma trajetória singular e própria passa a ser, cada vez mais, uma característica do espírito de nossa época.

E qual é o destino da dualidade pulsão/relação de objeto nos tempos atuais?

Greenberg e Mitchell terminam o seu longo estudo – no início da década de 1980 – perguntando-se, justamente, sobre tal destino no "futuro" da psicanálise – hoje, já, o nosso "presente". Será – perguntaram-se eles – que o modelo pulsional afinal predominará, mostrando-se suficientemente atraente e elástico para incorporar o material advindo das contribuições dos autores das relações de objeto, em um movimento de acomodação hegemonizante? Ou será que os modelos relacionais se mostrarão cada vez mais atraentes, e o modelo pulsional vai perder cada vez mais adeptos? Eles arriscaram a previsão de que nenhuma das duas coisas aconteceria:

> *parece mais provável que ambos os modelos – pulsional e relacional – irão persistir, sendo continuamente revistos e transformados, e que o rico interjogo entre estas duas visões da experiência humana gerarão um diálogo criativo.* (Mezan, 2014, p. 408)

Podemos dizer que, em linhas gerais, essa previsão é acertada: não houve, de fato, uma predominância hegemônica de um modelo sobre o outro, e caminhos diversos têm sido adotados.

Observamos hoje uma variedade de formas de circulação quanto à problemática pulsão/objeto. Alguns autores dedicam-se mais explicitamente a desenvolver as temáticas inicialmente apresentadas pelos autores ditos das relações de objeto e têm plena consciência dessa relação de filiação. No entanto, muitos analistas de hoje apropriaram-se de diversos elementos teórico-clínicos dessa vertente de pensamento e utilizam-nos em seu cotidiano de trabalho sem necessariamente mostrarem-se conscientes ou preocupados em cultivar ou desenvolver explicitamente tal "linha de pensamento". É como se muito de tal visão já estivesse presente na "água que bebemos". Por outro lado, é verdade que há autores que têm se mostrado particularmente atentos à problemática da polêmica pulsão/relação de objeto, dando prosseguimento ao debate. Alguns posicionam-se crítica e contrariamente à mudança de modelos – em geral, autodenominando-se freudianos –, enquanto outros aderem inteiramente à "causa" relacional e consideram o modelo pulsional obsoleto.

Mas é cada vez mais frequente o esforço consistente e consequente de construir uma articulação entre os dois modelos, conservando, ao mesmo tempo, uma preocupação com a discriminação das duas visões e a busca de um posicionamento pessoal; podemos, aqui, citar como exemplos André Green, Joyce McDougall, J.-B. Pontalis, P. Fédida, C. Bollas, T. Ogden, R. Kaës ou R. Roussillon – entre muitos. Uma das maiores preocupações que temos hoje é que, nesses tempos atuais "mais livres", incorramos em um ecletismo descuidado. Esse é, de fato, um risco real, uma vez que, em muitos analistas atuais, observamos um certo descuido em reconhecer diferenças, tensões e até possíveis incompatibilidades entre as linhas de pensamento. No entanto, hoje, é possível acompanharmos o grande

114 DA PULSÃO À RELAÇÃO DE OBJETO

enriquecimento que a psicanálise tem obtido por uma espécie de "fertilização recíproca" entre as linhagens de pensamento.

Penso que, para além de simples "modelos mistos" – que dão impressão bastarda de ecletismo e de uma solução "menor" –, têm surgido verdadeiros e consistentes projetos de articulação dos modelos. O trabalho de Green é, quanto a isto, um bom exemplo. Desde a década de 1970, ele demonstrou uma atenção muito acurada à história das ideias em psicanálise, buscando analisar e compreender as mudanças que vinham ocorrendo em tal campo. Desde então, ele vem assinando o *turning point* ocorrido na década de 1950 com os trabalhos de Winnicott e Balint (Green, 1975/1988), o que veio a constituir – segundo a tese que então defendeu – um novo paradigma[22] na história da psicanálise a partir da "clínica do fronteiriço" (Green, 1999/2000).[23] Ao longo de sua obra, este analista dedicou-se extensamente à renovação da teoria a partir do reconhecimento da dialética entre uma "linhagem objetal" e uma "linhagem subjetal" (Green, 2002/2008), e fez uma crítica contundente às tendências extremadas de posicionamento – seja em direção à pulsão, seja em direção ao objeto –, fruto muito mais de combates ideológicos e de uma luta por supremacia que de uma reflexão mais cuidada. Ao procurar "restabelecer o equilíbrio" entre as duas linhagens, Green enfatizou que se trata de "ligar os dois polos do pêndulo que vai da pulsão ao objeto e vice-versa, porque o importante não são as situações extremas, mais o vaivém, o percurso, a oscilação, em suma, a dinâ-

---

22 A proposição dos estados fronteiriços como um *novo paradigma* da psicanálise foi amplamente discutida em um seminário em Paris, organizado por Jacques André entre 1996 e 1997, no qual participaram, além de Green, C. Chabert, J.-L. Donnet, P. Fédida e D. Widlöcher; isso nos dá uma medida da proeminência que tal leitura da história das ideias em psicanálise tem ganhado na "era contemporânea". Vemos, aqui, também, como a noção de "paradigma" segue sendo adotada por diversos estudiosos, sendo escolhida como ferramenta para dar conta dos movimentos de mudança mais marcantes desta história.

23 Cf. Gurfinkel (2013b).

mica que os une" (Green, 1998, p. 54). A sua obra de maturidade culminou, assim, com a proposição e a defesa da interação entre os campos do *intrapsíquico* e do *intersubjetivo* como característica do saber psicanalítico, dimensões estas que estão necessariamente imbricadas. Trata-se, sem dúvida, de uma das contribuições de peso que alimentam a práxis do psicanalista de hoje; no que se refere ao tema que ora nos ocupa, ela é particularmente interessante, por constituir um trabalho contínuo e criterioso de articulação entre os modelos pulsional e relacional, que cabe ser conhecido e debatido.

É importante esclarecer que, no presente livro, não nos propomos a adentrar na densa e complexa floresta das contribuições dos analistas da "era pós-escolas". A meta aqui é acompanharmos em mais detalhe a construção do pensamento das relações de objeto até o início da década de 1970, retomando as sementes plantadas por Freud e os alicerces complementados por Abraham e Ferenczi, para, a partir daí, concentrarmo-nos no núcleo principal do edifício erigido por Balint, Fairbairn e Winnicott. O destino ulterior desta linha de pensamento na dita "psicanálise contemporânea" será comentado aqui de modo mais ligeiro, especialmente na parte final do livro.

A dialética continuidade/transformação
e o progresso da psicanálise

Como veremos ao longo deste livro, Winnicott foi um dos principais autores que desenvolveram o modelo estrutural-relacional, mas certamente não foi o único nem o primeiro. Greenberg e Mitchell (1983) consideram que o trabalho de Fairbairn, na Grã-Bretanha, juntamente com a "psiquiatria interpessoal" de Sullivan, nos EUA, fornecem "a expressão mais pura e mais clara da mudança do modelo estrutural-pulsional para o modelo estrutural-relacional" (p. 111).

116 DA PULSÃO À RELAÇÃO DE OBJETO

Fairbairn desenvolveu suas principais ideias no início da década de 1940 e ficou conhecido por seu questionamento frontal à teoria da libido; mas, apesar disso, nunca deixou de ser considerado psicanalista – ao contrário de Sullivan e, anteriormente, de Jung e de Adler.

Deve-se considerar, por outro lado, o trabalho de Melanie Klein que, concomitantemente a Fairbairn, mas com um estilo pessoal e uma postura institucional totalmente diferentes, debruçou-se sobre temas similares. Com acerto e grande precisão, Greenberg e Mitchell sustentaram que seu trabalho cumpriu uma função fundamental de *ponte* para o novo modelo, subvertendo de modo sutil o conceito freudiano de pulsão. Mas a ambiguidade de seu trabalho e a sua exigência de filiação a certos princípios freudianos teriam refreado o salto em direção ao novo modelo; assim, por exemplo,

> *a malfadada tentativa de Klein de forçar a complexidade do seu relato das relações internas no arcabouço estrutural-pulsional da teoria estrutural clássica é, em grande parte, responsável por seu fracasso em suprimir a lacuna entre sua descrição da fantasia e um relato significativo da formação do caráter configurado e estruturado. (Greenberg & Mitchell, 1983/2003, p. 110)*

É mais que reconhecida a influência decisiva de Klein sobre Winnicott, bem como o progressivo afastamento deste último à medida que elaborava o seu próprio sistema de pensamento.

As obras de Freud e de Winnicott – bem como de outros autores – têm sido examinadas sob os mais diversos ângulos, e a visão apresentada por Greenberg e Mitchell pode ser questionada em vários aspectos. No entanto, creio que a maneira como conseguiram captar o *movimento* do pensamento freudiano e seus desdobramentos nas elaborações dos analistas que o sucederam é, no geral, bastante fidedigna, e nos oferece instrumentos de análise muito preciosos para uma epistemologia regional da psicanálise que leve em conta sua historicidade. A descrição da tensão dialética entre os dois modelos tanto na obra de Freud como na de seus seguidores foi bastante feliz em captar o sentido preciso de *progresso* aludido por Mezan, já que respeita as diferenças e reconhece o movimento de ruptura, compreendendo bem o jogo de forças entre tradição e inovação, ou entre filiação e singularidade.

É necessário considerar o lugar *sui generis* de Freud na história da psicanálise, sem, porém, reificar sua figura e reduzir a epistemologia da psicanálise à uma epistemologia freudiana. A mesma cautela deve ser adotada em relação a outras grandes figuras da psicanálise; daí a importância de inseri-los na história das ideias, como uma espécie de "antídoto" contra o risco de dogmatizações. Uma vez tomado esse cuidado, podemos explorar, com liberdade e deleite, todas os tesouros que as grandes obras nos oferecem, sendo a de Winnicott certamente uma das mais ricas e originais; afinal – como bem ressaltou Mezan –, a pluralidade de sistemas e doutrinas do campo psicanalítico é um sinal inequívoco da *vitalidade* da nossa disciplina.

Mas quais são, afinal, as "grandes obras" da era pós-freudiana? Neste ponto, deve-se notar como as versões variam. Bernardi descreveu *três* paradigmas – o de Freud, o de Klein e o de Lacan – enquanto Loparić propôs *dois* paradigmas – o de Freud e o de Winnicott. Além da diferença de número, os paradigmas não são os mesmos: enquanto Bernardi elegeu Klein e Lacan ao lado de Freud, Loparić substitui-os por Winnicott! Greenberg e Mitchell, por sua vez, destacaram na era pós-freudiana os principais autores da psicanálise britânica (Klein, Fairbairn, Winnicott e, mais lateralmente, Balint e Guntrip) e diversos psicanalistas norte-americanos emigrados da Europa: Hartmann (psicologia do ego), Margaret Mahler, Edith Jacobson e Otto Kernberg, Kohut (psicologia do *self*) e Sandler –

118 DA PULSÃO À RELAÇÃO DE OBJETO

além do trabalho pioneiro de Sullivan ("psicanálise interpessoal") e do grupo "culturalista" (E. Fromm, K. Horney, Clara Thompson e Frieda Fromm-Reichmann). É evidente, aqui, o recorte regionalista e linguístico, e a ignorância gritante da figura proeminente de Lacan e da vitalidade particular da psicanálise na França é digna de nota.

Não creio que possamos chegar a um consenso nessa matéria; segundo minha própria visão, as obras de Klein, Lacan e Winnicott ocupam efetivamente um lugar de proeminência especial na psicanálise pós-freudiana, ao lado dos desenvolvimentos da "psicologia do ego" e da "psicologia do *self*" norte-americanas, em geral pouco conhecidas em nosso meio. As participações coadjuvantes de Abraham e de Ferenczi ao lado de Freud não devem, tampouco, ser esquecidas.

Uma estratégia que me parece boa é, quanto a isso, procurar tomar conhecimento das diversas "versões" da história da psicanálise e buscar compreender as relações de continuidade e de ruptura, de convergências e de divergências, construindo um diálogo possível entre os diversos sistemas. E, em que pesem algumas divergências entre os historiadores da psicanálise sobre o entendimento do tema da relação de objeto, creio que a abordagem de Greenberg e Mitchell nos oferece um bom guia para nos orientarmos na complexidade dos diversos movimentos aqui esboçados. Tratar tais movimentos em termos da tensão dialética entre o modelo pulsional e o relacional respeita a complexidade desta realidade conceitual multifacetada, ao mesmo tempo que discrimina pressupostos e perspectivas bastante diferentes e reconhece a importante transformação conceitual que significou a introdução paulatina do conceito de relação de objeto na teorização psicanalítica. Até que ponto esses dois modelos são conciliáveis ou incompatíveis é ainda uma questão em aberto, e certamente controvertida.

Como vimos, há divergências quanto à utilização do trabalho de Kuhn para uma epistemologia da psicanálise. Bernardi e Loparić adotam o conceito de paradigma sem restrições. Greenberg e Mitchell evitam o paradigma como operador de análise, mas adotam os conceitos kuhnianos de *modelo* e de *matriz disciplinar*, com resultados surpreendentes. A crítica inicial ao uso de tal operador realizada por Mezan parecia, na época, pertinente, e seu projeto de construir uma "epistemologia regional da psicanálise", especialmente bem-vindo; por outro lado, seu "retorno" ao conceito de paradigma soou, à primeira vista, um pouco estranho, mas se mostrou bastante interessante quando compreendemos que ele se deu no contexto de uma reconfiguração complexa, consistente e amadurecida do quadro da história da psicanálise.

Em trabalho mais recente, Leopoldo Fulgencio (2007, 2016) tem desenvolvido uma discussão criteriosa e equilibrada sobre esses mesmos tópicos. A partir de um recenseamento cuidadoso dos diversos usos que o termo e o conceito de paradigma têm sido objeto no campo da psicanálise, ele pôde constatar como muitos autores o fizeram de maneira livre e independente do conceito de Kuhn – o que poderia ser um tanto questionável, dada a confusão que pode acarretar pela imprecisão no uso do termo –, enquanto outros o fizeram referenciando-se diretamente ao seu trabalho. Mas, mesmo dentre estes últimos, muitas vezes o fizeram sem considerar a noção de paradigma no seu sentido kuhniano *mais completo*. Assim, segundo Fulgencio (2016), Greenberg e Mitchell

usaram apenas parcialmente o conceito kuhniano de paradigma, apoiando-se neste para chamar a atenção para um dos aspectos da estrutura conceitual e da história do desenvolvimento das ideias na psicanálise. Acabaram, portanto, deixando lacunas significativas no que se refere à caracterização dos paradigmas na compreensão epistemológica e metodológica da psicanálise. (p. 15)

Loparić, por outro lado, é reconhecido como um estudioso que foi capaz de abarcar mais extensamente o leque de características do conceito de Kuhn em suas análises, mas teria se equivocado – e aqui Fulgencio se apoia em Barretta – por ter considerado o "exemplar" do suposto paradigma freudiano o *complexo de Édipo*, e não as *formações do inconsciente*, bem como por ter considerado a sua "generalização simbólica" a *teoria do desenvolvimento*, e não a *teoria da defesa*. Seguindo essa outra interpretação, não seria mais possível sustentar que houve, na história da psicanálise, uma *revolução paradigmática* no sentido estritamente kuhniano, já que todos os autores compartilham dos fundamentos relativos às formações do inconsciente e à teoria da defesa.

A partir desta leitura crítica, Fulgencio apresenta, então, sua própria maneira de colocar a questão. Ele sustenta a existência de um *common ground* no campo psicanalítico, definido pelos fenômenos básicos propostos pelo próprio Freud como constituindo o fundamento para a compreensão da vida psíquica e do tratamento psicanalítico, a saber, a *transferência* e a *resistência*. Mas tais elementos são, por sua vez, continuamente "encontrados" e "recriados" pelos autores pós-freudianos, e permanece em pé a tarefa fundamental de todo estudioso da história da psicanálise: reconhecer quais elementos conceituais permanecem os mesmos, quais são redescritos e quais novos elementos, surgidos da pena dos grandes pensadores depois de Freud, são "totalmente díspares e sem tradução possível" (Fulgencio, 2016, p. 25). Para tanto, é necessário não mais tomar a tese da incomensurabilidade de paradigmas de Kuhn em termos totais, mas reconhecer que estamos assentados sobre um "*common ground* paradoxal", no qual se pode trabalhar tanto com a hipótese de um paradigma expandido quanto considerar que houve uma mudança de paradigma.

Essa maneira de recolocar a questão do uso do conceito de paradigma para a epistemologia e a história da psicanálise me parece bastante interessante. Os méritos começam por valorizar e não descartar tal instrumento de análise, sem, porém, fetichizá-lo, tomando--o de modo rígido, indevido ou reducionista. O conceito de paradigma continua sendo útil e importante por "ajudar a especificar e a objetificar determinados problemas e determinados fenômenos que poderiam, então, servir como elo (um mesmo referente) para o diálogo entre sistemas teóricos díspares da psicanálise" (Fulgencio, 2016, p. 26). A pergunta sobre *quantos* e *quais* paradigmas, que corre o risco de tornar-se obsessiva e improdutiva, pode assim ser ampliada e arejada, e abrir espaço para um conjunto de outras perguntas que realmente importam: "quais são os exemplares, as teorias gerais guias, os modelos ontológicos do homem, os modelos heurísticos de pesquisa e de pensamento e os valores teóricos e epistemológicos em jogo"? (Fulgencio, 2016, p. 26).

Considero a leitura de Fulgencio, ainda, bastante lúcida, por ser capaz de reconhecer como o uso do conceito de paradigma tem servido, muitas vezes, para fundamentar equivocadamente discussões de caráter político-ideológico-religioso, que acabam por "nos reenviar à Babel psicanalítica, nos reenviar a uma guerra pela hegemonia, a uma luta pela defesa da paternidade ou maternidade melhor do que outra" (Fulgencio, 2016, p. 28). O objetivo de nossos estudos deve ser, ao contrário, construir meios para fomentar as possibilidades de comunicação e diálogo entre os diversos pensadores da psicanálise e, nesse sentido, o uso criativo do conceito de paradigma proposto por Fulgencio – a partir do reconhecimento de um "*common ground* paradoxal" – me parece particularmente

122 DA PULSÃO À RELAÇÃO DE OBJETO

pertinente, e convergente com a linha de abordagem que tenho aqui proposto e desenvolvido.

Dentro deste "espírito geral", creio que algumas características *específicas* do saber psicanalítico merecem ser lembradas quando se almeja uma história e uma epistemologia "regionais".

Um primeiro elemento a ser considerado diz respeito ao termo "matriz clínica"; ao propor esta categoria de análise epistemológica, Mezan já apontava para a especificidade do campo psicanalítico. Em estudo anterior, adotei tal categoria para descrever um conjunto de desenvolvimentos teórico-clínicos que surgiram na história da psicanálise a partir do modelo freudiano do fetichismo, que conduziram ao estudo das adicções e da tendência antissocial e que se refletiram, em parte, no conceito winnicottiano de objeto transicional (Gurfinkel, 2001, p. 108). O que é colocado em questão com a matriz clínica do fetichismo é o estatuto do objeto das adicções e os desvios de seu uso (compulsivo) devido a um extravio de sua função transicional, constituindo o campo das patologias da transicionalidade. Do ponto de vista da dialética entre conservação e transformação dos modelos teóricos, os dilemas podem ser observados exemplarmente em um estudo comparativo entre os trabalhos de Wulff e de Winnicott. Esta matriz clínica se desdobra, também, na constituição de uma "clínica da dissociação", segundo um desdobramento conceitual winnicottiano que passa por Ferenczi e Klein e mantém um diálogo vivo com Fairbairn e Balint. Penso, assim, que a "matriz clínica" é um operador especialmente adequado ao estudo da história da psicanálise por carregar em seu bojo o espírito de algo tão essencial do método psicanalítico: a necessária imbricação entre metapsicologia e clínica.

Um segundo aspecto a ser considerado refere-se também à relação entre *clínica* e *metapsicologia*, que não pode, a meu ver, ser automaticamente assimilada à relação genérica entre *dado empírico* e *teoria*. Abordei tal problemática com mais detalhe em "O lugar da metapsicologia e a questão do método em psicanálise",[24] e encontramos nos trabalhos de Mezan (1989/1995, 1998a, 2002) uma discussão bastante aprofundada do tema. A dimensão figurativa do trabalho de teorização e a articulação sutil entre os processos primário e secundário na escuta do analista guardam características muito singulares e complexas.[25]

Outros vetores fundamentais da especificidade do saber psicanalítico referem-se à análise pessoal (hétero ou autoanálise) como fonte legítima – não seria ela talvez a mais legítima? – de produção de conhecimento e, ainda, à necessidade de considerarmos a imbricação entre vida e obra quando se estuda o autor de um pensamento psicanalítico. Este último aspecto, ainda que não seja aqui o meu foco principal, será retomado em alguns momentos deste livro, quando resenharei brevemente a trajetória pessoal e profissional de alguns dos "personagens" de nossa história.[26]

Assim, creio ser muito importante não perdermos de vista que outros fatores, além dos modelos metapsicológicos, determinam a configuração das escolas e seus destinos ulteriores. Uma história da psicanálise que se atém apenas à evolução dos sistemas conceituais torna-se de fato muito limitada e empobrecida, e tende a ser relativamente menos interessante para o clínico praticante. Na verdade – como veremos – a história da psicanálise é muito mais rica e complexa que isso, pois, para compreendermos a construção e a evolução

---

24 Gurfinkel (1992).

25 Como lembra Fédida (1986), a metapsicologia deve ser entendida, no contexto de um tratamento pelo psíquico, como "capacidade teórica de construção".

26 Em trabalho anterior (Gurfinkel, 2011), utilizei-me deste recurso para abordar a relação do homem Freud com a cocaína e as adicções, a fim de compreender os efeitos disto para uma psicanálise das adicções – tanto em sua obra quanto em desenvolvimentos ulteriores.

124 DA PULSÃO À RELAÇÃO DE OBJETO

do seu "pensamento", é necessário levarmos em conta uma multiplicidade de fatores, a saber: o contexto histórico, cultural e geográfico em que tais ideias surgiram, o horizonte científico e epistemológico em que trabalhavam os pesquisadores, as circunstâncias institucionais e grupais nas quais estes desenvolveram seus trabalhos e, sobretudo, a dimensão transferencial que sempre permeia o trabalho de pensamento, elaboração e teorização dos analistas.

O vetor transferência é o fator mais poderoso e *específico* que torna a história da psicanálise tão singular, e nos obriga a considerar a importância crucial de uma história e uma epistemologia que sejam de fato "regionais". Se, em qualquer campo do saber, a força da relação mestre-discípulo – e a influência a um só tempo estimulante e opressiva dos modelos que herdamos – marca o trabalho de todo pesquisador, no campo da psicanálise, tal fator é elevado à sua máxima potência, já que "atiçar a onça da transferência com vara curta" – que é exatamente o que fazemos na situação analítica – produz sempre efeitos explosivos no trabalho de pensamento de todo psicanalista teorizante. A luta pessoal de cada grande teórico para compor a tradição herdada com sua própria busca de inovação e descoberta é uma constante, e cada um deles teve de deparar, nessa luta, com os "restos transferenciais" das relações com seus analistas, supervisores, mestres idealizados – amados e odiados –, pares aliados e/ou pares rivais etc. Dessa forma, cada um teve de buscar suas próprias respostas e caminhos para equacionar tal conflito entre a *continuidade* e a *transformação*.

Buscaremos, ao longo dos vários capítulos do livro, assinalar alguns destes vetores que também constituíram linhas de força primordiais para a construção de um pensamento das relações de objeto, entrelaçando-se com a construção dos conceitos propriamente ditos, sempre articulada às práticas clínicas que a sustentaram.

Em síntese, considero que, apesar das diferenças entre os autores – historiadores e epistemólogos da psicanálise aqui mencionados –, os diversos trabalhos abordados guardam algo em comum: todos preservam a dimensão histórica no estudo comparativo dos diversos sistemas psicanalíticos, e procuram examinar detida e criteriosamente os sistemas elegidos como principais a fim de evidenciar seus elementos constitutivos, podendo, a partir daí, compará-los com outros sistemas. Bernardi acentuou a descontinuidade e a ruptura entre as diversas escolas; Loparić também enfatizou a ruptura e, ao ressaltar a diferença essencial de concepção de natureza humana entre Freud e Winnicott, alçou este último a um lugar único no campo pós-freudiano; Greenberg e Mitchell, por sua vez, apresentaram uma visão que contempla com mais fluidez a dialética da semelhança e da diferença entre os sistemas, mas ignoraram porções significativas do panorama psicanalítico pós-freudiano. Creio que a abordagem de Mezan também contempla bastante bem a dialética continuidade/ruptura na maneira como concebe o progresso em psicanálise, em visão que se consolidou em seus trabalhos mais recentes. O uso do conceito de *modelo* por Greenberg e Mitchell me parece, por fim, bastante procedente. Ainda que nos ressintamos de uma "epistemologia regional" em sua obra, a sua contribuição maior reside na articulação dos conceitos psicanalíticos propriamente ditos, e não em sua fundamentação epistemológica ou filosófica. Parodiando Winnicott, podemos dizer que a noção de *modelo* é, afinal, um instrumento "suficientemente bom" para proceder ao exame que nos interessa, a saber: o progresso da psicanálise do modelo pulsional ao modelo da relação de objeto.

O presente estudo está assentado, pois, em uma compreensão da história da psicanálise fundada na dialética continuidade/transformação. Este princípio metodológico busca apreender o *progresso* do conhecimento como o desenvolvimento de uma ideia anterior, mas sempre guarda a possibilidade de reconhecer uma ruptura que inaugura uma nova ideia. É preciso também ter em mente que a exigência de distinção *estrita* entre "criar uma nova ideia" e "lançar uma nova luz sobre uma velha ideia" talvez seja, no limite, uma tarefa ingrata, ou até mesmo uma empreitada que corre o risco de resvalar em um preciosismo obsessivo e inútil!

PARTE I

Fundações

2. Abraham: da ordem pré-genital à psicanálise do caráter

Examinaremos, em seguida, alguns aspectos centrais da contribuição de Karl Abraham para a psicanálise, a fim de destacar sua participação na história da construção do pensamento das relações de objeto. O recorte principal que faremos em sua obra terá como foco sua parte mais conhecida: o estudo sobre o desenvolvimento da libido, em conexão com a questão do caráter.

Uma ordem pré-genital

A revelação da existência de uma sexualidade infantil muito antes de sua organização em torno dos genitais e em franca divergência com o senso comum do olhar "adulto" e "civilizado", foi uma das maiores revoluções operadas pelo pensamento freudiano. Os *Três ensaios sobre a sexualidade*, publicados em 1905, cumpriram o papel de marco fundador e de manifesto público de tal revolução, sendo até hoje referência bibliográfica fundamental e obrigatória no estudo da matéria. Nessa obra, a descrição de formas eróticas variadas, ligadas a diversas zonas erógenas do corpo, ampliou sobremaneira o conceito do sexual e trouxe à luz uma série de manifestações sexuais infantis não atreladas necessariamente aos genitais, de caráter polimórfico e anárquico, e geneticamente anteriores à emergência de um processo de organização destas sob a batuta da zona erógena genital. Mas essas manifestações pré-genitais foram inicialmente entendidas por Freud como parte de um tempo primário e não organizado da sexualidade; foi apenas em um segundo momento de sua teorização, e de maneira paulatina, que Freud compreendeu que havia também organizações pré-genitais da libido.

Assim, ao longo de alguns artigos que se estendem por vários anos, Freud propôs determinadas *interpolações*,[1] no processo de desenvolvimento psicossexual, entre o estado autoerótico, polimórfico e inorganizado da sexualidade infantil e a organização genital adulta. A primeira proposta de interpolação foi a da etapa narcísica, na qual as pulsões originariamente anárquicas já se apresentam como um feixe com alguma organização inicial, ao elegerem o Eu como seu objeto e destino preferencial (Freud, 1911b/1981). A segunda interpolação foi a da organização sádico-anal (Freud, 1913a/1981), seguindo-se a da organização oral em 1915[2] e, por último, a da organização genital infantil, que, desde então, passou a ser distinguida da organização genital propriamente dita (Freud, 1923a/1981).

É precisamente nesse sentido que me refiro aqui a uma "ordem pré-genital". Em contraste com a concepção inicial de uma *desordem* pré-genital, vemos surgir, na história das ideias em psicanálise, um rico e diversificado pensamento sobre uma certa *ordem* no pré-genital, ainda que esta não seja tão "organizada" quanto a

---

1 Expressão utilizada pelo próprio Freud (1913a/1981).
2 Esta interpolação se deu em 1915, em seção acrescentada aos *Três ensaios sobre a sexualidade* em uma de suas revisões.

ordem genital ulterior. Nela, reconhecemos certas formas regulares e sistemáticas de configurações psicossexuais, originando pontos de fixação para quadros psicopatológicos, traços de caráter e modalidades de relação de objeto.

É de grande importância observar como a proposição das diversas organizações pré-genitais esteve, em parte, atrelada ao estudo de formas psicopatológicas não neuróticas – ou, pelo menos, clinicamente distinguíveis da histeria –, evidenciando a insuficiência da primeira versão da teoria sexual para dar conta de situações clínicas mais complexas que aquelas estudadas inicialmente pelos psicanalistas. Assim, a "etapa narcisista" foi proposta para explicar o mecanismo da psicose (paranoia e esquizofrenia),[3] a organização sádico-anal para dar conta da etiologia da neurose obsessiva, e a proposição da fase oral estava em grande parte vinculada ao estudo da melancolia. Como se vê, as experiências clínicas dos primeiros psicanalistas logo exigiram uma ampliação do modelo teórico necessário para sustentar uma teoria psicanalítica da psicopatologia, tornando mais complexo o modelo original baseado no contraponto neurose/perversão.[4]

Em termos da evolução histórica das ideias em psicanálise, esses desenvolvimentos da teoria da libido da década de 1910, que se

---

3 Ainda que a teoria do narcisismo tenha permanecido como o pilar básico da elucidação dos fenômenos psicóticos – pelo menos na tradição freudiana –, a ideia de uma *etapa* narcisista não teve a mesma aceitação.

4 Em trabalho anterior (Gurfinkel, 2001), ressaltei como esta mudança concerne também ao estudo das adicções, ainda que esta correlação não seja evidente à primeira vista. Por um lado, a compreensão das adicções se beneficiou sobremaneira dessa ampliação; mas, por outro, podemos também arriscar a hipótese de que houve uma relação de influência no sentido inverso, ou seja: a clínica das adicções talvez tenha tido também um papel de agente coadjuvante deste processo, contribuindo com alguma parcela de água para pôr em marcha este moinho. Isso fica claro, pelo menos, quando examinamos – como veremos adiante – a relação entre adicções e oralidade, que se depreende da obra de Abraham.

consolidaram na década seguinte, forneceram a base para linhas de pesquisa muito profícuas e variadas; esse modelo ainda será hegemônico por um bom período, pelo menos até os questionamentos dos psicanalistas da chamada "escola das relações de objeto"[5] – a começar por Fairbairn e Winnicott – provocarem nele um de seus abalos mais marcantes. Ainda que tenha sido posto em xeque, é fundamental compreendermos como o modelo do desenvolvimento libidinal de Freud e Abraham constituiu a plataforma necessária para as transformações em direção ao modelo relacional, tendo o pensamento kleiniano fornecido a ponte de passagem de um lado a outro.

Nasce uma "psicanálise do caráter"

Dentre as diversas áreas da pesquisa psicanalítica nas quais a proposição da ordem pré-genital possibilitou um grande avanço em termos da compreensão dos fenômenos, destaca-se certamente o estudo do caráter.

O caráter surgiu no horizonte quando Freud percebeu que muitas formações psicopatológicas que apareciam no tratamento psicanalítico não eram compreensíveis segundo o modelo do sintoma psiconeurótico, ou seja, enquanto resultado do conflito entre o inconsciente sexual recalcado e as forças recalcantes, seguindo as mesmas regras da formação do sonho (deslocamento, condensação, tendência à figurabilidade etc.). O sentido do sintoma não se apresentava, aqui, da mesma maneira. Tratava-se de "traços de personalidade", manias, modos de ser e de se comportar que, como outras formações psicopatológicas, eram observados em certos grupos de

---

5   Naturalmente, esses não foram os únicos psicanalistas a questionarem o modelo do desenvolvimento libidinal.

pacientes de maneira mais ou menos semelhante e regular. Para compreender tais traços de caráter, Freud recorreu também à teoria da sexualidade, mas propôs outro tipo de mecanismo para sua gênese e sua formação.

O primeiro artigo dedicado ao tema, "O caráter e o erotismo anal" (Freud, 1908), é curto e penetrante. Freud apontou a regularidade com que três características de personalidade costumam se apresentar conjuntamente em uma mesma pessoa, a saber: o espírito ordenador, a tendência à economia (que pode se tornar avareza) e a tenacidade, que, quando intensificada, se converte em uma obstinação acompanhada de reações de cólera e vingança. Freud observou ainda, investigando a história dessas pessoas, que elas tiveram uma dificuldade particularmente acentuada na educação esfincteriana e lançou, então, sua hipótese etiológica da tríade caracterológica: tais sujeitos portam uma acentuação erógena da zona anal em sua constituição sexual e, ao longo de seu desenvolvimento psicossexual, esse erotismo anal acentuado desaparece (no plano manifesto) e converte-se em traços de caráter. Aqui, Freud retoma sua teoria da sexualidade apresentada nos *Três ensaios*, segundo a qual as pulsões parciais sofrem um desenvolvimento progressivo em direção à organização genital; neste percurso, uma parte das pulsões parciais é integrada na vida sexual adulta e uma parte é sublimada; o erotismo anal, em especial, é pouco utilizável para fins sexuais na nossa cultura, o que praticamente o empurra para o caminho da sublimação. Neste momento da teorização freudiana, a formação do caráter é, portanto, associada ao mecanismo da sublimação.

Alguns anos depois, Freud (1913a/1981) voltou ao tema do caráter em outro artigo de grande importância histórica: "A disposição à neurose obsessiva". Foi aqui que ele formulou a hipótese da organização sádico-anal da libido (fase do desenvolvimento psicossexual caracterizada pelo predomínio das pulsões erótico-anais e sádicas), postulou que este é ponto de fixação associado à etiologia da neurose obsessiva e relacionou a nova descoberta com suas hipóteses anteriores sobre o caráter. A formação do caráter anal corresponde a uma regressão a essa organização pré-genital, hipótese que permitiu situar um pouco melhor a relação entre neurose e caráter.

No final do artigo de 1908, Freud já havia sintetizado em uma fórmula como se dá o processo de transformação do erotismo anal em traços de caráter: "os traços permanentes de caráter são derivativos não modificados das pulsões primitivas, sublimações das mesmas ou reações contra elas" (Freud, 1908/1981, p. 1357). Por exemplo: enquanto um derivativo não modificado, o desejo de reter as fezes torna-se o desejo de posse de dinheiro; enquanto sublimação, o impulso sádico de atormentar, controlar e dominar o objeto torna-se uma tendência de ordenar e uma perseverança no trabalho; e, enquanto formação reativa, o impulso de sujar torna-se um asseio exagerado.[6] No artigo de 1913, essa fórmula é aprofundada por meio do contraste do caráter com o sintoma neurótico, pois, na formação caracterológica, não se observa o fracasso do recalcamento e o retorno do recalcado; o recalcamento está ausente ou, por outro lado, é inteiramente bem-sucedido em sua meta de substituir o reprimido por derivados ou sublimações. Daí o fato de que *as formações de caráter são muito menos transparentes e acessíveis à análise que as neuroses.* Se, na neurose – e o modelo aqui é a neurose obsessiva –, há uma regressão à organização sádico-anal, há também um conflito em relação a tal tendência e um esforço de deter a regressão,

---

6 Um bom exemplo da relação entre caráter e analidade encontra-se no filme argentino *Derecho de familia* (2006, direção de Daniel Burman), vertido em português como *As leis de família.* Trata-se de um advogado com diversos traços de caráter anal (mania de limpeza, adesão a uma rotina repetitiva, detalhismo, ordenação etc.) que tem de se haver com um filho de dois anos e meio em plena experimentação anal com suas fezes, com a sujeira, com a bagunça, com a desobediência e com a provocação.

o que culmina na formação de produtos de reação, de sintomas de transição entre as duas tendências e na dissociação entre consciente e inconsciente. No caráter anal, a regressão é *completa* e vem acompanhada de um recalcamento *acabado* ou de um subjugamento eficaz das pulsões sádica e anal.

Deve-se notar como Freud, nesse artigo, ao lançar a hipótese da organização sádico-anal, inaugura a proposição de *organizações pré--genitais* da libido. Até então, a ideia de "organização" da libido estava atrelada à genitalidade e, se havia uma ideia bem clara da presença e da importância do erotismo anal no psiquismo, não havia a ideia de uma *organização* em torno da analidade. Outras organizações pré-genitais serão propostas ulteriormente: a organização oral (Freud, 1915d) e a organização genital infantil (Freud, 1923a/1981); Freud nos dá a entender, ainda, que uma fase autoerótica e narcísica poderia também ser considerada como um primeiro movimento de organização libidinal, dessa vez em torno do Eu como objeto.

Caráter e teoria da libido: Abraham faz história

Essa reelaboração gradativa da teoria inicial da sexualidade, especialmente quando compreendida em paralelo à teoria do caráter, pode ser reconhecida como um dos passos que *abrem caminho em direção à temática da relação de objeto*. Esta derivação conceitual fica mais clara quando examinamos os trabalhos de Abraham sobre o caráter, observando inclusive como eles prepararam o caminho para os desenvolvimentos kleinianos.

Como se sabe, Abraham foi um dos pioneiros que mais contribuiu para o estudo do caráter. A parte principal da pesquisa de seus últimos anos de trabalho concentrou-se nesta temática, redundando em três brilhantes artigos dedicados, respectivamente, ao estudo do caráter anal (Abraham, 1921/1970), do caráter oral (Abraham, 1924a/ 1970) e do caráter genital (Abraham, 1925/1970). Esses trabalhos, perfeitamente interligados, quando tomados em conjunto, constituem a primeira grande base teórico-clínica sobre o estudo psicanalítico do caráter.

No trabalho sobre o caráter anal, bastante influenciado por um notável artigo de Jones (1918/2005), Abraham ressalta como a dimensão anal está intimamente relacionada com um momento crítico do processo educativo da criança em que esta inicia uma substituição paulatina de uma satisfação autoerótica e narcísica por uma satisfação advinda da relação com o outro. A compensação pelo abandono de certos prazeres anais vem da satisfação com os próprios feitos capazes de agradar os outros, tornando-se uma "boa criança" para os pais. Esta transformação se dá por *uma identificação com as exigências dos educadores*, que proporciona o sentimento de orgulho por uma realização. Se, nesse período, há uma exigência descabida e precoce, vemos surgir uma "bondade" forçada e falsa, que esconde uma rebeldia subjacente e um desejo inconsciente de vingança. Essa distorção do caráter origina-se de uma submissão forçada, exagerada, sádica e prematura aos educadores. Trata-se de um dano permanente ao narcisismo infantil pelo fato de se *forçar prematuramente um hábito* antes que a criança esteja psiquicamente preparada para ele. "Esta preparação psicológica só surge quando a criança começa a transferir para objetos (sua mãe etc.), os sentimentos que originalmente se acham ligados ao narcisismo" (Abraham, 1921/1970, p. 178).[7] Existe, assim, uma diferença crucial entre "tornar-se limpa" *por amor* ou *por medo*; neste último caso, estão dadas as condições para uma perturbação permanente da capacidade de amar.

---

7 Abraham ressaltou, ainda, que o efeito devastador desta destruição prematura da megalomania infantil é compreensível levando-se em conta o vínculo existente entre a elevada autoestima da criança e seus atos excretórios; neste sentido, a origem da onipotência de desejos e pensamentos encontra-se nesta relação da criança com os produtos do corpo na etapa anal.

Vê-se como aqui a analidade é considerada em um plano eminentemente intersubjetivo, e não apenas em termos dos prazeres e privações pulsionais e suas consequências. A dimensão anal refere-se essencialmente à *luta* do sujeito em relação ao seu meio, cuja matriz afetiva de amor e/ou de ódio dependerá também da habilidade do outro humano de acompanhar – facilitando, dificultando ou impedindo – a passagem do autoerotismo ao investimento de objeto. Em uma "relação de objeto anal", há um esforço constante de submeter o outro ao próprio sistema, ordem, ritmo etc., de modo que a obsessão pela ordem é também um amor pelo poder sobre o outro. O ódio é expresso por um sadismo na forma de controle, domínio e submetimento, e o amor, na forma de um presentear o outro com os seus produtos pessoais. Mas a "entrega" está sempre ditada pela soberania pessoal; o direito de decisão está acima de tudo, como no exemplo clássico do marido que se deleita em manter sua esposa em permanente dependência financeira: "tais pessoas gostam de despertar desejo e expectativa nos outros e então conceder-lhes satisfação em quantidades pequenas e insuficientes" (Abraham, 1921/1970, p. 181). É claro que o elemento sádico da ambivalência pronunciada do nível anal torna o sujeito incapaz de uma dedicação autêntica ao objeto amado, observando-se apenas uma submissão e uma gentileza demasiadas, fruto de formações reativas. Se a "superbondade" do caráter anal pode redundar em uma "variedade socialmente útil", ela "é inferior, em aspectos essenciais, ao pleno amor objetal" (Abraham, 1921/1970, p. 183).[8]

O artigo sobre o caráter oral retoma a linha de pensamento de seu trabalho inaugural sobre o tema ("O primeiro estágio pré-genital da libido", de 1916), comprovando, mais uma vez, a relação íntima entre a teoria do caráter e a hipótese das organizações pré-genitais

---

8   Em "O 'calibanismo': uma paixão anal" (Gurfinkel, 2011), fiz um estudo detalhado das características da relação de objeto anal.

da libido. Mas ele é, ao mesmo tempo, uma continuação do estudo do caráter anal, pois, agora, Abraham destaca a significativa imbricação entre as duas formas caracterológicas, demonstrando que as questões anais estão intimamente ligadas à história do erotismo oral. Assim, por exemplo, a avareza anal tem sua origem no desejo descomedido de possuir, cuja natureza é oral; desse modo, certos traços de caráter anal "são construídos sobre as ruínas de um erotismo oral cujo desenvolvimento fracassou" (Abraham, 1924a/1970, p. 166). O artigo prepara o terreno, ainda, para o seu ensaio mais completo sobre o desenvolvimento da libido (Abraham, 1924b/1970), publicado no mesmo ano, e prenuncia uma hipótese metapsicológica de sua autoria e que certamente fez história: a identificação, no interior de cada uma das organizações da libido, de duas subetapas ou de dois "tempos" distintos. Abraham nos mostrou a importância de compreendermos a diferença entre o "tempo do sugar" e o "tempo do morder", bem como nos fez ver o interesse em se distinguir a "expulsão destrutiva" e o "controle retentivo" anal, e, ainda, seguindo Freud, a importância em se diferenciar a organização genital infantil (fálica) da organização genital propriamente dita.

No artigo de 1916, um amplo leque de manifestações psicopatológicas é associado às fixações orais: a esquizofrenia, a compulsão alimentar e outras formas de adicções, diversos sintomas neuróticos (vômitos histéricos, inibição alimentar e da fala, tiques relacionados à boca etc.) e fantasias (ideias canibalescas, fantasia de sucção do seio e do órgão genital masculino etc.), a depressão neurótica e a melancolia (depressão psicótica).

Vale a pena nos determos um pouco no caso específico das adicções, que podem ser tomadas como uma matriz clínica que cumpriu um papel significativo nesses desenvolvimentos teórico--clínicos. A aproximação entre oralidade e melancolia é muito mais visível e conhecida; mas é justamente esta invisibilidade dos fenômenos adictivos na história da psicanálise que torna o tema mais interessante. A psicanálise das adicções deve bastante ao trabalho de Abraham, tanto pela aproximação à questão do caráter como – e principalmente – pela aproximação entre adicções e oralidade.[9]

O estudo do caráter interessa à psicanálise das adicções por diversos motivos; apenas para começar, deve-se considerar a inadaptação das adicções ao modelo da psiconeurose. A experiência clínica é gritante quanto ao fracasso em que caímos ao trabalhar com este modelo, pelo menos em uma grande parte dos casos de adicção. Em trabalho anterior (Gurfinkel, 2011), ressaltei a aproximação de Freud entre adicções e neuroses atuais, já que, em ambos os casos, observamos a ausência dos processos psíquico-representativos da psiconeurose; a aproximação com a perversão também é pertinente, especialmente se considerarmos a frequente desarticulação da organização genital e substituição do fim genital por uma via de satisfação parcial e exclusiva, bem como a semelhança com a gangorra maníaco-depressiva: a euforia artificial e a queda depressiva subsequente – típica da toxicomania – sugere uma aproximação das adicções com as neuroses narcísicas, especialmente em virtude do mecanismo de incorporação que lhe é característico e da semelhança com o estado maníaco.

O estudo do caráter vem em nosso auxílio para fazer frente à desorientação que emerge diante deste leque psicopatológico tão variado; justamente por atravessar todas estas formas clínicas e recolocar a problemática em um plano que transcende a dimensão exclusivamente psicopatológica, o caráter nos proporciona um novo ângulo para compreender as adicções para além do campo das psiconeuroses, utilizando-se a teoria da sexualidade em um segundo tempo de sua constituição. Deve-se considerar também que as adicções

---

9 Procurei trazer à luz esta dimensão mais obscurecida da história da psicanálise em meu estudo sobre as adicções (Gurfinkel, 2011).

guardam uma relação muito particular com o que podemos designar "deterioração do caráter", e que certas formas caracterológicas exacerbadas podem bem ser entendidas como modalidades de paixão – designando, em certo sentido, tipos de relação de objeto.

A correlação entre oralidade e adicções é, sem sombra de dúvida, uma das mais clássicas e bem estabelecidas, além de quase óbvia. Freud (1905a/1981, p. 1200) já havia proposto, nos *Três ensaios*, que, se uma importância erógena da zona labial permanece mais acentuada na vida adulta, ela pode conduzir a beijos perversos, ao consumo de bebidas e ao excesso no fumar. Desde então, essa linha de pesquisa só fez florescer. Abraham contribui muito para tal destino, seja por sua coautoria com Freud na proposição da organização oral da libido, seja por ter considerado as adicções, desde o início, como exemplares de uma exacerbação da oralidade.

A primeira forma de adicção descrita por Abraham (1916/1970) no artigo sobre a organização oral da libido foi, curiosamente, a compulsão alimentar; mas, nesse artigo, também é descrito o interessante caso de um paciente viciado em remédios para dormir, caso que já havia sido mencionado a Freud em uma carta de 1908. O artigo de Abraham sobre o alcoolismo e a sexualidade acabara de ser publicado (Abraham, 1908a/1994), e ele escreveu:

neste ínterim, eu aprendi muitas coisas interessantes sobre a base sexual do uso de pílulas para dormir na psicanálise de um colega. No caso deste paciente, o narcótico serve como um substituto da masturbação, a que ele renunciou com dificuldade; a analogia serve bem nos menores detalhes. A interrupção no uso das pílulas para dormir encontrou grandes resistências. Hoje ele proporcionou confirmação precisa de meu ponto de vista: depois de duas noites sem drogas para dormir,

ele repentinamente sentiu um retorno da ânsia de sugar!
(Abraham, 1908b/2002, p. 57)

Esse caso e esse incidente vieram a ser descritos no artigo de 1916, em seção do texto dedicada a demonstrar a preponderância do erotismo oral em certos neuróticos adultos. Como Abraham afirmou com bastante argúcia, estes "chupadores de polegar" devem ser distinguidos dos adictos em comida, já que puderam avançar mais no percurso do desenvolvimento libidinal, pelo fato de sua fonte principal de prazer ter atingido uma independência em relação à função alimentar. Podemos considerar que a sexualidade pôde descolar-se aqui de seu apoio no autoconservativo, evidenciando um maior grau de capacidade de simbolização.

A ideia de *um campo clínico das adicções* que transcende o caso específico da toxicomania – espectro psicopatológico ligado à problemática oral e que engloba diferentes tipos de vícios a diferentes objetos – estava bastante clara para Abraham. No artigo de 1916, ele considerou o morfinismo e o alcoolismo como compreendendo uma dinâmica similar à da compulsão alimentar, todos eles fenômenos nos quais o objeto da adicção proporciona a satisfação substituta da atividade libidinal. Mas, se muitos indivíduos pagam um tributo permanente à zona oral por meio de comportamentos cotidianos como colocar o dedo na boca, morder uma caneta ou fumar enquanto trabalham, por que alguns se tornam adictos? Essa questão crucial foi logo levantada por Abraham: como diferenciar um "hábito oral" de uma compulsão patológica? Ele propõe, nesse artigo, um primeiro critério, de ordem mais "prática" e menos metapsicológica: é a reação patológica do usuário à privação do objeto – sua intolerância à abstinência – que caracteriza e distingue um adicto.[10]

---

10 Desde este momento inaugural, as adicções estiveram presentes na mente de Abraham como relevantes para a clínica da oralidade; mas o interesse de Abraham

142 ABRAHAM: DA ORDEM PRÉ-GENITAL À PSICANÁLISE DO CARÁTER

É digno de atenção um comentário de Abraham a respeito da anterioridade de suas observações clínicas em relação à formalização do conceito de organização oral da libido. Segundo ele, as contribuições do artigo de 1916 "se apoiam em extensas observações que foram realizadas antes de serem postos em evidência os pontos de vista teóricos relativos aos estágios libidinais. Uma teoria preestabelecida da organização pré-genital não poderia, portanto, ter influenciado a escolha deste material" (Abraham, 1916/1970, p. 51). E ainda:

> *gostaria de apresentar algum material psicopatológico que ficou até aqui quase desconhecido ou, pelo menos, inteiramente desprezado, e que irá demonstrar que a vida instintiva da criança persiste em alguns adultos de uma maneira positiva e inequívoca e que a libido de tais pessoas apresenta um quadro que parece corresponder, em todos os pormenores, à fase oral ou canibalesca estabelecida por Freud. (Abraham, 1916/1970, p. 55)*

Se lembrarmos que a organização oral da libido havia sido "oficialmente" estabelecida por Freud em acréscimo aos *Três ensaios* de 1915, que dedicou dois breves parágrafos ao assunto, e cotejarmos isso com as observações acima, compreendemos que Abraham já tinha "acumulado e guardado"[11] um vasto material sobre o assunto

---

pelas adicções é ainda mais antigo, e anterior ao seu contato com a psicanálise de Freud: dois dos poucos trabalhos por ele publicados enquanto psiquiatra pré-analítico abordavam os efeitos do uso de drogas (Abraham, 1902, 1904).

11 Não devemos, aqui, ser ingênuos: é claro que nenhum material "fala" inteiramente por si mesmo; deve-se considerar também que ele expressa algo que o observador está predisposto, inclinado ou capacitado para ver. Assim, Abraham não havia inicialmente percebido, conforme depreendemos de seu artigo de 1911, a dimensão pré-genital na clínica da melancolia também porque não havia ainda uma teoria do pré-genital, conforme ele mesmo escreveu a Freud: "na época das análises dos casos em 1911 eu não tinha ainda conhecimento da importância do

que publicou logo depois, indicando que, de fato, a proposição da organização oral da libido foi uma espécie de coautoria entre Freud e Abraham.

Retornemos, pois, ao artigo de Abraham (1924a /1970) sobre o caráter oral. Sua tese principal é que uma travessia bem-sucedida pela etapa oral constitui o primeiro passo – e talvez o mais importante – em direção a uma atitude saudável nas relações sociais e sexuais do indivíduo, já que aí se forma a base sobre a qual se assenta o prazer de tomar e receber algo. Qualquer perturbação nesta experiência inicial de receber tem consequências para todo o desenvolvimento libidinal ulterior, levando, particularmente, a um sadismo acentuado; para Abraham, a natureza principal destas perturbações tem duas fontes: ou uma carência ou um excesso de prazer oral.

Desde que sua necessidade de prazer não foi suficientemente satisfeita ou se tornou insistente demais, a criança se aferra com particular intensidade às possibilidades de prazer a serem obtidas no próximo estágio. Fazendo isto, ela se encontra em constante perigo de um novo desapontamento, ao qual reagirá mais prontamente que a criança normal com uma regressão ao estágio anterior. Noutras palavras: na criança que foi desapontada ou excessivamente gratificada no período de sucção, o prazer em morder, que é também a forma mais primitiva de sadismo, receberá uma ênfase especial. (Abraham, 1924a/1970, p. 165)[12]

---

erotismo anal na neurose obsessiva, e posso não o ter percebido na melancolia" (Abraham, 1915/2002, p. 304).

12 Aqui se vê a relevância clínica, para Abraham, em se distinguir duas subetapas orais: a de sucção, mais primitiva e pré-ambivalente, e a de morder, posterior, protótipo de todo o sadismo ulterior.

144   ABRAHAM: DA ORDEM PRÉ-GENITAL À PSICANÁLISE DO CARÁTER

A consequência disso para o caráter é uma ambivalência particularmente pronunciada, expressa na relação com os outros sob a forma de hostilidade, antipatia e inveja.[13]

Um dos traços mais distintivos derivados de uma privação acentuada do erotismo oral é uma "exigência agressiva" de gratificação dirigida ao objeto; tais pessoas estão sempre solicitando algo, comportam-se com impaciência e crueldade em relação a qualquer situação de não atendimento imediato e não suportam ficar sozinhas. No limite, "se aferram como sanguessugas às outras pessoas" (Abraham, 1924a/1970, p. 198) e agem como vampiros.[14] Outras variações deste tipo caracterológico são: uma necessidade compulsiva de dar por meio da boca, uma premência obstinada em falar e uma relação baseada na descarga oral; em todos os casos, trata-se de "comunicar-se oralmente com as outras pessoas" (Abraham, 1924a/1970, p. 168), constituindo o que poderíamos denominar "uma relação de objeto oral".[15]

O estudo do caráter na era pós-freudiana

Se o caráter foi inicialmente estudado sob a ótica dos erotismos parciais e das organizações pré-genitais da libido, a investigação psicanalítica não se ateve apenas a esse ponto de vista. Ainda na obra de Freud, encontramos outras maneiras de abordar os tipos

---

13 Eis mais um ponto em que encontramos, na obra de Abraham, aspectos que serão posteriormente desenvolvidos por M. Klein, particularmente em *Inveja e gratidão*; mas, neste caso, se trata de um aspecto que será desenvolvido na obra de maturidade da autora!

14 Estas características de personalidade são, como o sabemos, frequentemente encontradas em indivíduos adictos.

15 Sobre a relação de objeto oral, ver também o capítulo "A comilança: uma paixão oral", do meu livro sobre as adicções (Gurfinkel, 2011).

de caráter, como aquela derivada das estruturas psicopatológicas. Assim, em um artigo tardio, Freud (1931/1981) postulou os "tipos libidinais", que não deixam de ser tipos caracterológicos. São eles: erótico, obsessivo e narcisista, bem como os tipos mistos erótico-obsessivo, erótico-narcisista e narcisista-obsessivo, mais frequentes. Muito antes, Freud (1916) já havia descrito três tipos de caráter encontrados na prática psicanalítica – as pessoas que se consideram uma "exceção", os que fracassam ao triunfar e os delinquentes por sentimento de culpa –; também nesse caso, os tipos de caráter não são diretamente atrelados aos erotismos pré-genitais.

O estudo do caráter desenvolveu-se, no campo pós-freudiano, em algumas novas direções, ainda que, hoje, seja um tema relativamente pouco discutido. Fenichel (1945a/1981, 1945b) fez um grande esforço de sistematização e de desenvolvimento da teoria do caráter. Ele realizou uma revisão histórica abrangente do tema e reorganizou os conceitos básicos e os operadores correlatos, a saber: tratou de discriminar caráter e traço patológico e discutiu os traços originados da sublimação e das formações reativas, bem como a correlação com as defesas, a racionalização e a idealização dos impulsos pulsionais, entre outros aspectos. Quanto aos tipos de caráter, ele acrescentou ao estudo dos traços caracterológicos anais, orais, uretrais e fálicos, os comportamentos patológicos em relação ao superego e aos objetos externos, os caracteres compulsivos, cíclicos e esquizoides, bem como a importante noção de neurose de caráter (ou "caráter neurótico").

Três décadas depois, Bergeret (1974/1988) voltou ao tema no ambiente psicanalítico francês. Ele retomou o trabalho de sistematização de Fenichel e articulou o problema do caráter com suas hipóteses sobre as estruturas de personalidade e com a questão do normal *versus* patológico. Desenvolveu, ainda, uma classificação minuciosa, distinguindo os caracteres, os traços de caráter e as patologias do caráter. Dentre os primeiros, descreveu os caracteres neuróticos (histérico de conversão, histeriofóbico e obsessivo), os psicóticos (esquizofrênico e paranoico), os narcisistas (o abandônico, o destinado, o fóbico-narcisista, o fálico, o depressivo, o hipocondríaco, o psicastênico, o psicopático e o hipomaníaco), além dos caracteres psicossomático e perverso. Dentro da categoria "traços de caráter", ele separou os traços de caráter estruturais – baseados nas diversas formações psicopatológicas neurótica, psicótica e narcisista –, os traços de caráter pulsionais (baseados nos diversos erotismos), os traços de caráter agressivos (sádicos, masoquistas e autopunitivos) e os traços de caráter dependentes da pulsão do ego. As patologias do caráter seriam, por fim, de três tipos: a neurose de caráter, a psicose de caráter e a perversão de caráter. Pierre Marty e André Green, analistas de peso do meio francês, também deram atenção à questão do caráter, sendo que o primeiro apontou uma importante correlação entre as formações de caráter e os processos psicossomáticos.

Vemos, assim, como a teoria do caráter passou a se basear não apenas em uma referência direta aos erotismos parciais, mas também às diversas formas psicopatológicas descritas por Freud e pelos psicanalistas que o sucederam.[16]

O estudo do caráter significou, mais que tudo, uma enorme ampliação do escopo do psicanalista. Ao se voltarem para a análise do caráter – indo além da análise da neurose –, os analistas pioneiros deram um passo fundamental na década de 1920. Eles compreenderam que grande parte dos problemas clínicos que então se apresentavam não se encaixava no modelo do sintoma psiconeurótico, que

---

16 Como exemplo de uma visão atual, menciono o trabalho de Bollas (2000), que descreveu os caracteres histérico, narcisista, *borderline*, esquizoide e perverso. É natural que, para os autores identificados com a vertente das relações de objeto, as formas psicopatológicas deverão predominar, em termos de referente, para se conceber os tipos de caráter.

se origina do retorno do recalcado; isto exigiu o desenvolvimento de novos recursos técnicos, o que ampliou consideravelmente o trabalho terapêutico para além da tarefa estritamente interpretativa, nos moldes até então conhecidos. Assim, não só os horizontes da psicopatologia psicanalítica se tornaram mais complexos, como o desafio da tarefa psicoterápica atingiu um novo patamar.

A psicanálise do caráter e as relações de objeto

Ao tomar o desmame como momento crítico do desenvolvimento libidinal, Abraham assinalou as consequências de uma falha na superação das frustrações que estão em causa neste momento, que tolhe seriamente o desenvolvimento da sexualidade dos sujeitos:

> *suas pulsões de nutrição e sexuais permanecem, até certo ponto entrelaçadas; sua libido não encontra o caminho para um objeto humano, vivo, de uma maneira normal, mas busca satisfação na primeira instância, sugando um material colocado na boca. (Abraham, 1916/1970, p. 62)*

Abraham reconheceu a participação tanto de fatores externos como de fatores inerentes ao bebê na determinação das dificuldades do desmame. No artigo do caráter oral, ele especificou que tanto um excesso de gratificação quanto uma privação exagerada são nocivos, deixando claro o papel do ambiente materno na etiologia das perturbações mentais.

Assim, observamos a construção sutil de uma teoria sobre um modo de funcionamento mental e um modo de relação de objeto tipicamente orais, aspectos que se cristalizam na proposição ulterior do caráter oral. Neste tipo de relação objetal, amar alguém equivale a "comer algo bom" (Abraham, 1916/1970, p. 59), conduzindo a uma sobreposição entre sexual e autoconservativo e a uma *materialização* ("coisificação", despsiquização ou desmetaforização) do objeto. No nível oral, a frustração é muito menos tolerada e conduz a um estado depressivo que é, em geral, evitado por algum "remédio oral" (medicação psiquiátrica, droga, alimento, compras ou algum outro tipo de suprimento).[17] No artigo de 1924, Abraham ressaltou que as frustrações ou excessos no "tempo do sugar" produzem um aumento do sadismo no "tempo do morder", refletindo-se em hostilidade, antipatia, inveja e voracidade pronunciadas. Um período de sucção bastante satisfatório proporciona, por outro lado, a crença na existência de pessoas bondosas e dá ensejo a um otimismo imperturbável; tal otimismo proporciona, muitas vezes, a energia e a confiança pessoal para a perseguição dos próprios objetivos, mas pode também levar a uma inatividade derivada da crença de que "o seio materno fluirá eternamente". A privação oral acentuada pode produzir, por sua vez, "sanguessugas" e vampiros, pessoas que estão sempre solicitando algo com uma exigência agressiva, que são impacientes e que detestam ficar sozinhas.

O passo mais sólido em direção ao ponto de vista da relação de objeto se deu com a descrição dos mecanismos de formação da personalidade psíquica por meio das trocas com o outro, *tomando as trocas corporais como um protótipo do psíquico*. Abraham destacou três "fontes de satisfação física e mental" que assentam as bases das relações de objeto: a *absorção*, a *expulsão* e a *retenção*. Assim, por exemplo, a posse (anal) de um objeto significava originalmente, no nível oral, uma incorporação dele; de início, tratava-se apenas de incorporar e expulsar, mas, com a passagem para o nível anal, surge o sentido de propriedade.

---

17 Tanto a coisificação (materialização do objeto) quanto a busca compulsiva de um remédio oral (suprimento) são características de um funcionamento adictivo.

Se o prazer em conseguir ou apanhar é colocado na relação mais favorável possível com o prazer na posse, bem como o prazer em abandonar, então foi dado um passo de importância excepcional para assentar as bases das relações sociais do indivíduo. (Abraham, 1924a/1970, p. 164)

Essas observações gerais se refletem claramente no cuidadoso estudo sobre introjeção e identificação, no qual Abraham retoma a problemática da *perda do objeto* – anteriormente proposta por ele mesmo (Abraham, 1911/1970) e por Freud como modelo para estudar o luto e a melancolia – e a articula cuidadosamente com as organizações pré-genitais da libido. A organização sádico-anal contém em si o drama da retenção/expulsão do objeto; assim, "o afastamento ou a perda do objeto pode ser encarado pelo inconsciente como um processo sádico de destruição ou como um processo anal de expulsão" (Abraham, 1924b/1970, p. 91). Ao discriminar dois níveis distintos nessa organização libidinal – aquele dominado pela tendência a destruir e perder o objeto e aquele dominado pela tendência conservadora de retê-lo e controlá-lo –, Abraham sofisticou sobremaneira a fórmula etiológica da psicopatologia psicanalítica, esclarecendo que a linha divisória entre esses dois níveis separa os pontos de fixação da neurose e da psicose. A expulsão do objeto do nível sádico anal mais primitivo equivale à retirada da libido do objeto e a consequente retração narcisista desta. A organização oral da libido nos possibilita compreender, do seu lado, os processos de introjeção que sobrevêm a perda do objeto, seja no luto ou na melancolia. Abraham também a subdivide em dois níveis – um primário, dominado pelo sugar, pela indiscriminação eu-objeto e por uma incorporação pré-ambivalente, e um posterior, canibalesco, cujo protótipo é o morder e no qual incorporar equivale a destruir o objeto.

O artigo sobre o caráter genital completa a trilogia sobre o caráter, retomando a discussão da parte final da monografia sobre o desenvolvimento da libido (Abraham, 1924b/1970). Como podemos figurar um processo bem-sucedido de passagem para um nível genital da libido? Para Abraham, não se trata de um estado ideal. Ele já havia dito que, no caráter "normal", encontramos sempre derivados de todas as fontes pulsionais, combinadas umas com as outras de um modo feliz (Abraham, 1924a/1970, p. 172); em seguida, ele concebeu a genitalidade como a construção de uma relação de objeto inteiro, o que não se verifica nos diversos quadros psicopatológicos. Assim, a melancolia se caracteriza por uma incorporação total do objeto que anula sua existência, e a paranoia pela incorporação parcial deste. Ora, também nas neuroses, o objeto ainda não é experimentado na sua inteireza: uma vez que o complexo de castração – "o último grande passo" no desenvolvimento libidinal – não foi suficientemente processado, a relação de objeto exclui a dimensão genital, conforme Freud demonstrou claramente no caso da histeria. Para Abraham, o caráter genital implica, pois, a superação possível do complexo de Édipo, acompanhada do sucesso relativo em sobrepujar as tendências narcisistas e a hostilidade para com o objeto.[18] Daí o interesse em se discriminar, também na esfera genital, dois níveis distintos: o fálico e o genital propriamente dito.

Nota-se como, aqui, podemos reconhecer o embrião da perspectiva das relações de objeto. As perturbações experimentadas pela criança durante sua passagem pela fase oral e anal podem predispor a uma série de processos patológicos; mas, na origem de tais perturbações, certamente conta, a conduta daqueles encarregados de seu

---

18 Não tratarei aqui dos problemas e da grande controvérsia a respeito do conceito de genitalidade, especialmente quanto à proposta de Abraham; para tanto, remeto o leitor para meu trabalho "A mítica do encontro amoroso e o trabalho de Eros" (Gurfinkel, 2008a).

cuidado, seja por excessos ou privações orais (Abraham cita, por exemplo, o caso da mãe histérica com grandes dificuldades com o desmame), seja por uma atitude educativa no período anal que não considere as condições psíquicas e o ritmo próprio da criança na passagem do autoerotismo ao investimento objetal. As experiências erógenas corporais em termos de trocas com o ambiente servem de protótipo para a construção das trocas psíquicas com o outro, guardando uma articulação fundamental com a dialética autoerotismo, narcisismo e relação de objeto. A conquista da genitalidade é, nesse sentido, a construção de uma *relação* com o objeto em seu sentido mais pleno. Nesta, dá-se o reconhecimento e o respeito pela sua existência autônoma e por seus próprios desejos, o que impõe uma tarefa árdua e contínua de "negociação" entre as demandas do outro e os desejos e impulsos pulsionais do sujeito. Essa negociação implica um trabalho constante com o narcisismo e com a ambivalência, oriundos dos estratos mais primitivos da vida mental. O estudo do caráter, em conexão com a teoria do desenvolvimento da libido, significou, assim, no contexto da contribuição de Abraham, um avanço fundamental em direção ao modelo relacional na história da psicanálise.

Abraham: precursor das relações de objeto?

Podemos considerar Abraham um precursor do pensamento das relações de objeto?

A sugestão parece um pouco estranha, pois uma aproximação mais ligeira indicaria o contrário. Por sua proximidade a Freud e por ter abraçado a causa da teoria da libido, poder-se-ia, naturalmente, aproximar sua obra ao modelo pulsional. Esta foi a tendência de vários analistas; Fairbairn (1941/1980), por exemplo, tomou a teoria da libido conforme foi reelaborada e formatada por Abraham como o principal foco de sua crítica, em um contraponto claro ao modelo que ele mesmo elaborou: "a teoria da libido contém uma limitação intrínseca, que pode ser melhor compreendida se a enfocamos de acordo com o que surge na revisão feita por Abraham" (p. 24). Segundo ele, Abraham equivocou-se, em termos da nomenclatura por ele adotada, por referenciar suas descrições das etapas pré--genitais em torno das finalidades libidinais (oral, anal, genital etc.), em detrimento de uma descrição que tenha como referência a natureza do objeto (por exemplo, a sequência das etapas autoerótica, narcísica e aloerótica, também presente na obra de Freud). Mas, na prática, como Fairbairn (1941/1980) mesmo reconheceu, "as fases estabelecidas por Abraham tentavam representar não só etapas de organização libidinal, como também etapas no desenvolvimento do amor objetal" (p. 25).

Penso que, curiosamente, o tratamento que Abraham deu à teoria libidinal e, em especial, sua extensão dessa teoria em direção ao estudo do caráter, acabou abrindo as portas para novos caminhos. Isso se verifica, em primeiro lugar, na consideração pelo fator intersubjetivo no trato com bebês e crianças que está implícita em seus artigos, como pudemos ver na importância dada à capacidade da mãe de equilibrar satisfação e frustração no manejo de seu bebê, no assinalamento do risco da interferência de sua própria psicopatologia da formação do caráter de seu filho, bem como na reedição do mesmo equilíbrio difícil entre aceitação e exigência de contenção na educação esfincteriana. Essas considerações reaparecerão na obra de autores posteriores, como é o caso de Winnicott.[19] Em segundo lugar, é fundamental observarmos como as descrições de Abraham das etapas pré-genitais e das formas caracterológicas a elas relacionadas comportam *estruturas relacionais*, que

---

19 Ver, adiante, capítulos sobre os conceitos de saúde e educação em Winnicott e sobre a influência da patologia parental na psicopatologia dos filhos.

são expressas em termos de trocas com o objeto – absorção, expulsão e retenção – cujos protótipos corporais remetem sempre a mecanismos e processos psíquicos.

Melanie Klein, analisanda de Abraham, tomou para o si o bastão para prosseguir com novos desenvolvimentos. Por um lado, a discípula talentosa se distanciou paulatinamente do modelo de desenvolvimento da libido freudo-abrahamniano, substituindo a noção de organizações pré-genitais pela de "posições" – sabemos que, após um período inicial em que descreveu diversas posições, Klein acabou por moldar uma teorização ancorada na dialética entre as posições depressiva e esquizoparanoide –; mas, por outro, ela conservou a linguagem dos objetos parciais tão característica dos trabalhos de Abraham, utilizando-a de modo muito mais livre e menos atrelada a organizações ou fases libidinais. O material das fantasias, cujo conteúdo principal são justamente os objetos parciais, surge nas descrições clínicas como um acervo de elementos que se combinam de maneiras múltiplas, quase caóticas. Não há aqui exatamente uma ordem; o fator que estrutura a vida psíquica é justamente a construção da passagem dos mecanismos de divisão para os mecanismos de integração da posição depressiva. Tomar as trocas corporais como protótipo para o psíquico foi também uma das grandes heranças que Klein assimilou de Abraham, como tão bem nos mostrou Susan Isaacs. Ao partir da distinção entre "fantasia de incorporação" e "mecanismo de introjeção", Isaacs (1952/1982) defendeu com grande clareza e precisão a hipótese de que a fantasia é o elo operante entre a pulsão e o mecanismo do ego. Segundo essa visão, há um *continum* entre a experiência pulsional corporal e o desenvolvimento dos processos psíquicos, e a peça-chave que possibilita compreendê-lo é o conceito de fantasia inconsciente.

Greenberg e Mitchell, em sua análise cuidadosa, consideraram que M. Klein cumpriu o papel essencial de construir uma ponte do modelo pulsional para o relacional. Mas, embora ela tenha utilizado à exaustão a expressão "relação de objeto" e de ser geralmente identificada com tal conceito, a sua abordagem não equivale àquela da "verdadeira" tradição das relações de objeto. Nesse aspecto, A. Green foi muito preciso ao assinalar que, incialmente, a teoria das relações objetais tinha como foco a interação com os objetos em termos de processos internos, e que só posteriormente se percebeu que o foco maior deveria estar na palavra "relação", que remete aos elos de ligação tanto no plano do pensamento (Bion) quanto no campo intersubjetivo (Winnicott): "o estudo das relações é antes o dos elos que o dos termos unidos por eles" (Green, 1975/1988, p. 53).

É interessante observar, quanto a isso, o tratamento dado por Bion ao tema. Em seus trabalhos – especialmente na década de 1950 –, encontramos ainda a linguagem corporal dos objetos parciais para descrever os fenômenos clínicos, bem como as fantasias e os movimentos transferenciais. Assim, por exemplo, ao comentar a ausência de relato de sonhos em pacientes psicóticos, ele atribui tal fenômeno a uma hiperfragmentação dos elementos visuais do sonho pelos impulsos destrutivos; e, quando tais pacientes passam a ser capazes de perceber objetos visuais, eles experimentam o contraste entre tais objetos e os "objetos invisíveis" anteriores como "uma relação muito semelhante à que as fezes têm com a urina" (Bion, 1959/1994, p. 115). Mas, se lermos seus trabalhos com mais atenção, compreenderemos que tal linguagem interessa muito mais no plano das *funções* psíquicas que indicam que no conteúdo corporal e concreto a que aludem.

A concepção do objeto parcial como algo análogo a uma estrutura anatômica, encorajada pelo emprego que o paciente faz de imagens concretas como unidades de

pensamentos, é enganadora, porque a relação de obje-
to parcial não é só com estruturas anatômicas, mas
com funções, não é apenas com a anatomia, mas com a
fisiologia, não só com o seio, mas com o aleitar, enve-
nenar, amar, odiar. (Bion, 1959/1994, p. 118)

Assim, os "objetos" que o paciente percebe são, "na verdade, objetos parciais, e, predominantemente, aquilo que denominaríamos de
funções, e não estruturas morfológicas" (Bion, 1959/1994, p. 123).

Bion passou a se interessar, cada vez mais, pelo pensamento e
por suas funções, e isso indica uma mudança de ênfase significativa.
Mesmo o inatismo kleiniano é bastante relativizado em sua obra,
que enfatizou bastante o papel primordial do outro humano no
processo de digestão psíquica das experiências e angústias insuportáveis que o bebê lhe comunica por meio de uma identificação
projetiva "normal" e constitutiva. Como na obra de Bion, podemos
observar, ao longo dos anos, uma tendência cada vez maior dos
analistas – e não apenas nos neokleinianos – de utilizar a linguagem corporal dos objetos parciais muito mais pelo seu caráter me-
tafórico que realístico. Isso indica, de modo sutil, mas significativo,
um afastamento gradativo do modelo pulsional original.

É um pouco estranho que Greenberg e Mitchell não tenham
ressaltado o papel de Abraham na história da tradição das relações
de objeto, reconhecimento que, por outro lado, foi plenamente realizado por Renato Mezan. Segundo este último, o tratamento que
Abraham deu, por exemplo, ao erotismo oral amplia e altera significativamente o seu sentido inicial, e nos conduz à ideia de uma
espécie de "relação oral", ou "uma forma de apreensão do objeto":
"a oralidade vai se deslocando cada vez mais da pulsão e da zona
erógena da boca para uma forma de apreensão do objeto, a qual se

156 ABRAHAM: DA ORDEM PRÉ-GENITAL À PSICANÁLISE DO CARÁTER

chama *incorporação* e que é metabolização da oralidade biológica" (Mezan, 1999/2002, p. 124).

Retomando um esquema proposto por Widlöcher e Rosolato, Mezan ressalta que essa dimensão relacional se verifica nas mudanças entre as diversas fases libidinais; assim, se, no nível sádico--oral, o ato de "receber" tem na "apropriação" seu modo de relação e na "incorporação" o seu mecanismo psíquico particular, no nível sádico-anal anterior, o ato de "abandonar" tem na "rejeição" seu modo de relação e na "expulsão" seu mecanismo psíquico – o que se transfigurará em "guardar", "conservar" e "reter" no nível sádico-anal posterior. Ora, é justamente pelo fato de não ser a zona erógena envolvida o que diferencia uma fase da outra, mas "o que acontece com o objeto" (Mezan, 1999/2002, p. 130), que podemos reconhecer, em diversos tipos de adicção, uma dimensão oral subjacente, seja no caso da ingestão compulsiva de comida ou bebida, seja no caso de ouros tipos de vício – ainda que a ingestão pela boca não esteja concretamente presente; pois o que caracteriza a oralidade própria às adicções é o mecanismo de introjeção na relação com o objeto, bem como os traços caracterológicos do adicto.

A importância da obra de Abraham para o modelo pulsional é inquestionável – basta considerarmos que ele foi praticamente o coautor, com Freud, da ideia de uma organização pré-genital oral da libido. Mas a sua importância para o modelo relacional é também bastante significativa, não apenas por ser precursor dos desenvolvimentos kleinianos que redundaram na revolução dos modelos aqui tratada. A chamada "história da libido" de Abraham é considerada por Mezan, em si mesma, um marco[20] da história da

---

20 Inspirado na análise de Merleau-Ponty da história da filosofia, Mezan nos esclarece que um "marco" é uma noção que, uma vez introduzida, não pode

psicanálise. E, ainda: "sua teoria das relações de objeto permanece atualíssima, estando na origem tanto do pensamento kleiniano quanto, de modo mais distante, na escola dita das *object relations* – Winnicott, Balint –, cujo outro padrinho é sem dúvida Ferenczi" (Mezan, 1999/2002, p. 150).

Visitemos, pois, no capítulo seguinte, o outro padrinho.

---

mais ser ignorada pelos que vieram depois dela – mesmo que a critiquem ou a refutem (Mezan, 2014, pp. 57-59).

3. Ferenczi: a criança e o cuidado

Neste capítulo, exploraremos algumas facetas da obra de Ferenczi, buscando encontrar nela pistas de elementos significativos que abriram caminho para o pensamento das relações de objeto. A fase final de seus trabalhos, centrada em uma extensa pesquisa a respeito da técnica psicanalítica, foi certamente de grande relevância para nosso tema; mas mostrou-se surpreendentemente útil recapitular algumas formulações anteriores de Ferenczi, cujo papel julgamos também relevante para essa história das ideias. O conceito de introjeção, o estudo do desenvolvimento do Eu e a metapsicologia do princípio regressivo serão os pontos principais que enfocarei nessa recapitulação, para, então, retornar ao significado e às repercussões dos trabalhos do último período.

A tradição de pensamento de Ferenczi será posteriormente retomada, como veremos, por Balint; mas encontramos também na obra de Winnicott diversos pontos de afinidade, ainda que, ao contrário de Balint, ele não tenha tido nenhum contato direto com o trabalho ou a obra de Ferenczi. Penso que a obra de Ferenczi, um dos principais analistas da geração de pioneiros que criou a psicanálise juntamente com Freud, é uma fonte rica de fertilização da prática psicanalítica de hoje, e nos surpreendemos ao descobrir o quanto diversas concepções da clínica contemporânea já estavam presentes na sua obra. Foi, ao mesmo tempo, objeto de críticas duras, que chegaram a pôr em xeque grande parte de suas proposições, o que torna o seu estudo fascinante e difícil. O pensamento de Ferenczi sofreu um longo período de latência, e os motivos desse "esquecimento" são, por si só, um tema de muito interesse, já que estão intimamente relacionados com as vicissitudes da história da psicanálise, seja no plano institucional, seja no plano teórico-clínico. O fato é que os seus trabalhos passaram a ser mais lidos e divulgados, e hoje temos o prazer de encontrar neles pontos de vista que estão, muitas vezes, incorporados na nossa maneira de pensar e proceder na clínica psicanalítica, como se identificássemos naquilo que somos traços cujos modelos originais não conhecíamos: uma herança que subitamente descobrimos de onde provém.

O cuidado da criança: saúde e doença

Se Freud trouxe à luz a presença da vida infantil no psiquismo do adulto na forma de marcas, lembranças e lacunas, Ferenczi seguiu suas indicações e acrescentou uma nova dimensão: a importância de se considerar o *cuidado* que é dispensado à criança e seus efeitos em tal psiquismo. Nos últimos anos de seu trabalho, ele ficou cada vez mais convencido de que o tratamento dispensado à criança é determinante para o estabelecimento ulterior de um adulto saudável ou perturbado. Em um artigo bastante contundente deste período, Ferenczi (1928a/1992b) propôs que a família deve buscar se adaptar à criança mais que a criança à família; como ele mesmo assinalou, trata-se aqui de uma proposta que produz uma inversão da posição mais usual sobre o assunto. Acompanhemos um pouco o seu argumento.

Há, pode-se dizer, um mal-entendido básico e uma espécie de choque estrutural na relação entre adultos e crianças. Em virtude do esquecimento dos primeiros anos, os adultos são incapazes de compreender e empatizar com o que se passa com suas crianças e estas, por seu estado de imaturidade e ingenuidade, estão pouco aparelhadas para se proteger das contradições e das hipocrisias do mundo adulto. O que, em geral, o adulto é incapaz de perceber é a "extrema sensibilidade" da criança: "é muito importante entender a que ponto as crianças são sensíveis, mas os pais não o creem" (Ferenczi, 1928a/1992b, p. 5). Assim, por exemplo, assistir à relação sexual dos pais no primeiro ou segundo ano de vida pode acarretar uma neurose infantil que ameaça enfraquecer definitivamente a vida afetiva do futuro adulto, ou deixar marcas profundas em seu caráter.

Para Ferenczi, a psicanálise tem como missão minorar este fosso que separa os universos do adulto e da criança. Deve-se, para tanto, intervir em duas frentes: tratar psicoterapicamente as crianças e os adultos neuróticos – os "feridos de guerra" dos cuidados desastrados – e trabalhar preventivamente para que tais cuidados sejam mais adequados, o que implica reconsiderar as concepções e as políticas nos campos da educação[1] e da saúde, no seu sentido mais amplo. Tais cuidados adequados começam com o trato dos pais com seus filhos, seguem pela tarefa pedagógica e culminam com o próprio cuidado que o psicanalista deve dispensar a seus pacientes – o que implica também, pois, uma revisão crítica significativa no âmbito conhecido como o da "técnica" psicanalítica.

---

1 Ferenczi (1928a/1992b) chega a comentar, em seu artigo, as suas impressões da experiência pedagógica pioneira da Walden School, nos EUA, elogiando os avanços e criticando alguns aspectos de seu método, para ele "pedagógico de mais e psicológico de menos" (p. 8). E, se Freud teria chamado o processo analítico de uma "pós-educação", Ferenczi foi bem adiante com uma profecia um tanto utópica: "a psicanálise ensinará aos pedagogos e aos pais a tratar suas crianças de modo a tornar supérflua qualquer pós-educação" (p. 12). Será que a psicanálise terá algum dia esse poder de fazer-se desnecessária?!

162   FERENCZI: A CRIANÇA E O CUIDADO

Para deixar mais claro seu argumento, Ferenczi retoma o processo do desenvolvimento da libido, mas segundo um foco muito particular: a necessária adaptação da família à criança. O seu olhar se concentra em o que há de traumático ou não em cada momento crítico – ou em cada *passagem* – de tal processo, em uma redescrição que complementa, de modo muito interessante, o percurso descrito por Abraham em sua "história da libido".

A primeira passagem abordada é o nascimento. Aqui Ferenczi refuta a ideia de que este é necessariamente traumático, como havia sido proposto por Otto Rank e, até certo momento, por ele mesmo, e rediscutido por Freud em *Inibição, sintoma e angústia*, alguns anos antes. Não faz sentido atribuir as mazelas e a angústia dos homens a um suposto sofrimento do nascimento, pois "a previdência fisiológica e o instinto dos pais tornam essa transição tão suave quanto possível" (Ferenczi, 1928a/1992b, p. 4). Os pulmões e o coração estão a postos para trabalhar e os adultos buscam tornar a situação do recém-nascido tão agradável quanto possível, oferecendo calor, conforto e proteção das excitações óticas ou acústicas incômodas – "eles fazem a criança esquecer efetivamente o que se passou, como se nada tivesse acontecido" (Ferenczi, 1928a/1992b, p. 4). É curioso notar como esse mesmo argumento foi extensamente defendido por Winnicott (1949/1992) em um trabalho dedicado à questão do nascimento; ele criticou a ideia de que o nascimento seria traumático por si mesmo e defendeu que o seu caráter traumático dependia fundamentalmente de como a experiência de nascimento transcorreria. A tendência mais comum e saudável é que o ambiente humano busque produzir uma recomposição, dentro do possível, da situação intrauterina anterior; no entanto, eventuais acidentes de percurso ou inabilidades de manejo podem produzir, por outro lado, marcas tão definitivas e graves como as que produzem uma espécie de "paranoia congênita".

Mas, após o nascimento, outras passagens com um potencial traumatizante muito maior nos esperam – e é justamente o fator humano aquele mais ameaça. Ferenczi ressalta que os seres humanos constituem o aspecto do ambiente[2] que difere de todo o resto, por sua importância e, sobretudo, pelo fato de que, em contraste com o resto, é a parte potencialmente inconstante e não confiável. Esta "porção" do meio ambiente é justamente aquela que, em contato com o Eu da criança, terá um papel preponderante na construção do superego, a subestrutura psíquica que, conforme Freud havia proposto, emerge de um trabalho de diferenciação do próprio Eu. O superego se tornará, dentro do indivíduo, o herdeiro do tratamento recebido pela criança nos primeiros anos e sua maior ou menor nocividade será diretamente proporcional à qualidade do cuidado então recebido.

A segunda passagem classicamente descrita é, como sabemos, o desmame. "Um desmame mal feito pode influenciar desfavoravelmente a relação da criança com os objetos, e sua maneira de obter prazer com eles, o que pode assim tornar muito sombria uma grande parte de sua vida" (Ferenczi, 1928a/1992b, p. 5); e é justamente por ser um processo que ocorre bem no início da história individual que seu poder traumatizante é muito maior, podendo deixar impressões muito profundas. Pode-se notar, aqui, algumas semelhanças de abordagem com Abraham, conforme vimos no capítulo anterior.

Em seguida, temos a fase do asseio pessoal, uma das mais difíceis e potencialmente perigosas, e também aquela que mais diretamente nos remete ao processo educativo. Uma educação esfincteriana muito rígida e insensata tem o poder de diminuir consideravelmente a capacidade futura de se usufruir das oportunidades de felicidade

---

2 É digno de nota como Ferenczi utiliza aqui o mesmo termo – "ambiente" – que veio a ser adotado e utilizado por Winnicott à exaustão, a fim de indicar o papel fundamental cumprido pelos cuidados dispensados à criança em seu desenvolvimento.

que a vida oferece. O interesse da criança pelos excrementos é uma faceta essencial de seu amor-próprio e o futuro asseio do adulto está assentado sobre este interesse infantil. Ignorar este fato e reagir a tal interesse com cólera e condenação – tentando "extirpar prematuramente" as necessidades primitivas – produz um desvio da energia original por um "falso caminho", levando ao recalcamento e a perturbações neuróticas, antissociais ou até psicóticas. Por outro lado, "se tratarmos as crianças com prudência, permitindo-lhes que ajam até um certo ponto de acordo com seus impulsos, oferecendo-lhes, por outro lado, a possibilidade de sublimá-los, então o caminho será para eles muito mais suave, e aprenderão a orientar suas necessidades primitivas no rumo da utilidade" (Ferenczi, 1928a/ 1992b, p. 7). Como Abraham, Ferenczi remete-nos a Freud para ressaltar que o que está em jogo nesta passagem é precisamente a formação do caráter do sujeito, que pode ser aparentemente bem ajustado e funcionar como uma máquina submissa, mas pode também esconder muitas distorções significativas, limitando consideravelmente a qualidade do viver no futuro.

Após abordar as passagens relativas aos erotismos pré-genitais, Ferenczi retoma a relação direta com a sexualidade, no seu sentido mais estrito. O ponto principal é que a criança tem necessidade do reconhecimento, por parte dos adultos, do valor erótico dos órgãos genitais, o que muitas vezes não ocorre. O não esclarecimento sobre a origem dos bebês – e, mais particularmente, sobre os aspectos eróticos envolvidos –; a negação da existência de relações sexuais frequentes entre os pais, não atreladas à reprodução e sim à busca de prazer; e a recusa do direito da criança ao prazer nas práticas autoeróticas são todas atitudes cujas consequências para o desenvolvimento da criança são bastante nocivas, especialmente quando tais atitudes se articulam com a problemática edípica e influenciam na formação do superego.

O efeito nocivo principal de tudo isso é a criação de um *abismo* entre pais e filhos, tema que será o principal foco da pesquisa de Ferenczi dos seus últimos anos. Ora, tal abismo se instala em virtude da hipocrisia do mundo adulto – afinal, "o homem é o único ser vivo que mente" (Ferenczi, 1928a/1992b, p. 11). Ao ser exposta ao não reconhecimento da função erótica, em franca contradição com o que sente em seu próprio corpo e observa nas relações humanas, a criança se sente, por um lado, culpada por ter sensações e fantasias libidinais em contraste com o ideal inacessível colocado nos pais e, por outro, estruturalmente desconfiada: "fui enganada e não acredito mais em autoridade alguma". E, ainda, por seu estado de dependência em relação ao ambiente, ela aprende também a mentir – para o outro e para si mesma –, internalizando um código confuso que nega suas próprias percepções. Assim, por exemplo, se inicialmente os doces são experimentados como "bons", eles se tornam "ruins". Por amor aos adultos, a criança deve adaptar-se a este novo e difícil código; e, ao final do percurso, ela acabará por se identificar com a autoridade que pune, em uma nova "adaptação" que se sucede ao temor à punição que antes imperava.

Esta é, para Ferenczi, a triste história da formação de um superego patológico, dominado por uma severidade excessiva e pela nocividade derivada de exigências ideais igualmente excessivas, à imagem e semelhança dos cuidados distorcidos recebidos pelas crianças por parte dos pais e adultos. Para ele, tal superego nada mais é que o resultado da incapacidade maior ou menor da família de se adaptar à criança.

Em um pequeno artigo publicado no ano seguinte, Ferenczi complementa algumas das proposições deste artigo de modo muito interessante. Em "A criança mal acolhida e sua pulsão de morte", ele examina os destinos da autodestrutividade em função dos cuidados recebidos pela criança.

Ferenczi adota, de maneira desinibida, a especulação freudiana de que a interação entre as pulsões de vida e de morte podem ser reconhecidas em todas as esferas da vida, começando pelo orgânico e estendendo-se até o psíquico. Deste modo, ele supõe que muitos processos somáticos mórbidos se devem ao predomínio de Thânatos – desde uma tendência acentuada a gripes, até certos tipos de epilepsia e problemas respiratórios que podem redundar efetivamente na morte precoce. No plano psíquico, tais "tendências inconscientes de autodestruição" podem se manifestar pelo suicídio direto ou, de maneira muito mais sutil e frequente, na formação de certos traços de caráter típicos: pessimismo, falta de vontade de viver, ceticismo e desconfiança. Mas – e esta é sua maior contribuição aqui – Ferenczi enfatiza o papel primordial que a adaptação da família à criança cumpre neste equilíbrio de forças.

Assim, segundo seu ponto de vista, "crianças acolhidas com rudeza e sem carinho morrem facilmente e de bom grado. Ou utilizam um dos numerosos meios orgânicos para desaparecer rapidamente ou, se escapam a esse destino, conservarão um certo pessimismo e aversão à vida" (Ferenczi, 1929a/1992b, p. 49). Ferenczi nos informa que tais hipóteses emergiram ao longo do trabalho analítico com dois pacientes que sofreram na infância de espasmo da glote e que foram "hóspedes não bem-vindos na família", bem como a partir da análise de uma paciente com grave aversão à vida e impulsos suicidas, e que vivia tomada por ruminações cosmológicas sobre a origem de tudo. Ela buscava, desta forma, explicar a si mesma o ódio e a impaciência da mãe; a sua indagação de fundo era: "por que foi que me trouxeram ao mundo, se não estavam dispostos a acolher-me carinhosamente? " (Ferenczi, 1929a/1992b, p. 49).

Esta proposição parece um tanto esquemática e reducionista, mas encontramos, no campo pós-freudiano, elaborações teórico--clínicas que seguem linhas gerais semelhantes. Assim, a psicossomática psicanalítica francesa veio a descrever diversas estruturas clínicas especialmente vulneráveis ao adoecimento e até à morte precoce, por ação direta da pulsão de morte, que age com rédea solta. Segundo Pierre Marty (1984), essa vulnerabilidade deve--se à precariedade da estrutura psíquica de tais pessoas, caracterizada por uma "má mentalização", e a etiologia desta situação se encontra relacionada a problemas no cuidado materno inicial. Da mesma maneira, a descrição de quadros melancólicos e de depressões esquizoides relacionados a experiências precoces de mães "psiquicamente mortas" é hoje bem conhecido.[3] Nesse sentido, podemos considerar estas proposições de Ferenczi como pioneiras de linhas de pensamentos que vieram depois, ainda que possam parecer um tanto toscas ou, pelo menos, simplistas.

A partir dessa proposição geral, Ferenczi retorna brevemente à teoria das pulsões e sua relação com o desenvolvimento da criança, ao campo da psicopatologia e à questão da técnica.

Quanto às pulsões e à teoria do desenvolvimento, Ferenczi refuta a ideia de que, ao nascermos, estamos com uma dose máxima de pulsões de vida; ao contrário, a "força vital" "só se reforça após a imunização progressiva contra os atentados físicos e psíquicos, por meio de um tratamento e de uma educação conduzidos com tato" (Ferenczi, 1929a/1992b, p. 50). Se, no início, não tivermos os cuidados adequados, as pulsões de destruição logo entram em ação. É curioso pensar que os cuidados que a família proporciona nos *imunizam* contra Thânatos: a imunização pode ser aqui tomada tanto no seu sentido direto e orgânico, quanto em sua dimensão metafórica, como um processo também psíquico – bem ao estilo de Ferenczi, que propôs, em *Thalassa*, a "bioanálise" como um campo de pesquisa que entrecruza biologia e psicanálise.

---

3 Ver, por exemplo, caso clínico descrito por Winnicott (1971/1996) no primeiro capítulo de *O brincar e a realidade* (a "paciente da manta"), ou o complexo da mãe morta, descrito por Green (1980/1988).

Em relação à psicopatologia, Ferenczi revisita as "séries complementares" de Freud e sugere que a etiologia de tais casos envolve uma conjunção entre o endógeno e o exógeno. Deve-se considerar, por um lado, uma certa "fraqueza congênita" da criança diante das frustrações inevitáveis da vida e, portanto, uma capacidade insuficiente de adaptação; mas tal caráter congênito é em grande parte devido à precocidade do trauma, ou seja: à incapacidade *da família* de adaptar-se à criança! Como sabemos, essa discussão não cessará de ocupar a mente dos muitos analistas que vieram depois e, em particular, dos ditos autores das relações de objeto, que questionarão a participação unilateral atribuída ao interjogo pulsional na etiologia dos distúrbios psíquicos.

Como é hoje bem conhecido, tais reflexões desaguarão na temática que predominará na obra final de Ferenczi: a questão da técnica. Pois a questão que daí emerge é: afinal, como devem ser tratados, em análise, estes sujeitos precocemente feridos? Quais modificações técnicas são indicadas nestes casos? As indicações preliminares que encontramos neste pequeno artigo de 1929 dão a direção daquilo que será desenvolvido nos anos seguintes. Faz-se necessário reduzir as exigências com tais pacientes e deixá-los, por algum tempo, agir como uma criança. Desta maneira, permite--se a eles "desfrutar pela primeira vez a irresponsabilidade da infância, o que equivale a introduzir impulsos *positivos* de vida e razões para se continuar existindo" (Ferenczi, 1929a/1992b, p. 51). É somente em um segundo tempo da análise que deverão ser introduzidas as exigências da frustração necessárias para o avanço dos trabalhos. Portanto, é justamente este grande trabalho preliminar de recuperação do sentido do viver a partir dos cuidados oferecidos em análise que oferecerá a base para uma ulterior e verdadeira adaptação à realidade – aquela que possibilita "desfrutar a felicidade onde ela realmente for oferecida".

Poderíamos considerar essa estratégia terapêutica como uma espécie de "aplicações de injeções de Eros"?! Vejamos um pouco mais em detalhe para onde a clínica de Ferenczi se dirigiu em sua fase final.

A técnica em questão: frustração ou relaxamento?[4]

O Congresso Internacional de Psicanálise de 1929 teve como tema "Progressos na técnica psicanalítica", e é nesta ocasião que Ferenczi diz com todas as letras o que nem todos reconhecem: "no curso de minha prática analítica, que data de muitos anos, tenho transgredido constantemente uma ou outra das regras propostas por Freud nos seus 'conselhos ao médico no tratamento psicanalítico'" (Ferenczi, 1929b/1996, p. 100). Aqui, Ferenczi refere-se especialmente ao princípio de manter o paciente no estado de frustração.

Ferenczi dá seguimento, neste trabalho, à revisão da conhecida "técnica ativa" proposta por ele anos atrás (Ferenczi, 1918/1992a), que tinha como propósito justamente aumentar a tensão durante o tratamento a fim de induzir a repetição de experiências traumáticas precoces e, com isso, conseguir uma melhor superação delas por meio da análise. Esse aumento de tensão era provocado artificialmente pela intensificação do princípio de frustração, acrescentando à atitude abstinente do analista proibições e até injunções que impedissem algumas formas de satisfação – já que se supunha

---

4 Uma parte do que se segue foi publicada em forma de artigo em *Espaço Criança* – revista do Curso de Psicoterapia Psicanalítica da Criança do Instituto Sedes Sapientiae, v. I, n. 1 (março de 1995), e v. II, n. 1 (agosto de 1996), e depois incluído como capítulo do meu livro *Do sonho ao trauma: psicossoma e adicções* (2001). Aqui, o material foi bastante ampliado e remodelado para os fins do presente livro.

que elas absorveriam a energia necessária para a cura. Ferenczi começa a notar que com esta atitude não estava sempre conseguindo obter os resultados desejados e, mais do isso, as exigências da terapia ativa muitas vezes acabavam por provocar um grande aumento de resistência. Ao mesmo tempo, observa que nas análises que estavam sendo conduzidas então – na trilha aberta por Freud da análise do Eu e do caráter, o que significava um grande avanço – a relação analista/paciente estava se transformando em algo demasiadamente parecido com a relação entre mestre e discípulo. Havia uma grande insatisfação por parte dos pacientes, mas estes não ousavam se rebelar contra esta atitude "didática e pedante" dos analistas.

Ferenczi propõe, então, que os analistas passem a assumir uma atitude mais humilde, podendo inclusive reconhecer erros que tenham cometido, e, ao mesmo tempo, permitam aos pacientes uma maior liberdade e a possibilidade de expressarem seus sentimentos agressivos em relação ao analista. Esta elasticidade da técnica – "ainda que isto comporte o sacrifício de algumas de nossas teorias" (Ferenczi, 1929b/1996, p. 99) – trouxe como resultado que, com o tempo, as manifestações agressivas esgotavam-se e davam lugar a uma transferência positiva, e o andamento da análise acabava por se tornar mais satisfatório.

O passo seguinte em termos da técnica foi, por um lado, uma decorrência desta proposta de maior liberdade e, por outro, o que o próprio Ferenczi considerou um progresso que é ao mesmo tempo uma "volta ao passado". Nada a se estranhar; trata-se do autor que, desde *Thalassa* (1924/1993), considera o psiquismo radicalmente dominado por uma "tendência ao retorno" e toma, paradoxalmente, cada movimento "para frente" da evolução como uma acomodação diante da impossibilidade de voltar. Esse novo passo foi denominado princípio do relaxamento e trata-se de uma disposição que acaba por induzir, na situação analítica, a ocorrência de uma espécie de "neocatarse"; daí o sentido de "retorno" na técnica.

O relaxamento proposto por Ferenczi consiste em buscar uma "atmosfera psicológica" de confiança e amizade entre analista e analisando, oposta à frieza, ao distanciamento afetivo e à suposta indiferença em relação ao sofrimento alheio que estaria embutida na atitude do analista. Procura-se propiciar que o analisando esteja "relaxado", ao contrário da tensão provocada pela técnica ativa. Porém, Ferenczi não propõe a substituição de uma atitude pela outra, mas uma espécie de equilíbrio dinâmico entre os dois princípios. A escolha da atitude a ser adotada em cada caso e em cada situação deve se dar a partir de uma cuidadosa reflexão e, sobretudo, nunca se deve deixar de proceder à análise – no seu sentido clássico – do material surgido na situação de relaxamento. Esta duplicidade de princípios é encarada por Ferenczi como uma continuação do método analítico conforme suas proposições iniciais e mais especificamente no que se refere à regra fundamental: há, de um lado, um princípio de liberdade máxima – uma fala e uma expressão de sentimentos sem censura – e, de outro, uma frustração inerente à imposição de nada silenciar, especialmente as "verdades desagradáveis".

A primeira consequência dessa proposta é de natureza ética e toca em um ponto que não deixa de sensibilizar qualquer analista que esteja sintonizado com o seu trabalho clínico. Ferenczi considera que o sofrimento do neurótico durante o tratamento é inerente ao trabalho de análise, pois trata-se do mesmo sofrimento que originariamente conduziu ao recalque; mas insiste que ele não deve sofrer mais que o necessário e chama isso de "economia do sofrimento". É curioso como as metáforas econômicas em psicanálise quase sempre implicam em uma certa "mecanização" do sujeito, descrito por fluxos de energia, estancamentos e desvios – descrição que não deixa de chamar a atenção por uma "frieza" e indiferença afetiva em relação à vivência da angústia e do sofrimento –, e aqui Ferenczi lança mão do econômico para denotar a identificação/interpenetração entre analista e analisando naquilo que há de genericamente

172 FERENCZI: A CRIANÇA E O CUIDADO

humano nesta relação. Economia não significa estudar "cientificamente" como se dá o fluxo de líquidos entre os recipientes de seu objeto de estudo – como um cientista que examina os líquidos nos tubos de ensaio, vidros, provetas –, mas poupar ao outro sofrimento inútil. Como não pensar seriamente sobre a possibilidade de que uma atitude justificada tecnicamente – justificativa que aqui serviria de racionalização – possa ser, veladamente, o veículo de tendências sádicas do analista? Isso colocado como um princípio corre o risco de ser esvaziado de sentido, mas se considerado na singularidade de cada experiência clínica, levando-se em conta a sutileza dos movimentos de transferência e contratransferência, é de uma importância e de uma atualidade inquestionáveis.

Em segundo lugar, há uma alteração considerável no "acontecer" do processo analítico. Ferenczi relata que, quando passou a trabalhar em uma atmosfera de maior confiança e liberdade de expressão afetiva, ocorria que os pacientes, cedo ou tarde, viviam experiências subjetivas "alteradas" que qualificou de transes ou momentos de auto-hipnose. Esses estados eram acompanhados pela produção de sintomas de tipo histérico, que incluíam

> *parestesias e espasmos, definidamente localizados, movimentos emocionais violentos, à maneira de ataques histéricos em miniatura, alterações repentinas no grau de consciência, uma leve vertigem e uma obnubilação da consciência, e em seguida uma amnésia de tudo o que havia ocorrido. (Ferenczi, 1929b/1966, p. 104-105)*

A hipótese de Ferenczi é que, neste transe, ocorria uma reprodução de experiências traumáticas infantis que não eram passíveis de serem recordadas, um verdadeiro "transporte" em que fragmentos do passado eram revividos em uma linguagem pré-verbal.

Estes sintomas ocorridos na situação analítica – uma espécie de neurose de transferência – serviam de guia preciso para a construção daquilo que não podia ser recordado. Ferenczi denomina estes sintomas "símbolos mnêmicos físicos"; se, por um lado, isso o conduz a uma ênfase da prática analítica no princípio da repetição em detrimento relativo da rememoração, por outro, abre um novo campo de pesquisa para a investigação psicanalítica: como compreender o paradoxo de uma inscrição na fronteira entre o psíquico e o somático, a lembrança de uma experiência ocorrida antes que o "aparelho de memorizar" estivesse constituído?

O próprio Ferenczi apontou a semelhança deste "efeito" do princípio do relaxamento com o fenômeno da catarse descrito por Freud e Breuer e, por esse motivo, considerou-o, de um certo ponto de vista, uma "volta ao passado": a neocatarse. Mas uma vez reconhecida a semelhança, trata de marcar a diferença. A cena ocorrida na situação analítica é comparada ao sonho:

> *uma confirmação proveniente do inconsciente, um sinal de que nossa laboriosa "construção" analítica, e a técnica que empregamos para manejar a resistência e a transferência, conseguiram, finalmente, aproximar-se da etiologia do caso. (Ferenczi, 1929b/1966, p. 105)*

Essa problemática não é sem interesse, já que o que retorna na cena analítica com o trabalho da transferência é uma espécie de "resto não resolvido" da antiga técnica hipnótica, supostamente abandonada e anacrônica, retorno aliás evidenciado justamente pelo modelo do sonho como paradigma da sessão analítica.[5] Neste ponto, podemos retomar a interpretação de que muito do suprimido

---

5   Ver "A realidade psíquica, o sonho, a sessão" (Gurfinkel, 2001).

em Freud reaparece em Ferenczi, seja na forma de retorno do recalcado, seja considerando Ferenczi-filho como receptáculo da ejeção violenta de elementos dissociados de Freud, seguindo a concepção ferencziana de filiação traumática (Schneider, 1993). Outro aspecto a ser considerado é a não linearidade da "evolução" da psicanálise como ramo do saber, característica que, aliás, se aplica também ao seu objeto de estudo, ou seja, ao processo de desenvolvimento do psiquismo humano. A linearidade temporal se dissolve na situação analítica, e isto vale tanto para a apreensão da realidade psíquica referida ao inconsciente quanto para uma suposta sedimentação ordenada de conhecimentos conhecida como "teoria da técnica".

Mas a "volta ao passado" não se deu apenas em relação à técnica; ela se deu também em relação à teoria das neuroses. De um lado, Ferenczi retorna à teoria da sedução abandonada por Freud e, de outro, propõe a semelhança entre a situação traumática da criança diante do adulto e a situação analítica.[6]

A partir das suas novas "experiências" clínicas, Ferenczi dedica-se a elaborar formulações metapsicológicas que deem sentido ao acontecer clínico.

Ferenczi recoloca então o trauma psíquico infantil e os conflitos iniciais com o ambiente – enquanto acontecimentos reais – como centrais na etiologia das neuroses. A sedução relatada pelas histéricas, inicialmente tomada por Freud como acontecimento do passado, depois tomada como fantasia, volta a ganhar veracidade no sentido estrito: "as fantasias histéricas não mentem quando nos comunicam que os pais e outros adultos realmente se deixam arrastar

---

6 Nota-se, aqui, alguns pontos de contato entre esta proposta ferencziana e as elaborações Jean Laplanche, em *Teoria da sedução generalizada e outros ensaios* (1988) e em *Novos Fundamentos para a psicanálise* (1992). Neste último, Laplanche trata especificamente da comparação de sua proposta com a de Ferenczi, apontando semelhanças e diferenças (p. 132-134).

de forma monstruosa pelo apaixonado erotismo implicado em sua relação com as crianças" (Ferenczi, 1929b/1966, p. 106); curioso contraponto com a paradigmática frase de Freud quando da "descoberta" da realidade psíquica: "já não creio mais em minha Neurótica [teoria da neurose]" (Freud, 1897/1981, p. 3578). A violência do adulto traduz-se tanto em um atentado direto ou indireto de natureza sexual quanto na severidade sádica dos castigos infligidos – e, conforme surgirá mais claramente em trabalhos posteriores, o traumático implica a combinação dos dois elementos –, violência que tem o efeito perturbador de um choque. Aqui ocorre o que Ferenczi denomina "recalque primário traumático", que tem como consequência uma dissociação – psicótica – da personalidade que terá efeitos duradouros e devastadores.

É de se notar uma certa confusão entre mecanismos que hoje discriminamos com mais precisão, a saber, a dissociação e o recalque. Mesmo assim, não deixa de ser curioso notar a raiz de ambos no primeiro modelo freudiano de compreensão da histeria. Antes da noção de inconsciente estar ainda firmemente estabelecida, pensava-se o recalque como uma dissociação que criava uma "segunda consciência", separada do estado corrente de consciência. E, de fato, é o recalque que produz a divisão do sujeito psíquico e, enquanto mecanismo dinâmico, está na origem metapsicológica da noção de tópica psíquica. Podemos, no entanto, identificar em Ferenczi uma tentativa – ainda que confusa – de construir um pensamento teórico--clínico sobre as formas não classicamente "neuróticas" de funcionamento mental, evidentes na psicose e nas perversões, mas cada vez mais presentes em casos não facilmente classificáveis, incluídos sob a rubrica de "personalidades fronteiriças", "desorganizações psicossomáticas", "adicções", "patologias narcísicas" etc. Se Freud, nos seus trabalhos posteriores, notadamente faz um esforço de precisar essas diferenças (a divisão entre partes do Eu, e a divisão

176 FERENCZI: A CRIANÇA E O CUIDADO

entre Eu e recalcado), é no trabalho de outros analistas que podemos encontrar um maior aprofundamento desta questão.[7]

Finalmente, o retorno à clínica: o que ocorre no relaxamento? O analista tem a oportunidade única de ter uma conversa "face a face" – uma conversa infantil – com a parte dissociada. O paciente regride a uma fase em que o "órgão de pensamento" não estava ainda desenvolvido e, portanto, as "recordações físicas" podem emergir na única forma que lhes é própria. A situação analítica se configura de maneira semelhante à situação traumática infantil e Ferenczi pode finalmente se perguntar: mas qual é a diferença entre elas, ou ainda, o que nos garante que na análise não ocorra simplesmente mais uma repetição na série infindável de repetições da vida do analisando? A resposta é: "enquanto a semelhança entre a situação analítica e a infantil impulsiona os pacientes à repetição, o contraste entre elas estimula a memorização" (Ferenczi, 1929b/1966, p. 109). A semelhança é uma consequência da regressão que transfere para a cena atual a relação traumática adulto/criança, e a diferença está no novo destino que o analista pode dar a esta cena por meio de sua atitude. É aqui que a noção de neutralidade mereceria uma reelaboração, já que uma atitude do analista que propicie que ele seja identificado pelo paciente com seus pais de "coração endurecido" provoca, segundo Ferenczi, uma reação de desconfiança e a compulsão à repetição, enquanto na técnica do relaxamento o analista não dá motivos para tal identificação, o que permite que às explosões afetivas histéricas siga-se a recordação dos choques psíquicos da infância.

Assim, é a própria noção de transferência que também é reelaborada: trata-se de uma repetição/reedição de protótipos infantis, o transporte de uma cena para o momento atual, mas a própria

---

7 Para uma discussão mais detida sobre este problema, ver meu artigo "Clínica da dissociação" (Gurfinkel, 2001).

reencenação carrega em si a potencialidade de mudança no enredo, uma vez que o analista é um dos atores que irá representar na cena, e não apenas um espectador.

Em relação à formação do analista, daqui também Ferenczi tira consequências importantes. "Tenho consciência de que este duplo método da frustração e da condescendência requer do analista um controle, maior ainda que antes, da contratransferência e da contrar-resistência" (Ferenczi, 1929b/1966, p. 109). O que está em jogo é a questão dos excessos. Os pais e mestres "que levam a sério a sua tarefa" – bem como os analistas... – podem exceder-se em dois sentidos: a utilização do princípio da frustração como veículo de inclinações sádicas inconfessáveis e da ternura como veículo de tendências libidinais inconscientes. Este é o sentido preciso da expressão contrarresistência: pois não é Freud (1912a/1981) quem nos adverte de que a transferência se torna resistência quando se trata da transferência negativa (hostil) ou da transferência erótica? E porque não colocarmos agora a problemática do lado do analista, ao invés de utilizarmos a hipocrisia profissional como escudo do não analisado do analista?

> *Esta nova e difícil situação representa um argumento ainda mais sólido em favor do ponto de vista que tenho frequentemente defendido com veemência, ou seja, de que o essencial para o analista é submeter-se a uma análise que alcance as maiores profundidades e proporcione o domínio sobre seus próprios traços de caráter. (Ferenczi, 1929a/1992b, p. 110)*

Em um trabalho posterior, Ferenczi (1931/1966) volta ao problema da análise "didática". Além da análise do caráter, insiste na importância de atingirmos as camadas infantis profundas da personalidade e, neste sentido, o "candidato" tornar-se-ia – necessária e temporariamente – "ligeiramente histérico"... Esta tarefa, se comporta alguns riscos, é para Ferenczi profundamente fortalecedora; o que está subjacente aqui é a ideia da regressão como instrumento terapêutico.

Afora a questão da análise do analista, Ferenczi nos oferece um guia – aqui, sim, no sentido "técnico" – para o manejo deste "duplo método", apoiado no modelo paradigmático do contraste entre as linguagens da ternura (criança) e da paixão (adulto). O risco que o próprio Ferenczi nos adianta é de um "mimo" exagerado do paciente, de que, com isso, este se aferre à irresponsável liberdade vivida junto ao analista e não queira então voltar-se para a "dura realidade" e finalizar a sua análise. O substrato metapsicológico para responder a este problema técnico é a cisão da personalidade entre uma parte que, como uma criança, anseia por ternura, e outra que pôde desenvolver-se e desfazer-se de inibições, tornando-se adulta. O princípio da abstinência deve ser mantido no sentido de não gratificar os desejos ativamente agressivos e sexuais que provêm desta "parte-adulto", e a atitude amistosa e benévola dirige-se a satisfazer a criança sedenta de ternura. Este substrato metapsicológico merece, sem dúvida, uma avaliação crítica, mesmo porque, ele põe em xeque, de uma certa maneira, a concepção freudiana da sexualidade infantil.

O que Ferenczi reproblematiza com esta proposta é a relação entre os princípios do prazer e da realidade e, mais especificamente, como se dá a passagem de um a outro. "As oportunidades de aprender a renunciar e adaptar-se não deixarão de abundar" (Ferenczi, 1929b/1966, p. 109), nos diz. A regra da abstinência proposta por Freud baseia-se no pressuposto de que a libido nunca renuncia de bom grado às formas de satisfação que estão ao seu alcance; esta proposição está obviamente ancorada em observações inequívocas da análise de neuróticos, em que estes se aferram tenazmente às satisfações obtidas pelo sintoma e, frequentemente, aderem a "saídas fáceis" durante análise – sejam as facilidades da neurose de transferência, seja o estabelecimento de novas relações de objeto para as quais os investimentos escapam (*acting-in* ou *acting-out*) – evitando a tarefa laboriosa da análise. Conclusão: o psiquismo é regido pela tendência a buscar o prazer e evitar o desprazer, e o caminho do princípio da realidade – mesmo sendo este último derivado do princípio do prazer – é evitado sempre que possível; não havendo outra saída, só nos resta seguir avançando... A observação de Ferenczi é de que a satisfação de algumas necessidades dos pacientes – aquelas da criança/ternura – não conduz necessariamente a uma voracidade cada vez maior de satisfações e de prazeres, mas pode evoluir para o fortalecimento da transferência positiva e para a diminuição da compulsão repetitiva na análise. A implicação necessária desta observação é de que a passagem do regime do princípio do prazer ao do princípio da realidade não se dá apenas pela renúncia à satisfação, mas também pela própria satisfação de alguns tipos de necessidades. A interrupção ou patologia no processo de desenvolvimento não seria efeito tão somente de uma dificuldade/impossibilidade de renúncia – aderência da libido às suas fontes de prazer –, mas, ao contrário, à não ocorrência ou ocorrência deficiente de experiências de prazer necessárias. O sintoma não seria apenas um protesto e insubmissão à "dura realidade", mas também um sinal e um pedido referido à lacuna de experiências de satisfação. Não é necessário impor uma frustração para se atingir o princípio de realidade; uma vez satisfeitas as necessidades de ternura da criança violentada, as oportunidades de que o adulto apaixonado aprenda a renunciar não deixarão de existir.[8]

---

8 Duas décadas depois, uma ideia semelhante será também formulada por Winnicott (1951a/1992); segundo ele, a passagem do princípio do prazer para o princípio da realidade só é possível mediante o trabalho contínuo de uma mãe suficientemente boa, que proporciona ao seu bebê uma experiência primária de ilusão seguida de um trabalho progressivo em direção à desilusão, exemplarmente vivida no desmame.

Em seu trabalho dedicado ao problema do final da análise, Ferenczi toma como ponto de partida a "mentira". Uma análise só poderia dar-se por terminada quando desmascarasse a mentira básica que move o analisando em sua vida e em sua análise, mentira, aliás, que pode facilmente passar despercebida. A grande mentira, ou a origem da falsidade e da hipocrisia, encontra-se na passagem da primitiva amoralidade da criança para uma moralidade posteriormente adquirida. Denunciando o caráter maléfico da função do supereu, Ferenczi propõe que a mentira infantil surge como decorrência de uma ameaça externa que produz desprazer; a criança, por si só, não teria por que mentir.

Na origem, a criança acha bom tudo o que gosta; mas tem que aprender a pensar e a sentir que existem muitas coisas de que gosta que são ruins, e a descobrir que a maior felicidade e a maior satisfação residem no cumprimento de certos preceitos que obrigam a difíceis renúncias. (Ferenczi, 1927/1966, p. 70)

A partir desta apreensão que aproxima o processo de socialização com a origem do "adoecimento" neurótico – podemos ver aqui o modelo das linguagens da ternura e da paixão –, Ferenczi encara sob outro ângulo a passagem para o regime do princípio da realidade. Nesta passagem, algo de falso e intrinsecamente doentio pode estar sendo produzido. As implicações disso para uma concepção do que seja uma análise – o que inclui o problema de seus "fins": finalização e finalidade – constitui a questão mais espinhosa. Como "tratar" dessa mentira básica? A proposta ferencziana do relaxamento, em continuidade com a elasticidade da técnica, tem como princípio subjacente a suposição de um caráter terapêutico da regressão – temática que, como veremos, irá florescer extensamente no trabalho dos analistas das relações de objeto.

Anna Freud teria dito a Ferenczi, em uma conversa informal, que ele tratava seus pacientes como ela tratava as crianças que analisava. A técnica do relaxamento diminui a distância que havia, então, entre análise de adultos e análise de crianças, e abre sobretudo uma nova dimensão para pensar o infantil na clínica psicanalítica. Ferenczi toma com radicalidade a proposta freudiana de que o objeto da análise é o infantil recalcado. Mas se, para Freud, o que existe no adulto da criança que foi são os desejos inconscientes indestrutíveis e o funcionamento primário do psiquismo – que se manifesta notadamente no fenômeno da regressão formal –, em Ferenczi, a criança é viva e atual e constitui uma "parte da personalidade". E mais que isso: essa criança necessita de meios de expressão e de ternura e, portanto, busca um adulto que a tome convenientemente aos seus cuidados, que possa compreender a sua linguagem e comunicar-se por meio dela, em vez de violentá-la precocemente com suas paixões.

A ética do infantil: uma revisão

Os trabalhos de Ferenczi dos anos seguintes são basicamente dedicados a aprofundar clínica e teoricamente este modelo. Se, muitas vezes, é a atitude estereotipada do analista que perturba a liberdade de associação de seu paciente, a hipótese de Ferenczi é que nos tratamentos ditos difíceis – especialmente nos casos mais graves – a suposta inacessibilidade é devida principalmente à falta de habilidade do analista. A resistência mudou de lado ou, pelo menos, a resistência do paciente é também a resistência do analista. A partir da utilização do princípio do relaxamento, que conduziu a uma revisão da oposição até então predominante entre análise de adultos e de crianças, a associação livre ganha uma nova dimensão: "quanto mais livres se fazem os processos de associação, mais ingênuo (mais infantil, poderíamos dizer) se torna o paciente na sua forma de falar e em seus demais meios de expressão" (Ferenczi, 1931/1966, p. 113). Mas como ocorre isso na prática?

Ferenczi já havia falado dos estados de transe auto-hipnóticos no relaxamento, bem como dos "sintomas transitórios" que nele emergem. O seu trabalho evolui, então, no sentido de transformar a situação analítica em uma espécie de espaço de jogo; é com um "jogo de perguntas e respostas" que um paciente lhe indica o caminho a seguir.[9] Em determinada situação de grande densidade transferencial, um paciente subitamente passa um braço ao redor de seu pescoço e murmura ao seu ouvido: "sabe, vovô, receio que vou ter um bebê...", e Ferenczi tem a feliz ideia de não responder com uma interpretação transferencial, mas com uma nova pergunta, murmurada em um tom similar ao do paciente: "Ah, sim, mas por que é que você pensa isso?" (Ferenczi, 1931/1966, p. 114). Mais importante que o conteúdo da intervenção – diga-me o que lhe ocorre sobre isso – é o seu tom, já que Ferenczi, diante de uma "regressão alucinatória", propõe-se a adentrar no terreno do infantil e nele brincar com o paciente. Qualquer fala que não seja simples e adaptada à compreensão de uma criança – por mais acertada, douta ou científica que seja – interrompe o diálogo com a criança dissociada que busca expressão e parceria e, mais que isso, reatualiza o trauma do adulto sedutor. Se a primeira vivência do analista, ao ser corrigido por seu paciente que faz o favor de ensiná-lo a brincar – "não, você está estragando a brincadeira..." –, é de autoridade ultrajada, a possibilidade de abandonar-se ao convite do jogo traz como recompensa um aumento de confiança no analista (há um adulto que me protege

---

9   Aqui, novamente, não podemos deixar de notar a semelhança com o "jogo do rabisco" criado por Winnicott, e que pode ser tomado como um modelo prototípico que permite redescrever a situação transferência-contratransferência com um campo de experiência e, enquanto tal, como um espaço transicional.

e não me violenta, há uma criança disposta a brincar) e a perspectiva da recordação dos acontecimentos traumáticos. Aqui estaria a brecha para rompermos o círculo vicioso da compulsão repetitiva; e uma análise só pode ser considerada completa, para Ferenczi, quando conduz à reprodução dos acontecimentos associados ao choque traumático.

A maneira como a técnica do relaxamento evoluiu para a "análise de crianças com adultos" e o modo como uma atmosfera lúdica passa a predominar na sessão, pode ser exemplificada com a seguinte passagem:

> não é raro os pacientes trazerem-nos, muitas vezes em meio às suas associações, pequenas histórias compostas por eles, até mesmo poemas ou rimas forçadas; alguns pedem-me um lápis para me presentear com um desenho ou um retrato, em geral muito primitivo/ ingênuo. Naturalmente, deixo-os fazer tudo isso e aceito essas pequenas doações para me servirem de ponto de partida para outras formações fantasmáticas que serão mais tarde submetidas à análise. E isso, por si só, não evoca já um fragmento de análise de criança? (Ferenczi, 1931/1966, p. 118)

Mais que o fato de tomar estas "ocorrências" em continuidade ao processo associativo, como Melanie Klein tomava o jogo da criança em análise como a sua forma própria de associação livre, é surpreendente como Ferenczi aceita estas pequenas doações, "naturalmente". Neste gesto, podemos entrever um acolhimento do outro e a disposição de incluí-lo dentro de si – à maneira do mecanismo de introjeção por ele mesmo proposto, uma espécie de alargamento dos limites do Eu por inclusão dos objetos –, que não deixa de evocar aquilo que hoje conhecemos como *holding* ou maternagem.

Poderíamos nos perguntar, quanto à atenção dada por Ferenczi à "análise infantil na análise de adultos", sobre o papel que teria aí cumprido o seu contato com Melanie Klein, muitos anos antes. Como se sabe, ele foi seu primeiro analista e, segundo Klein escreveu em sua autobiografia, "chamou a minha atenção para o grande dom que eu tinha para entender as crianças e o meu interesse por elas, e deu muito incentivo à minha ideia de dedicar-me à análise, principalmente à análise de crianças" (1954, citada por Grosskurth, 1986/1992, p. 84). Mas, se Ferenczi foi um incentivador do trabalho pioneiro de Klein na análise de crianças e talvez tenha sido por ele "sensibilizado", havia algo de *visceral* no próprio Ferenczi ligado ao tema do infantil. Segundo Balint, "Ferenczi foi essencialmente uma criança a vida inteira"; ele era "aceito como um igual, na verdade, por toda criança, e o mesmo acontecia com as crianças infelizes que eram seus pacientes" (1949, por Grosskurth, 1986/1992, p. 83).

Uma observação mais fina nos faz supor que o *espírito* com que Ferenczi conduzia o trabalho clínico parece estar mais próximo do que veio a se tornar o "estilo" de Winnicott que o de Klein. Winnicott, no final de sua obra, acabou por conceber *qualquer trabalho clínico* – seja qual for a faixa etária do paciente – segundo o modelo do infantil:

> a psicoterapia se efetua na sobreposição de duas áreas do brincar, a do paciente e a do terapeuta. Uma psicoterapia concerne a duas pessoas que brincam juntas. O corolário disto é que, quando o brincar não é possível, o trabalho do terapeuta se orienta para trazer o paciente de um estado em que não é capaz de brincar para um estado em que o é. (Winnicott, 1971/1996, p. 38)

Há uma sutil, mas importante diferença entre *transportar a análise de adultos para a análise de crianças* – sendo o uso do brinquedo uma forma de associação livre, conforme Klein propôs – *e trazer a análise de crianças para a análise de adultos*, entendendo a fala-escuta como uma derivação do brincar; este segundo caso pode ser identificado em uma linhagem que vai de Ferenczi a Winnicott. Creio, pois, que Ferenczi teve um papel importante – direto e indireto – no nascimento da psicanálise com (de) crianças; mas, também, é o estudo do *infantil*, no sentido radical do termo, que ganhava um espaço de legitimação e de pensamento metapsicológico no campo psicanalítico.

Retornando, pois, à "atmosfera lúdica" na situação analítica: nada mais justo que a "regra" do jogo valer para as duas partes.[10] Se ao analista cabe aprender a não "estragar a brincadeira", cabe ao analisando também ater-se exclusivamente ao jogo infantil. O analisando quebra o encanto quando abandona seu papel no jogo e começa a fazer uma atuação da realidade de sua infância em termos de conduta adulta. Neste momento, ele atravessa a barreira da ternura mãe-filho e manifesta elementos de malevolência, arrebatamento passional e perversões abertas e incontroladas; para Ferenczi, estes elementos são a consequência tardia – portanto, uma formação secundária e reativa – de um tratamento desprovido de tato por parte do ambiente. É importante observar de que não se trata de um infantil sem agressividade, sendo então as manifestações hostis expressão de perversões indesejáveis do adulto; os pacientes têm o direito e a liberdade de se comportarem como crianças birrentas e difíceis, incontroladas, mas ao ultrapassarem este umbral fictício da linguagem da ternura faz-se necessário e indispensável o princípio da frustração.

A crença de Ferenczi em uma dimensão infantil, ingênua e intocada é notável.

---

10 Lembremos como a *regra fundamental*, para Freud, concerne também aos dois atores da situação psicanalítica: a *associação livre* para o analisando, e a *atenção flutuante* para o analista.

186 FERENCZI: A CRIANÇA E O CUIDADO

A conduta do analista é, portanto, parecida com a mãe carinhosa que não irá à noite para cama antes de conversar com o filho sobre os motivos cotidianos de sua inquietude, grandes ou pequenos, sobre os seus temores, más intenções e escrúpulos de consciência, e ter podido tranquilizá-lo. (Ferenczi, 1931/1966, p. 121)

Aqui, a proposta é de que o analista não encerre uma sessão até que sosseguem as emoções e sejam elaborados os conflitos que nela emergirem e para isso, deve renunciar à sua própria conveniência. A finalização prematura equivale a um abandono e, neste caso, a criança ferida passa a brincar sozinha, reforçando a dissociação defensiva que busca anular o fato do abandono: entra em cena um pseudoadulto interno que age como um pai-mãe em relação ao resto da personalidade. Grande ousadia técnica – e o seu Diário Clínico é testemunha do custo pessoal desta conduta, podendo levar o analista à exaustão – e curioso contraponto ao corte da sessão proposto por Lacan![11]

Esta proposição encerra uma ambiguidade de implicações importantes em relação aos fins objetivados. Afinal, a sessão se encerra com o adormecimento da criança ou com a perlaboração dos conflitos? Trata-se de uma experiência de *holding* em si terapêutica, à maneira da experiência emocional corretiva, ou de um *timing* que tem como exigência a elaboração psíquica do conflito para

---

11 Sabourin (1985/1988) também sugeriu um paralelo entre Ferenczi e Lacan quanto à questão do tempo das sessões, mas acentuou mais as semelhanças que as diferenças entre eles; isso porque ele encontrou, com razão, os pontos de contato muito mais no caso da antiga proposta da técnica ativa que no do princípio do relaxamento que é, de certa maneira, seu contraponto exato. Ao interromper as sessões – assinalou – Lacan visava, "como no caso da técnica ativa, exacerbar as resistências inconscientes e obter, com esse efeito de surpresa, melhor relação entre a linguagem e a palavra" (Sabourin, 1985/1988, p. 211).

considerar o trabalho encerrado? As duas condições deveriam ser atingidas, ou ainda, elas necessariamente coincidem, ou, ao contrário, se excluem mutuamente? Ferenczi não parece responder a esta questão, a qual insiste com extrema atualidade. O fato é que a crença inabalável de Ferenczi na cessação da demanda quando da satisfação – no âmbito do universo do infantil – está aqui subjacente, princípio que entra em choque com as concepções freudianas.

Mas, ainda assim, Ferenczi não deixa de pagar seu tributo a Freud. Reafirmando o princípio de que a atuação deve ser substituída pela rememoração, Ferenczi insiste em que todo o material surgido da "técnica de jogo" deve ser submetido à elaboração analítica, ao trabalho de interpretação e de construção, e a sessão não pode transcorrer sem este trabalho. Mas – e teríamos aqui uma formação de compromisso? – devemos deixar ocorrer a atuação com "rédea solta" antes de proceder ao trabalho intelectual sobre ela. Os princípios propostos estão razoavelmente claros: permitir/propiciar a atuação/repetição sem inibições ou meias-palavras, o que equivaleria à necessidade de brincar da criança, e ao mesmo tempo garantir o trabalho de análise no sentido clássico; o grande desafio da arte de analisar é descobrir como isso deve ser operacionalizado e "equilibrado" em cada situação singular.

A saída de Ferenczi para estes problemas apresentados por sua "técnica" é, se não totalmente satisfatória, pelo menos criativa. Para afastar o fantasma da hipnose e da sugestão que ronda esta "técnica do transe" povoada de estranhos fenômenos histérico--catárticos, Ferenczi nos lembra que há, sim, um estado de transe hipnótico, mas utilizamos a nossa influência para potencializar a capacidade do paciente produzir o seu próprio material: "em psicanálise não é lícito fazer penetrar coisas – por sugestão ou por hipnose – na mente do paciente, mas, por outro lado, não só é correto como aconselhável fazê-las sair de sua mente pela via da sugestão"

188 FERENCZI: A CRIANÇA E O CUIDADO

(Ferenczi, 1931/1966, p. 119). Assim, com esta metáfora genital – que não me parece casual, já que a penetração alude à violência traumática do adulto sedutor – Ferenczi resguarda a ética da neutralidade, da não diretividade e da não pedagogização da função analítica. Curiosamente, há aqui uma inversão que transporta o modelo analítico para a situação pedagógica, apontando, por um lado, o intenso caráter hipnótico-sugestivo da relação entre adulto e criança no processo de educação, e alertando-nos, por outro, contra o uso deste poder para estampar nas plásticas mentalidades das crianças nossas próprias e rígidas regras.

A partir de todas estas reflexões inovadoras e corajosas, creio que o que aqui se desenha e se aprimora é uma espécie de "ética do infantil". Inspirados no título do artigo de Ferenczi – "Análises de crianças com adultos" –, podemos "brincar" um pouco com as palavras e imaginar diversas conjugações dos termos envolvidos: análise de crianças com adultos, análise da criança no adulto, adulto analista analisando crianças, adulto analista acolhendo a criança, criança ensinando adulto a brincar, analista criança podendo brincar, criança ensinando analista a analisar... As conjugações são múltiplas e sinalizam a ruptura que a psicanálise produz na noção de temporalidade. Ferenczi é radical em tomar o infantil como o objeto da análise e a transferência como repetição/recriação de um passado presentificado. Se "para se fazer um omelete é preciso quebrar os ovos" – eis a conhecida metáfora freudiana relativa a não fazer concessões à regra fundamental –, podemos estender a ruptura necessária para esta *dissociação* – mais que *recalcamento* – produzida pelo processo civilizatório entre o infantil e o adulto. Se, com Freud, no adulto fala um infantil recalcado, um resto de ser-criança indestrutível que perturba implacavelmente o Eu que ambiciona conciliar--se com a "realidade", com Ferenczi, uma criança que ainda não pôde viver satisfatoriamente reclama seus direitos e começa a ganhar espaço, esmagada que estava por um pseudoadulto de calças curtas.

O traumático na constituição psíquica e na situação analítica

Em "Confusão de língua entre os adultos e a criança – a linguagem da ternura e da paixão", vemos como Ferenczi consolida alguns pontos essenciais do seu pensamento e amplia outros. Poderíamos tomar como modelo paradigmático para a compreensão deste texto a "situação absurda" do paciente mais bem analisado que seu analista, modelo que conduz a uma metapsicologia muito mais complexa e instigante do trauma, do que poderíamos chamar ponto de vista genético e suas relações com a psicopatologia, bem como da própria situação analítica. Ferenczi deixa claro, já nas primeiras linhas, que o seu tema – "demasiado vasto" – é a origem exógena das formações de caráter e da neurose, e aqui podemos verificar a que transformações este tema aponta no campo psicanalítico.

A concepção ferencziana do trauma vai se enriquecendo com novos elementos e assim afasta-se cada vez mais de uma visão simplista que supõe um acontecimento ao qual possamos reduzir a etiologia do distúrbio psíquico. Importa considerar não apenas o acontecimento em si, choque que equivale a uma experiência de morte, mas principalmente a reação ou atitude do adulto que acompanha a criança: é esta reação que faz com que um trauma se torne patológico. A pior reação do adulto é a negação, ou seja, afirmar que não aconteceu nada que justifique a dor da criança, ou até repreendê-la e espancá-la por suas queixas. Em contraste, "esses choques graves são superados, sem amnésia nem sequelas neuróticas, se a mãe estiver presente, com toda a sua compreensão, sua ternura e, o que é mais raro, uma total sinceridade" (Ferenczi, 1931/1966, p. 123). Assim, o problema se desloca para as possibilidades de restituição do psiquismo ferido por meio da linguagem da ternura, ou para a existência ou não de um ambiente materno capaz de "digerir" pela criança a experiência traumática. Encontramos modelos do trauma semelhantes a este em diversos autores do campo psicanalítico e poderíamos citar especialmente Winnicott, quando trabalha – como vimos – a questão do traumatismo a partir da situação do nascimento.

A situação inicialmente tomada por Ferenczi como modelo de traumatismo é a experiência de sedução. O "amor apaixonado" ocorre quando o adulto despeja sobre a criança os seus próprios impulsos recalcados. Aqui podemos retomar uma hipótese instigante de Freud quando nos apresentava a sua teoria da sedução, que poderíamos denominar "pseudo-hereditariedade da neurose". Freud (1896/1981) refere-se ao fato de haver vários neuróticos em uma mesma família e, para contestar a hipótese da hereditariedade da neurose, propõe que ocorra uma espécie de cadeia de transmissão via experiências de sedução: a babá que seduziu o menino que seduziu seu primo que seduziu sua irmã... O sedutor-ativo torna--se um obsessivo, e o seduzido-passivo um histérico... Em vez de simplesmente descartarmos essa proposição por seu anacronismo, podemos, a partir dela, perceber que a ênfase no traumatismo e na origem exógena da neurose traz uma luz sobre o círculo vicioso da neurose e o problema da identificação com o agressor. O adulto, aprisionado nos seus próprios recalques e dissociações, promove uma confusão de línguas ao tomar a brincadeira infantil – as expressões de amor, o jogo de ocupar o lugar do progenitor do mesmo sexo para tornar-se o cônjuge do sexo oposto – como próprias do domínio da paixão. Ferenczi destaca que este jogo se dá, para a criança, apenas na imaginação: "na realidade, elas não queriam, nem poderiam, dispensar a ternura, sobretudo a ternura materna. Se, no momento dessa fase de ternura, impõe-se às crianças mais amor, ou um amor diferente do que elas necessitam, isso pode acarretar as mesmas consequências patogênicas que a privação do amor" (Ferenczi, 1933/1966, p. 146).

Mas a natureza da situação traumática – que poderia ser resumida pela noção de violência – ganha também uma maior amplitude. Além do "amor apaixonado", Ferenczi acrescenta as "punições passionais" e o "terrorismo do sofrimento". Se, por um lado, a sedução refere-se à violência das tendências libidinais, a "punição passional", por outro, reflete o excesso das tendências agressivas. Os castigos excessivos e espancamentos são tanto a expressão direta do sadismo do adulto, quanto a reação culposa pela violência anteriormente dirigida contra a criança, tentando anular este espelho insuportável que reproduz diante de si a experiência de sofrimento do choque traumático: "não chore, menino, pois isto não existiu"; "não me faça reviver o sofrimento que eu mesmo não pude suportar".[12]

A terceira forma de traumatismo, justamente por sua sutileza e não pontualidade – aqui a noção de acontecimento de fato se dissolve –, é de mais difícil apreensão e, talvez por isso, tenha sido mais tardiamente descrita por Ferenczi: o terrorismo do sofrimento.

As crianças são obrigadas a resolver toda espécie de conflitos familiares, e carregam sobre seus frágeis ombros o fardo de todos os outros membros da família. Não o fazem, afinal de contas, por puro desinteresse mas para poder desfrutar de novo a paz desaparecida e a ternura que daí decorre. Uma mãe que se queixa continuamente de seus padecimentos pode transformar seu filho pequeno num auxiliar para cuidar dela por toda a vida – uma espécie de enfermeiro –, ou seja, fazer dele uma verdadeira mãe substituta, sem levar em conta os interesses próprios da criança. (Ferenczi, 1933/1966, p. 148)

---

12 Lembremos, aqui, de "Bate-se numa criança", trabalho em que Freud (1919/1981) abordou o assunto a partir dos fantasmas infantis edipianos, aprimorando sua teoria da perversão; mais adiante, voltarei ao tema a partir do reexame realizado por Winnicott da mesma questão.

Vemos como, aqui, a noção de "situação traumática" se amplia consideravelmente, tendendo a englobar tudo o que há de doentio no trato do adulto com suas crianças, efeito de sua própria doença. A mãe que não pode proporcionar a seu filho a experiência de ser criança aprisiona-o inexoravelmente a um papel de pseudoadulto enfermeiro que vive da esperança repetidamente frustrada de ganhar o seu direito à liberdade, e toda a "capacidade maternante" desenvolvida por esta criança sofre de uma falha ou inconsistência estrutural determinada pelo fato da impossibilidade de ser cuidada.[13] Tendo que ser mãe de sua mãe, está-lhe barrado o acesso à maternidade genuína. E quanto aos analisandos que têm de cuidar eternamente do vazio – ou das "zonas de traumatismo" – de seus analistas?

Além de ampliar substancialmente o que podemos entender por situação traumática, Ferenczi precisa mais o próprio mecanismo do trauma com a noção de identificação com o agressor e ressalta as consequências deletérias da dissociação da personalidade.

Para explicitar melhor o mecanismo do trauma, Ferenczi nos chama a atenção para o estágio de desenvolvimento em que se encontra a criança. Esta se encontraria em um estágio em que não se desenvolveu o suficiente para poder se defender do desprazer, de forma que reage à violência por uma identificação ansiosa e introjeção daquele que ameaça e agride. Ao contrário do que se poderia supor a partir da ótica de um adulto, em vez de resistir à agressão, a criança fica totalmente paralisada pelo medo; não havendo outra possibilidade de saída – o adulto é, afinal, aquele que cuida e seu único referencial no mundo –, submete-se inteiramente à vontade do agressor, aprende a adivinhar o menor de seus desejos e realizá-lo imediatamente, esquecendo-se totalmente de si mesma. A introjeção

---

13 O mesmo estado de coisas foi descrito por Winnicott, que também nos alertou sobre as distorções advindas das situações em que criança que se torna a enfermeira ou a psiquiatra da própria mãe.

do agressor no seu mundo interno, juntamente com o estado psíquico de transe, permite que o processo primário domine o psiquismo
e produza uma espécie de alucinação negativa que anula a situação
externa de violência para manter a situação anterior de ternura. Este
é o ponto de origem da dissociação da personalidade.

A criança, em seguida, em estado de confusão, sente-se ao mesmo
tempo inocente e culpada. Uma parte de sua personalidade retorna
para uma beatitude pré-traumática que procura tornar o choque ine-
xistente, e aqui estaríamos diante do mecanismo da regressão como
defesa. Mas a outra parte – e neste ponto podemos ver a sutileza da
observação de Ferenczi – sofre de uma progressão traumática ou
prematuração patológica. Tanto no plano emocional quanto no intelectual, vemos a criança adquirir rapidamente inúmeras "capacida-
des" do adulto e, com isso, tornar-se imune às agressões do ambiente.
Mas este crescimento forçado é necessariamente inconsistente e pa-
tético, pois carrega como corolário a existência de uma outra parte
eternamente ferida, impossibilitada de desenvolver-se e necessariamente carente de cuidados. Este sistema defensivo proporciona uma
proteção contra o ambiente hostil, mas tem como preço a pagar a
impossibilidade do crescimento psíquico autêntico. O pequeno adulto
de calças curtas é perfeitamente representado no sonho do bebê-sábio:
"um recém-nascido, uma criança ainda no berço, põe-se subitamente
a falar e até a mostrar sabedoria a toda a família" (Ferenczi, 1933/1966,
p. 147); e, sintetizando o seu pensamento em uma bela passagem,
Ferenczi figura o processo de progressão traumática como "a maturidade apressada de um fruto bichado".

Se, com Freud, podemos dizer que o neurótico é um adulto com
fixações infantis, para Ferenczi os neuróticos são "nossas crianças
sábias". "O medo diante de adultos enfurecidos, de certo modo loucos,
transforma a criança em psiquiatra" (Ferenczi, 1933/1966, p. 105);
tendo que ser a enfermeira da mãe ou o psiquiatra do pai, o futuro
neurótico tenta um mecanismo de autocura que redunda em um

194   FERENCZI: A CRIANÇA E O CUIDADO

fracasso: a armadilha da dissociação. Antes de poder cuidar ou cuidar-se, o sujeito necessita ser convenientemente cuidado, para que possa desenvolver-se de maneira satisfatória e, no tempo certo, colher os frutos – não bichados – de sua saúde.

E o que podemos pensar, a partir deste modelo, sobre o que se passa com o analista e seu analisando? Se, por um lado, é o destino da situação analítica ser o palco para o qual são transferidas as situações infantis de conflito que originaram a neurose, Ferenczi nos faz ver que esta mesma situação guarda semelhanças importantes com a situação infantil que conduziu à enfermidade, sendo esta a nossa sorte e o nosso "problema técnico". O que aqui se inaugura é o que Bleger nomeou por "psicanálise do enquadramento psicanalítico" (Bleger, 1967/1977, pp. 311-328), talvez uma de suas contribuições mais originais.

O que existe de semelhante entre a situação analítica e a situação traumática original é, por um lado, a "frieza retraída" do analista e, por outro, a sua hipocrisia profissional, sob a qual está oculto o desagrado experimentado pelo analista com o paciente e que este, por sua vez, percebe e sente com todo o seu ser. Soma-se aqui a falta de acolhimento com a reação de sedutor culpado, que além de negar a percepção da criança traumatizada – com a consequente confusão de sentidos ou distúrbio no juízo de realidade – nela inocula a culpabilidade.

Cumprimentamos amavelmente o paciente quando ele entra na nossa sala, pedimos a ele que comece a associar e prometemos lealmente que vamos escutá-lo atentamente, que dedicaremos toda a nossa atenção ao seu bem-estar e ao trabalho que isto requeira. Pode ocorrer, na realidade, que só com dificuldade podemos tolerar certos traços externos e internos do paciente, ou que nos sentimos desagradavelmente perturbados em algum

*assunto de índole profissional ou pessoal por algo que
aconteça na sessão psicanalítica. (Ferenczi, 1933/1966,
p. 141)*

A hipocrisia profissional encontra-se justamente na contradição entre um plano declarado de intenções baseado em uma espécie de manual técnico-moral do analista – ou, dito de outra forma, no "supereu analítico" – e a experiência emocional vivida por este no contato com a pessoa do seu analisando.

"Cheguei à conclusão de que os pacientes têm uma sensibilidade bastante refinada para captar os desejos, tendências, caprichos, simpatias e antipatias de seu analista" (Ferenczi, 1933/1966, p. 140). Sempre que estes sentimentos e percepções não puderem ser expressos livremente – tarefa nada fácil, já que implica contradizer o adulto-analista, apontando seus erros de cegueira – o paciente tende a identificar-se com o analista à maneira da identificação com o agressor. A tarefa do analista consiste então em não apenas identificar, nas associações de seu paciente, os sinais do ódio referente às experiências penosas do passado, mas deduzir delas também as críticas coartadas que a ele são dirigidas. E aqui chegamos novamente ao problema da resistência, tanto do paciente como de seu analista. E quando o analista não pode, de fato, suportar o ódio e as críticas? É este o problema fundamental que Ferenczi chama da "situação impossível" do paciente melhor analisado que seu próprio analista. Assim, os analisandos, "mesmo mostrando sinais de uma superioridade desta índole, não podem expressá-la mediante a palavra; deste modo, caem em um estado de extrema submissão por temor de produzir-nos desagrado com sua crítica" (Ferenczi, 1933/1966, p. 141). Esta submissão nada mais é que a origem de uma transferência indissolúvel que bem pode ser representada pela vivência de um "aprisionamento asfixiante", estado emocional semelhante, aliás, àquele que encontramos em certos sonhos de angústia.

É aqui que, ao meu ver, surge a essência do problema da ética do psicanalista. Ferenczi nos adverte de que nós, adultos – pais/professores/analistas –, nunca deveríamos nos esquecer de que, por detrás da submissão e da adoração, por detrás da transferência amorosa de nossos filhos, pacientes e discípulos, sempre se acha escondido um ardente desejo de libertar-se deste amor opressivo. A tarefa – ética e técnica – do analista pode ser então formulada como ajudar o paciente a libertar-se desta reação por identificação e do peso sufocante da transferência. Para tanto, é necessário que o analista aprenda a abandonar a sua hipocrisia profissional e possa reconhecer o seu mal-estar na situação transferencial, averiguar as causas desta perturbação e também discuti-la com seu paciente. A suposição otimista é de que o "erro" do analista possa transformar-se de ferida narcísica em instrumento precioso de trabalho. A consequência deste "abandono" é a perspectiva do alívio do paciente e, sobretudo, da transformação da repetição por atuação em pensamento e palavra.

Assim, Ferenczi volta à catarse para daí seguir um novo rumo, que não exclui o freudiano: além do progresso em direção à associação livre e ao trabalho de rememoração/perlaboração, há um progresso em direção ao abandono da hipocrisia profissional e um cultivo de uma relação de confiança que seja em si terapêutica (embora não independentemente do trabalho "clássico"), não pela "bondade" do analista, mas pela sua potencialidade restitutiva de uma personalidade marcada pela divisão. A atitude do analista não é terapêutica por uma intenção, mas por sua capacidade de ser um diferencial em relação à situação traumática incessantemente repetida e reatualizada; trata-se de um suposto analista "não re-enlouquecedor". Este seria o caminho para o surgimento de um verdadeiro presente que se diferencia do passado; e se alguma divisão é desfeita, aqui uma outra deve ser construída: a nova barreira é aquela existente entre presente e passado, a que permite a emergência de uma experiência subjetiva de tempo – já que a passagem do tempo implica transformação – e de possibilidade de progresso. Esta barreira é, para Ferenczi, a relação de confiança entre o adulto e a criança, rompida nas experiências traumáticas. Podemos, pois, redefinir o trauma como o conjunto de experiências capaz de romper esta barreira da confiança, ideia que se aproxima da proposta de Winnicott do surgimento de um falso *self* patológico – dissociado – a partir do rompimento da experiência de "continuidade do ser". Aliás, é digno de estudo as possíveis semelhanças entre o que Ferenczi chama de "bebê sábio" e Winnicott de "falso *self*".

A sexualidade infantil e a teoria pulsional em Ferenczi

Em que estas formulações de Ferenczi alteram ou complementam as concepções freudianas da sexualidade infantil e das pulsões?

É o próprio Ferenczi quem, já em 1929, levanta algumas implicações metapsicológicas de sua proposta em relação à teoria da sexualidade. Sim, existe o Complexo de Édipo da criança – nos diz –, mas há também os sentimentos incestuosos recalcados dos adultos que, disfarçados em ternura, são inoculados violentamente na criança. Haveria uma imposição prematura de sensações genitais que "põe em choque" uma criança ainda não preparada para tal, uma suposta criança dominada pela linguagem da ternura. O retorno à teoria da sedução implica em repensar toda a teoria da sexualidade; se, nos *Três ensaios sobre a sexualidade* de Freud, a ênfase estava em uma sexualidade infantil inerente ao pulsional, agora o acento recai sobre uma sexualidade que vem "de fora". Alternativa inútil se for tomada de maneira simplista, mas problemática riquíssima se for tomada na dialética que lhe é própria. Esta nova perspectiva abre caminho para uma "esperança" ou "otimismo" em rescrever a tragédia a partir de novas vivências – com toda a dificuldade e desafio que comporta –, já que o constitucional não é tomado tanto como um texto fechado; mas abre caminho também para uma "ingenuidade",[14] no sentido pejorativo, que supõe a infância como um paraíso idílico.

Alguns anos depois, Ferenczi retoma estes problemas, reconhecendo que o seu trabalho traz como consequência a revisão da teoria da sexualidade, e destaca dois pontos fundamentais: a compreensão da perversão e a origem do masoquismo (Ferenczi, 1933/1966, p. 148). O problema maior é o que ocorre com a sexualidade infantil quando da linguagem da ternura; ela estaria ausente? Trata-se de uma etapa pré-sexual? Ferenczi sugere, sucintamente, que haveria uma perversão infantil primária – à maneira de uma criança "levada" e amoral – e a perversão propriamente dita, secundária, fruto de um excesso traumático oriundo do exterior e caracterizada por uma sexualidade apaixonada e carregada de culpa.

Quanto ao masoquismo, Ferenczi levanta a dúvida de até que ponto podemos considerá-lo um produto da civilização – tendo como origem o sentimento de culpa introjetado –, ou se, ao contrário, ele existiria de forma autônoma e espontânea. Ora, sabemos bem como o problema do masoquismo sempre foi uma pedra no sapato da metapsicologia freudiana e que, dentre os problemas que ele coloca, o fato de sua autonomia ou independência em relação às pulsões sexuais é um dos principais. Se, por um bom tempo, o masoquismo foi tomado como um dos elementos parciais que comporiam o feixe das pulsões sexuais, com o surgimento da segunda teoria das pulsões – e isso depois de uma longa trajetória teórica, que inclui a passagem pelo narcisismo –, o masoquismo ganha autonomia em relação à sexualidade enquanto derivado da pulsão de morte.

---

14 Para um exame mais detalhado da questão da ingenuidade, consultar "O infantil em Ferenczi e o problema da ingenuidade" (Gurfinkel, 2001).

O universo infantil da linguagem da ternura implica um paraíso perdido ainda não "contaminado" pela destrutividade e pela sexualidade? Ferenczi não parece cair nesta simplificação, pois o vemos utilizar a expressão "erotismo infantil" para caracterizar o universo da ternura. Tendo como modelo a saciedade possível advinda dos prazeres preliminares, este erotismo se distinguiria do erotismo do adulto, calcado no modelo do orgasmo e da cena primária. No orgasmo, prazer e morte necessariamente coincidem – a tendência nirvânica ao zero de excitação –, e a cena primária representa exatamente o exógeno do universo adulto que invade o universo infantil com a "luta dos sexos", em que sexualidade e violência estão necessariamente imbricados; a ambivalência amor/ódio surgiria então como consequência da introjeção do sentimento de culpa do adulto e da violência daí advinda.

Ferenczi estaria propondo a gênese da destrutividade na relação com o outro e implicitamente questionando a validade da concepção freudiana da pulsão de morte como inerente ao psiquismo, de maneira similar ao que alguns outros analistas irão fazê-lo? Como vimos, o artigo sobre a criança mal-recebida e sua pulsão de morte contém sugestões que apontam nesta direção; ainda que Ferenczi adote explicitamente a segunda dualidade pulsional de Freud, o tratamento que dá ao tema coloca o acento principal na maneira como a criança é cuidada e recebida por seu meio como fator determinante do predomínio das forças de vida ou de morte em seu destino.

O que, de resto, podemos destacar em termos da relação entre a teoria do trauma ferencziana e a teoria da sexualidade é que há uma relativa mudança de enfoque: passamos do desenvolvimento da libido ao desenvolvimento do Eu. Freud nos lembra, em mais de uma ocasião, que o seu trabalho com as psiconeuroses redundou em um conhecimento relativamente sólido sobre o desenvolvimento psicossexual do sujeito, mas pouco esclareceu sobre o desenvolvimento do Eu, tarefa que mereceria ser empreendida. Ferenczi já havia, em 1913, feito um genial esforço neste sentido ao descrever os estágios de desenvolvimento do senso de realidade e suas relações com o Eu – o próprio Freud assinalou o mérito e a originalidade de tal abordagem (Freud, 1915-1917/1981, pp. 2341-2342). Anos depois, Ferenczi (1924/1993) retomou esta linha de pesquisa em uma seção específica do seu monumental *Thalassa*, em que propôs a ideia de um "amor objetal passivo"; em seu artigo final sobre a confusão de línguas, ele volta à hipótese de uma etapa de "amor objetal passivo": um estado em que a criança necessita prioritariamente dos cuidados maternos e em que predomina o mecanismo da identificação. Neste, não há reação aloplástica possível, apenas autoplástica, e a única defesa existente é a identificação (ou introjeção do agressor). A questão principal é que, do ponto e vista do desenvolvimento de um Eu, trata-se de uma personalidade frágil composta praticamente de Id e superego, um estado de imaturidade em que é insuportável ficar só sem os cuidados maternos e sem uma considerável dose de ternura.

Podemos reconhecer facilmente hipóteses semelhantes em diversos analistas pós-freudianos, entre os quais Winnicott ocupa um lugar de destaque. Retomando a noção freudiana de identificação primária e trabalhando sobre a relação precoce mãe-bebê, Winnicott dedica-se ao problema de como se constitui um Eu na criança a partir da relação indiferenciada com a mãe e de como esta exerce a função vital de "Eu auxiliar". Sem propor um estágio de não sexualidade ou de não agressividade, encontramos em Winnicott a ideia de uma etapa fundamental na qual a vivência de onipotência e fusão é condição para o desenvolvimento ulterior, etapa na qual o *holding* materno tem uma função central. Não por acaso encontramos, neste autor, a valorização do ambiente como condição para um crescimento emocional "suficientemente bom" e a retomada da noção de trauma à sua maneira.

Uma particularidade que torna instigante a proposta ferenczia-na é a sua retomada da "teoria da sedução". Freud, quando voltava seus olhos críticos à teoria da sedução em momentos ulteriores, e sem nunca deixar de levar em conta o fator exógeno na sua série etiológica das neuroses, pôde, em diversas ocasiões, reconhecer a "verdade" que esta teoria "ultrapassada" continha:

> *Todo este capítulo [parte do texto dedicada à etiologia da histeria] está caracterizado por um erro, que mais tarde pude reconhecer e retificar repetidamente. Ao escrevê-lo, não sabíamos distinguir as recordações reais do sujeito de suas fantasias sobre seus anos infantis. Em consequência, atribuímos à sedução, como fator etio-lógico, uma importância e uma generalidade de que carece. [...] No entanto, nem tudo o que foi exposto neste capítulo deve ser rechaçado, pois a sedução conserva ainda um certo valor em relação à etiologia. Considero, portanto, ainda exatas algumas das observações psico-lógicas nele desenvolvidas. (Freud, 1896/1981, p. 289 – nota acrescentada em 1924)*

Na verdade, a opinião de Freud quanto às modificações con-ceituais em relação à teoria da sedução que redundaram nas suas ideias apresentadas nos *Três ensaios*, é de que se tratou mais de um direcionamento do foco para o "constitucional" – e para o esclare-cimento de como podemos entendê-lo a partir de uma teoria sobre o sexual infantil – que da eliminação de uma teoria "errada".[15] Na-turalmente, este redirecionamento implicou um salto de qualidade com a interpolação da noção de fantasia entre o evento traumático

---

15 Ver Freud (1905b/1981).

e o sintoma. Freud insiste repetidamente na complexidade das manifestações clínicas e na importância de não perdermos de vista a multideterminação das neuroses implicada no modelo da série etiológica; combatendo a simplificação da oposição endógeno-exógeno, não passa a desconsiderar o trauma psíquico diante da "descoberta" da sexualidade infantil. Dizer que um elemento tomou o lugar do outro é reduzir por demais o pensamento freudiano. Podemos imaginar que o desenvolvimento da teoria desenha um movimento pendular que ora acentua um fator etiológico, ora outro; talvez, em psicanálise, não se trate de "superar" teorias, mas de ampliar continuamente o campo de investigação, enriquecendo-o com novas noções que equivalem a um ponto de vista diferente, um novo ângulo de observação sobre o objeto. Deste ponto de vista, poderíamos considerar os diversos "elementos metapsicológicos" da psicanálise constituindo uma espécie de "série complementar", à maneira dos fatores que conduzem à neurose.

O retorno ferencziano ao Freud pré-*Três ensaios* não pode ser reduzido a um simples retrocesso, pois vemos como esta "volta aos princípios" já é, desde seu início, modificada pelo ulteriormente percorrido; Ferenczi opera, nesta "volta", com toda a sua experiência clínica e todo o desenvolvimento conceitual da psicanálise até então e, dessa maneira, faz, verdadeiramente, psicanálise. A mudança de enfoque do desenvolvimento psicossexual ao desenvolvimento do Eu traz necessariamente novos elementos conceituais e a integração entre estas duas perspectivas não é um problema simples. Começando pela questão do lugar ocupado pela sexualidade nas etapas mais precoces, ou do tipo de erotismo que aí se dá.

A regressão em análise e as controvérsias sobre a técnica

O pioneirismo de Ferenczi ao colocar a regressão no centro de suas preocupações técnicas é sem dúvida um elemento central na história da construção do pensamento das relações de objeto. Sabemos que esta questão não começa nem muito menos se esgota com Ferenczi, mas a sua contribuição teve a função inegável de iniciar uma concepção clínica que considera a regressão como instrumento terapêutico.

Desde o início da prática psicanalítica, tem-se advertido contra os riscos da regressão no tratamento analítico. Freud já havia chamado a atenção para o fato de que, na origem de uma neurose, a regressão surge como uma resposta defensiva do sujeito diante da frustração de seus impulsos. No que se refere à regressão na análise, o seu pensamento clínico tende a considerá-la como relacionada ao aspecto resistencial da transferência, o que implica uma grande cautela quando do seu aparecimento. Ferenczi, especialmente nos últimos anos, tomou radicalmente a regressão como fator terapêutico, não somente pela "permissão" de que ela ocorresse, mas também – e isto é inegável – estimulando-a "ativamente". Até que ponto esta proposta é realmente eficaz? Que efeitos – desejáveis e indesejáveis – ela produz? Haveria aqui um "excesso" também traumático?

Encontramos no trabalho de Balint, analista analisado por Ferenczi que conviveu pessoalmente com ele durante o período de suas inovações técnicas, um testemunho precioso dos "excessos" da proposta regressiva dos últimos anos. "Ainda lembramos que, quando discutimos seus experimentos, [...] Ferenczi admitiu que, de certo modo, tinha fracassado, mas acrescentou que havia aprendido muita coisa, e talvez outros pudessem se beneficiar com seu fracasso, se compreendessem que a tarefa, da forma como tinha

204 FERENCZI: A CRIANÇA E O CUIDADO

tentado resolvê-la, era insolúvel" (Balint, 1968/1993, p. 103). O olhar crítico de Balint nos é especialmente interessante na medida em que, ele mesmo, propõe o uso da regressão como instrumento terapêutico e o faz a partir de uma reavaliação do trabalho de Ferenczi. Podemos considerá-lo – até onde isso é possível – relativamente isento de uma resistência preconceituosa em relação à regressão, de uma crítica *a priori* condicionada por uma determinada filiação no campo da psicanálise; não se trata, obviamente, de reivindicar a Balint um não lugar na "família psicanalítica", mas de supor que ele ocupa um lugar privilegiado para um olhar crítico sobre o assunto. Outro mérito de seu trabalho é o de, ao criticar Ferenczi, considerar a dificuldade de avaliar "de fora" o trabalho clínico de outro analista e, ainda, o de levar em conta a maneira como as diversas "escolas" consideram o problema da regressão.

A sua argumentação está voltada para o que chamou de "grande experimento", aventura que está dramaticamente registrada no *Diário Clínico* de Ferenczi, mas igualmente repetida por outros analistas e que todos nós, vez por outra, podemos ficar tentados a empreender. Esta tentação surge a partir dos sentimentos do analista diante de um caso que "valha a pena", um paciente grave, mas que demonstre um grande potencial e um grande interesse no tratamento analítico. O problema começa quando o analista não é capaz de compreender estes sentimentos a partir da ótica da contratransferência, ganhando o "grande experimento" um sentido subjetivo "especial" que comporta um caráter de sedução velada: um convite a uma regressão sem fim, uma viagem/mergulho a um lugar onde até hoje ninguém chegou. Essas observações são de enorme valia para aqueles que estejam empenhados no seu trabalho clínico, e servem como subsídio para refletir sobre situações clínicas do passado, do presente ou do futuro. Penso que elas têm seu valor à medida que não são tomadas como uma acusação, como uma crítica moral própria do superego, mas como material para pensar o trabalho analítico e os problemas que ele comporta. O trabalho de Balint prossegue no sentido de diferenciar as formas "malignas" e "benignas" de regressão, associando o "grande experimento" às primeiras. É a partir de um detalhado exame crítico dessas formas de regressão que Balint propõe o uso terapêutico da técnica, relacionando-o com o que chamou de etapa do "amor primário" e com a noção de "falha básica" que ocorre nesta etapa.

Diversos analistas voltaram a se ocupar do problema da regressão na análise. Encontramos em Winnicott, por exemplo, a proposição da regressão como fator terapêutico enquanto caminho para o encontro com o "verdadeiro self" no setting analítico. A regressão, especialmente no que se refere ao seu papel no processo analítico, permanece como um tema controvertido e merece, certamente, ser objeto de contínuo reexame: trata-se de uma questão em aberto, abertura para a qual Ferenczi nos proporcionou um importante impulso inicial.

A obra final de Ferenczi nos deixou um importante legado em relação à questão da técnica, mas também diversas interrogações. O importante trabalho "Confusão de língua entre os adultos e a criança", no qual as suas concepções neste campo ganham sua forma mais acabada, pode bem ser tomado como uma espécie de "testamento intelectual", já que foi lido no 12º Congresso Psicanalítico Internacional (setembro de 1932), oito meses antes de sua morte. Afora esta cartada do destino, o texto não deixa de despertar um interesse especial se considerarmos que Freud aconselhou Ferenczi, na ocasião, Ferenczi a não publicá-lo, o mesmo Freud que o havia há pouco denominado o "padrinho de toda técnica transgressiva". As opiniões de Freud a respeito dos novos rumos seguidos por Ferenczi nos últimos anos – para ele, claramente um desvio da psicanálise –, especialmente quanto às modificações técnicas sugeridas por ele, são severamente críticas. Se Freud procurou, pelo menos

206 FERENCZI: A CRIANÇA E O CUIDADO

o quanto pôde, respeitar a independência de Ferenczi, ao final não conteve o seu veredicto quando Ferenczi leu para ele "Confusão de língua...": "inócuo, estúpido, também inadequado; impressão desagradável".[16] Se mal podemos conceber o peso que o "julgamento" de Freud tinha para Ferenczi – e é bastante conhecida a complicada relação de filiação entre os dois, marcada pela ambivalência, misto de submissão e rebeldia –, não podemos deixar de reconhecer que até hoje este julgamento nos afeta, já que com certeza não estamos neutros ao problema da filiação.

A preocupação com a dimensão propriamente *terapêutica* da psicanálise é uma marca de Ferenczi. A sua revisão do método é fruto de uma preocupação constante de aprimorar o "fazer" psicanalítico, no sentido de melhor responder às dificuldades e aos fracassos que se repetiam nos tratamentos. Ferenczi (1929b/1966) considerava que a psicanálise reproduzia, na sua evolução, os mesmos momentos que todas as outras ciências haviam percorrido: no início, as descobertas maravilhosas e o otimismo; em seguida, um inevitável desengano; por fim, a possibilidade de conciliação destas duas atitudes. De fato, o momento era de desengano (final da década de 1920): foram se tornando evidentes as dificuldades práticas em diversos tratamentos analíticos; surge a necessidade de uma reflexão mais apurada sobre as resistências na análise, que transcendiam o desprazer inerente ao conflito do Eu com o recalcado; não se falava mais apenas em simples resistências, mas também em reação terapêutica negativa e em sentimento inconsciente de culpa, o que implicou em reelaborações metapsicológicas que iniciaram com o conceito de narcisismo e desembocaram na pulsão de morte. E Ferenczi se considerava um otimista; é assim que se autodenomina no final de sua apresentação no 11º Congresso (Ferenczi, 1929b/1966), quando compara as possibilidades da análise a partir das modificações

---

16 Telegrama de Freud a Eitingon (Gay, 1989, p. 528).

técnicas propostas por ele com a situação do autor de teatro que é obrigado, por influência da opinião pública, a modificar a tragédia que havia escrito para transformá-la em um drama de final feliz (aqui, a tragédia refere-se à situação traumática infantil, e o drama, à nova história reescrita na experiência de análise, na qual os traumas precoces atualizados podem ganhar um novo desfecho).

A questão que nos colocamos é: trata-se de um otimismo incurável, ou – o que deriva daí – de uma "doença" de otimismo? Pois aqui podemos tanto estar lidando com a busca de novas soluções para os impasses da clínica, com a potencialização da capacidade criativa no sentido de encontrar as brechas e possibilidades que de início pareciam inexistentes, quanto com uma "compulsão de curar" que evidencia mais um conflito próprio seu que uma busca de aprimorar o instrumento analítico.

Este último ponto de vista é apresentado de maneira bastante interessante por Luís Carlos Menezes, que sintetiza: "pego entre o 'desejo compulsivo de ajudar', de ser bondoso e humano e a revolta, o ódio crescente por se ver ainda enredado, vítima do 'terrorismo do sofrimento' exercido pelo outro sobre ele, Ferenczi vive o mal--estar de reencontrar na análise [de sua paciente, relatada no *Diário Clínico*] a repetição sintomática de um impasse neurótico seu" (Menezes, 1993, p. 15). O próprio Freud atribuía as modificações técnicas propostas por Ferenczi mais a necessidades interiores que a exigências do trabalho clínico. E, mais que isso, os "experimentos clínicos" de Ferenczi estariam relacionados a seus sentimentos por ele, Freud, seu analista:

> *Ele queria me mostrar como se deve tratar amorosa-*
> *mente os pacientes, se se quer ajudá-los. Eram, na verdade,*
> *regressões aos complexos de sua infância, cujo maior*
> *ferimento foi o fato de que sua mãe não o amava [...]*

> *com suficiente exclusividade. E assim ele próprio se tor-*
> *nou uma mãe melhor, e encontrou também os filhos*
> *de que precisava. (Gay, 1989, p. 530)*

Há uma suspeita – não de todo confirmada – de que, nos últimos tempos, Ferenczi havia sofrido, juntamente com o quadro orgânico que o conduziu à morte, de uma degeneração mental que tomou a forma de uma paranoia; diz Freud: "no centro estava a convicção de que eu não o amava bastante, não queria apreciar seu trabalho e que eu tinha feito mal a sua análise" (Gay, 1989, p. 530). A questão que nos interessa é saber se, mesmo sendo uma "doença do otimismo" ou uma "compulsão de curar", não poderia este seu "resto não resolvido" ter contribuído para o aprimoramento tanto da prática quanto do conhecimento psicanalíticos.

Por outro lado, corremos sempre um risco de psicanalisar de modo selvagem qualquer analista que siga um caminho divergente do grupo e dos mestres de seu meio. Este risco foi bem assinalado por Haynal (1988/1995) em sua análise crítica das controvérsias que aqui examinamos. Aqueles que não estão de acordo com o a visão do mestre são, por vezes, acusados de agir sob influência de resistências; no entanto, se olharmos a história em perspectiva, vemos que as novas descobertas quase sempre se fazem *contra* as resistências e que, nestes casos, o pensador original em geral depara com uma "técnica da desconfiança" que "priva os interlocutores de seus argumentos" (Haynal, 1988/1995, p. 104). Acompanhando a passagem do tempo e a diversidade de pontos de vista com que deparamos, vamos nos dando conta da complexidade e da importância das questões levantadas pela obra final de Ferenczi.

Quanto ao desacordo dos últimos anos entre Freud e Ferenczi, Balint opina que se tratou de um lamentável mal-entendido que teve consequências importantes não só no relacionamento entre os dois, como também na pessoa e no pensamento teórico-clínico de inúmeros analistas da época e de épocas posteriores. Segundo Balint, Freud formulava suas críticas a Ferenczi baseado nas experiências difíceis que teve nos primeiros tratamentos de histéricas, nos quais a regressão teve resultados catastróficos; para Balint, o que ocorreu nestas experiências foram situações de regressão maligna, o que levou Freud a ressaltar, nas suas elaborações "técnicas" ulteriores, o aspecto ameaçador da regressão e a adotar uma atitude bastante cautelosa quanto ao assunto. Freud, ao ver Ferenczi mergulhado "no mesmo pântano do qual só conseguira escapar com um esforço supremo" (Balint, 1968/1993, p. 193), teria ficado alarmado e crítico, movido inclusive por sua afeição por Ferenczi; Freud viu claramente os riscos que Ferenczi estava correndo, mas não pôde avaliar que ali se iniciava um novo e importante desenvolvimento para a teoria e para a técnica psicanalíticas. Ferenczi, embalado por seu otimismo, teria se enganado por supervalorizar os seus sucessos e por demorar a levar em conta os sinais de aviso dos fracassos; Balint sugere, ainda, que esta "demora" em perceber que "a inquestionável melhora de alguns de seus pacientes só iria durar enquanto ele pudesse satisfazer seus anseios" (Balint, 1968/1993, p. 140) deveu-se também ao seu sentimento de não ser compreendido por Freud. A atitude que Ferenczi teria adotado a partir de um suposto momento, tardio, de autocrítica é instigante: "embora tivesse sido um golpe muito grande em seu orgulho científico, aceitou-o plenamente, falando por certo tempo a respeito de seus possíveis enganos no passado recente, dizendo que, se melhorasse de sua enfermidade, recomeçaria exatamente do mesmo modo; porém, tinha a esperança de que seus experimentos e enganos seriam utilizados pelas futuras gerações como importantes marcos e sinais de alerta" (Balint, 1968/1993, p. 140).

Balint continua sua versão-depoimento-interpretação falando do trauma gerado no mundo psicanalítico por este desacordo. Foi um choque para os colegas perceber a "cegueira" de Ferenczi – um dos grandes – diante das advertências de Freud e, mais que isso, presenciar como dois analistas proeminentes não foram capazes, ambos, de compreender e avaliar adequadamente as observações clínicas e concepções teóricas do outro. A reação foi de "assustado recuo". O recuo significou, entre outras coisas, a condenação da regressão como um tabu; ela passou a ser entendida apenas como um sintoma perigoso e a ideia da regressão como instrumento terapêutico ficou recalcada até meados da década de 1950.

A versão de Balint da controvérsia Freud-Ferenczi é, como toda versão, parcial; ela serve para, entre outras coisas, dar inteligibilidade e consistência à sua própria reflexão sobre o problema da regressão. Mas, se toda construção histórica busca forjar um mito organizador dos conflitos e impasses que movem o investigador, penso que este mito proposto por Balint nos oferece uma perspectiva mais alentadora da dicotomia Freud-Ferenczi que habita cada um de nós, herdeiros do legado psicanalítico. Se aqui não temos uma resposta, temos pelo menos uma boa "lenda" para nos orientarmos diante do impasse entre o fascínio e o repúdio da obra de Ferenczi.

A coerência interna do pensamento de Ferenczi é notável. Não menos brilhante é sua capacidade de criação teórico-clínica, partindo do pensamento de Freud e ao mesmo tempo colocando-o de cabeça para baixo. A validade de suas proposições para a prática da análise está para ser testada, experimentada, provavelmente reformulada e atualizada; mas o fato de sua construção ser efeito de seu "resto não resolvido", seja na sua relação com Freud, seja em relação a si mesmo, de forma nenhuma neutraliza ou invalida a genialidade de sua produção e o poder disruptivo de sua proposta na prática que hoje fazemos da análise. De seu lugar de filho eternamente demandante e supostamente violentado, pôde trazer uma luz sobre o poder e a fraqueza do analista "adulto".

A introjeção e a formação do Eu

Buscamos, no contexto do presente livro, compreender qual é o papel de Ferenczi na origem do pensamento das relações de objeto. As semelhanças entre a abordagem de Ferenczi dos últimos anos e o que se tornou foco de trabalho de Balint e Winnicott já foram brevemente assinaladas ao longo deste capítulo; no entanto, vale a pena antes revisitarmos alguns trabalhos anteriores de Ferenczi, que preparam o terreno para tal caminho. Este retorno nos fornece material precioso para compreendermos o rumo das pesquisas de Ferenczi, que desaguaram nas controvérsias, mais ruidosas e conhecidas.[17]

Em "Transferência e introjeção", artigo que impressiona tanto pela força de sua contribuição quanto por sua precocidade, encontramos um ponto de partida importante. Ferenczi (1909/1991) considera a transferência um mecanismo psíquico geral, próprio das neuroses, resultante do deslocamento dos afetos que ficam livres e disponíveis por efeito do recalcamento. Produz-se assim um excesso que é cronicamente esparramado pelos objetos externos disponíveis, gerando um constante apelo ao outro por meio das identificações. Sentimentos exagerados de amor, repulsa, atração e ódio são assim

---

17 Renato Mezan (1993/2002), em seu estudo sobre a simbolização em Ferenczi, adotou o mesmo método: "o que gostaria de elucidar são os pré-requisitos dessas teses, ou seja, aquilo que Ferenczi elaborou antes de propor os procedimentos técnicos pelos quais se tornou célebre e foi tão combatido. Isso porque julgo que as convicções a que chegou em sua maturidade analítica – depois da guerra, essencialmente – só podem ser apreciadas à luz do caminho que o conduziu até elas; esse caminho está documentado nos textos de sua autoria que são menos lidos, precisamente os que surgem durante a década de 1910" (Mezan, 1993/2002, p. 156). Este princípio metodológico me parece bastante frutífero. Hoje, a pesquisa sobre a obra de Ferenczi tem se expandido um pouco mais e vemos que artigos de outros períodos de sua obra que não os últimos anos são paulatinamente cada vez mais visitados.

212 FERENCZI: A CRIANÇA E O CUIDADO

direcionados às pessoas e coisas do mundo – sendo o psicanalista, o hipnotizador e o amante objetos privilegiados desta transferência.

> *A sugestão e a hipnose correspondem à criação artificial onde a tendência universal para a obediência cega e a confiança incondicional, sobrevivência do amor e do ódio infantil-erótico pelos pais, é transferida do complexo parental para a pessoa do hipnotizador ou do sugestionador. (Ferenczi, 1909/1991, p. 108)*

No entanto, o que diferencia a técnica psicanalítica de outros métodos é, como ressaltou Ferenczi, a sua meta: em vez de cultivar e reforçar a transferência, deve-se desmascarar "o mais rapidamente possível essas relações fictícias, reconduzindo-as à sua verdadeira fonte, o que acarreta a sua dissolução" (Ferenczi, 1909/1991, p. 90).

Aqui se dá uma recapitulação de princípios freudianos. Mas a originalidade de Ferenczi se encontra na proposição do conceito de *introjeção* – e aqui é importante frisar que a introdução de tal conceito no *corpus* psicanalítico é mérito seu – e na articulação deste com a transferência. Em contraste com o paranoico – que projeta no exterior as emoções penosas –, o neurótico procura incluir, em sua esfera de interesses, uma parte tão grande quanto possível do mundo externo, tornando-o objeto de fantasias conscientes e inconscientes. "O neurótico está em perpétua busca de objetos de identificação, de transferência; isso significa que atrai tudo o que pode para sua esfera de interesses – introjeta-os" (Ferenczi, 1909/1991, p. 84). Isto faz com que o Eu se torne patologicamente dilatado, pois está sempre em busca de engolir o mundo, ao contrário do paranoico, cujo Eu se encolhe cada vez mais. Na verdade, Ferenczi nos descreve o processo e desenvolvimento do Eu como um interjogo entre projeção e introjeção.

Podemos considerar que essa "fome de objetos" da tendência introjetiva do humano constitui, de certo modo, aquilo que Fairbairn veio a nomear como a "busca de objeto" e que aponta para o contexto intersubjetivo em que se forma a personalidade. A vocação relacional a que o conceito de introjeção nos dirige foi bem ressaltada por Maria Torok (1968/1995), analista que recuperou a força desta proposição inicial de Ferenczi e assinalou com clareza as diferentes acepções que o termo *introjeção* veio a adquirir para diversos autores. Suscintamente, ela propôs que o luto patológico se deve a uma interrupção brusca do processo de introjeção. Na história de uma relação com o outro, a *função* do objeto não é apenas a de oferecer a satisfação pulsional buscada, mas principalmente a de *oferecer uma "promessa de introjeção"*. O verdadeiro luto implica que a experiência de inclusão no Eu das marcas do objeto – a introjeção – tenha se dado na sua *presença* e durante um período de convivência e trocas significativas; neste caso, o processo de introjeção pôde chegar a seu termo, e o objeto, até um certo momento tomado como o centro absoluto de interesses do sujeito – como no caso da paixão infantil e transferencial –, já terá descido de seu "pedestal imaginário". Apesar de toda dor, a integridade do Eu possibilitará, de algum modo, o recolhimento da libido anteriormente investida no objeto e o reinvestimento dela em novas "promessas". No entanto, quando este processo é rompido bruscamente, produz-se uma situação traumática, o que predispõe à doença do luto ou à melancolia.

Alguns anos depois, Ferenczi (1913/1992a) empreendeu um estudo penetrante sobre o desenvolvimento do Eu, apoiado em *Formulações sobre os dois princípios do funcionamento mental*, recentemente publicado por Freud, em 1911.[18] Para descrever a passagem do

---

18 Este curto artigo de Freud destaca-se como um de seus mais importantes trabalhos. Nota-se como, após, apresentar brevemente sua concepção do funcionamento psíquico calcada na passagem do princípio do prazer para o

princípio do prazer para o princípio da realidade, Ferenczi resgata uma nota de rodapé muito instigante, na qual Freud sugere que a *ficção* de um aparelho psíquico unicamente regido pelo princípio do prazer só pode existir em virtude dos cuidados maternos. É muito chamativo que esta mesma nota de rodapé tenha sido ulteriormente lembrada e discutida em detalhe por Winnicott (1960b/1990), com a finalidade de assinalar como Freud teria afirmado – mas não desenvolvido plenamente a ideia – que a presença de uma mãe--ambiente é condição fundamental para o desenvolvimento do bebê. Ferenczi propõe que a ficção suposta por Freud não é tão ficcional assim, pois trata-se de uma situação que ocorreu e fato: no estado intrauterino. Neste, todos os desejos de proteção, calor e alimento estão assegurados pela mãe, gerando uma vivência de onipotência, que nada mais é que "a impressão de ter tudo o que se quer e de não ter mais nada a desejar" (Ferenczi, 1913/1992a, p. 42).

A partir daqui, vemos nascer uma proposição que orientará todo o pensamento teórico-clínico de Ferenczi: a preponderância de um *princípio regressivo* na natureza humana. Pois, a partir de um estado inicial mítico – a situação intrauterina –, todo o desenvolvimento da criança será pautado pelo interjogo entre a tentativa de retornar a este estado anterior – os bons tempos da onipotência –, e as necessidades de adaptação que lhe serão impostas, de acordo com os desafios que progressivamente surgirão.

---

princípio da realidade – uma reelaboração da relação entre os processos primário e secundário, anteriormente proposta em *A interpretação dos sonhos* –, Freud arrola, de uma maneira pouco usual na sua escrita, um conjunto de oito itens que constitui um verdadeiro programa de pesquisa para o futuro. Este programa será seguido e perseguido por Freud ao longo de toda sua obra, se fará presente de modo particular no diálogo Freud-Ferenczi que acompanharemos neste capítulo. Tal debate ganhará diversas formas e desdobramentos significativos na história da psicanálise que se desenvolverá posteriormente, constituindo um verdadeiro eixo a partir do qual podemos estudar como o pensamento psicanalítico evoluiu em sua curta e efervescente história.

Ferenczi descreve, então, com bastante argúcia, diversas etapas do desenvolvimento do Eu pelas quais se passa até se atingir a capacidade para a "objetivação". Após o período inicial de "onipotência incondicional", o recém-nascido passa por um período de "onipotência alucinatória mágica", caracterizado pelo reinvestimento alucinatório do estado de satisfação perdido, conforme modelo proposto por Freud. Mas tal processo psíquico, que implica a sensação de uma "força mágica" capaz de concretizar todos os desejos mediante a simples representação da satisfação, só é possível em virtude das condições proporcionadas por aqueles que cuidam do bebê. Se este deseja, com todas as suas forças, retornar à situação de onipotência incondicional, "as pessoas que cuidam da criança compreendem instintivamente esse desejo e, assim que manifesta seu desprazer com choro e agitação, colocam-na em condições que se aproximam o mais possível da situação intrauterina" (Ferenczi, 1913/1992a, p. 43). Segue-se uma descrição sensível do *holding* oferecido pela "preocupação materna primária" tematizada por Winnicott, desde o conforto do calor e ausência de estímulos, até a estimulação suave e monótona do embalo e das cantigas de ninar. E, ao longo de toda a vida, no sono-sonho se dá um retorno recorrente a esta onipotência alucinatória da criança pequena.

Em seguida, temos o "período de onipotência com a ajuda de gestos mágicos". Nele, a atividade motora do bebê não é mais apenas uma simples descarga, mas passa a ser utilizada como forma de sinais mágicos, nascendo a *linguagem gestual*: estender a mão para conseguir os objetos que se deseja. Mas, conforme o objeto cobiçado não mais acompanha o gesto mágico, inicia-se um processo de quebra do ser onipotente que se sentia uno com o universo, surgindo um mundo externo por meio de uma projeção: agora tal ser "é obrigado a distinguir do seu ego, como constituindo o *mundo externo*, certas coisas malignas que resistem a sua vontade, ou seja, separar os conteúdos psíquicos subjetivos (sentimentos) dos conteúdos

216 FERENCZI: A CRIANÇA E O CUIDADO

objetivos (impressões sensoriais)" (Ferenczi, 1913/1992a, p. 46). Acompanhando o raciocínio de Ferenczi, *passamos aqui das fases de introjeção para as fases de projeção*. Após o período dos gestos mágicos, seguir-se-á a "fase animista" – similarmente ao que Freud teorizará em *Totem e Tabu* –, na qual emergem as figurações simbólicas ligadas mais particularmente ao corpo próprio, seguida pelo "período dos pensamentos e palavras mágicos", cujo teor foi tão bem descrito por Freud em seus estudos sobre a neurose obsessiva e os povos primitivos.

No período final do percurso do desenvolvimento do sentido de realidade, conquistamos finalmente uma capacidade para a "objetivação", em uma espécie de "projeção normal", em contraste com a projeção paranoica. Nele, tornamo-nos capazes de perceber que nossos desejos e pensamentos estão condicionados e a onipotência cede lugar ao reconhecimento do "peso das circunstâncias".

Se a ciência representa o apogeu desta conquista, as artes ocupam aqui um lugar *sui generis*. Pois, como nos lembra Ferenczi (1913/ 1992a), reencontramos, nos contos de fadas, uma representação artística da situação perdida de onipotência: se na realidade

> *somos fracos e vulneráveis, os heróis dos contos são fortes e invencíveis; se somos limitados pelo tempo e pelo espaço em nossa atividade e em nosso saber, nos contos vivemos eternamente, está-se em mil lugares ao mesmo tempo, prevê-se o futuro e conhece-se o passado.*
> (Ferenczi, 1913/1992a, p. 53)

Esta consideração da arte como uma área de reserva que não se submete inteiramente ao princípio da realidade já havia sido proposta por Freud em um dos itens finais de seu artigo de 1911:

a arte consegue conciliar ambos princípios por um caminho particular. O artista é, originalmente, um homem que se afasta da realidade, pois não se resigna a aceitar, de início, a renúncia da satisfação das pulsões que ela exige, e deixa livre em sua fantasia os desejos eróticos e ambiciosos. Mas, posteriormente, encontra o caminho de volta do mundo imaginário à realidade, constituindo com suas fantasias, por seus dons especiais, uma nova espécie de realidade, aceita pelos demais homens como uma valiosa imagem da realidade. Chega a ser, assim, de certo modo, o heroi, o rei, o criador e o amante que desejava ser, sem ter que dar a enorme volta que se supõe necessária para atingir a modificação real do mundo exterior. (Freud, 1911a/1981, p. 1641)

O artista seria, deste ponto de vista, uma espécie de rebelde esperto e privilegiado, pois é capaz de não se submeter e, ao mesmo tempo, não perder inteiramente a conexão e os benefícios que a realidade proporciona; mas ele também compartilha e proporciona este privilégio à sua comunidade, uma vez que se dedica a engendrar o campo da cultura. Neste, os outros também poderão usufruir, no mínimo por identificação, desta alquimia mágica entre prazer e realidade, por meio da experiência estética.[19]

À título de síntese, podemos dizer, portanto, que há uma "megalomania quase incurável do ser humano" (Ferenczi, 1913/1992a, p. 49) com a qual precisamos sempre lidar, de um modo ou de outro. Este é o desafio fundamental que norteia, segundo Ferenczi, a formação do Eu.

---

19 Esta alquimia possível entre os dois princípios do funcionamento mental no campo da cultura – "trabalho da fantasia" e suas vicissitudes – já havia sido anteriormente sugerida por Freud (1907/1981) em seu artigo sobre o poeta e seus devaneios e será a mola-mestra da concepção de Winnicott sobre o espaço intermediário.

218   FERENCZI: A CRIANÇA E O CUIDADO

Em um breve comentário, Ferenczi acrescenta ainda uma observação com implicações clínicas muito significativas. As vicissitudes desta lida contínua com a onipotência estão também relacionadas com a formação do caráter, de modo análogo ao que Abraham havia proposto quanto às marcas das etapas pré-genitais, pois

> *depende do "Daimon" e do "Tyche" delas [as crianças] poderem conservar esses sentimentos de onipotência ao longo da vida e converterem-se em otimistas, ou irem engrossar o contingente dos pessimistas, que jamais aceitam renunciar a seus desejos inconscientes irracionais, sentem-se ofendidos e rejeitados pelas razões mais fúteis, e consideram-se crianças deserdadas da sorte – porque não podem continuar sendo seus [da mãe] filhos únicos ou preferidos. (Ferenczi, 1913, p. 49)*

Destino ou acaso: que forças e processos misteriosos determinam uma predominância do otimismo que, de certo modo, conserva sempre em si um discreto sentimento de onipotência do Eu, que se crê capaz e atingir aquilo que almeja? E quais condições determinam uma tal quebra deste sentimento de base de modo a que o humor deprimido derrube o Eu no nível mais baixo de sua insignificância? Ferenczi nos sugere aqui uma pista: considerar o processo e desenvolvimento do Eu em termos das vicissitudes da onipotência infantil; podemos supor que o manejo e os cuidados dispensados à criança por seu meio circundante cumpram aqui um papel muito significativo.

Ao relermos estes trabalhos de Ferenczi, não devemos deixar de reconhecer aqui o trabalho conjunto realizado por Ferenczi e Freud, em uma parceria que lembra aquela de Freud e Abraham em relação à organização oral da libido. Este foi o período do grande *affair* entre eles, como o próprio Freud (1933/1981) veio a indicar na "nota necrológica", quando do falecimento de Ferenczi: "durante vários anos sucessivos passamos juntos nossas férias de outono na Itália, e mais de um trabalho que, mais tarde, foi publicado em seu nome ou no meu, teve ali, nessas discussões, sua primeira versão" (Freud, 1933/ 1981, p. 3237).[20] Esta proximidade e intimidade não é pequena, se pensarmos que Ferenczi foi o único discípulo convidado por Freud a acompanhá-lo em suas férias. Balint (1964/1991) sustentou que

> *Ferenczi era, certamente, entre todos os analistas da nova geração que começou a se agrupar em torno de Freud, aquele que desfrutou de maior intimidade com ele; foi o primeiro a quem Freud chamou "caro amigo" em cartas, o único convidado a viajar com ele durante suas férias ciosamente protegidas. Foi ainda ele – nós sabemos – que Freud, desde o início de seu relacionamento mútuo, imaginou de bom grado ter por genro. (p. vii)*

Esta proximidade dos primeiros tempos irá evoluir, como sabemos, para um distanciamento progressivo, até explodir no mal--entendido trágico dos últimos anos.

Assim, a autoria sobre os temas do pensamento mágico, da onipotência do pensamento e do animismo, efervescentes neste período, parece ter sido no mínimo compartilhada entre mestre e discípulo. Freud certamente acompanhara de perto a construção de Ferenczi em relação ao desenvolvimento do sentido de realidade, tanto que, ao apresentar sua teoria do desenvolvimento da libido nas *Conferências*

---

20 Haynal (1988/1995) acrescenta ainda que Ferenczi "foi o interlocutor privilegiado de Freud principalmente quanto aos problemas da transferência/ contratransferência e da relação analítica" (p. 35) – temas que, como sabemos, serão particularmente importantes na obra final de Ferenczi e na dos autores ulteriores das relações de objeto. Freud deve ter logo percebido a sensibilidade de Ferenczi para tais questões e que ele era a pessoa com quem se podia falar sobre o tema e ser compreendido.

Introdutórias, alguns anos depois, mencionou com destaque elogioso o artigo de Ferenczi como pioneiro de uma nova linha de pesquisa que se fazia necessária e que era ainda incipiente na sua própria obra, aquela relativa ao desenvolvimento do Eu: "Ferenczi já efetivou uma interessante tentativa de estabelecer teoricamente as fases de tal desenvolvimento" (Freud, 1915-1917/1981, pp. 2341-2342). O próprio Freud reconhecia e atribuía esta lacuna ao fato de sua experiência clínica ter sido predominantemente com as psiconeuroses; seria do trabalho com as neuroses narcísicas que deveria sair material para se compreender melhor o desenvolvimento do Eu. Aí, podemos entrever uma "profecia" sobre a futura predileção de Ferenczi pelos ditos casos difíceis...

Um capítulo significativo deste diálogo Freud-Ferenczi que ora recortamos encontra-se em A pulsão e seus destinos. Este artigo, se bem que em tese dedicado ao estudo das pulsões, contém também importantes aportes ao estudo do Eu e sua relação com a realidade. Freud estava, nesta época, profundamente engajado em sua construção da teoria do narcisismo, e é sob esta ótica que a questão do Eu será abordada – o que, de resto, será o caminho principal adotado pelas principais vertentes ditas "freudianas" do campo psicanalítico. As construções metapsicológicas contidas neste artigo são extremamente engenhosas e complexas, além de verdadeiramente inspiradoras. É interessante notar como a questão do Eu adentra o texto justamente quando Freud (1915a/1981) busca teorizar sobre o amor, uma vez que este implica a relação entre um Eu total e seus objetos e não pode ser abarcado apenas do ponto de vista das pulsões sexuais.

Dentre tantas elaborações de interesse de Pulsões e seus destinos, cabe destacar a proposição de um estado de Eu-prazer enquanto etapa do desenvolvimento. Nesta, que sucede uma etapa puramente narcisista, o Eu "acolhe em si os objetos que lhe são oferecidos à medida e enquanto constituam fonte de prazer e, assim, os introjeta – segundo expressão de Ferenczi –, afastando de si, por outro lado, aquilo que no seu próprio interior constitui fonte e desprazer" (Freud, 1915a/1981, p. 2049). É precisamente neste momento do desenvolvimento que surgirá o ódio, fundamentalmente entremeado com o mecanismo de projeção; pois é deste movimento de expulsar para fora de si o desagradável que emerge o sentimento de repulsa a um objeto que odiamos. Um longo trajeto ainda precisará ser percorrido até que surja um Eu-realidade, momento no qual tanto a realidade externa quanto a realidade psíquica poderão ser representadas e reconhecidas em seus aspectos prazerosos e desprazerosos, emergindo assim a ambivalência que é própria das relações humanas – realidade tão difícil de encarar! Quanto a isso, é interessante notar como, seguindo essa linha de raciocínio, a "realidade" mais sofrida de se encarar é a ambivalência de sentimentos, como veio a propor M. Klein em sua teoria sobre a posição depressiva, enquanto que, seguindo as proposições de Ferenczi, somos inclinados a considerar que a "realidade" que mais nos afronta é a limitação da onipotência do Eu – linha de pensamento mais próxima ao que reencontraremos adiante em Winnicott.

Nota-se como Freud, aqui, novamente, cita Ferenczi, retomando o conceito de introjeção justamente na acepção originalmente proposta por ele. Neste momento, a preocupação de Freud é, também, dentre tantas outras, compreender o desenvolvimento do sentido de realidade – e, para tanto, fez-se necessário um estudo mais aprofundado do Eu. A evolução dos conceitos psicanalíticos deste período revelou, em conjunto com os desafios que a prática clínica colocava, a necessidade de uma abordagem bem mais complexa e entremeada das duas linhas de desenvolvimento – da libido e do Eu –, exigência teórico-clínica que só se reafirmou na psicanálise pós-freudiana e, mais particularmente, na vertente das relações de objeto.

O tema do desenvolvimento do sentido de realidade será retomado por Ferenczi anos depois, de maneira magistral, em *Thalassa: ensaio sobre a teoria da genitalidade.*

Thalassa *e a metapsicologia do princípio regressivo*

Thalassa é um dos livros mais fascinantes da história da psicanálise: ao mesmo tempo que ousado e provocante, é também extremamente inteligente e arguto no uso imaginativo e especulativo do saber psicanalítico, lançando-se em uma proposta de articulação entre psicanálise e biologia raramente empreendida com tal rigor e seriedade. As suas proposições podem ser vistas ora como fantásticas, ora como proféticas; uma verdadeira "fantasia científica", conforme Freud (1933/1981) opinou: "seria inútil querer discernir já, hoje, o quanto de seu material pode-se aceitar como conhecimento fidedigno e o quanto há de tateio em direção a um conhecimento futuro, à maneira de uma fantasia científica" (Freud, 1933/1981, p. 3238).[21] Mais de oito décadas se passaram e a questão se repõe

---

21 Vale lembrar que Freud foi um grande entusiasta deste trabalho – "sua obra mais brilhante", "a mais ousada aplicação da psicanálise até agora empreendida" (Freud, 1933/1981, p. 3238) –, e que ele incentivou firmemente Ferenczi a publicá-la, decisão que este retardou por vários anos. As ideias foram gestadas entre 1914 e 1915, discutidas então com Freud e, anos depois, com um grupo de colegas, até Ferenczi criar "coragem" (como ele mesmo declarou na introdução do livro) para trazê-las a público em 1923. Nas comemorações dos 50 anos de Ferenczi, Freud já havia exortado-o publicamente a fazê-lo. Talvez o que mais fascinasse Freud era a genialidade e ousadia de Ferenczi em articular com tanta competência as hipóteses psicanalíticas com aquelas da ciência natural, abrindo um campo promissor para a pesquisa do paralelo entre ontogênese e filogênese; aqui, Ferenczi se expôs, feito "bucha de canhão", muito mais que Freud, ao levar suas sugestões neste campo muito mais longe que o próprio mestre. E, também, ao exaltar o valor de *Thalassa* quando da morte de Ferenczi, é claro que Freud talvez almejasse, indiretamente, minorar e abafar as pesquisas de Ferenczi dos últimos anos.

em termos semelhantes. O embate entre a psicanálise e as ciências naturais está cada vez mais acirrado, com o agravante de que as "fantasias científicas" têm cada vez menos espaço nos tempos atuais... No entanto, é preciso compreender que o interesse de *Thalassa* transcende – e muito – o terreno da dita "bioanálise", pois a obra trata de questões sobre o humano que interessam a todo psicanalista aberto para acompanhar os voos imaginativos de Ferenczi.

Se, por um lado, Ferenczi reafirma o *princípio regressivo* que já havia anteriormente enunciado, agora ele amadurece tal hipótese e a estende para além do campo do desenvolvimento do Eu, em duas novas direções: na construção da função sexual – do lado, agora, portanto, do desenvolvimento *libidinal* – e, em uma ampliação extremamente ousada, para o campo das pesquisas biológicas a respeito da origem e do desenvolvimento da vida na Terra.

Em *Thalassa*, Ferenczi (1924/1993) adota como ponto de partida de sua longa jornada reflexiva a fenomenologia do coito. Ele propõe que, no processo de ejaculação, se dá regularmente uma combinação dos erotismos uretral – que impele à descarga ejaculatória – e anal – que o retém; é desta dialética que emerge a ejaculação "normal", e é por seus desequilíbrios que encontramos disfunções ejaculatórias seja para um lado, seja para outro. Ferenczi designou *anfimixia* este processo de fusão dos dois erotismos pré-genitais em uma unidade superior – processo que lembra a hipótese freudiana do jogo entre fusão e defusão de Eros e pulsão de morte – e lançou mão de tal conceito, ao longo do livro, para desenvolver suas teses. Mas Ferenczi foi muito além da fenomenologia do coito. A partir deste ponto, ele ampliou seu olhar para todo o processo de desenvolvimento sexual de um indivíduo, para aí relançar o princípio regressivo como fundamento último do sexual:

> *se considerarmos agora a evolução da sexualidade, desde a sucção do polegar do bebê até o coito heterossexual, passando pelo narcisismo da masturbação genital, e se*

> *tivermos em mente os processos complexos de identifica-*
> *ção do ego com o pênis e com a secreção genital, chegare-*
> *mos à conclusão de que toda essa evolução, incluindo, por*
> *conseguinte, o próprio coito, só pode ter por objeto final*
> *uma tentativa do ego, no começo hesitante e canhestra,*
> *depois cada vez mais decidida e, por fim, parcialmente*
> *alcançada, de regressar ao corpo materno, situação em*
> *que a ruptura tão dolorosa entre o ego e o meio ambiente*
> *não existia ainda. (Ferenczi, 1924/1993, p. 268)*

Esta leitura se aplica, ainda, ao próprio desejo edipiano – literalmente, desejo do coito com a mãe –, entendido como a "expressão psíquica de uma tendência biológica muito mais geral que impele os seres vivos ao retorno ao estado de repouso de que desfrutavam antes do nascimento" (Ferenczi, 1924/1993, p. 269).

O novo passo conceitual que Ferenczi aqui empreende, ao retomar seu artigo de 1913, é o de propor que o desenvolvimento da "função genital" representa o paralelo erótico da "função de realidade", o que o leva a teorizar sobre o *desenvolvimento do sentido de realidade erótica e seus estágios*. Se, por um lado, em termos do desenvolvimento do Eu, este último busca, sempre e no fundo, em seu caminho em direção ao sentido de realidade, retornar ao estado de onipotência originário, o que o "sujeito libidinal" busca, por outro lado, do ponto de vista do desenvolvimento libidinal, é o retorno ao corpo materno. Ambos os processos de desenvolvimento são regidos pela mesma tendência regressiva e têm uma mesma meta: o estado intrauterino. Do ponto de vista erótico, tal objetivo é atingido na forma mais plena no coito genital, incluindo aqui toda a fantasmática que a acompanha.

No mesmo espírito do texto de 1913, Ferenczi apresenta, então, os diversos estágios pelos quais a função erótica passa até atingir a organização genital adulta, redescrevendo o percurso do desenvolvimento sexual anteriormente proposto por Freud sob a sua nova chave. Na fase oral é quando se dá, para Ferenczi, o *amor primário da criança*, no qual o meio circundante trabalha intensivamente para recompor a ilusão da situação intrauterina; ele supõe, aqui, uma primeira forma de relação objetal, que denomina "amor objetal passivo". Com a emergência dos impulsos canibalísticos, o fantasma da penetração já surge, sendo os dentes um protopênis que busca penetrar o seio materno; na fase anal, a identificação das fezes que "penetram" o corpo da própria criança permite a reedição da busca pelo retorno ao corpo materno sob nova roupagem; e, na atividade masturbatória da fase fálica, é a equação criança/pênis que permite realizar tal busca, pela identificação do corpo materno com a própria mão. Na organização genital se dá um fenômeno novo e fundamental: o retorno ao objeto de amor primário, a mãe, para além das equações criança/fezes e criança/pênis. Mas, agora, o sujeito está munido da "arma adequada" para atingir sua meta: o pênis ereto. Surge, assim, o amor edipiano. É neste sentido que, para Ferenczi (1924/1993), a organização genital "corresponde ao máximo de desenvolvimento do sentido de realidade erótica" (Ferenczi, 1924/1993, p. 272).

Como se vê, toda a concepção ferencziana da sexualidade se funda na universalidade de uma "pulsão de regressão materna" (Ferenczi, 1924/1993, p. 275), como ele mesmo nomeou explicitamente. Mas tal concepção será ainda mais estendida e, em seu voo mais especulativo e ousado, será também reencontrada no terreno filogenético: é preciso voltar ainda mais atrás... Pois a sua tese é que

toda existência intrauterina dos mamíferos superiores é apenas uma repetição da forma de existência aquática de outrora, e o próprio nascimento representa simplesmente a recapitulação individual da grande catástrofe

que, quando da secagem dos oceanos, obrigou tantas espé-
cies animais e certamente nossos próprios ancestrais a se
adaptarem à vida terrestre. (Ferenczi, 1924/1993, p. 288)

É desse pressuposto "fantástico" que emerge a proposição de uma *regressão talássica*: um desejo de retornar ao oceano abandonado dos tempos primitivos, força pulsional que ressurge e tem sua continuidade na genitalidade de cada indivíduo.

A partir daqui, Ferenczi retraça o percurso filogenético desde o aparecimento da vida orgânica na terra, descrevendo diversas etapas, em um paralelismo fascinante com o desenvolvimento ontogenético de um indivíduo em termos da psicossexualidade e do Eu. Cada etapa se inicia com uma catástrofe que rompe um determinado estado de equilíbrio, o que faz ao mesmo tempo surgir uma tendência regressiva de a ele retornar. A construção desta fantasia científica culmina, por fim, em um quadro comparativo que apresenta cinco catástrofes com seus correspondentes efeitos no plano filogenético e ontogenético. Assim, por exemplo, na primeira catástrofe, o aparecimento da vida orgânica corresponde à maturação das células sexuais, na quarta, a secagem dos oceanos corresponde ao nascimento e, na última catástrofe, a era glacial corresponde ao período de latência. A ambição de abarcar em um mesmo estudo tantas dimensões de fenômenos ao mesmo tempo, e de forma tão extensa e recheada de exemplos e argumentos, é de fato impressionante; o enigma e o mistério que tal obra coloca continuam em pé.

Em termos do diálogo com Freud, creio ser importante notar como *Thalassa* surgiu um pouco depois da grande reformulação na teoria pulsional introduzida por Freud em *Além do princípio do prazer*, publicado em 1920. *Thalassa* representa, também, um debate com esta grande obra, tanto quanto com os *Três ensaios sobre a sexualidade*. O paralelo não é sem significado, já que o texto de Freud de 1920 é um dos que melhor comportaria o epíteto "fantasia científica", e no qual Freud, como Ferenczi em *Thalassa*, mais longe se aventurou em especulações que buscavam articular a biologia e a psicanálise. A proposição de um *princípio regressivo* como subjacente a toda vida pulsional foi uma das grandes modificações propostas por Freud então, em contraste com sua concepção anterior de pulsão como uma exigência de trabalho imposta ao psiquismo e oriunda do corpo, que, de certo modo, sempre empurra para frente o desenvolvimento do psíquico. Assim, ao postular um *princípio regressivo*, Freud reacendia uma chama tão cara a Ferenczi, já tematizada desde seu artigo de 1913.

Naturalmente, o fato não passou desapercebido a Ferenczi, que entrou diretamente no debate com Freud e conclui que ambos chegaram "a um resultado idêntico a partir de hipóteses inteiramente diferentes" (Ferenczi, 1924/1993, p. 284). Ferenczi descrevera o percurso de função genital individual como um compromisso entre a tendência para restabelecer a situação pré-natal e os obstáculos com que se defronta na realidade, levando uma luta adaptativa que "obriga" o indivíduo a seguir para frente, quando sua tendência pulsional o levaria de volta ao lugar de origem. Este modelo se estende a toda evolução – seja individual ou filogenética –: "em primeiro lugar, se dá uma adaptação a uma tarefa atual, depois o reestabelecimento tão completo quanto possível da situação inicial, abandonada compulsoriamente" (Ferenczi, 1924/1993, p. 302). O próprio Ferenczi deixa sua posição bem clara: "compartilho a opinião de Freud de que mesmo as pulsões dirigidas para 'diante' vão buscar sua energia na força de atração do passado" (Ferenczi, 1924/1993, p. 293).

Seguindo este paralelo com o texto freudiano de 1920, Ferenczi se pergunta: o coito e a "pulsão de acasalamento" que o preside se situa além do princípio do prazer, sendo uma mera expressão da

228 FERENCZI: A CRIANÇA E O CUIDADO

compulsão à repetição? Apenas em parte, ele responde. Como na neurose traumática, o coito busca descarregar um excesso de excitação oriundo do efeito de choque do trauma de nascimento, ainda não liquidado;[22] mas além desta função, o coito é também uma festa comemorativa que celebra o feliz desfecho de uma situação difícil,[23] bem como a negação do trauma por uma alucinação negativa. É justamente este caráter festivo do coito que contém uma dimensão de pura fruição do princípio do prazer. Ferenczi vê, ainda, esta duplicidade expressa na divisão entre soma e germe: o caráter lúdico da fruição ocorre no plano do soma, enquanto que a compulsão à repetição se dá no plano do germe.

Em Freud, como sabemos, o princípio regressivo irá conduzir à hipótese da pulsão de morte, já que a tendência de retorno a um estado anterior aponta, na sua forma mais radical, a um retorno ao estado inorgânico. Ferenczi também não se furtou a adentrar neste território tão polêmico e espinhoso da teorização freudiana. Próximo ao espírito das proposições de Freud, ele afirmou que o

---

22 Neste momento, Ferenczi trata o nascimento como inerentemente traumático, de modo diferente daquele que observaremos em seu artigo sobre a adaptação da família à criança; a sua proximidade com o trabalho de Otto Rank aqui se faz notar nitidamente.

23 Neste ponto, a proposição de Ferenczi quanto à dimensão lúdica da experiência sexual é mais uma vez bastante engenhosa, além de poética. O coito é uma "repetição lúdica" pois, como no caso do apetite, a tensão do desejo sexual é uma pequena privação cuja satisfação posterior se sabe que virá. Logo, "a sexualidade não faz mais que *brincar* com o perigo" (Ferenczi, 1924/1993, p. 285). Ferenczi tece, aqui, um paralelo entre o jogo sexual e o jogo da criança exemplificado por Freud no *fort-da*; lembremos também que, para o personagem Macunaíma, criado por Mário de Andrade, "brincar" era sinônimo de ter uma relação sexual. O jogo do sexo é também comparável ao percurso de um drama teatral: "o coito recorda aqueles melodramas em que nuvens ameaçadoras se acumulam como numa verdadeira tragédia, mas em que se tem sempre a impressão de que, no final, tudo acaba bem" (Ferenczi, 1924/1993, p. 286). Novamente, o otimismo incurável de Ferenczi...

orgasmo "não é apenas a expressão da *quietude intrauterina* e de uma experiência aprazível num meio mais acolhedor, mas também *daquela tranquilidade que precedia o aparecimento da vida, a quietude morta da existência inorgânica*" (Ferenczi, 1924/1993, p. 300). Mas, em contraste com Freud, Ferenczi vê no princípio regressivo um caráter muito mais dialético em termos de vida e morte: "a concepção bioanalítica dos processos da evolução vê em toda parte *desejos* que agem no sentido de *restabelecer estados de vida ou de morte anteriores*" (Ferenczi, 1924/1993, p. 322). Pois, para ele, mesmo a matéria tida como morta contém um "germe de vida" e, portanto, contém também tendências regressivas rumo ao "complexo de ordem superior" cuja decomposição lhe deu origem. É assim que ele conclui, refutando Freud, que

> *talvez a morte "absoluta" nem exista; talvez o inorgânico dissimule germes de vida e tendências regressivas; ou talvez até Nietzsche tivesse razão quando disse: "toda matéria inorgânica provém da orgânica, é matéria orgânica morta. Cadáver é homem". Nesse caso, deveríamos abandonar definitivamente o problema do começo e do fim da vida e imaginar todo o universo orgânico e inorgânico como uma oscilação perpétua entre pulsões de vida e pulsões de morte, em que tanto a vida quanto a morte jamais conseguiriam estabelecer sua hegemonia. (Ferenczi, 1924/1993, p. 325)*

Deve-se notar, porém, como Ferenczi indiretamente articula, em *Thalassa*, o princípio regresssivo originado na teoria da pulsão de morte de Freud com um princípio regressivo que se pode depreender de uma teoria do narcisismo, em um caminho que foi temido e evitado pelo próprio Freud. No início de *O mal-estar na cultura*, Freud (1930/1981) mostrou-se reticente quanto à proposição de um "sentimento oceânico" como fundamento primário para a religiosidade e o misticismo, sentimento que comportaria a vivência de ser uno com o mundo externo, em um vínculo indissolúvel. Ele argumentou que tal sentimento deriva de resquícios de fases primitivas do desenvolvimento do Eu, mencionando, inclusive, o trabalho de Ferenczi de 1913 sobre o desenvolvimento do sentido de realidade. A busca da restauração de um narcisismo ilimitado, subjacente ao sentimento oceânico, seria, na verdade, uma tentativa defensiva de fazer frente ao desamparo infantil.

Há, em geral, tanto em Freud quanto em diversos freudianos e kleinianos, a ideia de que os movimentos regressivos têm sempre um caráter negativo de evitação da realidade, ruptura narcísica ou movimento destrutivo. Mas, para Ferenczi, visar à restauração da onipotência infantil não é um movimento defensivo secundário, e sim a meta primária de uma tendência regressiva de todos os indivíduos. Se fossemos levar adiante esta visão, poder-se-ia articular o princípio regressivo postulado por Freud em *Além do princípio do prazer* com uma busca regressiva narcisista de um sentimento oceânico; mas este foi o caminho que Freud preferiu evitar, optando por colocar o acento no conceito de pulsão de morte.

Thalassa foi bastante longe em suas especulações sobre a sexualidade e sobre a teoria da genitalidade, partindo da fenomenologia do coito e buscando abarcar todo o desenvolvimento psicossexual do ser humano. Ele foi ainda mais longe ao estender a pesquisa para o terreno da filogênese, fundando uma bioanálise da evolução que ambiciona pensar, simplesmente, os fundamentos mesmos da vida e da morte, articulando-os com a teoria da pulsões criada por Freud. Mas, no centro e tudo isto – penso – encontra-se o projeto de Ferenczi de levar o mais a fundo possível a construção de uma *metapsicologia do princípio regressivo*, princípio que subjaz a todo funcionamento psíquico e que irá nortear, como sabemos, uma nova maneira de conceber o acontecer da experiência analítica. Era preciso abarcar da forma mais completa possível, do ponto de vista conceitual e metapsicológico, do que se trata este princípio regressivo na natureza humana, para, a partir de tais fundamentos, poder sustentar a construção de uma nova clínica.

Ferenczi, pioneiro das relações de objeto?

Podemos agora nos perguntar, como o fizemos com Abraham: qual, afinal, é o papel de Ferenczi na origem do pensamento das relações de objeto?

Balint (1968/1993) sugeriu que é provavelmente em *Thalassa*, de Ferenczi, que se encontra a origem da psicanálise das relações de objeto.

Naquele momento [1930], sobretudo em Budapeste, nossas concepções teóricas estavam gradualmente mudando de uma preocupação exclusiva com a teoria mais antiga das pulsões e da libido e a nova psicologia do ego, para o reconhecimento da importância das relações objetais. É difícil fornecer a data exata dessa mudança. Ela foi primeiramente anunciada por Ferenczi, no capítulo III de Thalassa (1924), "Estágios no desenvolvimento do sentido erótico de realidade", recebendo um maior impulso a partir dos resultados desapontadores de sua técnica ativa e de seu estudo intensivo da relação paciente-analista, mas só atingiu sua força após 1928, com a publicação de seus dois trabalhos "O problema do término da análise" e "A elasticidade da técnica psicanalítica". (Balint, 1968/ 1993, p. 121-122)

Penso que este "mapa da mina" desenhado por Balint é bastante útil para buscarmos compreender a origem do pensamento das relações de objeto na obra de Ferenczi.

Levando-se em conta o caminho que percorremos neste capítulo, quando revisitamos o lugar atribuído ao infantil por Ferenczi e sua decorrência para a técnica psicanalítica, é compreensível que Balint tenha proposto que é sobretudo no período final do trabalho de Ferenczi que se encontram as bases mais claras para a teoria das relações objetais. Deve-se lembrar, em relação a isto, como sugeriu Balint, que a revisão da técnica ativa teve também um importante papel, já que o princípio da frustração se mostrou cada vez mais problemático para nortear o trabalho analítico, tornando necessário um princípio de relaxamento que levasse em conta as necessidades e o "pleno direito" da criança traumatizada poder encontrar um novo espaço para existir em liberdade.

O estudo da relação paciente-analista e o consequente foco colocado na "metapsicologia dos processos psíquicos do analista durante a análise" (Ferenczi, 1928b, p. 34-35) encontra-se na ordem do dia do psicanalista de hoje e, certamente, é uma preocupação central dos autores identificados com as relações de objeto. Uma vez que a situação analítica é, para tais autores, sempre criada e desenvolvida a partir da interação entre o paciente e o analista – e que "este último nunca é um 'outsider', mas faz parte integrante da situação transferencial" (Kohon, 1986/1994, p. 41) –, a contratransferência se tornou um dos aspectos mais pesquisados por estes autores, a ponto de Kohon destacá-la como um eixo temático fundamental e característico desta vertente de pensamento.

Nem todos os analistas independentes concordariam, desconfio, com a ideia que Michael Balint tem da contratransferência como abrangendo a totalidade das atitudes, sentimentos e comportamentos do analista para com os seus pacientes. A maioria provavelmente concordaria, contudo, que é a qualidade do relacionamento analítico que tem importância para o desfecho da análise. Embora a única coisa que se imagina que o analista tenha de fazer, e faz, a maior parte do tempo, é interpretar, é a natureza do relacionamento, formado por meio do trabalho interpretativo, que realmente importa para o resultado final. (Kohon, 1986/1994, p. 42)

Ainda que este tipo de posicionamento seja, hoje, bem familiar, nem sempre se reconhece o pioneirismo de Ferenczi nesta área, preparando o terreno para o que foi extensamente discutido a partir da década de 1950.

Mas não deixa de ser curioso o fato de Balint ter apontado *Thalassa* como o ponto de origem de tudo e, mais particularmente, o capítulo dedicado ao desenvolvimento do sentido erótico de realidade. Seria justamente a partir da releitura de Ferenczi sobre a teoria da sexualidade que teria nascido um pensamento das relações de objeto? Por que aqui se encontraria o ponto de origem? Penso que Balint (1968/1993) marcou este como o provável ponto de origem por ter sido aí que Ferenczi propôs a noção de "amor objetal passivo" – formulação a partir da qual Balint irá desenvolver sua teoria do "amor primário", como uma alternativa à teoria do narcisismo primário. O conceito de amor primário implica uma "teoria da relação primária com o entorno" (Balint, 1968/1993, p. 59), que toma este como o suposto ponto de partida do desenvolvimento da criança; uma vez que Ferenczi redescreveu o percurso psicossexual como uma busca de realizar uma regressão materna, ele teria aberto o caminho em direção a tal teoria que, para Balint, marca um salto qualitativo importante em relação à teoria pulsional do desenvolvimento vigente.[24]

A teoria da genitalidade de Ferenczi não deixa de ser uma releitura – ou melhor, uma *leitura alternativa* – dos *Três ensaios sobre a sexualidade* de Freud. Ela pode ser tomada, neste sentido, como um perfeito contraponto à redescrição do desenvolvimento libidinal realizada por Abraham. Ambos, cada um à sua maneira, buscavam o mesmo intento: reler, redescrever e apresentar uma proposta de desenvolvimento e desdobramento do marco fundamental fincado por Freud. Sob esta ótica, é fascinante observar como as pesquisas de Abraham e de Ferenczi neste campo se deram na mesma época, e de maneira paralela. Penso que tais linhas vieram a se entrecruzar e se compor algumas décadas adiante, e mais particularmente no pensamento dos autores das relações de objeto. Por um lado, a partir de Abraham, desenvolveu-se a ideia dos modos de relação de objeto (que se depreendem, na linguagem abrahamniana, das organizações pré-genitais e de suas formações de caráter) e, também, a proposição das formas psicopatológicas como derivadas de perturbações em alguma das passagens do desenvolvimento da libido – sendo que o "caráter genital" emergiria de um percurso bem-sucedido neste processo. Por outro lado, de Ferenczi, herdou-se a importância do princípio regressivo na metapsicologia e na clínica, como o lugar proeminente atribuído aos cuidados dispensados pelo outro para a saúde e a doença psíquicas. Se os *Três ensaios sobre a sexualidade*

---

24 Balint (1968/1993, pp. 126-127) historiou em detalhe o desenvolvimento de suas ideias a partir da proposição de Ferenczi. Inicialmente, ele adotou a expressão "amor objetal passivo" por ela apontar para o "ser amado" como a finalidade última da relação primitiva com a mãe; depois, no final da década de 1930, substituiu-a pela expressão "amor objetal primário", por não mais concordar com o caráter passivo atribuído por Ferenczi a este tipo de amor; e, no final da década de 1950, acrescentou que esta não é, na verdade, a forma de amor mais *primária*, já que antes do aparecimento de *objetos* primários há uma forma de amor no contexto de uma *relação indiferenciada com o entorno*.

de Freud foram, segundo Greenberg e Mitchell, o ápice do modelo pulsional, foram justamente as releituras de Abraham e de Ferenczi desta mesma pedra fundamental que criaram, paradoxalmente, aberturas potenciais em direção ao modelo relacional...

Seja qual for o ponto de origem, podemos considerar que se trata, de uma certa maneira, de um ponto de origem mítica, que poderia ser localizado em alguns lugares significativos das obras iniciais dos fundadores da psicanálise. De qualquer maneira, é inegável o papel significativo ocupado pela obra de Ferenczi nesta gênese. A escolha de *Thalassa* por Balint talvez se deva também ao fato de que se trata de sua obra maior – pelo menos a mais ambiciosa e corajosa –, que lançou um gesto inovador na história da disciplina; mas podemos aqui lembrar também alguns outros momentos significativos, que precederam esse.

O novo foco que a proposição da introjeção trouxe para a transferência e, de modo mais geral, a relação dos indivíduos com os outros, foi um primeiro passo significativo. No limite, poderíamos ser levados a pensar que a introjeção é uma meta básica do ser humano, que busca pôr para dentro de si aquilo que o mundo de objetos pode lhe oferecer, para com isto expandir-se e enriquecer o seu próprio Eu. A problemática do luto e da perda do objeto ganha aqui um novo ângulo de visão, já que o patológico do luto se deve à interrupção brusca e traumática dos processos de introjeção, e não apenas à perda da fonte de prazer. A construção de uma teoria do desenvolvimento do Eu calcada em um estado inicial e básico de onipotência, e tomando como força organizadora do mesmo um princípio regressivo subjacente, teve também um papel significativo na gênese do pensamento das relações de objeto. A descrição da relação com os outros e o processo de formação do Eu a partir do interjogo entre introjeção e projeção, complementando a problemática centrada dos princípios do prazer e da realidade, abriu um novo caminho para a pesquisa psicanalítica – como aquele que vemos florescer na obra de M. Klein e Bion.

No entanto, é indubitável que as pesquisas dos últimos anos de Ferenczi significaram uma *abertura fundamental* para a psicanálise das relações de objeto, ainda que possamos reconhecer o papel significativo que alguns de seus trabalhos anteriores cumpriram ao preparar o terreno para tal. É aqui que podemos reconhecê-lo, mais nitidamente, como o padrinho das reformulações fundamentais da técnica psicanalítica que abriram caminho para o pensamento das relações de objeto.

No presente capítulo, pudemos acompanhar os principais passos deste caminho. Em primeiro lugar, vimos como a consideração pela adaptação da família à criança – e não o inverso – passa a ser considerada uma condição primordial para um desenvolvimento saudável. Com esta perspectiva, Ferenczi reescreve a história do desenvolvimento libidinal com outra chave, ainda que as passagens cruciais deste percurso sejam essencialmente as mesmas anteriormente postuladas por Freud. Em cada passagem (nascimento, desmame, educação esfincteriana, travessia edipiana) coloca-se um novo desafio e apresenta-se um novo ponto de vulnerabilidade potencial. Mas, de acordo com a capacidade adaptativa da família, tal passagem pode ser mais ou menos traumática ou, por outro lado, sustentada de modo a ser tão suave quanto possível. Ainda que raciocinemos aqui em termos de pontos de fixação que predispõem a futuras perturbações psicopatológicas, vê-se que tais fixações são em grande parte condicionadas pelo tratamento dado à criança nas suas "relações de objeto" e não apenas pelo destino dos conflitos intrapsíquicos originados do interjogo entre a pressão das pulsões e as forças que a elas se opõem.

Em seguida, Ferenczi defendeu que o modo como uma criança é acolhida por seu entorno humano é determinante para a formação de seu caráter e atitude diante da vida – mais ou menos otimista e esperançoso – e, o que não deixa de ser muito sugestivo, é também determinante para os destinos do jogo pulsional. Mas aqui Ferenczi já não trabalha mais com a primeira teoria pulsional, focada no conflito entre a sexualidade e as pulsões de autoconservação – ou do Eu – que se lhe opõem, e sim com a segunda teoria pulsional. Os destinos das pulsões de vida e de morte estariam fortemente condicionados ao acolhimento dado ao recém-nascido e à criança, de modo que, se nascemos como "pouca" quantidade de Eros, é o bom cuidado que nos "inocula" o impulso básico para a vida, enquanto que, por outro lado, um acolhimento ruim nos deixa à deriva com a porção maior de pulsão de morte com que viemos ao mundo e, com isso, predispostos a uma infindável lista de males psíquicos e psicossomáticos.

Serão esses pressupostos que nortearão as modificações técnicas propostas e experimentadas por Ferenczi nos últimos anos. O foco do tratamento psicanalítico passa a ser o de cuidar psicoterapicamente de uma criança – a criança no adulto – ferida por uma má adaptação de seu entorno, mal acolhida e traumatizada pela hipocrisia dos adultos despreparados e insensíveis. Estes, por suas próprias fraquezas – herdadas, provavelmente, também do tratamento por eles recebido em sua infância –, repassam e atuam o seu próprio sofrimento por sobre suas crianças, gerando uma confusão de línguas básica entre a paixão dos adultos e a ternura da criança. O relaxamento, ao contrário da tensão da frustração, será o caminho encontrado por Ferenczi para acessar esta criança e, a partir daí, promover uma reversão do processo dissociativo entre a criança eternamente infantilizada e o pseudoadulto de calças curtas, bebê sábio que, de maneira tão triste, é portador de um saber que de nada lhe serve. O que se segue, após este trabalho básico e fundamental bem-sucedido, será o trabalho comum com as resistências e com os efeitos do recalcamento.

No entanto, é importante observarmos que o que preparou o terreno para tais proposições técnicas foi um percurso teórico de Ferenczi longo e laborioso, no qual a proposição de uma metapsicologia do princípio regressivo cumpriu um papel fundamental. Em sua reelaboração dos princípios mais fundamentais que regem o funcionamento mental, Ferenczi propôs que somos estruturados segundo um princípio de busca pelo estado inicial de fusão com a mãe-mar – seja em termos do desenvolvimento do Eu, que busca retornar à sua onipotência absoluta original, seja em termos do desenvolvimento da libido, no qual o indivíduo reencontrará, no seu ponto de chegada da situação edipiana, o caminho mais curto e eficaz de voltar simbolicamente ao ventre materno. Assim, seguindo esta visão, concluímos que a onipresença desta força básica que nos impulsiona a buscar retornar ao lugar primordial de onde viemos, de onde uma vez saímos e para onde sempre queremos voltar, faz com que sejamos habitados por uma espécie de *nostalgia estrutural*.

É esta "busca de retorno" que se reapresentará na situação analítica, sendo interpretada por Ferenczi como uma legítima demanda do paciente que merece ser considerada e até certo ponto atendida e, ao mesmo tempo, como a nova via régia do tratamento psicanalítico. É por *meio* de uma regressão que se atinge o *fim* almejado, que é a cura analítica. A experiência da regressão vivida na "relação de objeto" com o analista será o caminho por excelência do tratamento psicanalítico, o que levará a uma nova maneira de compreender e trabalhar com o campo da transferência-contratransferência. Se as histéricas de Freud lhe ensinaram a como devia se comportar para "fazer análise", exigindo que se calasse e as escutasse, os pacientes de Ferenczi também lhe mostraram, de certa forma, o caminho a seguir: reivindicaram que a criança ferida dentro do adulto pudesse ser acolhida na sua linguagem peculiar e ganhasse assim o direito a um espaço para brincar.

Se quisermos ler a proposta de Ferenczi à luz do que veio a formular Winnicott (1954a) sobre o assunto em seus próprios esforços de construir uma metapsicologia da regressão, podemos dizer que Ferenczi visava, na verdade, uma "regressão à dependência". Esta – como veio a discriminar Winnicott – referia-se ao desenvolvimento do Eu e não ao desenvolvimento da libido. A questão ainda permanece em pé, como material para debate. De qualquer modo, a partir da perspectiva inaugurada por Ferenczi, o tratamento de determinados pacientes passou a ser norteado pela necessidade de dar lugar à criança ferida/traumatizada e, por meio da relação com o analista, buscar reconstruir a confiança no mundo adulto. É por meio da experiência de dependência na transferência que uma recomposição do estado dissociado poderá ser atingida e a experiência da confiança no outro poderá ocorrer. Em outros termos, podemos dizer que a passagem do princípio do prazer ao princípio da realidade só poderá de fato ocorrer se for oferecida a oportunidade repetida de reviver a experiência de onipotência inicial, e não pela ação do poder educativo das frustrações.

Vale notar, aqui, como tanto Ferenczi quanto Winnicott perceberam a importância e a necessidade de se elaborar uma metapsicologia do processo e da situação analítica, fundamento necessário para qualquer teoria da técnica. Pois a proposta de um "cuidado" puro e simples do paciente ferido que não venha articulada com determinada concepção do funcionamento psíquico, não merece ser chamada de psicanálise.

Quanto mais observamos a extensão e o alcance destas pesquisas finais de Ferenczi, mais impressionados ficamos com o desacordo com Freud. Em sua nota necrológica, Freud (1933/1981) relata que, após *Thalassa*, Ferenczi foi se afastando paulatinamente, concentrando-se em uma "obra solitária":

240 FERENCZI: A CRIANÇA E O CUIDADO

um único problema absorvia todo seu interesse. A imperiosa necessidade interior de curar e socorrer os doentes havia se tornado onipotente nele. Quem sabe tenha se imposto metas ainda inalcançáveis com nossos atuais recursos terapêuticos. Tomando como base suas inesgotáveis fontes de afeto, chegou à convicção de que poderia alcançar resultados muito melhores com nossos doentes oferecendo-lhes a quantidade suficiente de amor que haviam esperado receber em sua infância. Propôs-se averiguar como seria possível fazê-lo no âmbito da situação psicanalítica, e uma vez que não foi exitoso em tal empreitada, manteve-se afastado, talvez também por não se sentir mais tão seguro da concordância dos amigos com suas ideias. (p. 3238)

Freud testemunha aqui o esforço concentrado da pesquisa de Ferenczi, mas vê nela uma espécie de "missão impossível", que redundou em fracasso. Ao mesmo tempo, pinta um quadro de alguém tomado por uma obsessão, o que explicaria seu estranho comportamento de isolamento; naturalmente, tal concentração e a necessidade de isolamento poderiam ser entendidas de outra maneira, seja pela necessidade de recolhimento para o trabalho criativo, seja como defesa e proteção em relação aos aspectos hostis da convivência.

Mas, seja qual for a versão dos fatos, há nesta história algo de impactante e enigmático: o seu caráter de *interrupção*. Freud mesmo o reconheceu: "seja lá onde for que o caminho empreendido por ele fosse conduzir, não lhe foi dado percorrê-lo até o final" (Freud,

1933/1981, pp. 3238-3239). Esta interrupção comporta uma ironia do destino, já que, como vimos anteriormente com Maria Torok, a dimensão brusca da ruptura produz uma perturbação no processo de introjeção e, por decorrência, um luto patológico. Não houve tempo e oportunidade para que a comunidade analítica pudesse ter recebido e assimilado o que Ferenczi buscava comunicar.

Podemos pensar, também, que o que foi interrompido foi um *trabalho de diferenciação* entre Ferenczi e Freud. Se cotejarmos o espírito de "comunhão" do período das viagens de férias conjuntas com a "confusão de línguas" dos últimos anos, podemos especular que houve, nestes últimos anos, no percurso em direção ao "sentido de realidade" desta relação tão complexa, um predomínio da projeção, sem oportunidade de uma reintrojeção reequilibradora. Lembremos como o próprio Ferenczi (1913/1992a) descreveu o momento de emergência da fase de projeção no percurso em direção ao sentido de realidade:

> *se até então o ser "onipotente" podia sentir-se uno com o universo que lhe obedecia e seguia os seus sinais [o uno de Freud e Ferenczi indiferenciados], uma discordância dolorosa vai produzir-se pouco a pouco no seio de sua vivência. (p. 46)*

Penso que não houve oportunidade para que a "discordância dolorosa" pudesse ser elaborada, de modo que ao período projetivo pudesse se seguir um movimento introjetivo. Não foi possível se chegar a uma "projeção normal", que permite reconhecer no outro, objetivamente, a legitimidade de um ponto de vista diferente – ainda que, muitas vezes, quanto às discordâncias, não se possa chegar em um acordo.

242   FERENCZI: A CRIANÇA E O CUIDADO

A comunidade analítica sofreu as consequências desta interrupção e as suas sequelas se fizeram sentir nas décadas seguintes.[25]
Não deixa de ser um alento, diante de todo este processo doloroso,
recordarmos as palavras de Freud quando da morte de Ferenczi:
com uma reverência e com um tom emotivo pouco habituais,
Freud (1933/1981) afirma que, ainda quando não havia publicado
Thalassa, Ferenczi já havia escrito a maioria daqueles trabalhos
que "fizeram de todos os analistas seus discípulos" (p. 3238).

---

25 A maneira como o legado de Ferenczi ressurgiu na obra de outros analistas
   será abordada ao longo do livro e, mais particularmente, no próximo capítulo,
   no qual discutirei em detalhe tanto a herança direta do pensamento de Ferenczi
   na obra de Balint, quanto sua herança paradoxal e indireta no pensamento
   de Winnicott.

PARTE II

O edifício

4. Balint: regressão e falha básica

Neste capítulo, faremos uma retomada da participação marcante de Balint na história da construção do pensamento das relações de objeto. Esta participação pode ser desdobrada em dois eixos principais, estreitamente interligados. No primeiro, vemos o imprescindível trabalho por ele realizado de interpretador-curador dos impasses produzidos pelo trauma derivado do mal-entendido Freud-Ferenczi, trabalho que se deu por meio de uma reorganização da história das ideias e da história da técnica, ressituando-as e atualizando-as no âmbito da psicanálise britânica do pós-guerra (com suas escolas, "confusões de língua" e conflitos renovados). No segundo eixo, veremos as suas construções teórico-clínicas propriamente ditas, especialmente em relação à questão da regressão em análise e à proposição do conceito-chave de "falha básica".

Partiremos, inicialmente, de uma recapitulação de sua trajetória singular, a fim de assinalar em que ela contribuiu para a abertura de novas veredas; em seguida, nos debruçarmos sobre as questões conceituais propriamente ditas.

De Budapeste a Londres: uma trajetória singular[1]

A vida pessoal e o percurso psicanalítico de Balint merecem nossa atenção por sua singularidade, ainda que reflitam o espírito da época e se assemelhem, em alguns aspectos, à saga de diversos analistas de sua geração.

Nascido em Budapeste em 1896, sob o nome de Mihály Bergsmann, era filho de um médico judeu, clínico geral muito bom, mas com consultório em subúrbio da cidade, de pouca ambição científica e desapontado com a profissão. No final dos anos 1920, Mihály decidiu, para a tristeza do pai, alterar seu nome, acompanhando um movimento corrente: se no final do século XVIII os judeus foram obrigados a alterar seus sobrenomes e escolheram nomes alemães, durante o despertar nacionalista do final do século XIX, muitos judeus trocaram seus nomes alemães por nomes húngaros[2] – o pai de Ferenczi (*né* Fraenkel) havia feito o mesmo. Leitor voraz desde o curso secundário, formou-se em medicina e, como um estudante brilhante, diplomou-se também em filosofia, química, física e biologia, além de neuropsiquiatria. Durante este período, conheceu Alice, sua primeira esposa, filha de Vilma Kovács, psicanalista pioneira e aluna de Ferenczi. Ainda estudante, Balint frequentou cursos de psicanálise dados por Ferenczi e, pouco depois de se tornar médico e se casar, iniciou sua formação psicanalítica em Berlim, no Instituto de Psicanálise (BPI), quando se analisou com H. Sachs e supervisionou-se com M. Eitingon. Depois de lermos o

---

1   Uma parte do material que se segue foi anteriormente publicado em "Balint e sua posição bilíngue" (Gurfinkel, 2001) e em "Balint e a formação psicanalítica" (Gurfinkel, 2010); aqui, ele foi remodelado e bastante ampliado para os objetivos do presente livro.

2   Conforme seu próprio depoimento, em carta a Jones de 1954 (apud Haynal, 1988/1995, pp. 85-86).

texto de Balint (1948) sobre o treinamento psicanalítico,[3] podemos imaginar o papel que teve sua experiência neste centro de formação pioneiro e prototípico para a visão crítica ulteriormente
desenvolvida. Já na época havia problemas: após dois anos, Balint
estava insatisfeito com sua análise pessoal, que lhe parecia mais
"uma experiência de ensino, até mesmo uma doutrinação" (Haynal,
1988/1995, p. 87). Decidiu, então, voltar para Budapeste em 1924 e
continuá-la com Ferenczi, em um período de mais dois anos. Tornou-
-se membro atuante e de destaque na Sociedade Húngara de Psicanálise nos anos seguintes, com importante papel na criação da Policlínica Psicanalítica, a maior da Europa na época. Esta se situava
no mesmo edifício onde moravam os Balint, que havia sido projetado e construído por Frederick Kovács, arquiteto, padrasto e pai
adotivo de Alice; os Kovács eram importantes mecenas da psicanálise húngara. A convivência dos Balint com o meio artístico e intelectual húngaro, bastante vivo e efervescente, era considerável. Alice,
por sua vez, também se analisara com Sachs e o desenvolvimento
dela e de Balint foram marcadamente entrelaçados: a convivência,
as ideias e o trabalho eram muito compartilhados.

Também neste caso, e mais uma vez, sobreveio a diáspora. Balint
era considerado parte da esquerda freudiana, que integrava junto
com seu amigo Fenichel; interessava-se pela importância do contexto social da psicanálise, apesar de não ter pertencido a nenhum
grupo político atuante. Quando emigrara para Berlim, já havia sido
em parte por razões políticas, já que em 1919 terminara a República
Comunista Húngara. O seu novo período em Budapeste se encerrou
em 1939, quando, a exemplo de Freud, refugiou-se na Inglaterra. A
partir de 1932, o governo húngaro tornara-se um estado racista, an-
tissemita e pró-hitlerista e a situação política tornou-se sombria;

---

3   Para mais detalhes sobre o trabalho, ver artigo acima referido sobre a Balint e
    a formação psicanalítica (Gurfinkel, 2010).

as reuniões de trabalho precisavam ser notificadas e havia policiais à paisana acompanhando os trabalhos dos psicanalistas. Balint se instalou em Manchester, com a esposa e o filho, e mudou-se finalmente para Londres em 1945, onde permaneceu até morrer, em 1970. Os primeiros anos em solo inglês foram difíceis: Balint teve que refazer seus estudos médicos e, após seis meses, perdeu subitamente Alice, que faleceu em virtude da ruptura de um aneurisma, com quarenta anos de idade. Na mesma época, morreu sua sogra, Vilma Kovács, a quem era muito apegado e, em 1945, recebeu a notícia trágica que seus pais se suicidaram quando estavam para ser presos pelos nazistas húngaros. Entre 1944 e 1947, teve um segundo casamento com Edna Oakeshott, ex-paciente que se tornou psicanalista e, em 1953, casou-se com Enid Flora Albu--Eicholtz, que adotou seu sobrenome; analisada por Winnicott, ela se tornou também uma grande companheira de trabalho até o final da vida.

Os anos de maturidade foram muito produtivos; pode-se dizer que o trabalho de Balint é fruto de uma construção longa, contínua e consistente, que resultou em uma obra escrita de extensão considerável. Incluí-lo no chamado *Middle Group* britânico – a tradição independente – e identificá-lo como integrando o pensamento das relações de objeto, é a tendência natural dos historiadores da psicanálise. Mas Balint guarda uma singularidade diferenciadora, já que chegou a Londres com uma experiência acumulada e com uma identidade analítica bastante estabelecida, trazendo na bagagem a força da tradição húngara fundada por Ferenczi.[4] Após terminar sua análise com Ferenczi, Balint se tornara seu discípulo, seu amigo e continuador de seu legado. Quando Ferenczi morreu, em 1933, Balint o substituiu como diretor da Policlínica Psicanalítica de

---

4 Winnicott, em contraste, se formou no ambiente kleiniano e em meio às controvérsias crescentes, permanecendo por toda sua vida "inteiramente inglês".

Budapeste e, como uma testemunha viva, nos brindou posteriormente com suas observações críticas a respeito do trabalho do mestre nos últimos anos, incluindo aí os efeitos perturbadores do último grupo de pacientes de Ferenczi. Balint foi seu testamenteiro literário e empenhou-se na preservação e promoção de sua obra. Em 1968, as obras de Ferenczi começaram a ser publicadas em francês em quatro volumes, com prefácios de Balint;[5] em virtude de sua morte, o terceiro e o quarto volumes foram prefaciados por Judith Dupont e Pierre Sabourin – a primeira, neta de Vilma Kovács e sobrinha de Alice Balint, traduziu Balint para o francês e também se tornou executora testamentária da obra de Ferenczi, contribuindo para a afirmação da escola húngara na França, e o segundo escreveu uma conhecida biografia de Ferenczi. Balint transcreveu os manuscritos do *Diário Clínico* de Ferenczi, escreveu uma introdução a ele e traduziu-o para o inglês, como o fez com a correspondência com Freud; em 1969, supôs que o material já poderia vir a público – o que, por seu teor polêmico, demorou mais 16 anos! Com a morte de Balint, André Haynal abriu, em Genebra, os *Arquivos Balint*, com os manuscritos e correspondências recebidas de Enid Balint.

. Em Londres, Balint mantinha relações de amizade com Melanie Klein e Anna Freud, mas pôde desenvolver uma visão crítica tanto da clínica freudiana de então quanto da clínica kleiniana e, ainda assim, manter-se a uma boa distância dos colegas independentes. Esta posição se evidencia em sua pesquisa sobre a chamada *questão da técnica*, que é tomada como um eixo em torno do qual se pode apreender a psicanálise de um modo mais amplo: Balint fez uma análise lúcida e crítica da técnica freudiana por se ater ao nível edípico e por não aceitar mudanças no *setting*, bem como da técnica kleiniana, que força uma "linguagem louca" para dentro do paciente

---

5 A tradução brasileira das obras de Ferenczi, publicada entre 1991-1993, baseia--se nesta versão francesa de suas obras completas.

e alimenta uma relação de assimetria entre um indivíduo oprimido e um outro todo-poderoso.

Mas também uma *terceira via*, emergente na época, é avaliada com olhos críticos: o uso da regressão como meio terapêutico. Aqui observamos, por um lado, a retomada da tradição ferencziana e, por outro, a recolocação desta em diálogo com a realidade contemporânea britânica. Conforme acompanhamos no capítulo anterior, na leitura de Balint, houve um mal-entendido trágico sobre a questão entre Freud e Ferenczi, o que gerou um trauma e uma paralisia na pesquisa psicanalítica por décadas. Em virtude dos temores de Freud pelos experimentos de Ferenczi dos seus últimos anos, a regressão na análise foi expurgada. Os riscos da regressão foram reconhecidos por Balint: o estabelecimento de uma relação de sedução na qual o analista aceita a responsabilidade de criar as condições nas quais não seriam mais infligidos ao paciente sofrimentos desnecessários, o que pode alimentar uma "regressão maligna", insaciável e voraz, que realimenta demandas sem fim de gratificação. Mas, por outro lado, o estabelecimento de uma "regressão benigna" – cujo eixo é o *reconhecimento* e não a *gratificação*, e na qual o mundo externo é buscado para proporcionar melhores condições para uma mudança subjetiva – é uma ferramenta fundamental do trabalho analítico, proposição hoje muito mais aceita pelos analistas. No entanto, nem Freud, nem Ferenczi perceberam a necessidade desta distinção – e, talvez, nem Winnicott. Mais recentemente, e dentro da tradição das relações de objeto, Bollas (2000) retomou a questão, ao destacar o risco de uma regressão maligna na análise de certas formas graves de histeria – que denominou "malignas", inspirando-se em Balint – e tem se dedicado a advertir a comunidade analítica de influência anglo-saxônica sobre a importância crucial de não tratar estes casos como se fossem pacientes *borderline*.[6]

---

6 O assunto já vinha sendo fartamente discutido na psicanálise francesa e Bollas dá mais um passo significativo, com seu estudo sobre a histeria, em termos da fertilização recíproca entre as diferentes vertentes da psicanálise.

Também em relação a Fairbairn – outro companheiro ilustre de *Middle Group* – Balint (1957/1994) manteve uma distância crítica, tendo adotado um dos posicionamentos mais equilibrados sobre a polêmica a respeito da fórmula "a libido não busca prazer, e sim o objeto"; para ele, trata-se de uma oposição problemática, que precisa ser revisada: "apesar de considerar as relações de objeto como de fundamental importância, eu não concordo que a busca de prazer deva ser excluída" (Balint, 1957/1994, p. 140). Greenberg e Mitchell (1983/2003), em seu estudo sobre as relações de objeto, consideravam que a distinção de Balint dos dois tipos de regressão atendia mais a uma finalidade política que teórico-clínica, já que ele buscava, com isso, sanar a cisão entre Ferenczi e Freud (Greenberg & Mitchell, 1983/2003, pp. 133-135); segundo eles nos dão a entender, Balint teria adotado uma posição um pouco "em cima do muro". Com esta leitura pejorativa, creio que não fizeram jus ao trabalho cuidadoso de pensamento que encontramos em Balint, que de fato foi um dos primeiros analistas a elaborar, de forma consistente, um *modelo misto* que integra pressupostos dos modelos pulsional e relacional da teoria psicanalítica. Ainda que tenha sido movido por razões pessoais ou subjetivas – sua necessidade de reabilitar Ferenczi e de conciliá-lo com o pai Freud – isto não invalida a contribuição; ao contrário, trata-se justamente de um caso bem-sucedido de instrumentalização do próprio lugar na família psicanalítica a serviço de uma reflexão, à maneira da análise da contratransferência, no melhor estilo da tradição húngara.

Assim, independente também em relação aos independentes, temos aqui um tipo de *posicionamento* cujas ressonâncias podemos reconhecer em sua análise do sistema de treinamento e do processo de institucionalização da psicanálise. Em outro lugar, denominei a posição de Balint na história de psicanálise como uma "posição bilíngue" (Gurfinkel, 2001, p. 86); a rigor, deveríamos falar em "posição trilíngue", incluindo aqui também sua relação com a

252 BALINT: REGRESSÃO E FALHA BÁSICA

língua alemã e sua experiência de formação no Instituto de Berlim. Trata-se, sem dúvida, de uma combinação bastante profícua de influências e experiências, que foram entrelaçadas e assimiladas por Balint de modo bastante singular.

Outra dimensão do trabalho de Balint que marcou sua trajetória é fruto de um engajamento profundo na formação de médicos clínicos e nos problemas da instituição médica, como parte da preocupação que sempre o acompanhou com a psicanálise extramuros. Haynal chegou a sugerir que o engajamento de Balint neste campo tinha também uma motivação pessoal, tendo sido um trabalho reparatório em relação a seu pai, a quem declaradamente negligenciara;[7] se for assim, podemos considerar este mais um caso bem-sucedido de uso da própria dimensão subjetiva e contratransferencial a serviço do trabalho construtivo, à moda húngara. Os chamados "Grupos Balint" nasceram de uma parceria entre Michael e Enid, a partir de 1949, antes ainda do casamento. Ela dirigia um serviço na Clínica Tavistock para o auxílio de problemas conjugais e Balint foi convidado a participar do projeto; começaram a trabalhar com grupos de discussão de caso com os assistentes sociais e este programa de treinamento foi posteriormente adaptado para o trabalho com médicos (clínicos gerais). Balint já tratara, no período de Berlim, de casos psicossomáticos em hospital – "o primeiro a analisar tais casos" (Haynal, 1988/1995, p. 87) – e tentara retomar este trabalho em Budapeste, onde chegou a ter uma experiência positiva com grupos de treinamento de médicos clínicos; foi em Londres, no entanto, que o projeto ganhou maior envergadura. Os seminários eram grupos de discussão de caso com médicos que

---

7 Ao receber a notícia da morte do pai, Balint escreveu para a irmã de Alice: "é verdade que há tempo negligenciava meu pai. Nós nunca nos demos bem. Na verdade, nunca tivemos um bom relacionamento, mas herdei sua inteligência, sua mente lógica e sua capacidade de trabalho" (1945, citado por Haynal, 1988/1995, p. 91).

buscavam uma maior compreensão das questões emocionais que enfrentavam na sua prática cotidiana, que tinham como objetivo sensibilizá-los para a transferência e a contratransferência e, com isso, incrementar a dimensão psicoterápica de seu trabalho; a inspiração na supervisão analítica húngara centrada na contratransferência é explícita. O método, elaborado e aprimorado ao longo de anos, foi adotado pelo Serviço Nacional de Saúde britânico e, a partir da década de 1960, institucionalizou-se enquanto prática por meio de associações criadas na França, Inglaterra, Itália e muitos outros países, formando a ONG internacional "Federação Balint". *O médico, seu paciente e a doença* é seu livro mais conhecido sobre o assunto, mas houve outros em parceria com Enid.

A regressão: recapitulação e reenunciação

Focaremos agora nossa atenção em um dos aspectos sobre os quais Balint mais contribuiu para o campo das relações de objeto: a problemática da regressão. A sua abordagem sempre se caracterizou por procurar recapitular o trabalho de Freud, destacar os desenvolvimentos propostos por Ferenczi e construir, a partir daí, a sua própria visão sobre o assunto. Seguiremos, aqui, este mesmo método: partir de uma breve revisão sobre o tema da regressão na obra freudiana para, em seguida, assinalar algumas das direções que daí derivaram.

A palavra *regressão* aparece na obra de Freud em diversos momentos e com diferentes usos; daí a dificuldade de se pensar em um conceito unívoco de regressão. Esta noção está ligada a uma coordenada mais geral da metapsicologia psicanalítica: o ponto de vista genético. Regredir – retornar, voltar, refazer um percurso – implica alguma ideia de evolução ou de desenvolvimento, mesmo que esta ideia possa ser criticada, revista, ou tomada de um modo não linear. Evolução remete, por um lado, a uma história e, por outro, a níveis diversos de estruturação e organização. Mesmo aqui, as interpretações podem variar: "na medida em que a fixação se deva compreender como uma 'inscrição', a regressão poderia ser interpretada como uma reposição em jogo do que foi 'inscrito'" (Laplanche & Pontalis, 1985, p. 570-571); como era de se esperar, a maneira como este conceito é compreendido está ligada às concepções mais gerais que cada autor adota ou rejeita. De qualquer modo, a regressão nos obriga a explicitar o que entendemos por infantil, primitivo, anterior e outras categorias afins.

Podemos tomar como uma primeira concepção de regressão aquela apresentada no livro dos sonhos – ainda que as ideias ali apresentadas tenham um desenvolvimento prévio –, destacando mais uma ou duas formas de utilização que surgiram ulteriormente, e que podem ser tomadas como "modelos". Além destes, encontramos, nos escritos de Freud, o uso da palavra regressão em diversos momentos, querendo significar, de um modo mais geral, uma volta para trás; isto não esgota o problema, já que em cada uma destas "ocorrências" podemos encontrar um material muito rico para pensarmos este conceito, de saída pouco afeito a modelizações.

Uma segunda configuração bastante clara do conceito de regressão é aquela ligada à teoria da etiologia das neuroses. Para Freud, toda neurose é desencadeada pela experiência de frustração, que provoca uma introversão da libido; esta

se afasta da realidade ... e se dirige para a vida de fantasia, na qual cria novos desejos e reanima as marcas de desejos anteriores esquecidos. Em consequência da íntima relação da atividade imaginativa com o material infantil recalcado e inconsciente, ... a libido pode retroceder ainda mais, encontrar regressivamente

caminhos infantis e buscar os fins a eles correspondentes.
(Freud, 1912b/1981, pp. 1718-1719).

Esta ideia surge já nos *Três ensaios sobre a sexualidade* (Freud, 1905a/1981), desenvolve-se na segunda década do século, ganha um importante impulso em *A disposição à neurose obsessiva* (Freud, 1913c/ 1981) e toma uma forma bastante articulada nas *Conferências introdutórias* (Freud, 1915-1917/1981). Aí, em um grande esforço de síntese, Freud procura discriminar a *regressão* do *recalcamento* enquanto mecanismos diversos do processo neurótico e associa a regressão, de modo inequívoco, ao retorno da libido a fases anteriores de seu desenvolvimento. A cristalização deste uso da regressão está ligada à paulatina sofisticação do modelo freudiano da sexualidade infantil segundo um eixo genético, no qual vão se "descobrindo" as diversas organizações da libido e correlacionando-as, dentro do possível, aos diversos quadros psicopatológicos; vê-se como, neste modelo, é principalmente o aspecto *temporal* da regressão que está em jogo. Assim, na histeria predomina o recalcamento e uma regressão aos objetos incestuosos, mas não uma regressão estrutural, enquanto na neurose obsessiva dá-se uma regressão à organização sádico-anal e aos objetos primitivos, não deixando de haver, também, a ação do recalcamento. A perversão pode ser pensada, em termos muito simples, como caracterizada por uma regressão sem recalcamento. Este é um modelo que vai criar profundas raízes na psicopatologia psicanalítica, de maneira que se procurará compreender muitos outros quadros a partir de um raciocínio semelhante, acrescentando por vezes novos mecanismos e mediações.

É apenas em 1914 que Freud diferencia os três tipos de regressão – formal, tópica e temporal –, para ele estreitamente interligados – "estes três tipos de regressão são no fundo uma mesma coisa" –, num trecho acrescentado à *Interpretação dos sonhos*; poderíamos falar, pois, de três aspectos do processo de regressão. Neste período, algumas direções importantes começam a se configurar, como a possível associação entre regressão e retração narcisista da libido e a relação entre regressão e um movimento mais geral do ser vivo de retorno a etapas anteriores – implicado na ideia de *repetição* – e ulteriormente desenvolvido com o conceito de pulsão de morte.

As formulações de Ferenczi, especialmente em *Thalassa* (Ferenczi, 1924/1993), sofreram bastante influência destas duas últimas acepções de regressão. Em *O coito e o sono* – adendo de *Thalassa* – encontramos uma instigante associação entre estes dois fenômenos: o homem, na relação sexual, identificado a seu próprio pênis, estaria movido por um anseio inconsciente de retorno ao ventre materno; ora, Freud inicia sua *Adição metapsicológica à teoria do sonho* (Freud, 1915b/1981) apontando que a retração narcisista do adormecimento é equivalente a uma regressão à situação intrauterina. O livro de Ferenczi explora, ainda, exaustivamente, a ideia freudiana do paralelo entre história filogenética e ontogenética, de modo que em cada etapa do desenvolvimento libidinal do indivíduo poderíamos reconhecer uma tendência ao retorno – uma espécie de nostalgia – a estas etapas filogenéticas do passado da espécie. A nostalgia do ventre materno e a nostalgia do tempo em que os seres vivos habitavam as profundezas do oceano – o mar-mãe – encontrar-se-iam condensados no anseio regressivo do coito e do sono. Conforme discutido anteriormente, é notável que, partindo desta aproximação entre *regressão* e *repetição* (de experiências anteriormente vividas), Ferenczi *não* tenha avançado em direção ao conceito de pulsão de morte, conforme o fez Freud. Pelo menos não quanto ao referente da *destrutividade*,[8] associado pelo pai da psicanálise a este tipo de pulsão;

---

8 Procurei discriminar, no capítulo final de livro anteriormente publicado (Gurfinkel, 1996), os dois referentes principais subjacentes ao conceito de pulsão de morte em Freud: a *compulsão à repetição* e o *princípio de destruição*. Tais referentes são pouco assimiláveis entre si, de modo que temos uma noção composta e bastante complexa – a pulsão de morte – que "abriga" sentidos muitas vezes contraditórios; isto tem originado uma série de confusões conceituais.

apenas o princípio de uma *tendência de retorno a um estado anterior,* formulado então por Freud (1920/1981), é adotado e utilizado, com bastante liberdade, por Ferenczi. Afinal – e pensando no ventre materno – por que este "estado anterior" precisaria ser necessariamente inorgânico? Por que uma tendência regressiva deveria ser necessariamente desorganizadora e destrutiva?

Mas, além destas formas de regressão, há uma outra configuração do conceito que merece um comentário a parte: trata-se da *regressão na análise.* A definição clássica de transferência, apresentada em *A dinâmica da transferência,* fornece-nos uma primeira indicação da relação intrínseca entre transferência e regressão. São dois os elementos propostos por Freud (1912a/1981): primeiro, a existência de uma "modalidade particular da vida erótica" – no final das contas, determinada pela constituição psicossexual de cada indivíduo – que tende a se repetir ou reproduzir ao longo de toda a vida. Em segundo lugar, há um fator "atual" – desencadeante – de ordem econômica: a porção da libido não satisfeita na realidade pelo "veto da personalidade consciente" (Eu) – recalcamento – buscará permanentemente satisfação "em toda pessoa que surja no horizonte, e, para tal, lançará mão dos modelos ou clichês da constituição psicossexual. Essa proposição está correlacionada com a regressão no sonho – reinvestimento regressivo do sexual infantil, inerentemente relacionado com o mecanismo do recalcamento – e com a regressão na etiologia da neurose – desencadeamento a partir da frustração "atual", introversão da libido e reativação do infantil recalcado. Assim, *repetir* ou *reproduzir* trazem consigo a ideia de *regredir,* e a *transferência* implica um duplo movimento de transporte do passado para o presente e vice-versa.[9]

---

9 Para Winnicott, o que evidencia a relação inerente entre transferência e regressão é a *dependência:* "o meu objetivo é, em termos gerais, relacionar a dependência na transferência psicanalítica à dependência nos vários estágios de desenvolvimento e do cuidado do bebê e da criança" (Winnicott, 1963e/1990, pp. 250-251). O paciente em análise experimenta, conforme a transferência se acentua, um

Freud, no entanto, pouco falou da regressão na análise e, como assinalou Balint (1968/1993), a regressão na transferência tinha, para ele, uma conotação bastante negativa, inicialmente ligada à resistência, e posteriormente à compulsão à repetição e à pulsão de morte. A patologia da regressão na análise é apresentada de modo exemplar em *Observações sobre o "amor de transferência"* (Freud, 1914b/1981), e é no decorrer de alguns de seus relatos clínicos que podemos depreender o embaraço que tal fenômeno significava para Freud.

Balint presta um grande serviço à comunidade psicanalítica ao procurar "limpar a área" de um enorme mal-entendido que se criou a partir deste tema, cujas consequências para o desenvolvimento da disciplina psicanalítica não foram pequenas. A partir da controvérsia Freud-Ferenczi, ele propõe uma interpretação que merece nossa atenção: Freud, dominado por suas experiências negativas com a regressão na análise, sobretudo dos primeiros casos de histeria – que Balint classifica de regressões do tipo "maligna" – advertiu insistentemente Ferenczi dos perigos que corria; este, dominado por seu entusiasmo e seu *furor curandi* e realimentado pelos resultados positivos em casos de regressão "benigna", não pôde enxergar os limites e os riscos de seus "experimentos técnicos". A cegueira de Freud, determinada por suas próprias experiências "traumatizantes", seria não ter podido considerar o grande avanço implicado no uso da regressão como fator terapêutico, a despeito dos excessos cometidos por Ferenczi. Esta leitura dos fatos está aqui resumida de modo simples, e merece sem dúvida uma avaliação

---

aumento da dependência; isto pareceria um "resto não resolvido" da técnica hipnótica, se não compreendêssemos que a dependência não é criada ou alimentada pelo analista, e sim resultante da regressão ao infantil – a "transferência no tempo" – que ocorre no *setting* analítico. É a dependência inerente à transferência – e quanto mais arcaico no tempo o momento a que se retorna, mais aguda é a dependência e mais delicado o manejo clínico – que levou Winnicott a considerar a regressão na análise principalmente como *regressão à dependência*.

crítica; de qualquer maneira, é por meio da proposição de uma distinção entre regressão benigna e maligna que Balint encontra uma saída criativa para um impasse histórico.

Considero as diversas formas de regressão aqui apontadas como estreitamente correlacionadas, consonantemente, aliás, com a afirmação de Freud de que os diversos tipos de regressão são no fundo "uma mesma coisa". No entanto, o estudo e o aprofundamento da regressão na análise – realizados sobretudo por outros autores – significou uma transformação de tal envergadura nas concepções teórico-clínicas que nos fazem pensar se não há aqui uma mudança de um *paradigma pulsional* para um *paradigma objetal*.

Freud (1915-1917/1981) reconhecia que a sua ideia de desenvolvimento estava baseada no campo da psicossexualidade e que o desenvolvimento do ponto de vista do Eu era uma área pouco explorada: "em nome da verdade, devemos confessar que o desenvolvimento do Eu nos é muito menos conhecido que o da libido, mas esperamos que o estudo das neuroses narcisistas nos permita penetrar na estrutura do Eu" (Freud, 1915-1917/1981, p. 2341). Em seguida a esta passagem, Freud cita Ferenczi – como vimos no capítulo anterior – como um dos autores que têm levado a cabo "uma interessante tentativa de estabelecer teoricamente as fases de tal desenvolvimento". Ora, pensar a regressão na análise implica em pensar a regressão de um Eu e assim podemos assistir a um feliz encontro entre clínica e metapsicologia. Sem dúvida, a figura de Ferenczi é precursora de um movimento de mudança de eixo teórico-clínico que se cristaliza em uma concepção baseada na relação de objeto; a partir dele, é insuficiente trabalhar-se com pulsões enquanto átomos de movimentos psíquicos, pois deve-se também considerar um Eu e um outro enquanto sujeitos "inteiros" em relação. Freud, ao introduzir o estudo do par amor--ódio em *Pulsões e seus destinos* (1915a/1981), alerta-nos para a impossibilidade de considerar o amor apenas em termos pulsionais;

Mezan (2014) identifica aí, com argúcia esclarecedora, a mudança de um "modelo associacionista" para um "modelo globalista" (Mezan, 2014, p. 116), no qual uma nova ideia de Eu, construída a partir da teoria do narcisismo, cumpre uma função central. *Regressão do Eu* e *regressão na análise* são, portanto, elementos solidários no alargamento do campo psicanalítico que procuro aqui delinear.

Evidentemente, não foi o conceito de regressão que provocou tal alargamento, mas certamente ele esteve presente como um dos elementos importantes neste processo. Este conceito tem uma história viva – e por tal razão apresenta suas contradições, seus avanços e recuos, e sofre uma reutilização em contextos tão diversos que nos fazem questionar se o conceito "continua o mesmo" – história que merece ser retraçada para uma melhor inteligibilidade dos problemas da clínica contemporânea. Acompanharemos alguns destes desenvolvimentos.

Ferenczi, um dos pioneiros da psicanálise, cuja contribuição fundamental serviu de base para o trabalho de Balint, envolveu-se profundamente com o problema da regressão na análise. Baseado nos princípios assentados por Freud e, ao mesmo tempo, modificando-os significativamente, Ferenczi observou, em situações de intensa regressão, a ocorrência de manifestações corporais de alguns pacientes que denominou "símbolos mnêmicos físicos"; partindo, inicialmente, do modelo do recalcamento e da recordação, ele vai construindo um pensamento clínico que se fundará sobre o mecanismo da dissociação e sobre uma certa concepção de traumatismo. Para ele, estas situações clínicas implicam em uma regressão a uma etapa do desenvolvimento na qual o "órgão de pensamento" não estava ainda inteiramente desenvolvido.

Seguindo esta trilha, Balint trabalhou sistematicamente sobre o problema da regressão na análise. Buscando estender a sua pesquisa para etapas mais primitivas do desenvolvimento humano, apontou as possíveis "fraturas" provocadas no psiquismo por distúrbios ocorridos em uma etapa precoce da relação primária com a mãe. Postulou a existência de uma área da "falha básica", caracterizada por uma relação bipessoal, pela ausência de conflito no sentido clássico e pela ineficácia da linguagem verbal como meio de comunicação. Diz Balint (1968/1993):

> *o adjetivo "básica", em nosso novo termo, significa não apenas que está relacionado com condições mais simples do que as que caracterizam o complexo de Édipo, mas também que sua influência se estende amplamente, provavelmente para toda a estrutura psicobiológica do indivíduo, envolvendo em diferentes graus tanto a mente quanto o corpo. Assim, o conceito de falha básica nos permite compreender não só as diversas neuroses (talvez também as psicoses), transtornos de caráter, doenças psicossomáticas etc., como sintomas de uma mesma entidade etiológica, mas também – como as experiências de nossa pesquisa na clínica geral demonstraram – um grande número de doenças "clínicas" comuns. (pp. 19-20)*

A regressão à área da falha básica envolve, portanto, manifestações tanto psíquicas quanto somáticas; poderíamos dizer que estamos tratando de um nível de regressão aquém do classicamente entendido como psicossexual. Balint integra, pelo uso peculiar que faz do conceito de regressão, a *regressão na análise* e a *regressão na etiologia da neurose*. A sua proposta está fundada na analogia estrutural entre situação analítica e história da "patologia", seguindo os passos de Ferenczi que compreende a situação analítica a partir da situação traumática primitiva e trabalha, assim, com uma grande ênfase no ponto de vista genético da metapsicologia. Ele acrescenta explicitamente à concepção de regressão, ainda, a noção de uma *regressão psicossomática*, e propicia, com a sua proposta de distinção entre regressão *maligna* e *benigna*, um refinamento do instrumento clínico do analista para operar com a regressão na análise.[10] A ideia de "falha básica", mesmo que não se encontre sistematicamente utilizada nestes termos na bibliografia psicanalítica, está certamente presente no pensamento de diversos autores sob as mais diversas formas e, neste sentido, Balint foi um precursor. O estudo da relação precoce mãe-bebê, a descrição de modos de relação nos quais não predomina o pulsional no sentido clássico e, principalmente, a ênfase no ambiente e nos cuidados iniciais como determinantes de uma estruturação "básica" que implica em um "mínimo eu" e em uma condição narcísica intacta, são algumas das formulações que deram importantes frutos no desenvolvimento da psicanálise.

O trabalho de Balint sobre o tema da regressão comporta um significativo paralelismo com o de Winnicott. No centro da concepção de Winnicott de diversos fenômenos está o estudo dos estágios primitivos do desenvolvimento. Um de seus princípios nucleares é o de que aquilo que supomos como dado no sujeito é, na verdade, fruto de um processo de maturação que normalmente passa desapercebido. Assim, no desenvolvimento inicial se dá a construção de um Eu, de objetos e das noções de realidade e de corpo próprio; uma das aquisições fundamentais e que determina todo o desenvolvimento ulterior é o surgimento de um verdadeiro *self* que habita um corpo. Todos estes processos iniciais se dão por uma tendência à integração; assim, psique e soma são dois aspectos de um mesmo *self* que devem funcionar em conjunto. Winnicott soube, com

---

10 Diga-se de passagem, a distinção entre regressão *benigna* e *maligna* pode ser útil para o estudo dos fenômenos somáticos e apresenta uma curiosa semelhança com a ideia de *regressão reorganizativa* e *desorganização progressiva* de Pierre Marty; de maneira distante e grosseira, esta mesma "classificação" nos lembra a distinção entre os tipos de tumores que caracterizam as neoplasias.

maestria, detectar os distúrbios neste processo de maturação, ligados principalmente a mecanismos patológicos de dissociação; assim, a atividade mental pode se desenvolver como uma atividade dissociada do psicossoma, constituindo uma falsa existência defensiva desencadeada por traumatismos precoces.

O estudo dos estágios primitivos é o corolário do trabalho com os fenômenos de regressão na clínica. É inicialmente nos casos de psicose que Winnicott (1945/1992) identifica as falhas na conquista do processo de integração: uma paciente psicótica via através dos olhos como se estivesse vendo através de janelas, não sabendo, portanto, o que faziam seus pés, apresentando como consequência a tendência a cair em buracos e a tropeçar em coisas. "Não sentia a própria personalidade como localizada no corpo, que era como uma máquina complexa que ela tinha que dirigir com habilidade e cuidado conscientes" (Winnicott, 1945/1992, p. 149). Mas como pediatra que observava o desenvolvimento físico e emocional das crianças, Winnicott pôde verificar a evidência incontestável de que, quanto mais o observamos no início, mais o psique-soma se manifesta como uma entidade única, e que cabe a nós tomar o processo de maturação enquanto fenômeno psicossomático, não reproduzindo a dissociação patológica que toma a mente como uma entidade autônoma.

Em Winnicott, o conceito de regressão ganha uma significação própria enquanto regressão à dependência; ele faz questão de mantê-lo afastado da noção de regressão em termos do desenvolvimento da libido e de suas diversas organizações, ressaltando que se trata de um outro eixo do processo de maturação: o que vai da dependência absoluta à dependência madura. Trata-se, sem dúvida, de um outro universo metapsicológico, em que o desenvolvimento é pensado a partir de um Eu no ambiente e não a partir da libido, no qual a *necessidade* ganha o estatuto de conceito, em detrimento relativo do *desejo* e da *pulsão*. Na verdade, Winnicott não troca o desejo pela necessidade, e sim propõe que, em certos contextos clínicos, é com um ou com outro deles que estamos lidando. Nas situações de regressão à dependência, é a necessidade que está em causa:

> com o paciente regredido, a palavra desejo (wish) é incorreta; no seu lugar, utilizamos a palavra necessidade (need)... A capacidade do indivíduo de "desejar" sofreu uma interferência, e nós nos preparamos aqui para o reaparecimento da causa original de um sentimento de futilidade. (Winnicott, 1954a/1992, p. 288)

Assim, nesta breve retrospectiva do tema da regressão, reconhecemos um "tronco" histórico mais ou menos homogêneo que é inaugurado pelo pensamento de Ferenczi, tem uma continuidade com a obra de Balint e, de maneira independente e paralela, encontra em Winnicott uma conceitualização proeminente e decisiva. Nem por isto estamos eximidos de examinar as diferenças e discordâncias no interior deste "tronco"; cada ramificação acrescenta e modifica noções às vezes essenciais e, afinal das contas, a história do pensamento é sempre rebelde a qualquer tentativa de sistematização simplista.[11]

A falha básica: um conceito-chave

A "falha básica" (basic fault), expressão criada por Balint, pode ser tomada como um conceito-chave que designa as rupturas emocionais ocorridas no início da vida por problemas sérios no

---

11 Quanto a isto, vale notar que o tema da regressão não ganhou o mesmo desenvolvimento na teoria da técnica proposta por Fairbairn. Segundo Guntrip, este teria lhe escrito: "eu jamais fui capaz de levar em conta em minha teoria a regressão" (Fairbairn, 1960, citado por Guntrip, 1975/2006, p. 390). Esta é uma observação interessante, e que pode enriquecer o estudo comparativo entre as diversas abordagens dos autores das relações de objeto.

trato com a criança – e, por isso mesmo, de caráter traumático – que produzem uma distorção tal no processo de desenvolvimento que resulta em organizações psíquicas ou regiões do psiquismo "aquém" da psiconeurose. O termo acabou sendo retomado, aqui e ali, por diversos autores com pensamento afim; e, cada vez mais, observamos uma tendência, em vários analistas, em adotá-lo em seu linguajar cotidiano – talvez de modo inadvertido e um pouco vago, mas seguindo o espírito da ideia original de Balint.

O livro que leva esta expressão no título – *A falha básica: aspectos terapêuticos da regressão* – pode ser tomado como um legado concentrado das contribuições de Balint ao longo de toda sua trajetória de trabalho, conforme sugeriu Enid Balint (1979/1993): "A mim, parece que ele se preocupou com esses problemas [aqueles tratados neste livro] por muito mais tempo [que os dez anos que antecederam sua publicação], talvez até mesmo durante toda a sua vida profissional" (p. viii). O livro teve sua primeira edição pela Tavistock em 1968, com prefácio de Balint datado de abril de 1967, e uma reimpressão póstuma em 1979, com novo prefácio de Enid Balint, sua terceira esposa; trata-se, no entanto, de um remodelamento de alguns artigos já publicados em periódicos, no período de 1957 a 1965. O livro constitui, também, seu tratado mais maduro sobre a regressão – afinal, o subtítulo do livro é, justamente, "aspectos terapêuticos da regressão".

É sempre curioso descobrir como um livro que teve sua primeira edição há quase meio século pode conservar, em diversos aspectos, o seu interesse e atualidade. Os problemas tratados por Balint em *A falha básica* permanecem de pé: a regressão na análise – seus riscos e propriedades terapêuticas –; o trabalho em outras áreas da mente que não aquela classicamente descrita em torno dos conflitos edípicos; o tratamento dos pacientes ditos "difíceis"; o problema metapsicológico do narcisismo e, em especial, do narcisismo primário; o problema da linguagem na diversidade que caracteriza o campo psicanalítico, na formação e na própria situação de análise.

Do ponto de vista histórico, o trabalho de Balint dá continuidade a uma série de questões abertas por Ferenczi e que permaneceram "inacabadas"; sim, o "inacabamento" é inevitável e inerente, mas, no caso de Ferenczi, houve – como vimos em capítulo anterior – um congelamento em um "estado de impasse". Os seus "experimentos técnicos" geraram controvérsia e horror – além do bem conhecido desacordo com Freud, que, segundo Balint, agiu como um trauma no mundo psicanalítico – e, com sua morte em 1933, houve, na comunidade analítica, uma reação de "assustado recuo": "declarou-se a regressão um sintoma perigoso, recalcando-se quase completamente seu valor como aliado terapêutico" (Balint, 1968/ 1993, p. 141). A posição de Balint é singular: nascido em Budapeste, terminou sua análise com Ferenczi em 1926 – tendo-a iniciado com Hanns Sachs, em Berlim – e lá permaneceu até 1939, quando emigrou por motivos políticos; nestes anos todos, acompanhou de perto o desenvolvimento das ideias de Ferenczi e, principalmente, esteve "em contato com alguns pacientes do último grupo de Ferenczi, acompanhando sua evolução e, sobretudo, a forma como falavam sobre suas experiências, durante seu tratamento com ele e inclusive depois" (Balint, 1968/1993, pp. 140-141). A partir desta experiência, pôde formular uma interpretação dos problemas que estavam ali colocados – inclusive em relação à controvérsia Freud-Ferenczi – e, prosseguindo por uma trilha própria, manteve uma visão crítica e contribuiu com avanços importantes no estudo dos mesmos problemas.

Um dos grandes méritos do trabalho de Balint é justamente propor uma visão de conjunto do movimento psicanalítico, buscando avaliar criticamente as teorias, as linguagens e as técnicas em psicanálise. Sem assumir um lugar ingênuo de isenção em relação a esta diversidade, reconhece os seus pontos de contato com o "grupo intermediário", sem deixar de levantar alguns problemas em relação a esta posição, como também o faz com Ferenczi. Aponta as limitações da "técnica clássica" que não aceita algumas mudanças no *setting* analítico, o que conduz necessariamente a uma seleção mais estrita de pacientes para análise e à restrição do trabalho ao que denomina nível edípico. Critica a técnica kleiniana pela atitude supostamente nela implicada: forçar uma "linguagem louca" para dentro do paciente e configurar uma relação entre um parceiro oprimido e fraco que tem que lidar com outro todo-poderoso; assim, a agressividade, a inveja e o ódio são também defesas estimuladas pela própria situação analítica. Mas além destes riscos inerentes à "interpretação consistente", Balint reconhece os riscos próprios do manejo da regressão, e é aqui que observamos a sua avaliação crítica do pensamento ferencziano e um diálogo fértil com Winnicott.

Os dois autores trabalhavam no mesmo meio e, por algumas passagens de textos e cartas, podemos concluir que, em linhas gerais, há uma concordância sobre pontos fundamentais. Diz Winnicott, em uma carta:

> *apesar de trabalharmos a partir de ângulos completamente diversos, e embora eu ache que não nos influenciamos mutuamente, estamos ambos interessados na provisão inicial do ambiente. Penso que concordamos quanto ao que ocorre quando há um fracasso. Aqui entra a expressão que você usa – falha básica –, e, quanto a mim, venho falando dessas coisas à minha maneira. Sem dúvida, sua formulação dessas questões é anterior à minha, em muitos anos. (Winnicott, 1960d/1990, p. 111)*

Winnicott critica em Balint o uso das expressões "amor primário" e "mistura harmoniosa" (Winnicott, 1960d/1990, p. 112); em uma carta a Enid Balint, Winnicott (1956/1990) reclama de uma referência dela ao seu pensamento utilizando a expressão "dependência oral" (Winnicott, 1960d/1990, p. 85) e, curiosamente, a sua crítica a esta expressão é a mesma que encontramos no livro de Balint (1968/ 1993). Balint faz uma avaliação criteriosa do problema da regressão, e é aqui que encontramos a sua contribuição mais própria e algumas diferenças com Winnicott; já calejado pela experiência de Ferenczi, Balint é mais cauteloso em propor a regressão como meio terapêutico e aponta os seus riscos: o estabelecimento de uma relação de sedução na qual o analista aceita a responsabilidade de criar as condições nas quais não seriam mais infligidos ao paciente sofrimentos desnecessários. Pode haver aqui um trágico mal-entendido, conduzindo a uma situação insolúvel.

Para poder desenvolver a sua concepção sobre o problema, Balint inicialmente apresenta a sua teoria das três áreas da mente e faz uma retrospectiva do problema do narcisismo.

Além do nível edípico – caracterizado por relações triangulares, pela existência de conflitos e de ambivalência, e por ser um registro no qual a linguagem adulta é um meio de comunicação confiável e adequado –, Balint propõe a existência dos níveis (ou áreas) da "falha básica" e da criação. O primeiro concerne a uma relação bipessoal de um tipo particular, na qual a força dinâmica que nele opera não é o conflito e em que a linguagem adulta é inútil e enganadora. É nesta área que se instala a "falha". A sua origem se encontra em períodos precoces, quando teria havido um descompasso exagerado entre as necessidades biopsicológicas do indivíduo e os cuidados a ele dispensados; o conceito de falha básica, então, aplica-se tanto aos distúrbios psíquicos quanto aos somáticos e significa uma abertura importante para o chamado campo psicossomático. A área da criação é caracterizada pela ausência do objeto externo; além da situação da criação artística, Balint a identifica nas primeiras fases do adoecer (físico ou mental), bem como na sua recuperação espontânea. Pela ausência de objeto, não há possibilidade aqui de desenvolvimento de uma relação transferencial, mas o analista pode observar o paciente absorvido nesta área, por exemplo, em alguns tipos de silêncio, nos quais ele estaria mais em *busca de* que *fugindo de* alguma coisa.

Em relação ao problema do narcisismo, a tese de Balint é que, desde Freud, todas as observações sobre as quais os psicanalistas têm se baseado para propor e manter o conceito de narcisismo primário só comprovam a existência do narcisismo secundário. A partir de um levantamento cuidadoso – se bem que não de todo criativo e problematizante, considerando-se alguns trabalhos mais atuais – do tema do narcisismo na obra de Freud, aponta diversas das contradições ali existentes e critica alguns pós-freudianos que, por meio de uma interpretação pessoal e alguns "remendos" (por exemplo, Hartmann com seu conceito de *self*) procuram manter uma teoria que não se sustenta. Examina então diversas realidades clínicas usualmente ligadas ao narcisismo primário – o sono, a esquizofrenia, a toxicomania e outras condições narcísicas, os estados pré e pós-natais – para descartar este conceito em troca da ideia de que existe uma relação primária do indivíduo com o ambiente; denomina-a "amor primário". Estamos no registro bipessoal; os objetos primários são a mãe, mas também os elementos ar, água, terra e, talvez, o fogo; a metáfora do peixe no mar figuraria bem esta "mescla harmoniosa" em que o ambiente e o indivíduo se interpenetram, existindo juntos. O ponto central aqui é: podemos falar em sujeito e objeto, em *dois*?

Com estas ferramentas em mãos e após fazer um inventário das diversas "técnicas" utilizadas no tratamento analítico, dedica-se ao problema da regressão a fim de propor a "sua" técnica. Como no caso do narcisismo, inicia com uma retrospectiva do conceito de regressão na obra de Freud; isto é em si um mérito, já que muitos autores do mesmo "grupo" *pareciam* não se preocupar tanto com as "bases" freudianas,[12] mas aqui não se encontra uma reflexão de peso sobre estas "bases". O que depreendemos é o objetivo de destacar a experiência negativa de Freud com a regressão no tratamento de alguns de seus primeiros pacientes e, por isto, uma teorização sobre a regressão que ressalta principalmente o seu aspecto resistencial ou perigoso (Balint irá interpretar estas experiências de Freud como exemplos de "regressão maligna"). O problema de Balint é a regressão *na análise*, e ele a toma, portanto, em um sentido específico; pouco se trabalha, por exemplo, a sua articulação com a regressão no sonho ou na etiologia das neuroses. Ele define regressão como "a emergência, em resposta ao tratamento analítico, de formas primitivas de conduta e atitudes, depois de se terem instalado firmemente formas mais maduras" (Balint, 1968/1993, p. 120) e reconhece o caráter vago do termo "primitivo", bem como a dificuldade de distinguir "regressão" de "retraimento" e "desintegração" enquanto estados clínicos diversos.

Balint retoma o fio deixado por Ferenczi. A mudança de ênfase da teoria das pulsões e da "nova psicologia do ego" para o reconhecimento da importância das relações objetais permitiu a Balint

---

12 Observe as palavras ácidas e irônicas de Winnicott (1960d/1990) dirigidas a Balint: "invejo muito a maneira como você consegue recorrer à sua experiência em textos de Freud e discutir essas questões com grande conhecimento quanto ao modo como as coisas se desenvolveram nos primórdios. Eu simplesmente não consigo tomar parte nesse tipo de exercício, embora possa perceber sua importância... Acho, porém, que sempre serei da opinião de que é relativamente desimportante o modo como Freud contestava a si próprio e gradualmente estimulava o pensamento, fazendo novas sugestões. Em uma ou duas décadas, as pessoas que se importam com isso estarão todas mortas" (p. 111). Esta sua profecia não parece ter-se realizado... Aqui, penso, Winnicott não faz jus à sua própria obra, na qual podemos reconhecer um contínuo e rico diálogo com a obra freudiana. A declaração, evidentemente ambivalente, merece, pois, uma interpretação. Levanto apenas um primeiro aspecto, relativamente simples e que não esgota o problema: talvez Winnicott estivesse combatendo o risco de um academicismo estéril, intelectualmente dissociado, tão avesso à experiência psicanalítica.

descrever o que chamou de fenômeno do "novo começo": a partir de um ponto alto de tensão na relação objetal que se dá na transferência, há uma experiência de ruptura (por exemplo, uma paciente que deu uma cambalhota) que conduz a uma mudança súbita em diversos aspectos (nas relações de amor e de ódio com os objetos, no nível de angústia, no caráter e na estrutura do ego) e que implica um momento de regressão que conduz a uma progressão. Balint procura, então, compreender a dinâmica deste fenômeno. Uma de suas observações mais sutis é aquela que afirma que não é a gratificação pulsional da relação com o analista que proporciona o "novo começo", mas o estabelecimento de uma forma de relação primitiva análoga àquela com os objetos primários da área da falha básica; ela é descrita em termos de "amor objetal primitivo", reaproveitando a expressão "amor objetal passivo" de Ferenczi.

É neste ponto que encontramos a sua contribuição pessoal. A partir das experiências de sucesso e de fracasso com o uso da regressão – e buscando metabolizar a controvérsia Freud-Ferenczi – Balint propõe a existência de dois tipos de regressão: a regressão maligna e a benigna. A primeira é insaciável e voraz: se uma necessidade primitiva ou desejo é satisfeito, logo surge uma nova reivindicação exigente e urgente, havendo uma tendência à cronificação em um círculo vicioso; na segunda, o paciente emerge espontaneamente do seu mundo primitivo e se sente melhor (como no "novo começo"). *O contraste entre a "finalidade de gratificação" e a "finalidade de reconhecimento" é o eixo do pensamento do autor para compreender esta diferença*: enquanto uma regressão busca um evento externo, a outra busca utilizar o mundo externo de uma forma que lhe permita lidar com seus problemas internos. Um ponto interessante é que na regressão maligna há a presença muito intensa de desejos de natureza genital, o que recoloca o enigma das formas graves de histeria; aqui podemos levantar o problema da sexualização secundária das relações primitivas segundo um padrão adulto como fator complicador de

272   BALINT: REGRESSÃO E FALHA BÁSICA

alguns quadros clínicos. Outro ponto que merece reflexão é como Balint toma a toxicomania quase como um modelo clínico do círculo vicioso da regressão maligna, o que me parece de uma precisão clínica fina e que traz em si consequências metapsicológicas que merecem uma discussão aprofundada (por exemplo: qual é a relação possível entre uma "regressão maligna toxicomaníaca" e a tendência de retorno à quietude do oceano materno ou ao silêncio vazio do inorgânico implicada nos conceitos freudianos de "narcisismo primário" e de "pulsão de morte"?).

A proposta de Balint é, pois, utilizarmos a regressão como um instrumento terapêutico – baseado no "poder cicatrizante da relação" –, mas estando o tempo todo atentos para os riscos do desenvolvimento de uma regressão maligna. Seria esta divisão entre regressão "boa" e "má" um mecanismo de defesa (clivagem) do analista? Examinemos a estratégia de trabalho por ele sugerida.

Ao afirmar que a alternativa gratificar ou frustrar constitui um falso problema – há que se estudar, por exemplo, a *qualidade* das gratificações, se excitantes ou tranquilizadoras –, Balint propõe que o analista se ofereça como um objeto a ser investido pelo amor primário, mas nunca *ofereça amor* (primário). A partir da crítica da interpretação sistemática da transferência que alimenta a imagem do analista onipotente – buscar proporcionar uma "experiência emocional corretiva" ou influenciar o ambiente externo do paciente para que sofra menos também são respostas onipotentes –, Balint cria a figura do "analista não intrusivo" (a tradução "não importuno" não me pareceu tão adequada). A não interferência tem um valor positivo, bem como o lugar do silêncio na análise é redimensionado; na regressão à área da falha básica, a relação de objeto é mais confiável que a palavra (própria do nível edípico), e esta deixa de ser veículo da associação livre e torna-se morta: a interpretação perde o seu poder. E ainda: quando a regressão atinge a área da criação, qualquer intrusão por uma interpretação destruirá a possibilidade de criar do paciente:

> as interpretações são pensamentos ou objetos completos, "organizados", cujas interações com os conteúdos nebulosos, com os devaneios ainda "inorganizados" da área da criação, podem provocar uma devastação ou uma organização pouco natural e prematura. (Balint, 1968/1993, p. 162)

É importante ressaltar que, para Balint, o objetivo de viver a regressão é propiciar a progressão (um "novo começo") e que a falha básica pode cicatrizar, mas é inanalisável: "a finalidade é que o paciente possa ser capaz de encontrar-se, aceitar-se e continuar por si mesmo, sabendo todo o tempo que existe uma cicatriz em si, sua falha básica, que não pode ser 'analisada' para fora da existência" (Balint, 1968/1993, p. 165).

Balint e Ferenczi: uma herança direta

Como temos visto, a "interrupção" ocorrida na história da psicanálise em virtude da morte prematura de Ferenczi no ápice da "confusão de línguas" entre ele e Freud deixou diversas questões por ele levantadas em um estado de "latência", para só aos poucos ressurgirem, com mais força e relevância, no campo de indagações dos analistas da era pós-freudiana. Podemos considerar a retomada de tais questões como uma verdadeira restauração reparadora, em um esforço de "curar as feridas" geradas pela interrupção traumática.

A participação de Balint na retransmissão desta herança é evidente; mas creio que o "espírito do pensamento de Ferenczi" pairou no ar e ressurgiu no trabalho teórico e clínico de muitos analistas, sem que houvesse se dado uma transmissão mais direta; este fenômeno se deu de maneira especialmente marcante na obra de Winnicott. Mais de meio século se passou desde esta "renascença", e penso que a vigência de tais questões segue com muita força, ainda que adaptações e atualizações significativas devam ser feitas, e que a sua origem na obra de Ferenczi seja, em geral, pouco reconhecida; e mais do que isto: creio que o pensamento de Ferenczi coaduna-se melhor com o "espírito da época" atual da psicanálise que com os tempos iniciais de sua história.

Uma forma interessante de recolocar estes problemas da história da psicanálise é: quais foram os efeitos posteriores da controvérsia Ferenczi-Freud, como ela evoluiu nas décadas seguintes e como se faz presente nos dias de hoje?

Antes de tudo, é importante observarmos, ao longo desta história, a dupla dimensão das "controvérsias": por um lado, elas constituíram um motor da evolução do pensamento mas, por outro, foram muitas vezes fonte de enrijecimento e paralisia deste. Jones assinalou como, desde muito cedo, o movimento psicanalítico tendia a ganhar um caráter quase religioso, sendo Freud o "papa" de uma nova seita e seus textos os "escritos sagrados"; conforme ele mesmo testemunhou, havia "uma atmosfera de discussão vigorosa e um desacordo que se deteriorava frequentemente em controvérsia" (Jones, 1959, citado por Haynal, 1988/1995, p. 105). Justamente a *controvérsia* que Freud, ironicamente, encarava com grande desconfiança, já que, para ele, "nove entre dez destas polêmicas tinham outras motivações que não a procura da verdade" (Jones, 1959, citado por Haynal, 1988/1995, p. 105). Seria a "controvérsia", em si mesma, um sinal de uma tendência à *deterioração* – segundo expressão de Jones – da atividade de pensamento?

É preciso também manter em mente que a controvérsia Freud--Ferenczi foi, sem dúvida, muito penosa, mas ela se manteve e se sustentou *no interior* do movimento psicanalítico, sem redundar em uma ruptura explícita. Este não foi o destino de Adler e Jung, excluídos do movimento muito tempo antes e em um momento ainda muito inicial da sua história, com consequências bastante traumáticas. Anos depois – na década de 1940 –, também Melanie Klein esteve na berlinda, e também, no seu caso, foi possível conter o conflito sem uma ruptura total, por meio de um verdadeiro processo que durou anos, denominado "as discussões controversas", e que resultou em uma espécie de "formação de compromisso": um arranjo institucional que estabeleceu uma espécie de "dois em um". O que observamos é que, a partir de certo momento, fez-se paulatinamente presente no movimento psicanalítico um certo *pluralismo* que pôde ser cada vez mais tolerado e contido. A Sociedade Britânica foi uma das primeiras a criar condições para uma tolerância mínima para a coexistência de várias tendências – ainda que tal coexistência tenha sido muito problemática –; posteriormente, arranjos análogos foram construídos em outros ambientes geográficos, como foi o caso de Paris.

Haynal (1988/1995) dedicou-se desenhar um panorama das novas contribuições trazidas pela linhagem Ferenczi-Balint. Ele destacou a importância atribuída à prática ao invés da "distante teoria especulativa", o envolvimento pessoal do analista como criador e participante na situação analítica e o repúdio de uma visão prescritiva das "regras" em tal situação:

> *ambos [Ferenczi e Balint] estão preocupados com o fortalecimento das forças de mudança e sua eficácia em adaptar-se ao sofrimento individual, seja qual for sua profundidade e gravidade. Eles descrevem o campo analítico em termos do interpessoal e do intersubjetivo, vendo o ser humano como composto de um self interacional,*

> *e consideram decisiva a influência do ambiente fami-*
> *liar – tanto do ponto de vista do traumatismo, como do*
> *ponto de vista do "ambiente materno" inicial. O que se*
> *evidencia aqui é um interjogo constante entre uma certa*
> *visão de homem e uma teoria psicanalítica que expressa*
> *tal visão. (Haynal, 1988/1995, p. 109)*

Creio que este desenho geral pode servir como um bom ponto de partida para reconstruirmos as linhas mestras desta tradição psicanalítica.

Mas é preciso sempre reexaminar o significado desta "nova" tradição que emergiu com olhos críticos. Assim, foi também Haynal quem assinalou como desenvolveu-se, a partir dela, uma *ideia dicotômica* em relação à técnica e aos modelos teóricos, que deve ser mais bem examinada. Trata-se da proposição de uma oposição entre uma técnica supostamente "paterna" – racional, baseada na recordação e no *insight* clássico – e uma "materna" – regressiva, baseada na interação e no experiencial, e que alargou o escopo do trabalho analítico para a comunicação não verbal e o "mais profundo". É cabível opormos uma "técnica clássica" destinada ao trabalho com a psiconeurose e outra destinada à análise de pessoas mais regredidas, que requereria flexibilização e adaptação contínua da situação analítica? Ou, na verdade, os desenvolvimentos da técnica psicanalítica acabaram conduzindo a uma nova atitude terapêutica que tende a ser adotada, de maneira geral, em todo trabalho clínico?

Esta tendência a uma visão dicotômica surgiu também no âmbito dos modelos teóricos. Dessa forma, para alguns analistas, o Complexo de Édipo seria o principal determinante do comportamento humano, enquanto, para outros, as relações com a mãe seriam de uma importância primordial e determinariam a capacidade do sujeito para enfrentar a situação da triangularidade. Seguindo esse raciocínio, seríamos conduzidos a polarizações do tipo "pré-genitalidade *versus* genitalidade, pai *versus* mãe, relação de objeto *versus* narcisismo"; para Haynal (1988/1995), "é em torno destes conceitos antitéticos que se articulam as discussões que acompanham a história das ideias psicanalíticas" (Haynal, 1988/1995, p. 108). Se, por um lado, tal desenho dicotômico da história das ideias e das práticas psicanalíticas parece corresponder, *grosso modo*, a uma realidade familiar a todos, tal "esquematização" nos parece incômoda e pode ser, afinal, por demais simplificadora e reducionista, exigindo uma análise mais atenta e cuidadosa. Aliás, deve-se cuidar também de não reduzir a leitura de Greenberg e Mitchell da alternativa modelo pulsional/modelo objetal a mais um destes tipos de dicotomização reducionista.

E como os analistas têm lidado com o pluralismo acima referido e com a tendência à dicotomização aqui assinalada? Conforme bem observou Haynal (1988/1995), se tal pluralismo reflete concepções diversas de análise e interpretações diferentes da história da psicanálise que poderíamos qualificar como "alternativas contraditórias", é visível que "os psicanalistas, em sua prática, utilizam comumente posições heterogêneas, isto é, um conjunto de elementos vindos de variadas fontes" (p. 106). Me parece um modo interessante de descrever tal fenômeno considerar que os analistas de hoje tendem a encarar as dicotomias à maneira de "séries complementares", como "ideias complementares" que operam em sinergia; apenas uma minoria deles as encara, de fato, como "ideias alternativas" – e os que de fato o fazem tendem a adotar uma posição de *aderência*, por um lado, e de *rejeição*, por outro.

E qual é, afinal, a herança deixada pelo pensamento de Ferenczi?

Sabourin (1985/1988) fez um breve inventário desta herança, buscando mapear sua influência ulterior no mundo psicanalítico. Na Hungria, tal legado foi assumido por Imre Hermann e Géza Róheim – com uma curiosa coloração sócio-antropológica –, além de Vilma

278 BALINT: REGRESSÃO E FALHA BÁSICA

Kovács, Alice Balint e Sándor Radó, mas será seriamente mutilado pela devastação nazista. Por outro lado, o rastro de seu pensamento será reencontrado sobretudo na Inglaterra, mas também nos Estados Unidos e na França. Muitos de seus discípulos diretos e colegas ilustres – como Radó e Róheim – emigraram para a América e para lá levaram as sementes do seu pensamento; uma influência muito frutífera pode ser reconhecida – segundo Sabourin – nos trabalhos de Harold Searles sobre "o esforço para enlouquecer o outro" e no estudo de Bateson sobre o "duplo vínculo" na patologia das comunicações familiares – tão similar ao desmentido materno da situação de violência traumática denunciado por Ferenczi. Ferenczi fez-se presente na França, de início, por meio de um curioso diálogo com Lacan a respeito das "sessões curtas" da "técnica ativa", mas terá, na pena de Maria Torok e Nicolas Abraham, grandes divulgadores, a começar pela recuperação criativa e rica do conceito de "introjeção". Lacan, retomando o valor da concepção ferencziana do infantil, ressaltou que "Ferenczi viu magistralmente essa questão: que é que, numa análise, faz participar a criança no interior do adulto? A resposta é perfeitamente clara: o que é verbalizado de modo irruptivo" (Lacan, 1954, citado por Sabourin, 1985/1988, p. 215).

Mas os reflexos da linhagem Ferenczi-Balint na Inglaterra – e particularmente na "tradição independente" da psicanálise britânica – talvez sejam os mais marcantes, ainda que não sejam, de imediato, tão evidentes. Eles têm se tornado, pouco a pouco, cada vez mais visíveis: a "ilha do Norte" parece ter ofertado as terras mais propícias para a germinação de suas sementes, ainda que tal influência nem sempre tenha sido bem reconhecida.

Em primeiro lugar, é importante perceber que tais reflexos não se encontram apenas nos autores do *Middle Group*. Sabourin assinalou como, no que se refere à controvérsia Klein-Anna Freud, ainda que a primeira tenha sido paciente de Ferenczi e por ele conduzida à construção de sua "psicanálise da criança", Anna Freud mostrou-se muito mais uma "adepta ao ambientalismo" em seus estudos sobre o desenvolvimento da criança e, portanto, mais próxima a Ferenczi. Em contraste, a visão de Klein sobre a relação entre sadismo oral e psicose infantil e sobre a relação entre fase esquizoparanoide e incorporação canibalística coloca-a muito mais próxima ao pensamento de Abraham que de Ferenczi. Penso que esta sugestão de uma correlação Ferenczi-Anna Freud/Abraham-Klein faz sentido, merece atenção e faz eco à complexa trama de relações que acompanharemos nos próximos capítulos ao redor das figuras de Klein, Anna Freud, Fairbairn e Winnicott.

Dois pequenos episódios – situados em duas pontas opostas na linha do tempo – nos ajudam a ponderar melhor sobre tal proposição.

Em 1927, Ferenczi apresentou, em Londres, seu trabalho "A adaptação da família à criança", e M. Klein estava presente. Ela o indagou sobre a fantasia infantil e o uso dos símbolos no tratamento com crianças e a breve resposta de Ferenczi nos mostra sua visão sobre a importância do fator ambiental e sobre a "autoridade" das crianças sobre seus próprios domínios. Ele sugere que, se uma criança agressiva é contida com firmeza e respeito, isto nada tem a ver com educação coercitiva ou recalcamento; o que tal manejo por parte de um adulto lhe proporciona, no fundo, é a oportunidade de desenvolver a "liberdade de fantasiar" e usufruir do "direito de imaginar-se onipotente". Essa resposta de Ferenczi nos lembra bastante as formulações ulteriores de Winnicott sobre a função fundamental do pai-ambiente de conter a agressividade a fim de dar condição para a emergência do usufruto da liberdade de imaginação e expressão pulsional, em uma elaboração mais efetiva da posição depressiva. E, quando Klein pergunta a Ferenczi sobre como traduzir os símbolos para as crianças durante o tratamento, ele responde que "as crianças têm mais a nos ensinar nesse domínio que o inverso;

280 BALINT: REGRESSÃO E FALHA BÁSICA

os símbolos são a própria língua das crianças, não temos que ensinar-lhes como se servirem dela" (Ferenczi, 1928a/1992, p. 13). Essa resposta prenuncia a visão crítica que Balint irá construir da técnica kleiniana, por demais invasiva e autoritária, levando a uma série de distorções perniciosas na transferência e na evolução do tratamento. Creio que este pequeno episódio ilustra bem as diferenças significativas entre o pensamento teórico-clínico de Ferenczi e Klein, bem como a afinidade maior entre ele e o dos autores do *Middle Group*.

Muitos anos depois, em 1999, Hanna Segal falou a Joseph Aguayo sobre a relação entre Klein e Winnicott. Nesta entrevista, ela ressaltou as enormes diferenças entre os dois e a não aceitação pelo grupo kleiniano das proposições técnicas de Winnicott, que Segal chamou de "técnicas ativas". Quando Aguayo assinalou que a maneira de trabalhar de Winnicott lembrava bastante a técnica ativa de Ferenczi, Segal respondeu: "Ah, pior que a de Ferenczi!" (Aguayo, 1999, citado por Rodman, 2003, p. 263). Rodman utiliza este material relativamente recente para ressaltar como a depreciação do trabalho de Winnicott por parte de Klein, Rivière e seu grupo parece ter perdurado no tempo, indicando um conflito de posições e de relações interpessoais difícil de recrudescer. Se tomarmos estes dois episódios em conjunto – a apresentação de Ferenczi em Londres de 1927 e a entrevista com Hanna Segal em 1999 – podemos especular sobre como a distância entre Klein e Winnicott pode ser, em uma de suas inúmeras linhas de força, também correlata a uma possível relação de continuidade entre Ferenczi e Winnicott.

Aportamos, portanto, por fim, na relação entre Ferenczi e os autores do *Middle Group* – evidente no caso de Balint, mas paradoxal no caso de Winnicott –, e aqui temos um campo de pesquisa fascinante.

Ao longo deste capítulo e do anterior, temos acompanhado diversos fios que ligam as obras e as figuras de Ferenczi e Balint. Apenas para ilustrar tais relações, observemos que, no prefácio de 1928 à edição húngara de *Thalassa*, Ferenczi fez um agradecimento especial ao seu "aluno" Balint, que "reviu este livro com a ótica de um biólogo moderno e chamou minha atenção para alguns erros que se tinham insinuado no texto original" (Ferenczi, 1924/1993, p. 258). Vê-se aqui como esta parceria marcante já neste período proporcionou a oportunidade a Balint acompanhar "nos bastidores" a elaboração desta obra tão seminal. Do outro lado da corda, um salto no tempo nos leva a 1967, e desta vez é Balint quem se pronuncia sobre o destino futuro do legado de Ferenczi:

> *mais de 30 anos passaram desde que Ferenczi morreu de anemia perniciosa, sem ter concluído suas últimas experiências, e os problemas técnicos que ele suscitou ainda não receberam resposta definitiva. Durante alguns anos, pareceu que a psicanálise tinha rejeitado definitivamente suas ideias. Contudo, nestes 10 últimos anos, os problemas suscitados por Ferenczi têm despertado um interesse cada vez maior. O julgamento definitivo pertence ao futuro. (Balint, 1967/1992, p. XXV)*

Quase meio século se passou desde que Balint escreveu estas palavras e parece que o "julgamento do futuro" foi bem mais generoso com Ferenczi que o silêncio e a latência entre os anos 1930 e 1960 poderiam fazer prever. Hoje, estamos certamente em outra época: as controvérsias reavivadas na década de 1960 ficaram menos proeminentes e o "espírito ferencziano" está certamente bem mais assimilado e "introjetado" pela psicanálise contemporânea. Se algum risco corremos, é o de e abraçar a "causa" como mais um dos modismos que seduzem os psicanalisas desavisados e não olharmos para a herança ferencziana com o equilíbrio e o olhar crítico que ela merece.

Winnicott e Ferenczi: heranças e paradoxos

Por outro lado – e em contraste com o elo de ligação explícito entre Ferenczi e Balint –, a relação entre Ferenczi e Winnicott é bastante paradoxal: pois, ao mesmo tempo em que as semelhanças de pensamento entre os dois autores são muito significativas, Winnicott manteve sempre e deliberadamente uma distância bem marcada em relação à obra de Ferenczi.

O "espírito ferencziano" pode ser reencontrado em diversas elaborações de Winnicott. Como vimos em detalhe no capítulo sobre Ferenczi, se seu artigo pioneiro sobre a introjeção prenuncia a "busca de objeto" posteriormente formulada por Fairbairn, seu estudo sobre o desenvolvimento do sentido de realidade, ao dar destaque, legitimidade e positividade a um estado infantil de onipotência do Eu que é oferecido e sustentado por um outro humano, prenuncia a concepção winnicottiana de desenvolvimento do Eu, no qual a ilusão e a experiência de onipotência ganham um lugar primordial. *Thalassa*, enquanto uma leitura alternativa dos *Três ensaios sobre a sexualidade* de Freud, reafirmou e proporcionou consistência conceitual e metapsicológica para o princípio regressivo enquanto um orientador na leitura dos processos psíquicos e do trabalho do clínico, projeto que será abraçado ulteriormente por Winnicott à sua maneira (notadamente em "Aspectos clínicos e metapsicológicos da regressão..."). Como um bom exemplo deste paralelo, considere-se as sugestões que a construção ferencziana oferece para uma teoria alternativa sobre a compulsão à repetição evitando o caminho que apela para a hipótese da pulsão de morte, como o fará Winnicott muitas décadas depois.

Mas é no conjunto dos últimos trabalhos de Ferenczi que encontramos o paralelo mais evidente com as posteriores formulações de Winnicott. No âmbito de uma "teoria da técnica", diversos são os pontos de contato. Em ambos os autores, a ênfase na origem exógena e relacional do sofrimento psíquico os leva a redirecionar o foco do tratamento psicanalítico para o *cuidar* – o "manejo", na terminologia de Winnicott – da criança ferida por uma má-adaptação do seu entorno na infância.

Como vimos em detalhe, Ferenczi positivou o "relaxamento" como caminho da terapêutica, em contraste com um princípio de frustração; Winnicott, em direção semelhante, falou em regressão à dependência e a um estado de não integração e ao informe, e reivindicou a legitimidade do "brincar" como modelo para a experiência da cura. Winnicott (1971/1996) referiu-se, aliás, explicitamente, à importância de um "relaxamento" na situação analítica nos mesmos termos que Ferenczi, e relacionou-a, de modo muito interessante, à regra da associação livre:

> *refiro-me à essência do que torna o relaxamento possível.*
> *Em termos da livre associação, isto significa que se deve*
> *permitir que o paciente no divã ou o paciente criança*
> *entre seus brinquedos no chão comunique uma sucessão*
> *de ideias, pensamentos, impulsos e sensações que não estão*
> *conectadas... No relaxamento que implica em confiança*
> *e aceitação da confiabilidade profissional no* setting *tera-*
> *pêutico, tornam-se possíveis sequências de pensamentos*
> *não conectados que o analista faz bem de aceitar assim*
> *como se apresentam. (Winnicott, 1971/1996, p. 55)*

O relaxamento tem, aqui, um sentido eminentemente relacional, já que implica necessariamente um outro confiável, receptivo e não precipitador de conexões de sentido. É neste contexto que Winnicott introduz a noção tão preciosa do *informe*. Em análises marcadas pela necessidade da busca de si-mesmo em virtude de rupturas muito precoces do espaço potencial, o trabalho terapêutico passa a ter como meta propiciar oportunidades para a experiência do informe e dos impulsos criativos, que constituem a matéria-prima do brincar. Para Winnicott, deve-se diferenciar, na técnica analítica, a "atividade intencional" de outra atitude, caracterizada pelo "ser/estar [*being*] não intencional" do estado do relaxamento. E aqui, Winnicott cita, surpreendentemente, *A falha básica* e relaciona este contraste de atitudes às regressões maligna e benigna de Balint; ele menciona, ainda, um artigo de Khan sobre a provisão de frustração ou de reconhecimento por parte do analista – princípio de frustração que, como Ferenczi bem havia já ressaltado, encontra-se no lado oposto de um princípio do relaxamento, ou do "ser/estar não intencional".

Não creio que seria exagerado dizer que Ferenczi visava, em seus experimentos clínicos dos últimos anos, justamente uma "regressão à dependência", conforme formulação de Winnicott. Neste ponto, penso que Balint foi ainda um pouco mais adiante, ao distinguir as regressões maligna e benigna; esta nova ferramenta de trabalho possibilitou esclarecer problemas sérios enfrentados por diversos analistas no manejo da regressão e tem nos auxiliado a reorientar o trabalho clínico nas situações regressivas com mais critério e acuidade. E, como temos visto, nasce, com esta linhagem inaugurada por Ferenczi, um olhar renovado e transformador sobre a metapsicologia do processo e da situação analítica, colocando a dinâmica transferência-contratransferência – sempre considerada a partir de uma ótica relacional e intersubjetiva – na linha de frente do trabalho terapêutico.

No plano dos modelos teóricos, as semelhanças que se destacam são o foco na problemática do desenvolvimento do Eu e a proposição da dissociação como a consequência da má-adaptação inicial; e, mais explicitamente em Winnicott, a proposição da dissociação como o mecanismo *princeps* das formas não neuróticas de estruturação psíquica. Nesta linha, não é difícil ver na "mente dissociada do psicossoma" de Winnicott um herdeiro direto do "bebê sábio" de Ferenczi, ou na distorção grave da personalidade por uma identificação com o agressor algo semelhante à construção da fortaleza de um "falso *self*" – formado à imagem e semelhança do outro, por uma identificação alienante ao ambiente – como processo de defesa radical diante do risco de se renovarem as invasões insuportáveis do "verdadeiro *self*".

Com tantos pontos de contato tão evidentes e gritantes, como não concluir sobre uma filiação – ou pelo menos uma relação de continuidade – entre os dois autores? Qual não é nossa surpresa ao nos darmos conta de que esta definitivamente não foi a posição de Winnicott! Por um lado, sabemos que ele declarada e repetidamente situou seu pensamento em uma relação de continuidade histórica com Freud e Klein; mas, por outro lado, é clara, por parte de Winnicott, uma posição silenciosa, *em negativo*: ele nunca reconheceu ou colocou-se em uma relação de continuidade significativa com Ferenczi, como o fez Balint. Eis um paradoxo que atiça nossa curiosidade e que nos brinda com mais uma observação interessante sobre o caráter não linear da história da psicanálise – seja em termos da relação de derivação entre os conceitos, seja em termos da relação de filiação entre seus ilustres "personagens".

Examinemos alguns fatos curiosos.

Em primeiro lugar, é muito chamativo que Winnicott praticamente nunca tenha citado Ferenczi em seus escritos – com uma única exceção – e que, provavelmente, tampouco tenha se dedicado a ler cuidadosamente seus trabalhos. A exceção se deu em seu artigo sobre a "classificação",[13] no qual ele abordou a questão das estruturas

---

13 Sabourin (1985/1988, p. 208) cometeu aqui um pequeno equívoco, pois ele afirmou que esta única referência de Winnicott ao trabalho de Ferenczi se deu em *O brincar e a realidade*, quando na verdade ela se deu no artigo sobre a *Classificação*.

psicopatológicas no entrecruzamento entre a psicanálise e a psiquiatria. Winnicott inicia com um breve percurso histórico do tema: Freud dedicou-se à clínica da neurose, mas também deu o pontapé inicial para o estudo da psicose com o conceito de narcisismo; no entanto, foi ele também quem limitou a pesquisa clínica, ao considerar que a psicose não era afeita ao tratamento psicanalítico – pois trata-se de uma "neurose narcísica", que não desenvolve transferência. Winnicott destaca então o papel histórico de Ferenczi na modificação deste estado de coisas, já que foi ele quem preconizou que a psicanálise poderia e deveria adaptar sua técnica para o tratamento de casos fronteiriços e de distúrbios do caráter. O fracasso nas tentativas empreendidas até então não se devia apenas às características do paciente, mas também a uma "deficiência da técnica". Após esta breve menção a Ferenczi, Winnicott (1959-1964/1990) assinala que "a partir daqui a concepção de *setting* psicanalítico começou a se ampliar" (p. 126) e segue para os trabalhos de M. Klein, Aichhorn e A. Freud. O texto de Ferenczi citado por Winnicott é justamente "Análise de crianças com adultos", de 1931, que, como vimos, se insere no coração das reformulações técnicas e teóricas dos últimos trabalhos de Ferenczi que conduziu a uma mudança sutil e radical do que entendemos por *infantil* em psicanálise.

Essa menção correta e historicamente pertinente ao trabalho de Ferenczi indica que havia uma percepção mínima por parte de Winnicott de que suas próprias propostas de modificação técnica para o tratamento da psicose tinham um antecedente significativo em Ferenczi, o que nos proporciona indícios significativos de que é incorreto supor que Winnicott desconhecia ou ignorava *inteiramente* o trabalho de Ferenczi. Seria plausível supor, aqui, pela data e pelo contexto desta citação – preocupação de situar historicamente o tema abordado no artigo –, que o *insight* um pouco mais claro sobre este seu "ascendente" na família psicanalítica tenha vindo um pouco tardiamente e também segundo uma lógica de ressignificação *a posteriori*; e nada nos impede de imaginar que Winnicott tivesse – ainda assim – uma noção um tanto *ligeira* do trabalho de Ferenczi, e que provavelmente tenha sido alertado sobre o fato por colegas próximos mais "antenados" com a linhagem Ferenczi-Balint.

Uma segunda notícia nos proporciona uma nova ampliação de visão sobre a questão, tornando um pouco mais nítida a imagem que podemos formar da situação. Trata-se de uma declaração de Enid Balint, paciente de Winnicott e esposa de Balint:

> *Winnicott dizia abertamente que não quis ler Ferenczi, por exemplo, porque queria pensar por si mesmo. Então ele não o leu. Ele havia lido Freud quando era estudante, acredito; ele de fato conhecia Freud. (Rudnytsky, 2000, citada por Rodman, 2003, p. 407)*

Se confiarmos na veracidade deste testemunho de Enid Balint, temos aqui a confirmação de uma evitação *ativa*, por parte de Winnicott, de aproximar-se da obra de Ferenczi, e por um motivo que combina muito bem com sua personalidade e seu modo de pensar – consideremos, por exemplo, a importância e o valor da ideia de um si-mesmo (*self*) e da criatividade pessoal.[14]

É preciso observar, ainda, que esta *evitação de ler* acabou por se ampliar em direção a uma *evitação de reconhecer*. Pois, quando, no final de sua trajetória, em uma célebre reunião, Winnicott (1967a/1989) dirigiu-se aos colegas a fim de explicitar a relação de suas teorias com as diversas fontes que a antecederam e o influenciaram, ele passou por uma infinidade de autores e pensadores mais ou menos próximos ou distantes, e simplesmente não mencionou

---

14 Para mais detalhes, ver, adiante, capítulo sobre Winnicott.

Ferenczi. Foi neste momento, aliás, que ele fez uma importante autocrítica e reconheceu a sua incompreensão inicial a respeito da contribuição de Fairbairn – *mas nada de rever o lugar de Ferenczi na sua árvore genealógica psicanalítica pessoal!*

Winnicott valorizava, acima de tudo este "pensar por si mesmo". Mas haveria, também, embutidos neste princípio de independência, alguns medos subjacentes – como o medo de descobrir-se não tão original, ou o medo do peso de uma "influência" e de uma referência paterna que oprimisse ou ofuscasse sua própria criação? Penso que uma atitude como essa comporta vantagens e desvantagens: a vantagem de liberdade e maior desenvoltura no processo de pesquisa e a desvantagem de um possível empobrecimento pelo fato de, por desconhecer trabalhos que dialogam com o seu, deixe de explorar a reflexão frutífera que poderia advir das articulações entre os diversos pensamentos. Enquanto Balint optou explicitamente por divulgar e discutir extensamente o trabalho de Ferenczi e, a partir daí, desenvolver o seu próprio – com ressignificações, acréscimos e críticas do trabalho do mestre –, Winnicott optou consciente e explicitamente por conservar-se como uma espécie de "franco atirador".

Em sua biografia de Winnicott, Rodman reafirmou que aquele evitou ler Ferenczi para proteger a originalidade de seu pensamento e opinou que Winnicott não o fazia pois de fato tinha uma noção clara da semelhança entre o trabalho dos dois analistas – especialmente quanto aos "métodos experimentais" de Ferenczi, que anteciparam as modificações técnicas preconizadas por Winnicott posteriormente. Mas ele acrescentou também mais uma informação de grande interesse: em certa ocasião, Winnicott tratou de um paciente que havia sido anteriormente atendido por Balint e pelo próprio Ferenczi! Rodman (2003, p. 109) então propõe uma hipótese curiosa: ele sugere que Winnicott aprendeu bastante sobre os métodos de Ferenczi por meio do tratamento deste paciente que eles tiveram em comum! A suposição soa, de início, como bastante especulativa e um pouco exagerada e fantasiosa; mas, por outro lado, ela não deixa de ser também um tanto plausível.

Todas essas "construções" sobre as relações entre Ferenczi, Balint e Winnicott nos levam a refletir sobre as estranhas formas em que se dá a transmissão da psicanálise entre suas gerações. É claro que as publicações, comunicações e discussões científicas são fundamentais; mas o saber psicanalítico se transmite também pelas entrelinhas, pelos corredores, nas supervisões, nas pequenas conversas e, sobretudo, no *setting* analítico! Que melhor forma de Winnicott introjetar Ferenczi que escutar em um paciente as ressonâncias do trabalho anterior do colega? Que melhor maneira para avaliar o trabalho de um analista que observar, no tempo da posterioridade, os efeitos de seu trabalho que seus pacientes carregam consigo e que se reapresentam na situação analítica em reanálises posteriores?[15]

A transmissão paradoxal de Ferenczi a Winnicott é um testemunho histórico da complexidade dos processos de transmissão, que muitas vezes parecem mais um "jogo de esconde-esconde" entre a busca de reconhecimento e necessidade de afirmação de independência. Balint e Winnicott conviveram em um mesmo ambiente, tinham diversas afinidades e visões próximas da psicanálise, respeitavam-se e "se davam bem, mas não eram amigos em termos sociais" (Rodman, 2003, p. 19) – mas quão diferentes eram suas posturas quanto à herança ferencziana! Ainda que Balint tenha sido oficial e efetivamente o embaixador da obra e do pensamento de Ferenczi,

---

15 Em comunicação pessoal em supervisão, Radmila Zygouris ressaltou este fenômeno tão singular da experiência psicanalítica: o conhecimento que obtemos do trabalho clínico de colegas por meio da análise de pacientes que foram anteriormente por eles atendidos.

290   BALINT: REGRESSÃO E FALHA BÁSICA

como não reconhecer o quanto o legado de Ferenczi reencarnou
no trabalho de Winnicott, em tantos aspectos acima levantados?

O estranho silêncio de Winnicott sobre Ferenczi é de fato "gritante" e contrasta com o trabalho sistemático de Balint sobre a obra
de Ferenczi. Mas, como a história vive se reescrevendo a partir das
novas visões que a passagem do tempo nos oferece, esta conjunção
não impediu que André Green (1999/2000) viesse, mais recentemente, a *considerar Ferenczi o verdadeiro precursor de Winnicott*:

> *de fato, ainda que suas [de Ferenczi] indicações técnicas
> sejam muito discutíveis, não há dúvida de que ele apontou
> para algo que iria ulteriormente sair à luz do dia na psica-
> nálise. O mais interessante, na minha opinião, é que não
> foi a escola húngara que tirou maior partido das indica-
> ções de Ferenczi. Apesar de todo interesse que possa haver
> pela obra de Balint, esta está, em minha opinião, muito
> aquém das contribuições de Winnicott. Mas este não re-
> conhece uma dívida específica a respeito de Ferenczi, já
> que provém de outra linhagem – a de Melanie Klein.*[16]

Levando-se em conta os pontos que aqui levantamos, me parece
essencialmente correta a afirmação de Green quanto a Ferenczi ser
o verdadeiro precursor de Winnicott – ainda que seja importante
complementar tal afirmação com a consideração sobre o fato de
que a situação se torna um pouco mais complexa quando nos apro-
fundamos nesta estranha relação de filiação e nos damos conta
do seu caráter tão paradoxal. O não reconhecimento por parte de
Winnicott é de fato muito instigante e "pede" um trabalho mais cuidadoso de investigação e interpretação, que temos aqui esboçado.

---

16 Luís Claudio Figueiredo (2002) tem também assinalado esta relação de continuidade entre Ferenczi e Winnicott.

Mas talvez Green tenha descuidado um pouco no balanceamento das contribuições de Winnicott e Balint. Não há dúvida de que a genialidade e a originalidade teórico-clínica da obra de Winnicott são profundamente impactantes, mas é preciso considerar também o caráter sedutor e atraente de sua postura para o paladar um tanto ingênuo de muitos leitores, que pode enviesar a apreciação de suas ideias. E, por outro lado, faz-se necessário uma aproximação mais cuidadosa à obra de Balint que, em seu estilo mais conciso e cristalino, teoricamente cuidadoso sem ser virtuoso, contribui de modo efetivamente significativo; trata-se de um tecido fino, metapsicológica e clinicamente muito rico, contendo uma contribuição pessoal realmente significativa.

O legado de Balint

Creio, pois, que uma aproximação mais cuidadosa nos possibilita reconhecer melhor o real valor das contribuições de Balint. Os méritos de sua obra são diversos. A sua capacidade de organizar o campo conceitual e clínico da psicanálise, estudando de maneira crítica e lúcida as diversas posições vigentes, é notável. Ao mesmo tempo, Balint assume posições bem claras neste campo, e desenvolve teses e ideias próprias que evoluem lentamente ao longo de muitos anos de trabalho. Assim, se a ideia de um "novo começo" já foi proposta no início da década de 1930, a construção da teoria do "amor primário" evoluiu desde então, consolidando-se na década de 1950.

Mas é no final da década de 1950 que Balint consolida tal modelo teórico, complementando-o com as noções de "ocnofilia" e "filobatismo" – uma de suas contribuições mais inspiradas. Como alternativa à proposição freudiana do "narcisismo primário", Balint desenvolveu a teoria do "amor primário", segundo a qual o indivíduo nasce em um estado de intensa relação como seu entorno – tanto biológica quanto libidinalmente –, em um "mundo" no qual ainda não existem objetos diferenciados, e sim "substâncias" ou expansões sem limites. A emergência da experiência com o objeto produz duas ordens de reações polarizadas: a adesão ao objeto ou a busca de "expansões sem objeto".

> No mundo ocnofílico, o investimento primário, embora misturado com uma grande dose de angústia, parece aderir aos objetos emergentes: estes são sentidos como seguros e tranquilizadores, ao passo que os espaços entre eles são considerados ameaçadores e terríveis. No mundo filobático, as expansões sem objeto retêm o investimento primário original e são consideradas como seguras e amistosas, enquanto que os objetos são percebidos como perigosos e traiçoeiros. (Balint, 1968/1993, p. 61)

Neste modelo, Balint retrabalha, à sua própria maneira, os desafios sempre presentes na construção de uma "distância ótima" na relação de objeto. Freud já havia nos falado da fábula do porco espinho, que precisa encontrar, na relação com seu semelhante, a distância ótima entre a proximidade mínima que proporciona calor e a distância mínima que o protege das possíveis feridas causadas pelos espinhos do outro, pela proximidade excessiva; este dilema pode também ser redescrito em termos da polarização entre relação simbiótica e posição esquizoide.

O alcance de tais proposições parece não ter sido ainda suficientemente apreciado. A reforma da teoria do desenvolvimento do Eu e o modelo alternativo que Balint nos oferece são de grande interesse e suas implicações clínicas são ainda mais relevantes. A sua descrição minuciosa do manejo destas formas primitivas de relação objetal na situação analítica é de grande valor, além de calcada em ampla experiência clínica. A título de exemplo, note-se a leitura crítica que Balint fez da tendência ocnofílica da técnica psicanalítica vigente no ambiente inglês das décadas de 1950 e 1960, segundo a qual tudo é interpretado como um fenômeno transferencial. Esta modalidade de trabalho analítico fomenta a figura de um analista onipotente diante do qual o paciente se vê como insignificante e aprisionado em uma suposta "dependência oral". O papel das relações de amor primário e as necessidades filobáticas são aqui totalmente desprezadas – deixando de fazer o necessário contraponto ao excesso de ocnofilia –, gerando uma distorção muito significativa do vínculo transferencial.

É na esteira desta leitura que Balint ressaltou a importância de o analista dar suporte à experiência regressiva em casos em que falhas básicas significativas marcaram a história do sujeito, dando oportunidade ao paciente de vivenciar uma relação bipessoal que não pode, não precisa e talvez não deva ser expressa em palavras. Pois a interpretação pode ser experimentada, nestes casos, como interferência, crueldade, uma demanda injustificável ou uma influência injusta, e funciona como um objeto organizado que pode provocar uma devastação ou uma organização pouco natural e prematura, rompendo as necessidades correlatas à "área da criação". É aqui que surge, na pena de Balint, a proposição fundamental da ética *do analista não intrusivo*. A semelhança com as proposições de Winnicott quanto à "área do informe" e a necessidade de recuperar o gesto criativo do *self* na situação analítica é aqui notável.

Considero, ainda, que o pensamento de Balint nos ajuda a desenhar de maneira mais fina a dialética entre regressão e progressão no processo analítico. Pois é justamente esta dialética que nos protege da instalação de uma regressão maligna vertiginosa e desagregadora e serve como um importante antídoto contra tal perigo. O conceito de "regressão" não se aplica apenas aos processos de adoecimento e de cura, mas também – e essencialmente – ao "viver criativo" postulado por Winnicott, ao sonhar, ao amor e à experiência com a sexualidade – como Ferenczi desenvolveu em "O coito e o sono" –, e, por fim, à transferência experimentada na situação analítica. Em todos estes casos, é o delicado equilíbrio entre movimentos regressivos e progressivos – à maneira dos ciclos da natureza dia/noite, ou maré alta/maré baixa – que está em jogo.

A posição de Balint permitiu-lhe uma visão singular. Duplamente identificado e estrangeiro à psicanálise ferencziana e à inglesa – e estando em posição de colocar em questão a tradição e a tradução freudiana –, pôde estar menos aderido à nacionalidade e ao narcisismo das pequenas diferenças que assola o continente psicanalítico, e assim propor o interessante problema da confusão de línguas no campo da psicanálise. Assim, o óbvio – do ponto de vista metodológico e do senso comum – pôde ser formulado: o sucesso de um tratamento não pode ser tomado "como prova de validade de qualquer proposição teórica" (Balint, 1968/ 1993, p. 123). A sua "posição trilíngue" talvez propicie também uma certa reserva em relação à linguagem verbal adulta por aquilo que ela comporta de onipotente e autorreferente; é assim que ganham destaque os temas dos limites da palavra, do risco de ela tornar-se ineficaz e morta e do valor do silêncio e da linguagem gestual como modos de comunicação.

Balint considerava-se – junto com outros (Searles, Winnicott, Little e Khan) – como pertencente aos "limites" e não ao "centro clássico maciço" da comunidade psicanalítica: "somos conhecidos, tolerados e talvez até mesmo lidos, mas certamente não citados" (Balint, 1968/1993, p. 143). Hoje há uma "explosão" de Winnicott e, até certo ponto, de Ferenczi também; cabe a nós a tarefa de compreender criticamente este fenômeno.

O trágico evento ocorreu no início da década de 1930.
Isso significa que, desde então, surgiu uma nova geração
de analistas, esperando-se que se tornem capazes – ou

já o sejam – de reexaminar certas doutrinas e crenças, que durante muitos anos foram tabu para um analista adequado. (Balint, 1968/1993, p. 143)

Como atualizar esta leitura histórica e avaliar este "voto de esperança" que Balint dirigiu às novas gerações de analistas que viriam? Penso que, hoje, enfatizamos menos a aceitação ou não de certas ideias e mais a qualidade das discussões e a seriedade com que são revisitadas propostas como as de Ferenczi e de Balint, e que foram objeto de grande controvérsia décadas atrás.

É fato que a posição *sui generis* de Balint desperta bastante interesse, tanto pelas virtudes de um não alinhamento automático a escolas e mestres, quanto em termos de uma leitura sensível do movimento das ideias e dos personagens da cena psicanalítica. Mas, ao lado desta posição – e, em parte, também em virtude dela –, deve-se reconhecer também a relevância de sua contribuição teórico--clínica. O estudo sistemático de Balint sobre a regressão foi – seguindo os passos de Ferenczi – original e corajoso; ele teve, sem dúvida, um importante papel de protagonista por chamar a atenção ao tema e por problematizá-lo de maneira consistente e clinicamente tão útil; este papel será compartilhado, posteriormente, com Winnicott, que – talvez pelo efeito de encantamento que sua obra costuma produzir – veio a ofuscar, em parte, as proposições pioneiras de Balint. E, e ao lado do estudo da regressão, deve-se ressaltar a contribuição de Balint ao propor a "falha básica" como chave conceitual para a clínica não neurótica, o que lhe proporcionou um lugar de destaque considerável na história da psicanálise.

Concluímos, assim, este trecho de percurso na história das ideias com uma forte impressão de espanto diante das complexas e paradoxais formas de transmissão na família psicanalítica. É por caminhos surpreendentes e não lineares que o pensamento das relações de objeto tem seguido seu destino na história da psicanálise, e hoje podemos reconhecer com um pouco mais de nitidez o papel fundamental cumprido por este triângulo semioculto: Ferenczi, Balint e Winnicott.

5. Fairbairn e a busca de objeto

O trabalho de Fairbairn é, em geral, pouco conhecido e difundido no Brasil; se compararmos com o interesse despertado pela obra de Winnicott no nosso meio, a diferença é gritante. Mas, para aqueles que se dedicam a conhecer melhor o pensamento das relações de objeto e sua origem na psicanálise britânica, topar com sua obra é inevitável; e, em que pesem a diferenças de visão de cada estudioso da história da psicanálise, é hoje em geral bem reconhecido que ele foi um dos principais pilares da teoria das relações de objeto.

Iniciemos com um breve olhar histórico sobre o início de sua trajetória, para então nos familiarizarmos com alguns aspectos centrais de seu pensamento; no final do capítulo, acompanharemos um pouco dos efeitos e repercussões de suas proposições.

Uma trajetória excêntrica

Fairbairn nasceu em Edimburgo, na Escócia, onde passou toda sua vida até falecer em 1964. Estudou filosofia, teologia, línguas clássicas e, posteriormente, medicina, formando-se em 1923. Após dois anos, iniciou a prática psicanalítica, sem ter tido uma formação estruturada ou qualquer vinculação institucional.

O seu ingresso na Sociedade Britânica de Psicanálise foi um tanto excêntrico e teve na figura de Ernest Jones uma participação marcante. Devemos considerar que os meios de institucionalização da psicanálise, na época, não estavam rigorosamente estandardizados e que a comunidade estava ainda em processo e sedimentação – além de estar sendo sacudida pelas turbulências sociais da Europa de então –; ainda assim, o caminho de Fairbairn foi incomum. Durante os anos 1930, ele participou de alguns encontros científicos na Sociedade Britânica, mas, em virtude da distância geográfica – problema agravado pela Segunda Guerra –, nunca manteve uma participação assídua. Em 1931, Fairbairn publicou um artigo em que advertia os psicanalistas sobre algumas confusões conceituais comuns em seus trabalhos; Jones apreciou bastante este trabalho e, por admirar o pensamento e o rigor intelectual de Fairbairn, defendeu, em seguida, que ele fosse eleito como membro associado, mesmo que não tivesse se submetido ao treinamento psicanalítico usual.

Jones era tido como um crítico rigoroso, mas demonstrava ter também uma mente aberta que lhe permitia ver a importância potencial de novas ideias, em situações em que diversos de seus colegas reagiam negativamente ou com indiferença. Recordemos que foi também pela mão de Jones que M. Klein ingressara na Sociedade Britânica; a sua imigração de Berlim para Londres, após a morte de Abraham, deveu-se, em grande parte, ao convite e à acolhida oferecida por Jones. É preciso considerar, no entanto, que se Jones foi ousado por ter patrocinado a incorporação desta figura tão excêntrica no panorama da época – Fairbairn tornou-se o único membro da Sociedade Britânica a trabalhar em Edimburgo –, havia já fortes sinais de sua competência e engajamento com a psicanálise. A sua tese de doutorado, defendida em 1929, cujo tema era "Dissociação e Repressão", é um estudo extremamente acurado, que demonstra seu conhecimento profundo da obra de Freud; antes disso, Fairbairn ministrava seminários na Universidade de Edimburgo sobre o conceito de superego, nos quais realizava um estudo minucioso e bastante crítico de *O Eu e o Isso* de Freud – apenas seis anos após sua publicação! Hoje, pode-se reconhecer claramente como estes estudos iniciais antecipam e preparam o terreno para o que viria posteriormente.[1]

A década de 1940 foi o período decisivo para a contribuição histórica de Fairbairn; o núcleo de sua "pequena revolução" na história das ideias se concentra principalmente em três artigos publicados entre 1941 e 1944 – sendo o último deles o mais denso. No entanto, suas proposições ganharam maior visibilidade na década seguinte, pela publicação, em 1952, de *Estudos psicanalíticos da personalidade*. Este é o livro pelo qual ele ficou mais conhecido. Trata-se de uma coletânea de artigos publicados até então, e cuja primeira parte, denominada "Uma teoria das relações objetais da personalidade" e composta de sete capítulos, constitui o material básico de pesquisa para todos aqueles que querem compreender qual é, afinal, o teor de sua contribuição para a psicanálise. O livro foi traduzido e publicado no Brasil em 1980 pela Editora Interamericana – editora pequena e distante do universo psicanalítico habitual –, em edição antiga e pouco acessível. Trata-se de fato curioso, já que, na época, as publicações psicanalíticas eram muito mais restritas e o autor

---

1 A disponibilidade pública destes primeiros trabalhos de Fairbairn só se deu em 1994, com a publicação de seus *Selected Papers* (Scharff & Birtles, 1994).

muito pouco conhecido. Esta edição parece ter se perdido na poeira do tempo, em mais um lance que sugere a excentricidade do lugar de Fairbairn na história da psicanálise; seria interessante poder recuperar por quais caminhos tal edição chegou a se dar na época.

Mais uma vez, a mão de Jones se fez presente ao escrever o prefácio do livro – uma apresentação de dois parágrafos tão sucinta quanto marcante. Nele, Jones ressalta a originalidade do trabalho de Fairbairn e assinala como ele adota um ponto de partida diverso daquele de Freud: "tudo isto constitui uma nova abordagem na psicanálise, que deveria conduzir a muitas discussões frutíferas" (Jones, 1952/1980, p. v). Ao escrever estas palavras justamente quando estava mergulhado em sua pesquisa para a biografia de Freud, Jones demonstra equilíbrio, sobriedade e independência de pensamento, uma vez que reconhece a dimensão de renovação significativa da proposta de Fairbairn sem incorrer nos polos do elogio ufanista ou da desconfiança *a priori*. A posição que adota é honesta e elegante: "não me cabe prever o julgamento que o conteúdo deste livro irá sofrer, mas posso permitir expressar a firme opinião de que ele será, seguramente, muito estimulante" (Jones, 1952/1980, p. v). Será "muito estimulante" e conduzirá a "muitas discussões frutíferas": creio que Jones pôde pressentir que um novo capítulo da história da psicanálise se iniciava ali, com desdobramentos dificilmente previsíveis.

O livro publicado em 1952 não só foi seu livro inaugural, como permaneceu "o" livro-referência de sua obra. Ainda que tenha sido precedido e sucedido por outros artigos significativos, ele contém o material básico de sua construção inovadora e sua publicação representa o gesto de propor uma reformulação geral da estrutura conceitual da psicanálise. Os efeitos deste gesto ousado repercutiram na época – e continuaram a repercutir – de maneiras que merecem ser examinadas, como que em uma tentativa de elaborar o impacto por ele gerado.

Mais adiante, acompanharemos alguns dos passos que se seguiram a este gesto inicial; por hora, apresentarei sucintamente o teor básico de seu argumento.

Busca de prazer, busca de objeto[2]

A frase-símbolo que condensa a proposta de Fairbairn é: *o propósito final da libido não é o prazer, e sim o objeto*. No período final de sua obra, Fairbairn (1957/1994) modificou um pouco os termos da frase, e esclareceu: "hoje eu prefiro dizer que é o *indivíduo em sua capacidade libidinal* (e não a libido) que busca o objeto" (p. 151).

Com esta conhecida fórmula, Fairbairn (1941/1980) deu a largada em um projeto de transformação do campo psicanalítico sobre o qual tinha, desde o início, plena consciência:

> *não necessitamos comentar a importância histórica da teoria da libido e o muito que contribuiu para o progresso do conhecimento psicanalítico; o mérito da mesma tem sido comprovado pelo seu próprio valor heurístico. Não obstante, é como se parecesse que tivéssemos chegado a um ponto em que, pelo interesse do progresso, a teoria clássica da libido devesse ser transformada em uma teoria do desenvolvimento baseada essencialmente nas relações de objeto. (Fairbairn, 1941/1980, p. 25)*

Hoje sabemos que tal projeto não foi uma iniciativa que se restringiu ao âmbito individual, ainda que Fairbairn tenha sido uma

---

2 Uma parte das ideias que se seguem foi publicada em "Fairbairn: corpo e sexualidade revisitados". Alonso, S. L., Breyton, D. M., Albuquerque, H. M., & Cartocci, L. (2016) *Corpos, sexualidade, diversidade*. São Paulo: Escuta.

espécie de "cavaleiro solitário". Muito ao contrário: às águas desta correnteza vieram se juntar outras – originadas da contribuição de alguns outros autores cujas obras apresentavam afinidades de pensamento em certos pontos cruciais –, formando assim um rio muito mais caudaloso e significativo do que aparentava de início.

A frase-símbolo de Fairbairn se tornou – com toda a razão – o marco mais significativo de um verdadeiro *movimento* na história das ideias em psicanálise que estava, então, em processo de gestação. Ele levou seu projeto adiante de modo enérgico, consistente e quase obstinado. O argumento principal se encontra em um conjunto de artigos extremamente fascinantes, escritos entre 1941 e 1951, que contêm uma apresentação sistemática da proposta e que buscam abarcar as diversas dimensões do problema. Trata-se de um documento histórico de imenso valor, que reflete como seu pensamento das relações de objeto foi paulatinamente se construindo – e que também deixa à mostra as contradições, hesitações, mudanças de opinião e tentativas de esclarecimento do autor. Nele, Fairbairn parte de uma reformulação de fundo do princípio do prazer como fundamento da atividade psíquica e do lugar das pulsões na sua economia, e daí constrói uma concepção alternativa da psicopatologia, da estrutura tópica do aparelho psíquico e do processo de desenvolvimento do indivíduo. A relação do sujeito com seu corpo – o papel das chamadas "zonas erógenas" e o processo de conversão do psíquico para o somático – ganha também aqui uma nova abordagem.

Qual foi, afinal, esta "reformulação de fundo"?

Para Fairbairn, a teoria freudiana da libido "colocou o carro na frente dos bois". Pois, ao tomar o prazer como a finalidade última do psiquismo, não reconheceu que a função do prazer libidinal é fundamentalmente oferecer um "marco" para a obtenção do objeto. *A libido não busca primariamente o prazer, mas os objetos.* Por não ter levado em conta a importância central das relações de objeto, o pensamento psicanalítico dos primeiros tempos incorreu no erro de uma *inversão básica*, ao considerar o objeto como um marco para a obtenção do prazer libidinal; daí o lugar *contingente* atribuído ao objeto na teoria freudiana das pulsões.

Fairbairn questionou, de maneira pioneira e ousada, o postulado psicanalítico de que o psiquismo é regido pelo princípio do prazer:[3] "de acordo com meu ponto de vista, o princípio do prazer deixará de ser estimado como o princípio fundamental da conduta e passará a ser considerado como um princípio subsidiário" (Fairbairn, 1944/1980, p. 70). E por que um "princípio subsidiário"? Pois ele entra em cena justamente quando fracassa o princípio da realidade, seja por imaturidade da estrutura do ego, seja por um distúrbio no desenvolvimento. A busca de prazer em si mesmo é ativada quando o ego é incapaz de encontrar seu caminho em direção à realidade na relação de objeto.

Fairbairn discorda da visão freudiana que concebe o desenvolvimento do ser humano como uma jornada de um estado infantil em que predomina o princípio do prazer até atingir sua forma adulta, na qual predomina o regime do princípio de realidade. Para ele, o princípio da realidade é o que caracteriza a vocação inerente da natureza humana. No início do desenvolvimento, trata-se de um "princípio da realidade primariamente imaturo" que, conforme se espera, deve evoluir para sua forma mais madura. A vida infantil

---

3 Não se deve esquecer que o próprio Freud reconsiderou a universalidade do princípio do prazer em *Além do princípio do prazer*. No entanto, a profunda reordenação metapsicologia que aí se iniciou não conduziu a um pensamento das relações de objeto, já que reafirmou a centralidade das pulsões como base explicativa da vida psíquica – ainda que tenha alterado significativamente o conceito de pulsão e a natureza da dualidade que constitui o seu campo. Na parte seguinte deste livro, reexaminaremos a problemática pulsional e o reinado do princípio do prazer à luz das proposições dos autores que vieram a privilegiar as relações de objeto, em um capítulo especificamente destinado ao assunto.

304 FAIRBAIRN E A BUSCA DE OBJETO

nos dá uma falsa impressão de estar originalmente determinada pelo princípio do prazer; para Fairbairn, o que lhe falta é sobretudo "experiência de realidade". Como as pautas da conduta humana são muito indeterminadas em comparação com os animais, o caminho para o objeto só está esboçado em traços grosseiros, deixando o bebê muito mais exposto a "se perder" pelo caminho. Fairbairn (1946/ 1980) usa como modelo deste estado infantil a imagem da mariposa que, ao buscar a luz, se queima em uma chama: ela não é movida por um princípio do prazer, e sim por um princípio da realidade seriamente limitado. Haveria, em relação ao princípio da realidade, diferentes graus e uma criança apresenta um grau bem abaixo de um adulto; mas ela é movida desde o início pelo sentido de realidade, "mesmo que demasiado disposta, diante da frustração, a desviar-se para o alívio da tensão" (Fairbairn, 1946/1980, p. 111). Este "desvio" é justamente o apelo ao princípio do prazer, que pode se cristalizar em uma deterioração da conduta, levando o indivíduo a "se queimar" nas chamas de um prazer sem objeto. No desenvolvimento humano, será essencialmente a experiência vivida na relação de objeto que deverá fortalecer e consolidar o princípio da realidade, até que ele atinja sua forma mais madura.

Em artigo do final de sua obra, Fairbairn (1958/1994) reafirma esta mesma posição, apresentando-a de maneira mais cristalina e relacionando-a com a situação do tratamento psicanalítico. A presença do princípio do prazer na vida humana é indubitável; mas Freud teria incorrido no erro de generalização ao considerar um fenômeno essencialmente defensivo, que aponta para o campo da psicopatologia, como um princípio primário da vida psíquica.[4] O regime do princípio do prazer é interpretado por Fairbairn como um *sistema fechado*, ou seja, como um processo de defesa por meio do qual o

---

4 Para Fairbairn (1958/1994, p. 90), também a proposição do conceito de pulsão de morte sofre do mesmo equívoco: a generalização e a universalização de um fenômeno oriundo do campo da psicopatologia.

psiquismo procura se proteger das frustrações desenvolvendo uma vida psíquica dominada por relações com objetos internalizados e se envolve com os objetos externos apenas enquanto estes forem representantes dos primeiros. No tratamento psicanalítico, observamos, com muita frequência, uma determinação inconsciente do paciente de preservar seu mundo interno como um sistema fechado a todo o custo, sendo esta a verdadeira fonte da resistência. Trata-se de uma hipertrofia do mundo da fantasia, tão comum nos pacientes neuróticos; tal fenômeno se origina do princípio do prazer e sinaliza exatamente a dimensão neurótica do sujeito que procura ajuda. O mesmo se dá com a transferência, na qual o objeto externo é tratado como um objeto do sistema fechado da realidade interna.

Fairbairn resume, então, sua posição nos seguintes termos:

> *não há dúvida, segundo meu ponto de vista: a) que o princípio do prazer só pode operar dentro de um sistema fechado; b) que a manutenção da realidade interna como um sistema fechado é essencialmente um fenômeno psicopatológico; c) e que, enquanto a realidade interna for mantida como um sistema fechado, o comportamento será quase inevitavelmente determinado pelo princípio do prazer. (Fairbairn, 1958/1994, p. 84)*

Assim, para ele, a distinção entre princípio do prazer e princípio da realidade não reside na dualidade de princípios – ou processos – primário e secundário, mas na distinção entre "condutas originadas em um sistema fechado constituído por uma realidade interna e condutas experimentadas em um sistema aberto no qual as realidades interna e externa são colocadas em relação" (Fairbairn, 1958/ 1994, p. 85).

A partir destas considerações mais globais, Fairbairn repensa os diversos elementos da teoria freudiana da libido, redefinindo o conceito de zona erógena e redescrevendo a relação do indivíduo

306 FAIRBAIRN E A BUSCA DE OBJETO

com o corpo; neste contexto, o conceito clássico de conversão ganha, também, um novo tratamento.

Assim, o lugar atribuído às zonas erógenas na economia psíquica sofre uma grande reformulação. Em vez de meios para se obter prazer, elas são entendidas como meios para abrir caminho em direção ao objeto. As zonas erógenas são simplesmente "canais" pelos quais flui a libido, de modo que "uma zona só se torna erógena quando a libido flui por ela" (Fairbairn, 1941/1980, p. 26). Em sua busca de objeto, a libido procura o caminho de "menor resistência". Na primeira infância, este caminho é, em geral, o oral, ao passo que, para o indivíduo amadurecido, os genitais passam a desempenhar um papel importante como um dos canais utilizados, ainda que não exclusivo. É fundamental compreendermos que, para Fairbairn, a significação real da chamada etapa genital reside na maturidade das relações objetais e que uma "atitude genital" é apenas um elemento desta maturidade. Mais uma vez, haveria aqui uma inversão: "devemos assinalar que as relações de objeto não são satisfatórias pelo fato de que tenham alcançado o nível genital, e sim que, pelo contrário, é devido às relações de objeto satisfatórias que ser consegue atingir a verdadeira sexualidade genital" (Fairbairn, 1941/1980, p. 26).

O órgão adotado como zona erógena preferencial não é indicativo de imaturidade ou maturidade. Assim, Fairbairn cita o exemplo de um homem paraplégico amante da literatura que usava a língua para virar as páginas do livro que lia. Seria absurdo supor aqui qualquer imaturidade pelo uso da zona oral; o homem usava a boca pelos mesmos motivos que um bebê usa a boca para buscar o seio: trata-se do órgão disponível e mais apropriado para abrir caminho em direção ao objeto. A escolha do órgão é orientada por três fatores: a adequação ao fim almejado (resultado de processos evolutivo da espécie), disponibilidade biológica e psicológica do órgão e a sanção da experiência, particularmente no caso de experiências traumáticas. O uso da boca se cristalizou como uma *pauta* à medida que se mostrou especialmente adaptado, após longo processo evolutivo, aos propósitos da busca do seio. Há aqui, novamente, uma inversão de base: a pulsão só é oral "porque está buscando o seio, e não vice--versa" (Fairbairn, 1946/1980, p. 112). Quanto às práticas sexuais na vida adulta, a questão da escolha do órgão se torna mais complexa; os canais disponíveis e mais adequados em cada contexto – os de menor resistência – variam consideravelmente e, se os genitais em geral proporcionam as melhores condições para a via libidinal na relação com o objeto, a libido pode ser também "desviada" para outros órgãos, como a boca e o ânus.

Em uma frase, Fairbairn (1946/1980) sintetizou que "a *forma* que assume a aproximação libidinal está determinada pala natureza do objeto" (Fairbairn, 1946/1980, p. 109). A forma da aproximação libidinal refere-se, naturalmente, à instrumentalização das zonas erógenas como canais por meio dos quais a libido flui em direção ao objeto. Dentro deste critério, Fairbairn considera a boca como uma zona erógena exemplar, dada sua adaptabilidade aos fins objetais: "é devido à natureza do seio que a tendência incorporativa inata do bebê assume a forma de sugar com a boca" (Fairbairn, 1946/1980, p. 109). O autor vê também nos genitais esta mesma característica, ainda que não tão automática e exclusiva; o valor prototípico da ordem oral fica evidente na seguinte afirmação: "ao passo que é correto descrever a atitude libidinal da criança como caracteristicamente oral, não é correto descrever a atitude libidinal do adulto como caracteristicamente genital" (Fairbairn, 1941/1980, p. 26).[5] Como vimos, Fairbairn substitui

---

5 Em contraponto ao que esta afirmação pode dar a entender, em diversas ocasiões, Fairbairn se preocupa em esclarecer que não pretende desfazer do valor do genital na teorização psicanalítica. Assim, por exemplo: "deveria ser explicado que não faz parte da minha intenção depreciar a significação da etapa genital em comparação com a oral" (Fairbairn, 1941/1980, p. 26); ou, ao se referir à histeria: "estou longe de pretender minimizar a importância dos conflitos do contexto genital por ter afirmado ser no contexto oral que os conflitos pessoais do histérico se manifestam pela primeira vez... Eu considero a expressão dos conflitos em um contexto genital um tema que merece uma consideração especial quando se trata do tratamento psicoterápico de sintomas histéricos" (Fairbairn, 1954/1994, p. 26).

o adjetivo "genital" pelo "maduro", que se refere à capacidade, por parte de um indivíduo bem diferenciado do outro, de manter relações cooperativas com objetos diferenciados (Fairbairn, 1946/1980, p. 115). Ainda assim, o valor dos genitais como zonas erógenas na busca do objeto suplanta – e muito – o da zona anal, bem como o da sexualidade fálica. Pois, para o autor, as atividades anais e urinárias não são primariamente libidinais, já que sua finalidade não é estabelecer uma relação de objeto e sim *rejeitar* objetos; e, de modo análogo, tampouco um suposto erotismo fálico justifica o *status* de uma organização libidinal: "a fase fálica é apenas um artifício introduzido por influência do conceito errôneo das zonas erógenas fundamentais. A análise profunda da atitude fálica revela sempre a presença de uma fixação oral subjacente relacionada com fantasias de felação" (Fairbairn, 1941/1980, p. 26). Nesta atitude, os órgãos genitais estão identificados, por um lado, com a boca enquanto zona erógena e, por outro, com o seio enquanto objeto parcial oral.

Esta reordenação dos valores e sentidos das zonas erógenas só fica clara se compreendemos o contexto metapsicológico em que se inserem. Se trata de reconsiderá-las – como vimos – por meio da proposição radical de que a libido busca o objeto, de modo que a oralidade e a genitalidade podem ser mais claramente reconhecidas como primariamente libidinais e constituem, respectivamente, o ponto de partida e o ponto de chegada do processo de amadurecimento, enquanto que os erotismos anais e fálicos correspondem – por sua própria natureza – ao que Fairbairn denominou "técnicas" para contornar os fracassos da relação de objeto. Não há dúvida que estes erotismos são acompanhados de prazer; recorrer a eles indica justamente que o princípio *subsidiário* do prazer precisou ser ativado, já que o caminho em direção à realidade do objeto não foi encontrado. Mas, para Fairbairn, *este prazer nada tem a ver com a libido* – trata-se apenas de "um acompanhante natural do alívio da tensão, independentemente da natureza das forças cuja tensão é aliviada" (Fairbairn, 1946/1980, p. 109).

Reconstruindo a metapsicologia freudiana: teoria do desenvolvimento e psicopatologia

Greenberg e Mitchell têm razão em afirmar que Fairbairn foi, antes de tudo, um "construtor de sistemas" – como o foi M. Klein –, objetivo que não transparece de maneira tão explícita na obra de em seus colegas de *Middle Group*, como Balint e Winnicott. Neste sentido, a reordenação geral da teoria freudiana da libido proposta por Fairbairn veio imediatamente acompanhada de uma nova formulação sobre a teoria do desenvolvimento, de uma reconfiguração da psicopatologia psicanalítica e da proposição de um novo modelo tópico de aparelho psíquico. Na verdade, estas diversas dimensões estão necessariamente entrelaçadas em qualquer modelo metapsicológico da psicanálise.

Assim, o desenvolvimento do indivíduo não será mais pensado por Fairbairn em termos de fases libidinais sucessivas, e sim em termos de uma jornada que passa por três etapas sucessivas: a da dependência infantil (que corresponde às fases orais de Abraham), uma etapa de transição e o estado de dependência madura da vida adulta, correspondente à fase genital; na primeira, o objeto libidinal é oral (tanto o seio como objeto parcial quanto a mãe como seio) e, na última, o objeto é total, incluindo seus órgãos genitais. Essa descrição do desenvolvimento infantil adota, como referência, muito mais o desenvolvimento do Eu que o desenvolvimento da libido – tendência comum aos autores das relações de objeto. Assim, Winnicott veio a descrever o processo de maturação em termos quase idênticos aos de Fairbairn, ao conceber tal trajetória como uma jornada rumo à

310 FAIRBAIRN E A BUSCA DE OBJETO

independência, passando por três tempos sucessivos: o da "dependência absoluta", o da "dependência relativa" e aquele que aponta "rumo à independência",[6] mas o mais notável é que as formulações de Fairbairn neste campo precederam as de Winnicott em muitos anos, fato não reconhecido pelo próprio Winnicott, e em geral desconhecido pela maior parte dos psicanalistas.

As teorias sobre a psicopatologia estão articuladas, desde Freud, a concepções específicas sobre o funcionamento psíquico, sobre a natureza humana e sobre o desenvolvimento individual. O sistema de pensamento de Fairbairn não é uma exceção a esta regra: pois é no desvio das relações de objeto e do princípio da realidade que se encontra a inteligibilidade dos fenômenos da psicopatologia.

O conceito-chave desta articulação encontra-se na noção, introduzida por Fairbairn, de "técnicas". As *técnicas* são processos erógenos de caráter secundário e com uma finalidade claramente compensatória. O seu protótipo último é o autoerotismo oral. Afinal – indaga Fairbairn – por que o lactante chupa o polegar? Segundo ele, o bebê chupa o polegar pois não tem um seio para chupar e não simplesmente porque sua boca é uma zona erógena e porque chupá-lo lhe proporciona prazer erógeno. O lactante necessita, desde o início, de um objeto libidinal e, se ele é privado de tal objeto, passa a buscá-lo por sua própria conta. "Chupar o polegar representa, pois, uma técnica para enfrentar uma relação de objeto insatisfatória" (Fairbairn, 1941/1980, p. 27). Esse mesmo raciocínio é estendido para a masturbação e para toda atividade autoerótica. Neste sentido, "o autoerotismo é essencialmente uma técnica por meio da qual o indivíduo busca não somente prover-se do que não pode obter do objeto, mas sim prover-se de um objeto que não pode obter" (Fairbairn, 1941/1980, p. 27) – observamos aqui, mais uma vez, uma inversão da lógica habitual da teoria da libido.

---

6 Winnicott (1963d/1990).

É no contexto das técnicas compensatórias de uma relação de objeto insatisfatória que nasce uma nova maneira de pensar a psicopatologia psicanalítica. Fairbairn redescreveu as formas clássicas de psiconeurose como diferentes técnicas defensivas para lidar com o conflito inerente à chamada etapa de transição do desenvolvimento. O teor de tal conflito é: como conciliar a necessidade de desenvolvimento para alcançar uma atitude de independência e a relutância regressiva a abandonar a atitude de dependência infantil para com o objeto? As técnicas características desta etapa nascem, na verdade, de um protótipo – a *rejeição* do objeto – e guardam assim um parentesco com os mecanismos expulsivos descritos como próprios da organização anal da libido; mas, conforme insiste Fairbairn, as quatro técnicas por ele descritas – a paranoide, a obsessiva, a histérica e a fóbica – "não correspondem a nenhuma fase libidinal reconhecível, mas são quatro métodos alternativos de tratar de defrontar-se com as dificuldades do período de transição" (Fairbairn, 1946/1980, p. 115). As duas formas psicopatológicas correlacionadas com a etapa inicial de dependência infantil são os estados esquizoides e os melancólicos, ambos derivados da incorporação dos objetos insatisfatórios ocorrida nesta primeira etapa, relacionada com a fase oral do modelo de Abraham e Freud.

Fairbairn considera que o grande erro da teoria clássica da libido foi, ao abordar o autoerotismo, *confundir uma técnica com uma manifestação libidinal primária*. Pois o autoerotismo é o protótipo de todas as técnicas defensivas – de natureza secundária – de que o sujeito lança mão quando não encontra o caminho em direção à realidade do objeto, apelando para a princípio do prazer.

Tomemos o protótipo da histeria para melhor compreendermos a reconfiguração proposta por Fairbairn.

Fairbairn revalorizou muito a matriz clínica da histeria, inicialmente adotada por Freud, por meio de uma curiosa releitura dela a partir da ótica dos fenômenos esquizoides: "Freud demostrou um discernimento notável ao escolher os fenômenos histéricos como o material a partir do qual construiu os fundamentos da psicanálise" (Fairbairn, 1951/1980, p. 140). No entanto, Freud teria cometido um equívoco, posteriormente, ao se desviar do modelo da histeria para o da melancolia a fim de erigir sua teoria do aparelho psíquico – a chamada segunda tópica. Esta foi a pista seguida por M. Klein, o que a levou a atribuir um lugar central à posição depressiva. Fairbairn, em contraste, sem retirar o foco da matriz clínica da histeria, atribuiu um lugar primordial para uma "posição esquizoide", o que lhe permitiu construir sua teoria da "estrutura endopsíquica" por meio da articulação entre os mecanismos de recalcamento e de dissociação do Eu, conforme veremos mais adiante.

A histeria, com seu mecanismo típico de conversão e sua relação peculiar com o corpo, é, pois, um bom meio para estudarmos a mudança operada por Fairbairn na teoria freudiana da libido. Segundo sua visão, a criança que se tonará um adulto histérico desvia prematuramente sua libido da boca para o genital porque o primeiro caminho está comprometido, geralmente em virtude de frustrações na relação original com a mãe. Daí a associação regular entre intensa masturbação genital na infância e histeria. Em trabalho de maturidade dedicado ao estudo dos fenômenos histéricos, Fairbairn (1954/1994) chegará à seguinte fórmula: "enquanto a sexualidade do histérico é, no fundo, extremamente oral, sua oralidade básica é – pode-se dizer – extremamente genital" (Fairbairn, 1954/1994, p. 25). Assim, a histeria é o exemplo mais gritante de uma *genitalidade imatura*, reforçando o equívoco que incorremos ao equiparar genitalidade e maturidade.

A partir deste ponto, surge a questão: o que é, afinal, uma *conversão*? Para Fairbairn, se trata de uma técnica defensiva cuja finalidade é evitar a emergência, na consciência, de conflitos emocionais envolvendo relações de objeto. Ela se caracteriza, essencialmente, pela "substituição de um problema pessoal por um estado corpóreo" (Fairbairn, 1954/1994, p. 29). Assim, por exemplo, a análise de uma paciente com sintomas de anorexia, náuseas e fobias de enjoo em público revelou uma história infantil de diversas dificuldades alimentares e, sobretudo, uma relação bastante insatisfatória com a mãe na situação alimentar, combinando-se uma forte excitação e uma forte rejeição. Uma segunda paciente com problemas alimentares apresentara na infância, ainda, uma adicção a roubar doces e dinheiro para comprá-los. Em outro paciente, uma sinusite remetia a uma constipação na infância, ambas derivadas de um "bloqueio" emocional que dramatizava uma situação interna na qual o seu relacionamento com uma mãe dominadora, possessiva e frustrante tinha se cristalizado e perpetuado.

A conversão é, essencialmente, um mecanismo de fuga do sofrimento derivado da relação com o outro. Quando conter em si esta dor não é possível, ela ganha a forma de um "estado corpóreo". Se este estado é, classicamente, uma disfunção orgânica, ele não o é sempre e necessariamente; pode ser, também, um comportamento de descarga por meio do corpo (sair "batendo os pés e pisando em tudo", deixar a sessão de análise antes do horário etc.), ou mesmo uma conversão em fantasia. Fairbairn cita o exemplo de uma paciente que, ao não suportar a dor pela ausência do analista do mesmo modo que não suportava a da própria mãe, construíra um devaneio em que "se livrava" da tensão emocional por uma agulha de injeção incandescente aplicada em seu corpo.

Esta redefinição da conversão, tratando-a de uma maneira mais ampla, contém consequências importantes e, sobretudo, recoloca o problema das zonas erógenas e do autoerotismo em outros termos. Em mais uma de suas inversões surpreendentes, Fairbairn propôs que as zonas erógenas, compreendidas como um *fenômeno isolado*, são na verdade "produzidas" pela técnica de conversão! Por obra deste

314 FAIRBAIRN E A BUSCA DE OBJETO

processo psicopatológico tipicamente histérico, temos a falsa impressão – conforme o postulado pela teoria freudiana – que tais zonas são parte da constituição psicossexual dos homens, que a orientação libidinal da criança é originariamente autoerótica e que o aloerotismo e o investimento de objeto surgem apenas posteriormente, como resultado de um processo de desenvolvimento. Assim, em uma formulação bastante provocativa, Fairbairn conclui que "os dados nos quais a teoria das zonas erógenas se baseia representam, eles mesmos, algo da natureza dos fenômenos conversivos" (Fairbairn, 1954/1994, p. 35).

Deve-se distinguir a constituição de zonas erógenas isoladas pelo processo de conversão e o fato de que certos sistemas funcionais do organismo servem como canais usuais para a libido nas relações de objeto. Assim, o "sistema alimentar do apetite", na infância, e os órgãos genitais, posteriormente, representam "canais instintivamente determinados para a busca de objeto" (Fairbairn, 1954/1994, p. 40); eles são, também, muito frequentemente, alvo de processos conversivos. O caso dos sistemas defecatórios e urinários é um pouco diferente: não sendo canais naturais da relação de objeto, eles facilmente se tornam, por outro lado, vias de expressão da libido e da agressividade, particularmente pela forte pressão que recebem do manejo dos pais no trato com a criança neste campo. Mas, na verdade, a conversão pode se dar com qualquer parte do corpo.

É de especial interesse observarmos como um canal usual de expressão libidinal pode se tornar uma zona erógena isolada, por uma sobrecarga e um "sufocamento" do sistema orgânico pelas cargas libidinais e agressivas. Assim, Fairbairn descreve como se deu, no caso de uma menina muito pequena, a produção de uma zona oral pela conversão de uma necessidade emocional de maternagem desatendida em uma "necessidade oral" de alimentação; aqui, o erotismo oral emerge como um substituto da busca de objeto. Esse mesmo processo conversivo pode também incidir sobre os genitais, constituindo uma "zona genital" intimamente associada à masturbação. Na análise de um paciente, Fairbairn nos mostra como, em resultado de uma conversão genital, tanto a relação sexual quanto o encontro com o analista eram vividos como uma intrusão. A ideia da intrusão estava relacionada a um impedimento do prazer autoerótico masturbatório e havia se originado de uma relação profundamente tumultuada e ambivalente com a mãe. A fantasia básica que expressava esta situação é a da mãe aprisionando seu pênis ereto ao mesmo tempo em que amassava seus testículos com as mãos. Para Fairbairn, aqui se produzira uma zona erógena genital por substituição da busca do objeto pelo autoerotismo, em conformidade com os princípios da conversão histérica: "o drama total dos relacionamentos do indivíduo com seus objetos pode vir a ser representado no autoerotismo genital; e o conflito emocional que a masturbação desperta tão caracteristicamente pode se conectar a este fato" (Fairbairn, 1954/1994, p. 39). Ora, a angústia de castração não seria uma matriz primariamente erógena da problemática histérica, mas um fenômeno secundário derivado dos processos conversivos que *desvia* a atenção da problemática objetal na qual o conflito se origina.

Não é difícil de imaginar o choque que estas mudanças produzem nos analistas bastante imbuídos dos princípios freudianos: como assimilar que o complexo de castração não se encontra mais no centro da problemática neurótica? Como concordar que as zonas erógenas são, em muitos casos, o resultado de um processo de conversão em virtude de problemas na relação de objeto? A controvérsia que aqui se abre não é pequena, uma vez que incide sobre pontos tidos como fundamentais para os autores identificados com o modelo pulsional.

Ao lado deste repensar a histeria, podemos, a partir de Fairbairn, compreender sob uma ótica bastante renovada, quadros que hoje são incluídos sob a rubrica de "patologias do agir", especialmente aqueles

316   FAIRBAIRN E A BUSCA DE OBJETO

dominados pela exacerbação do impulso e pela compulsividade
dos atos adictivos.

Se partirmos da teoria da conversão proposta por Fairbairn,
notamos como ela é perfeitamente coerente com a redescrição da
relação entre princípio do prazer e princípio da realidade por ele
efetivada. Pois, da mesma maneira que o desvio para o princípio do
prazer, a conversão opera um desvio defensivo que produz artificialmente uma situação excitante, a fim de eludir a dor e a frustração
originada em um relacionamento insatisfatório. Esse raciocínio
permite a Fairbairn compreender o fenômeno da *busca do prazer
em si mesmo*:

> *Do ponto de vista da psicologia da relação objetal, a busca
> explícita de prazer representa uma deterioração da con-
> duta. Falo aqui de uma deterioração e não de uma re-
> gressão, porque se a busca de objeto é primária, a busca
> de prazer dificilmente poderia ser considerada como re-
> gressiva; pode-se descrevê-la mais adequadamente como
> participando do caráter de deterioração. A busca explícita
> de prazer tem seu fim essencial em aliviar a tensão da
> necessidade libidinal pelo mero fato de aliviar essa tensão.
> Um tal processo naturalmente ocorre com bastante fre-
> quência, porém, como a necessidade libidinal é necessi-
> dade de objeto, o simples alívio da tensão implica em
> alguma falha nas relações objetais. O fato é que o simples
> alívio da tensão é realmente um processo de válvula de
> segurança. Então não é um meio de alcançar fins libi-
> dinais, mas um meio de mitigar o fracasso desses fins.
> (Fairbairn, 1946/1980, p. 110)*

A distinção entre deterioração e regressão é sutil, mas importante. Pois se o princípio do prazer for de fato primário e inerente

à natureza humana, a busca hedonista que supostamente subjaz a todas as adicções seria apenas uma manifestação desta tendência geral do psiquismo de buscar prazer e evitar o desprazer, ou mais precisamente uma regressão a ela, à medida que tal princípio tende a ser paulatinamente substituído pelo princípio da realidade no decorrer do processo de desenvolvimento. Mas, se não for este o caso, a busca hedonista do prazer em si mesmo já é, desde o início, um desvio em relação às forças motivadoras da natureza humana, sendo uma deterioração da busca objetal que lhe é inerente. Por isso, ela é, desde o início, um processo patológico, uma tentativa de "remendar" um fracasso do princípio da realidade.

Torna-se importante, também, neste contexto, distinguirmos necessidade libidinal de objeto e simples alívio da tensão. A frequente sobreposição entre estes dois processos tem trazido, de fato, muitas confusões, e a possibilidade de distingui-los com mais clareza significa efetivamente um avanço importante na história das ideias em psicanálise. Este é caso dos estudos das adicções. Pois, nestes quadros clínicos, observamos em geral uma busca cada vez mais frenética e desesperada do alívio de tensão e um paulatino abandono da busca objetal. O que é uma adicção senão a busca de prazer por si mesmo? Seguindo as reflexões de Fairbairn, podemos lançar a hipótese de que *a adicção é uma técnica de "prazerização" autoerótica ali onde a relação de objeto fracassou*. E, uma vez que a busca do prazer em si mesmo é uma forma de deterioração da conduta – já que a libido visa ao objeto e não ao prazer –, o projeto adictivo é, de maneira intrínseca, um projeto deteriorado e deteriorante.

A "estrutura endopsíquica": uma nova tópica

A visão que Fairbairn desenvolveu sobre os processos psicopatológicos se construiu, como para muitos teóricos da psicanálise, de modo articulado com sua visão de desenvolvimento – no caso, essencialmente ligada ao desenvolvimento do Eu. Mas a sua leitura destes processos segundo as lentes das relações de objeto o levaram a considerar que, na origem de todos os processos patológicos, subjazem as *experiências efetivas de privação e frustração com os objetos externos reais.*[7] São essas experiências com um objeto insatisfatório que conduzem a um processo defensivo de *internalização* deste, como uma tentativa de controlar o objeto insatisfatório no mundo interno, o que não foi possível de se fazer na realidade externa:

> *a internalização dos objetos maus representa uma tentativa por parte da criança de tornar "bons" os objetos de seu ambiente, tomando sobre si a carga da aparente maldade deles, para assim tornar seu meio mais tolerável. (Fairbairn, 1951/1980, p. 130)*

Este ponto de partida do pensamento de Fairbairn foi alvo de forte discordância por parte de M. Klein (1946/1982), em um contraponto que nos permite melhor compreender – por contraste – a diferenciação do modelo das relações de objeto a partir do modelo pulsional. Klein deixou sua posição bem clara:

> *discordo da sua opinião de que, no início, apenas um mau objeto é internalizado – opinião essa que me parece contribuir para as importantes diferenças existentes entre nós sobre o desenvolvimento das relações objetais, assim como o desenvolvimento do ego. Pois mantenho que o bom seio introjetado constitui uma parte vital do*

---

7 Na parte seguinte do livro, dedicarei um capítulo específico para discutir em mais detalhe a modificação da visão sobre a concepção etiológica dos distúrbios psíquicos advinda do pensamento das relações de objeto.

ego, exerce desde o princípio uma influência fundamental sobre o processo de desenvolvimento do ego e afeta tanto a estrutura do ego como as relações objetais (Klein, 1946/1982, p. 316).

Em seguida, Klein critica Fairbairn por rejeitar a teoria freudiana das pulsões e por subestimar o papel da agressão e do ódio no princípio da vida; isso não me parece casual, já que a cisão do ego será atribuída, por Klein, à angústia primária de aniquilação por uma força destrutiva interior, originada da pulsão de morte – e não à necessidade de defesa diante do sofrimento originado das vivências de insatisfação na relação com o outro, linha de argumentação que, como veremos, será desenvolvida por Fairbairn.

Por outro lado, um processo paradoxal semelhante ao descrito por Fairbairn – tentativa de restaurar um bom ambiente por meio da internalização dos objetos maus – já havia sido trabalhado, em outros termos, por Ferenczi, em sua proposição sobre "identificação com o agressor". E, ulteriormente, a ideia veio a ser recolocada por Winnicott, que descreveu a tentativa do bebê de trazer a falha ambiental para a área de onipotência do Eu, atribuindo a si mesmo a responsabilidade pelo sofrimento infligido pelo outro. Trata-se, no fundo, de uma tentativa mágica e delirante de se criar artificialmente um ambiente de objetos bons para nele se poder viver. A libertação desta situação aprisionante implicará, ao lado de sua reexperimentação na situação de transferência, na elaboração da situação original por meio do reconhecimento da fonte original do sofrimento, bem como do valor positivo do ódio justificado que nasce desta percepção.

A partir dessa premissa, Fairbairn construiu um sofisticado modelo para dar conta dos destinos que este movimento inicial de internalização de um objeto mau ganha nos processos psicopatológicos;

e, ao fazê-lo, enfatizou a necessidade de se realizar uma considerável redescrição da teoria freudiana do aparelho psíquico, ao lado de sua revisão da teoria do desenvolvimento. É a partir daí que ele construiu seu modelo da "estrutura endopsíquica", dentro de uma "nova psicologia de estrutura dinâmica" segundo a qual as pulsões representam o aspecto dinâmico das estruturas egoicas e envolvem necessariamente relações objetais. Como costuma se dar na psicanálise, os processos psicopatológicos são compreendidos em sua necessária articulação com uma concepção ao sobre o funcionamento psíquico.

Qual é, pois, o destino dos objetos maus internalizados? A resposta se encontra em um complexo interjogo entre os mecanismos de recalcamento e dissociação.[8]

Em seu artigo de 1943, Fairbairn reformulou o conceito freudiano de recalcamento, tomando-o como uma reação defensiva do Eu contra os objetos internalizados que, após serem instalados no mundo interno, continuam sendo vividos como ameaçadores e intoleravelmente maus. A necessidade do recalcamento se deve à limitada eficácia da internalização como processo e defesa, já que o preço a pagar pela "segurança externa" obtida por este meio é uma sensação de "insegurança interna", uma vez que o Eu passa a ficar à mercê dos perseguidores internos. O retorno dos objetos maus recalcados se manifestará na forma de sintomas e, mais particularmente, quando massivo, como uma compulsão à repetição; mas, por outro lado, se este retorno está relacionado com a reação terapêutica negativa, ele também produz transferência, e pode servir aos propósitos da terapêutica psicanalítica.

O seu artigo seguinte, de 1944, é talvez o mais denso do ponto de vista metapsicológico, e é nele que Fairbairn enfrenta o desafio de construir um modelo tópico alternativo ao de Freud. É aí que ele

---

8 Lembremos que este foi o tema de sua Tese de Doutorado, defendida em 1929.

efetua a sua própria "análise do Eu", como Freud o havia feito e desenvolvido extensamente na década de 1920. O seu argumento parte
da consideração de que o recalcamento incide não apenas sobre os
objetos internalizados, mas também sobre estruturas egoicas que
buscam relações com esses objetos internos. Para dar conta deste
fenômeno, é preciso postular que o *recalcamento* implica uma *dissociação* do Eu.

É aqui que começamos a compreender todo o interesse de se
revalorizar a matriz clínica da histeria articulada aos fenômenos
esquizoides: pois é desta fonte que depreendemos o lugar primordial dos processos de dissociação, sejam eles primários ou secundários. Assim, por um lado, deve-se reconhecer que os objetos maus
contém dois aspectos nocivos ao Eu – seu caráter excitante e rejeitante –, como duas faces da mesma moeda; ao serem internalizados, eles sofrem uma dissociação e constituem um "objeto excitante" e um "objeto rejeitante". A dualidade excitação/rejeição nos
é bastante familiar e particularmente visível na clínica da histeria;
apoiando-se em Fairbairn, Bollas (2000) veio a descrevê-la de um
modo bastante vívido, no capítulo "O quente e o frio", de seu livro
sobre a histeria. Mas ela também pode ser reconhecida, em sua
forma mais crua e aniquiladora do *self*, no "duplo vínculo" descrito por Bateson na relação da mãe do esquizofrênico com seu filho.
Para Fairbairn (1944/1980), "os desenvolvimentos histéricos estão
intrinsecamente baseados em uma posição esquizoide subjacente
e fundamental" (p. 85).[9]

Prossigamos no argumento de Fairbairn. Conforme os objetos maus internalizados sofrem recalcamento – um recalcamento
primário –, produz-se, ao mesmo tempo, uma dissociação *do Eu*,
que destaca de si mesmo e recalca – e este é um recalcamento

---

9 Este é um dos pontos sobre os quais M. Klein (1946/1982) declarou sua
   concordância.

secundário – dois Eus subsidiários ligados, respectivamente, aos dois objetos internos recalcados: o "Eu libidinal" e o "sabotador interno". Ao lado destas duas subestruturas egoicas dissociadas e recalcadas, permanece um "Eu central", à maneira de uma instância mediadora e recalcante.

Esta é, em linhas gerais, o modelo da "estrutura endopsíquica básica" desenvolvido por Fairbairn, com direito a um diagrama análogo àquele apresentado por Freud em *O Eu e o Isso* e complementada em suas *Novas Conferências*. Fairbairn sugere, ainda, que o seu "Eu central" corresponde, "grosseiramente", ao Eu de Freud, enquanto que o "Eu libidinal" corresponde ao Isso e o "sabotador interno" ao superego. Mas, ao contrário de Freud, as três estruturas propostas por Fairbairn são estruturas egoicas completamente dinâmicas, que compreendem em si a fonte pulsional; para Freud, a fonte pulsional encontra-se exclusivamente no Isso, enquanto que o Eu e o superego são "estruturas sem energia". Nota-se que, uma vez que o diagrama do aparelho psíquico de Fairbairn contém mais elementos que o modelo tripartite de Freud (tanto os objetos internalizados quanto as estruturas egoicas correspondentes), as suas respectivas relações recíprocas – que envolvem investimento libidinal e agressivo – são bem mais complexas.

Penso, no entanto, que o principal traço diferenciador que sobressai no modelo de Fairbairn é o *caráter antropomórfico* das estruturas psíquicas, que indica justamente uma concepção de psiquismo calcada nas relações com os outros. Pois, se a gênese destas estruturas se dá nestas relações – a partir das dificuldades experimentadas em tais relações e dos processos de defesa que são então ativados (internalização, recalcamento e dissociação) –, o "mundo interno" dos seres humanos é formado – consequentemente – por derivativos de "objetos humanos". *Na carne do Eu, encontra-se sempre a sombra do objeto.*

Assim, o superego é um "sabotador" que habita o mundo interno de cada um de nós; mas ele se origina de uma parte do Eu que se destaca, por dissociação, do Eu central, a fim de se relacionar com uma versão internalizada de figuras parentais perturbadoras. Deste modo, instala-se, desenvolve-se e perpetua-se no mundo interno uma relação de objeto de cunho marcadamente sadomasoquista, dominada pela corrente pulsional agressiva. Em paralelo ao sabotador, encontra-se seu avesso: um "eu libidinal", em uma estreita relação com um objeto excitante, constituindo uma relação hipersexualizada. Essa relação de objeto internalizada – regida pelo princípio do prazer enquanto um desvio deteriorado do princípio da realidade – corresponde perfeitamente à relação passional; trata-se de um "relacionamento adictivo",[10] em que o Eu se encontra escravizado e tantalizado por um objeto que excita, hipnotiza e aprisiona. Nota-se como a nomenclatura proposta por Fairbairn – sabotador interno, Eu libidinal – destaca a natureza relacional das estruturas endopsíquicas, seja em termos de sua origem histórica, seja em termos de sua realidade atual e viva, ou seja no que tange suas repercussões na situação transferencial.

Em suma, *a situação endopsíquica é composta de relações de objeto internas* – inconscientes, porque recalcadas – formando algumas duplas Eu-objeto, *duplos* resultantes de processos dissociativos primários. Para Fairbairn, portanto, o aparelho psíquico se constitui pelo processo de internalização/dissociação/recalcamento, a partir das perturbações vividas nas primeiras relações entre o bebê e o outro. E, à maneira de um sobrevivente deste processo universal/patológico de defesa diante dos sofrimentos na relação com os outros, resta

---

10 Abordei em detalhe as características de um "relacionamento adictivo" em meu livro *Adicções: paixão e vício* (Gurfinkel, 2011), em capítulo dedicado especificamente ao tema. Ali, assinalo também a importância crucial do pensamento das relações de objeto para se compreender esta dimensão fundamental dos fenômenos adictivos.

o "Eu central", que prossegue na busca do objeto e de uma relação menos amputada e deteriorada com este. É preciso reconhecer que a segunda tópica freudiana – conforme bem assinalaram Greenberg e Mitchell – já apontava claramente nesta direção; mas também fica claro que a reformulação proposta por Fairbairn reafirma, explicita e converte em fundamento tal vocação relacional do modelo estrutural freudiano do psiquismo humano.

O modelo da "estrutura endopsíquica" é bem mais complexo que o que foi aqui esboçado; mas seu detalhamento foge aos objetivos do presente trabalho. Não podemos deixar de assinalar, no entanto, que Fairbairn ocupa-se também em ressituar a situação edipiana em seu modelo, dialogando e contrapondo-se às soluções freudiana e kleiniana (teoria do Édipo precoce) para dar conta da gênese do superego, que remonta diretamente, do seu ponto de vista, à internalização dos objetos maus nas primeiras experiências objetais, evidentemente pré-edipianas. Mas o Complexo de Édipo não desaparece de vista: para Fairbairn, a ambivalência fundamental experimentada pelo bebê na relação com a mãe nos tempos de formação da situação endopsíquica básica ganha uma importante reformatação no período edipiano: aos objetos internos excitantes e rejeitantes originais vêm a se sobrepor objetos correspondentes derivados da relação ambivalente com o pai, levando a uma diversificação e complexificação significativa das relações de objeto internalizadas.

Nos anos seguintes, Fairbairn aprimorou e modificou o modelo de 1944 em alguns pontos significativos, buscando sanar o que veio a considerar como algumas "anomalias" dele. O adendo mais marcante conduziu, por um lado, a uma reelaboração da proposição sobre a internalização primária dos objetos maus[11] e, por outro, a uma revisão do lugar e da função atribuídos ao superego, tema que já

---

11 Poderíamos considerar a sua necessidade de revisão deste ponto em parte influenciada pela crítica de M. Klein?

vinha sido problematizado por Fairbairn desde a década de 1920. Assim, em 1951, Fairbairn revisou seu modelo e propôs que o primeiro objeto a ser internalizado é, na verdade, o objeto pré--ambivalente da fase oral precoce, objeto que é experimentado tanto como insatisfatório quanto como satisfatório; posteriormente, tal objeto será dissociado em três, e não em dois: além dos objetos excitante e rejeitante, subsiste um "núcleo do objeto original", dessexualizado e idealizado que, à maneira do "Eu ideal" freudiano, provê o núcleo ao redor do qual se constrói o superego.

Mas, para além da primeira impressão causada por esse modelo nos analistas que tomam conhecimento dele pela primeira vez – e para além de considerações a respeito da coerência interna dele –, penso que o seu valor deve ser auferido, principalmente, por meio de sua aplicação à compreensão dos fenômenos psíquicos e ao esclarecimento dos processos psicopatológicos correlatos. Para tanto, faz--se necessário um mergulho direto – e muito mais aprofundado – na fonte dos trabalhos de Fairbairn, para o qual – espero – o panorama geral aqui apresentado sirva como um estímulo e um convite.

Fairbairn, Klein e Winnicott

Voltemos, agora, à trajetória de Fairbairn, a fim de acompanhar algumas das repercussões e efeitos de suas proposições, desde que foram apresentadas ao mundo da psicanálise. Segundo os registros que encontramos, a publicação de *Estudos psicanalíticos da personalidade* – o livro-referência da obra de Fairbairn – foi ignorada por grande parte do *establishment* psicanalítico.[12] Para melhor compreendermos as primeiras repercussões de sua obra no meio britânico, devemos ter em conta a reação de M. Klein a ela, bem

_____
12 Pelo menos este é o testemunho de Sutherland (1989/1999, p. ix).

como do grupo kleiniano; por outro lado, um exame da curiosa relação entre Fairbairn e Winnicott também nos traz lições significativas. É digno de nota o diálogo estabelecido entre Fairbairn e M. Klein ao longo de suas respectivas elaborações teórico-clínicas que se deram, em grande parte, de modo paralelo e concomitante. Dentre seus diversos lances, destaca-se a decisão de Klein (1946/1982) de rebatizar sua antiga "posição paranoide" como "posição esquizoparanoide", em um movimento explícito e declarado de efetuar uma composição entre sua proposta e a de Fairbairn:

> *quando este estudo foi originalmente publicado, em 1946, eu usava a minha expressão "posição paranoide" como sinônimo da "posição esquizoide" descrita por W. R. D. Fairbairn. Numa deliberação posterior decidi combinar o termo de Fairbairn com o meu, e em todo este livro* [Os progressos da psicanálise, 1952] *emprego sempre a expressão "posição esquizoparanoide". (Klein, 1946/1982, p. 315 – nota acrescentada em 1952)*

Como sabemos, será esta última expressão que se estabelecerá e será consagrada no pensamento kleiniano; juntamente com a posição depressiva, ela se tornará o eixo principal para a compreensão da vida psíquica. E ainda: no estudo em causa ("Notas sobre alguns mecanismos esquzoides"), Klein reservou uma seção especial para discutir as ideias de Fairbairn, denominada justamente "Algumas notas sobre os recentes trabalhos de Fairbairn". Isso não parece ser pouca coisa!

O que podemos concluir destes fatos? Será que a influência de Fairbairn na construção do pensamento kleiniano é maior do em geral se reconhece? Qual era a apreciação de Klein sobre a obra de Fairbairn? Segundo Grosskurth (1986/1992), Klein acabou desenvolvendo um sentimento e uma atitude hostil para com Fairbairn,[13] o que poderia parecer contraditório com a consideração dedicada ao seu trabalho no artigo de 1946. A hostilidade se devia a dois motivos: à audácia de Fairbairn ao propor uma revisão radical dos preceitos freudianos e – o que me parece mais relevante – por ela ter se sentido ofendida por Fairbairn, já que ele estava "desenvolvendo conceitos semelhantes aos dela, sem se mostrar agradecido a ela" (Grosskurth, 1986/1992, p. 342). Fairbairn nunca deixou de fazer referência aos trabalhos de Klein, ressaltando as suas ideias que considerava importantes – como o conceito de objeto interno – e fazendo também as suas críticas, como aquela ao conceito de fantasia, que julgava desnecessário e obsoleto; mas, certamente, apesar do tom cientificamente respeitoso ao trabalho de Klein, ele sempre se manteve totalmente independente, sem se submeter aos poderes da "matriarca".[14]

Hoje, grande parte das reconstruções históricas da época destaca o caráter centralizador e controlador de M. Klein, como que em espelho à atitude de Anna Freud. O clima bélico da Sociedade Britânica das célebres "Discussões Controversas" evoluiu ao longo das décadas, mas nunca houve uma distensão tal que levasse a um reequacionamento mais produtivo desta situação de impasse. Segundo Bowlby, tratava-se de "mulheres teimosas" que "se recusavam a abrir suas mentes às ideias dos outros" (citado por Grosskurth, 1986/1992, p. 342) – ou das Valquírias do movimento psicanalítico. Muitos são os testemunhos deste estado de divisão crônica da Sociedade e de falta de discussão verdadeira, levando a sentimentos de sufocamento e a reações de raiva, desânimo, tédio e até de desistência – como foi o caso de A. Tyson, que abandonou a psicanálise

---

13 Segundo testemunhas, Klein teria rido com desdém e se retirado, juntamente com seu grupo, de uma reunião científica em que Fairbairn havia apresentado um de seus artigos, insinuando que aquilo não era psicanálise (Grosskurth, 1986/1992, p. 400).

14 Codinome proposto por Grosskurth, em sua biografia de Klein.

para tornar-se musicólogo: "não faço parte de grupelhos" (1983, citado por Grosskurth, 1986/1992, p. 432).

O pensamento de Fairbairn também foi alvo de preocupação e de ataque por parte do grupo kleiniano, ainda que com um caráter coadjuvante. Pela correspondência entre Klein e suas seguidoras próximas, ficamos sabendo da preocupação de bastidores que havia em relação a Fairbairn; em uma das reuniões, foi S. Isaacs quem tomou a frente para declarar que "o Dr. Fairbairn enfatiza excessivamente e distorce certas partes das teorias da Sra. Klein, fazendo delas quase uma caricatura" (1943, como citado em Grosskurth, 1986/1992, p. 346).

O exame do contexto da concepção do artigo sobre os mecanismos esquizoides nos traz mais material esclarecedor sobre o assunto. Quando Fairbairn publicou o seu estudo sobre a "estrutura endopsíquica" em 1944, Klein se deu conta que as ideias dele eram bastante próximas às dela – ela concordava com o papel atribuído a Fairbairn ao recalcamento em conexão com a divisão do Eu –, e isto lhe trouxe bastante apreensão. Este foi um importante estimulo – e, sobretudo, um forte desafio – para Klein dedicar-se ao estudo dos momentos mais primitivos do desenvolvimento do bebê e sua relação com a clínica da esquizofrenia: "era necessário trabalhar depressa para antecipar-se a ele em quaisquer conceitos que pudessem desenvolver" (Grosskurth, 1986/1992, p. 389). O artigo sobre os mecanismos esquizoides foi, justamente, a resposta a este desafio, trabalho hoje considerado como central em sua obra; em certa medida, ele "fecha" o arcabouço básico da metapsicologia kleiniana.

Desta maneira, compreende-se melhor quais eram as preocupações de bastidores que estavam subjacentes à menção ao trabalho de Fairbairn no artigo de Klein de 1946. Ela achava que "Fairbairn tinha de ser vigiado atentamente, porque nunca se sabia com o que ele viria da vez seguinte" (Klein, 1946, citada por Grosskurth, 1986/

1992, p. 400); era neste clima que se estudava de modo pioneiro e inovador – ironicamente – os mecanismos esquizoides e paranoides! Esse tipo de fenômeno não é novidade nas diversas realidades institucionais; como tão bem resumiu Grosskurth, "os analistas sempre foram um pouco paranoicos em relação à primazia de suas teorias" (Grosskurth, 1986/1992, p. 398). Se lembrarmos dos anseios de onipotência que funda o Eu de todos nós, tal desejo de primazia é perfeitamente compreensível e pode servir inclusive como um estímulo positivo e um desafio. Mas, por outro lado, não podemos deixar de considerar a possibilidade de tal necessidade emocional prevalecer sobre o espírito da pesquisa e engessar – ou mesmo impedir – certos progressos importantes da nossa disciplina.

Se levarmos em conta o poder político do grupo kleiniano e o clima dogmático que imperava no meio psicanalítico britânico, não fica difícil de se imaginar o espaço pequeno que havia para o reconhecimento e a difusão do trabalho de Fairbairn – conforme, aliás, também ocorria com outros autores "independentes" do *Middle Group*, como Balint e Winnicott. No entanto, toda história tem sua evolução inexorável, de uma maneira ou de outra; o destino do pensamento de Fairbairn não foi uma exceção à regra.

Ainda na década de 1950, houve um perturbador episódio que deve ter contribuído ainda mais para as reservas em relação a Fairbairn: a publicação de uma resenha de *Estudos psicanalíticos da personalidade*, escrita por Winnicott em parceria com M. Khan, no *International Journal of Psychanalysis* em 1953. Trata-se de um verdadeiro documento histórico, que ensejou um debate que repercute até os dias de hoje. A resenha é bastante surpreendente, se considerarmos, sob a ótica atual, que ela foi escrita por dois "irmãos" de *Middle Group*, com afinidades de pensamento bem marcantes com Fairbairn. Mas, apesar de Winnicott e Khan ressaltarem a novidade das ideias de Fairbairn, o tom geral do texto é de frieza e distância "científica"

330 FAIRBAIRN E A BUSCA DE OBJETO

diante de proposições tão contundentes e próximas às suas próprias ideias, com predominância de críticas que, se bem sejam interessantes, produzem um tom sutilmente desvalorizador do livro resenhado. Os dois focos principais das críticas são, por um lado, uma suposta tentativa de Fairbairn de "desbancar" Freud e, por outro, algumas das soluções propostas por ele em sua teoria do desenvolvimento; aqui, podemos supor um confronto subliminar com as soluções que os próprios resenhadores vinham construindo, em uma reação emocional que não difere substancialmente daquela despertada em M. Klein.[15]

A relação entre Fairbairn e Winnicott comporta, também, conflitos e contradições importantes. Apenas para nos situarmos brevemente, vale lembrar que, muito tempo depois, no final de sua vida, Winnicott veio a reconhecer que não havia, de início, compreendido e se dado conta da importância da contribuição de Fairbairn.[16] Ao longo dos anos, encontramos algumas menções significativas às ideias de Fairbairn, indicando um trabalho de elaboração, assimilação e reconhecimento da vizinhança significativa que havia entre eles. Assim, na primeira versão do artigo sobre os objetos transicionais, Winnicott (1951a, p. 229n) ressaltou que o termo "transicional" já havia sido utilizado por Fairbairn ao descrever a "etapa de transição" entre e dependência infantil e a adulta (dez anos antes!);[17]

---

15 Retornaremos à polêmica desta resenha em capítulo posterior.

16 Ao relembrar a primeira vez que escutou uma apresentação sua, Winnicott (1967a/1989) disse: "na época, não pude ver coisa alguma em Fairbairn. Depois, vi que ele tinha algo extremamente importante a dizer, que tinha a ver com ir além das satisfações e frustrações pulsionais, em direção à ideia da busca de objeto" (Winnicott, 1967a/1989, p. 579).

17 Hoje podemos ver as coisas mais em perspectiva e compreender que a ideia do "transicional" tem uma raiz histórica que transcende a obra de Winnicott, ainda que esteja no centro de seu pensamento. Pois, por estar estreitamente articulada à noção de "intermediário", ela se encontra sublinarmente em toda obra de Freud e em determinadas tradições filosóficas, como bem ressaltou Kaës (1985).

nos anos seguintes, referiu-se ao modelo de mundo interno de Fairbairn ao redescrever a dinâmica da posição depressiva (Winnicott, 1954b/1992, p. 299n) e também utilizou-se da ideia da busca de objeto para caracterizar o impulso da tendência antissocial (Winnicott, 1956/1990, p. 315).

Mas creio que o reconhecimento mais claro se deu tardiamente, quando Winnicott (1967e/1996), ao desenvolver seu conceito de espaço potencial, declarou: "posso ver que estou no território do conceito de Fairbairn (1941/1980) de busca de objeto" (Winnicott, 1967e/1996, p. 101).[18] Em seu estudo sobre a mutualidade, Winnicott (1969c/1989) volta o assunto de maneira enfática: ele deixa claro que, ao colocar a *comunicação* como a questão fundamental da relação mãe-bebê, ele estava deixando em segundo plano o olhar kleiniano sobre a relação de objeto e colocando-se mais próximo de Fairbairn:

> *estou obviamente próximo à afirmação feita por Fairbairn em 1944 de que a teoria psicanalítica estava enfatizando a satisfação pulsional às expensas do que Fairbairn chamou de "busca de objeto". E Fairbairn estava trabalhando, como eu estou agora, na direção em que a teoria psicanalítica precisou ser desenvolvida ou modificada se o analista puder esperar ser capaz de lidar com os fenômenos esquizoides no tratamento dos pacientes. (Winnicott, 1967e/1996, p. 256)*

Winnicott ressalta, no entanto, que apesar disto, tem se preocupado em se manter próximo ao quadro conhecido dos conceitos

---

18 Alguns anos depois, Guntrip (1975) – que foi paciente tanto de Fairbairn quanto de Winnicott – declarou que, ao ler esta frase, sentiu-se aliviado, pois imaginou que "Winnicott e Fairbairn tinham juntado forças para neutralizar meus primitivos anos traumáticos" (Guntrip, 1975, p. 403).

psicanalíticos da relação de objeto, pois deseja "manter abertas as pontes que nos conduzem da teoria antiga para a nova teoria" (Winnicott, 1967e/1996, p. 256).

Não parece descabido considerar que Winnicott passou por um longo processo pessoal – intelectual e emocional – até chegar a estas afirmações. Para ser capaz de melhor vislumbrar a real dimensão da pequena revolução proposta por Fairbairn, foi necessário reconhecer o profundo diálogo que havia entre os seus respectivos trabalhos – em que pesem as diferenças muito grandes de ideias e estilos –, e foi necessário também aceitar que Fairbairn, de fato, percorreu certas veredas muito antes dele. Hoje podemos ver que a ameaça advinda da proximidade das linhas de pesquisa era, na verdade, muito maior entre os dois que em relação a M. Klein, em relação ao pensamento de quem ambos vinham se distanciando; mas podemos compreender, também, que havia espaço suficiente para cada um desenvolver suas ideias de modo independente, trazendo contribuições que se complementam e se enriquecem mutualmente. Penso que a relação Fairbairn – Winnicott pode ser tomada como uma boa medida do trabalho de elaboração que a assimilação da obra de Fairbairn comportava, e ainda comporta até hoje.

Difusão em fogo lento

Acompanhemos, agora, o destino ulterior do pensamento de Fairbairn.

A difusão de seu trabalho tem se dado de forma lenta, e podemos reconhecer algumas ondas mais significativas. O primeiro movimento marcante de divulgação de seu pensamento partiu de Guntrip que, na década de 1960, deu início a um trabalho de reelaboração do pensamento tanto de Fairbairn quanto de Winnicott – tendo sido, inclusive, analisado por ambos. O impulso de seu trabalho – abarcativo, fluente e comunicativo – teve um papel importante em tornar a obra de Fairbairn visível, ainda que ele tenha feito as suas próprias interpretações e reconstruções desta, seguindo por linhas por vezes divergentes e simplificadoras.

A relação entre Guntrip e Fairbairn pode ser examinada tanto em relação ao seu aspecto teórico, quanto em relação à sua dimensão pessoal e transferencial. Greenberg e Mitchell assinalaram as diferenças de pressupostos e sistemas conceituais entre Guntrip e Fairbairn, a despeito do esforço do primeiro em se situar como um continuador de Fairbairn. Segundo eles, Guntrip enfatizou excessiva e exclusivamente a regressão e o afastamento do objeto: "no sistema de Fairbairn, a busca de objeto, a necessidade de contato e relação, é primária; para Guntrip, o retraimento é primário e a busca de objeto é uma reação defensiva secundária contra o terror do anseio regressivo" (Greenberg & Mitchell, 1983/2003, p. 215).[19]

Na década de 1980, houve uma nova onda significativa, especialmente nos EUA. Podemos nos perguntar sobre o porquê deste fenômeno; Grosskurth sugere que ele se relaciona, indiretamente, à desavença entre M. Klein e A. Freud: se Klein havia triunfado dentro da Sociedade Britânica, Anna Freud reinava no resto do mundo psicanalítico. Assim, as ideias de Klein sofreram uma grande oposição no ambiente norte-americano fomentada pelos partidários de A. Freud, enquanto o pensamento de Fairbairn ficou com o caminho desimpedido. Uma vez que "desde o início da década de 1920 Klein enfatizara os processos de desenvolvimento por meio de relações de objeto, ela pode ser legitimamente definida como a mãe da teoria das relações objetais" (Grosskurth, 1986/1992, p. 398); mas

---

19 Kernberg (1980), citado por Greenberg & Mitchell, 1983/2003, p. 216) sugeriu que as distorções das ideias de Fairbairn feitas por Guntrip se deveram à sua transferência não resolvida com seu ex-analista.

isto em solo britânico, pois os americanos consideraram Fairbairn "o pai das relações de objeto" (Grosskurth, 1986/1992, p. 343n). Se M. Klein não tivesse sido tão intransigente e hostil a Fairbairn, talvez sua aceitação em solo norte-americano – argumenta Grosskurth – tivesse sido outra.

Assim, Risley, no Kansas, Grotstein, na Califórnia, e especialmente Kernberg – que merece destaque dada a proeminência de sua figura – passaram a estudar, divulgar e reelaborar com profundidade a obra de Fairbairn. Mas as duas contribuições mais marcantes deste período são ainda, sem dúvida, as de Greenberg e Mitchell (1983/2003) e de Sutherland (1989/1999). Esses dois livros constituem uma "biblioteca básica" para os estudiosos de Fairbairn e foram recorrentemente referidos em estudos posteriores sobre o autor.

O livro de Greenberg e Mitchell, que temos usado como um guia de referência e de debate, tornou-se um *best-seller* internacional e tem sido utilizado sistematicamente por grande parte de pesquisadores interessados na história das relações de objeto. O trabalho desta dupla de Nova York teve um papel marcante quanto à divulgação da obra de Fairbairn, já que, a despeito do relativo pouco destaque de sua obra até então, Greenberg e Mitchell (1983/2003) a alçaram a um lugar de grande proeminência por terem-na considerado "a expressão mais pura e mais clara da mudança do modelo estrutural-pulsional para o modelo estrutural-relacional" (Greenberg & Mitchell, 1983/2003, p. 151). Ainda que tenham dado à obra de Winnicott um destaque significativo – o que não ocorreu com Balint –, o lugar de um "destemido pioneiro que não fez concessões" que é atribuído a Fairbairn não esconde a simpatia dos autores pelo psicanalista de Edimburgo.

Nos anos seguintes, acompanhamos uma curiosa divergência surgindo entre Greenberg e Mitchell, e justamente em relação a Fairbairn. Greenberg teria sugerido, em livro de 1991, que Fairbairn

foi menos revolucionário como teórico do que ele mesmo reivindi-
cava – já em sua obra haveria também uma teoria pulsional oculta –;
mas Mitchell (1998) contra-argumentou que não há modelo híbrido
no pensamento de Fairbairn e que, por isso, sua obra é tão fundamental: trata-se de um projeto essencialmente *relacional*. Este reposicionamento dos autores, agora separados, é interessante e pode
ser interpretado de duas formas diferentes: ou como evolução dos
seus respectivos modos de compreender a questão após a publicação do livro da dupla, ou como a explicitação de inclinações diferentes que já estavam presentes na época, mas que precisaram ser
aplainadas em nome de um projeto maior comum. De qualquer
modo, é sempre salutar observar como o pensamento pode evoluir
e como se trata de um diálogo que segue em aberto.

A segunda publicação de peso dos anos 1980 foi *Fairbairn's
journey into the interior*, de J. Sutherland. Sutherland escreveu uma
espécie de "biografia intimista", em que sugeriu um paralelismo entre o mundo subjetivo de Fairbairn e suas pesquisas psicanalíticas,
buscando investigar quais fontes pessoais – em sua "viagem para
o interior" – moveram Fairbairn em sua empreitada. Sutherland
foi uma das pessoas mais próximas de Fairbairn, tendo trabalhado
com ele na Universidade de Edimburgo a partir de 1928, tornando-
-se posteriormente seu analisando; depois, ele se estabeleceu em
Londres como analista de destaque, mantendo sempre o vínculo
com Fairbairn. Ao publicar esta biografia, Sutherland (1989/1999)
considerava-se "o único sobrevivente daqueles que o conheceram
bem ao longo de sua vida profissional" (Sutherland, 1989/1999,
p. x) e, por isso, julgou ser importante que o seu conhecimento da
personalidade de Fairbairn fosse registrado.

Sutherland utilizou, como fontes para seu trabalho, sua própria
experiência de contato com Fairbairn, depoimentos de familiares
e amigos e – com uma certa audácia – anotações "autoanalíticas"

336 FAIRBAIRN E A BUSCA DE OBJETO

deixadas por Fairbairn. A biografia nos transmite um retrato de um homem atormentado por um mundo interno turbulento e assolado por tensões marcantes em diversos momentos de sua vida. Fairbairn teria deparado, inicialmente, durante seu trabalho analítico intensivo com pacientes esquizoides, com forças muito disruptivas e, ao longo dos anos, enfrentou ataques ferozes ao seu trabalho vindos de duas frentes: de sua esposa e de seus colegas de universidade. Como resultado, sofreu de sintomas que nunca pôde superar, agravados pelo fato de não ter tido possibilidade de recorrer a auxílio psicoterápico na distante Edimburgo. Para Sutherland, a emergência das ideias de Fairbairn estava fortemente relacionada à dinâmica deste mundo interno. Ainda que não caiba aqui uma discussão metodológica mais aprofundada sobre esta modalidade de "biografia psicanalítica" que se apoia no paralelismo entre vida e obra,[20] é inegável que o livro de Sutherland trouxe à luz uma enorme quantidade de informações e questionamentos muito úteis para os estudiosos da obra de Fairbairn.

Para Sutherland, Fairbairn foi ignorado por muitos anos – como costuma ocorrer em casos análogos – justamente por levantar uma nova linha de pensamento que desafiava um paradigma científico bem estabelecido. Mas, na época da publicação da biografia (1989/1999), ele já vinha percebendo uma virada significativa:

---

20 Lembremos que esta tradição se iniciou com a construção do "mito fundador" da psicanálise, que busca entrelaçar a vida e a obra de Freud. O estudo minucioso e provocante de Anzieu sobre a autoanálise de Freud e o surgimento da psicanálise é, dentro deste gênero literário, exemplar. Ainda que este tipo de aventura empreendida por alguns psicanalistas – uma espécie de "psicanálise aplicada" ao processo de criação psicanalítica de colegas célebres – suscite por vezes reações de condenação e de repúdio, é inegável que a própria natureza do saber e da experiência psicanalítica, que pressupõe uma imbricação profunda entre processos pessoais e realizações intelectuais, convida a este tipo de abordagem.

*os estudos em expansão sobre o desenvolvimento da crian-
ça e, na psicologia, as novas concepções psicanalíticas
a respeito do mundo interno das crianças pequenas proporcionadas inicialmente por Melanie Klein, assim como
aquelas originadas do tratamento de adultos mais seriamente perturbados, todas estas contribuições têm apontado para premissas teóricas radicalmente diferentes.
(Sutherland, 1989/1999, p. vii)*

Assim, seguindo as observações de Sutherland, podemos supor
que, nesta década de 1980, já se fazia bem mais visível um "caldo
cultural psicanalítico" mais propício a uma assimilação e retomada
da obra de Fairbairn.

De fato, a década de 1990 trouxe um novo impulso na difusão
de sua obra. Pois, se o livro de 1952 era a única coletânea de trabalhos de Fairbairn publicada, as coisas mudaram significativamente
em 1994: foi neste ano que, finalmente, veio a público um material
muito mais amplo, em um passo muito significativo do processo de
difusão de sua obra. Pois, nesta nova onda, foi publicado *From
instinct to self: selected papers of W. R. D. Fairbairn*, em dois volumes,
sob a responsabilidade de Ellinor Fairbairn Birtles e D. Scharff, em
uma frutífera conexão Londres – Washington.[21]

O primeiro volume – do meu ponto de vista o mais relevante –
é dedicado à obra de maturidade de Fairbairn (escrita após *Estudos*

---

21 Ellinor, filha de Fairbairn, iniciou estudos em medicina em Edimburgo e, ao
mudar-se para Londres, acabou se dirigindo para o estudo acadêmico de filosofia e de história das ideias. Scharff, psicanalista e docente da Universidade
de Georgetown, é co-diretor do "International Institute of Object Relations
Therapy"; autor de muitos trabalhos, ele tem se dedicado particularmente
à clínica com casais e família, desenvolvendo, nesta área, uma linha de pesquisa
com marcante influência de Fairbairn.

338   FAIRBAIRN E A BUSCA DE OBJETO

psicanalíticos da personalidade). Ele se divide em uma primeira parte de artigos clínicos, que abordam as implicações terapêuticas de sua concepção sobre o psiquismo humano, e uma segunda parte, dedicada a aprofundar alguns de seus aspectos teóricos (responder a críticas recebidas, discutir concepção de ciência e fundamentos filosóficos de seu modelo, e outros temas afins). Nele, encontra-se um estudo seminal sobre a histeria, de grande valor teórico-clínico e atualidade surpreendente, um importante e esclarecedor estudo sobre os objetivos do tratamento psicanalítico, e um rico material sobre a controvérsia sobre a máxima "a libido busca o objeto, e não o prazer".

O segundo volume de *From instinct to self...*, em contraste, contém os escritos iniciais de Fairbairn. Dentre eles, se destaca seu estudo crítico da obra de Freud, com especial ênfase na segunda tópica, e sua Tese sobre "recalcamento e dissociação" – temática que permeia toda a construção de sua ulterior "psicologia de estrutura dinâmica". Mas encontram-se também neste extenso volume artigos sobre temas variados, como desenvolvimento da criança, psicologia da arte e questões sociais. Dentre estes, os editores dão destaque ao artigo em que Fairbairn descreve sua experiência com crianças sexualmente abusadas pois, na opinião dos editores, tal trabalho teria prefigurado suas elaborações teóricas posteriores, sem que se tenha dado o devido reconhecimento de tal nexo: "esta experiência [com crianças abusadas], sua formação inicial em filosofia e seu estudo dedicado da obra de Freud são elementos que compõem a fundação sobre a qual ele construiu seu edifício teórico final" (Scharff & Birtles, 1994, v. I, p. xx). Não há dúvida de que um estudo aprofundado de um autor como Fairbairn pede que nos familiarizemos com seu percurso de pesquisa – o que inclui os "anos de formação" e um trabalho árduo de elaborações teórico-clínicas –, a fim de compreendermos melhor o seu ponto de chegada; com a publicação deste volume, temos agora esta importante oportunidade em mãos.

Assim, como bem assinalaram os editores, "tomados em conjunto, estes três volumes [o *Estudos psicanalíticos da personalidade*, de 1952, e os dois volumes do *Selected papers*] elucidam a contribuição de Fairbairn de uma maneira que nenhum deles o faz isoladamente" (Birtles & Scharff, 1994, v. II, p. xxiii). Com esta trilogia, portanto, torna-se finalmente acessível à comunidade psicanalítica e científica em geral o material necessário para se traçar um panorama tanto histórico quanto de conteúdo da obra de Fairbairn, dando condições para uma melhor apreciação de sua real contribuição.

Na época da publicação dos *Selected papers,* a obra de Fairbairn permanecia pouco conhecida, ainda que desenvolvimentos significativos de suas ideias viessem aparecendo com Sutherland, Guntrip, Dicks – que aplicou suas ideias no trabalho com casais –, Bowlby, Kernberg, Grotstein, Mitchell e outros. Segundo os editores, a pouca difusão de suas ideias não condiz com a importância de seu trabalho. Pois tais ideias proporcionaram o "clima" a partir do qual Winnicott e Bowlby desenvolveram seus trabalhos, guardam um impressionante paralelo com a obra de Kohut, e, sobretudo, já estão presentes na "água que bebemos" no nosso trabalho cotidiano, sem nos darmos conta. Naturalmente, deve-se levar em conta que tais opiniões podem ser parciais e enviesadas; ainda assim, chama a atenção o tom enfático da afirmação: "W. Ronald D. Fairbairn se mantém como um dos psicanalistas mais influentes desde Freud, ainda que a extensão de suas contribuições seja em grande parte não reconhecida" (Scharff & Birtles, 1994, v. I, p. xi).

Nos anos seguintes, a difusão do pensamento de Fairbairn pode ser acompanhada pela publicação de algumas coletâneas de trabalhos de estudiosos que analisam e comentam a sua obra. Este é o caso de *Fairbairn: then and now* (1998), organizado por Skolnick e Scharff, e *Fairbairn and the origins of object relations* (2000), organizado por Grotstein e Rinsley. Nesses livros, encontramos artigos dos principais estudiosos de sua obra aqui citados, além de Ogden, N. Symington, J. Padel, Modell e outros. Além dessas coletâneas, cabe mencionar outros livros que, se bem que não tratem exclusivamente de Fairbairn, abordam o significado de sua contribuição com algum destaque. Este é o caso de *Reshaping the psycho-analytic domain: the work of Klein, Fairbairn and Winnicott* (1990), de J. M. Hughes,[22] e *A history of modern psychoanalytic thought* (1995), de Mitchell e Black.[23] A formalização de um "Instituto Internacional da Teoria das Relações de Objeto" é, em si mesma, uma expressão do interesse crescente despertado pelo pensamento de Fairbairn.

Isolamento e confrontação

É uma ironia do destino que o trabalho de Fairbairn permaneça ainda relativamente desconhecido, bem como seu papel precursor no movimento das relações de objeto. Muitos fatores estão aqui em jogo, mas há uma característica marcante da trajetória de Fairbairn que tem sido frequentemente ressaltada: o seu relativo isolamento na longínqua Edimburgo. Deve-se aqui considerar que esta situação não é apenas obra do acaso, pois deve haver aqui também uma boa dose de escolha pessoal. Sutherland e sua filha Ellinor, por exemplo, optaram por estabelecerem-se em Londres; podemos conjecturar que se tratou de uma circunstância ao mesmo tempo geográfica e de caráter.

Os efeitos de tal circunstância foram logo notados por Jones, que na ocasião da publicação do livro de Fairbairn, profetizou: "vivendo

---

22 Este livro foi traduzido para o português e publicado pela Revinter (1998).

23 No nosso ambiente brasileiro, acompanhamos os primeiros passos na divulgação do trabalho de Fairbairn com a publicação de *Fairbairn em sete lições*, de Luís Claudio Figueiredo e Teo Weingrill Araujo (Ed. Escuta, 2013).

a centenas de milhas de seus colegas mais próximos, os quais encontra apenas raramente, o autor aufere deste fato grandes vantagens e também grandes desvantagens" (Jones, 1952/1980, p. v). É difícil não concordar com a sabedoria destas palavras! Jones prossegue:

> a principal vantagem é que, não estando sujeito a distrações ou interferências, ele pode concentrar-se inteiramente nas suas próprias ideias à medida que evoluem de sua experiência diária de trabalho. Isso é uma situação que conduz à originalidade, e a originalidade do Dr. Fairbairn é indiscutível. Por outro lado, dispensar o valor da discussão com colegas, que, pela própria natureza das coisas, devem estar capacitados a assinalar considerações negligenciadas por um trabalhador solitário ou modificar o risco de qualquer linha de pensamento unilateral, requer poderes muito especiais de autocrítica. (Jones, 1952/1980, p. v)

Penso que o caso de Fairbairn nos serve de exemplo para uma discussão da maior importância, pois revela um caráter paradoxal de todo processo criativo, incluído aqui aquele inerente ao trabalho científico. Trata-se do compatibilizar dois valores indispensáveis: a necessária referência a uma comunidade de pares, por um lado, e a igualmente importante manutenção de uma independência de pensamento, por outro. O afastar-se, retirar-se e isolar-se comporta sempre uma certa dimensão antissocial e esquizoide; mas é esta mesma atitude que cria as condições de possibilidade do verdadeiro processo criativo. É curioso, quanto a isto, que o tema da esquizoidia tenha sido tão central no pensamento tanto de Fairbairn quanto de Winnicott, que em sua obra mais madura ressaltou o valor positivo da não comunicação e refletiu sobre a capacidade de estar só como uma conquista altamente complexa do desenvolvimento pessoal. Ora, a originalidade assinalada por Jones está estreitamente relacionada ao potencial criativo dos seres humanos, desenvolvido no espaço paradoxal entre o "estar com" e o "estar só"; a "brincadeira de esconde-esconde", lembrada por Winnicott ao discutir os dilemas da comunicação humana, é uma das maneiras mais felizes de figurar o paradoxo que aqui discutimos.[24]

Quanto a isto, encontramos na história de Fairbairn um lance curioso. Sutherland (1989/1999) teve acesso a registros altamente pessoais de Fairbairn – e, em especial, a "notas autoanalíticas" realizadas ao longo de muitos anos – e, no prefácio da biografia, compartilha conosco sua crise ética sobre utilizar ou não este material íntimo e sigiloso em seu livro. Refere que decidiu, utilizá-lo com a convicção de que Fairbairn deixou as notas com a finalidade de ser útil para que pudéssemos melhor compreendê-lo e à sua obra; e, ainda, com o sentimento que ele – Sutherland – ou Guntrip seriam naturalmente os destinatários deste material. E completa:

> elas iluminam processos de grande interesse geral para a psicanálise, o que, para mim, constitui um tributo à dedicação deste trabalhador e pesquisador isolado. O seu uso criativo é uma forma de honrar o trabalho de Fairbairn ao longo de sua vida. (Sutherland, 1989/1999, p. xiii)

Deste ponto de vista, teriam as notas deixadas por Fairbairn um sentido análogo àquelas mensagens colocadas em garrafas e jogadas ao mar, na esperança de serem encontradas por alguém?

---

24 Em *Sonhar, dormir e psicanalisar: viagens ao informe* (Gurfinkel, 2008), discuti extensamente esta condição paradoxal do processo criativo – e que caracteriza também a situação do dormir-sonhar –, utilizando como modelo a "brincadeira de esconde-esconde".

Estamos diante do paradoxo de um "diário secreto" que não deve ser violado, mas que, quem sabe, no fundo, tenha sido sempre dirigido a algum interlocutor imaginário, à maneira de um destinatário transferencial. Afinal, como dizia Winnicott, é um prazer se esconder, mas é um desastre não ser encontrado; e, como quis comunicar Fairbairn em seu modelo da situação endopsíquica, nosso mundo psíquico é constituído de estruturas compostas pela parceria entre aspectos do Eu e aspectos do objeto internalizados, em um diálogo Eu-outro que a teoria das relações de objeto não cessa de nos lembrar.

Esta discussão comporta também uma importante dimensão no campo da política institucional da psicanálise. Pois deve-se refletir sobre o efeito paradoxal da presença maciça dos outros (mestres, analistas, supervisores e colegas) no processo de tornar-se analista. Pois eles são, por um lado, a fonte de estímulo e o ambiente facilitador para o desenvolvimento de um pensar psicanalítico, mas também, por outro, um campo de inibição que impõe submissão, estreitamento e obediência, como tantas vezes tem acontecido na história do movimento psicanalítico. Creio que o "espírito independente" adotado por diversos analistas do *Middle Group* britânico, e hoje bastante valorizado por diversos colegas, é mais uma das contribuições importantes que a linhagem das relações de objeto veio a agregar à psicanálise, começando por Ferenczi, e seguindo por Balint, Fairbairn e Winnicott – cada um conservando, como era de se esperar, suas opiniões e posições, e sobretudo seu estilo singular.[25]

Deve-se considerar que havia também uma dimensão política subjacente ao isolamento de Fairbairn. Como lembrou Grosskurth (1986/1992), ele "não era do tipo que favorecia os grandes poderosos" (Grosskurth, 1986/1992, p. 389). Mas a biógrafa de Klein assinalou

---

25 Cf. "Balint e a formação psicanalítica" (Gurfinkel, 2010).

344   FAIRBAIRN E A BUSCA DE OBJETO

ainda, acompanhando Sutherland, que um fator cultural deve também aqui ser levado em conta: "ele [Fairbairn] seguia a tradição britânica de extrair prazer das ideias por si mesmas, por mais escandalosas que pudessem parecer para os europeus do continente, mais doutrinários" (Grosskurth, 1986/1992, p. 389).

Esta tradição continental teria impedido Klein de ter sido mais livre em relação à tradição freudiana e, assim, ter sido capaz de dar o "salto epistemológico" proposto por Fairbairn.

Ao lado do isolamento, o segundo elemento que se destaca como característico da postura de Fairbairn é o caráter confrontativo de suas proposições.

A atitude de crítica frontal a diversos conceitos básicos do sistema freudiano – a começar pelo princípio do prazer – e a proposição de soluções alternativas a tais conceitos foi, em geral, recebida com grande reserva. Jones foi certamente ousado por, desde cedo, respeitar a "nova abordagem" de Fairbairn e considerar que ela deveria conduzir a muitas discussões frutíferas. Mas outros não seguiram seu exemplo. Klein foi muito refratária a esta atitude, que era oposta à estratégia por ela adotada ao longo de todas as controvérsias com o grupo de Anna Freud. Winnicott e Khan (1953/1989), na conhecida resenha, entendem que Fairbairn estaria reivindicando que sua teoria suplanta a de Freud, com o que eles estão de acordo:

> *ainda que compartilhando de muitas das insatisfações de Fairbairn, e ainda que se possa extrair ideias valiosas de suas sugestões, ficamos, no entanto, ao final, com a sensação que as ideias de Freud em evolução proporcionaram e ainda nos proporcionam um solo mais fértil que a teoria desenvolvida por Fairbairn. (Winnicott & Khan, 1953/1989, p. 421)*

As reações prosseguiram ao longo das décadas; assim que, recentemente, Kernberg (2000) também opinou que Fairbairn não deveria ter "reivindicado" substituir Freud:

> *eu penso que Fairbairn estava certo ao intuir que esta ideia [que não existem pulsões puras e que elas estão necessariamente imbricadas com estruturas egoicas internalizadas] já estava implícita em Freud e que era necessário apenas avançar um passo adiante para chegarmos a uma reexploração fundamental da metapsicologia; mas eu discordo completamente com seu pressuposto de que esta visão requer um abandono da metapsicologia freudiana. (Kernberg, 2000, pp. 59-60)*

O fato que deve ser hoje considerado é como cada um interpreta a posição adotada por Fairbairn, o que está evidentemente ligado à questão da diversidade de leituras que se pode ter de um autor. Assim, segundo o olhar de Sutherland (1989/1999), "Fairbairn não era um iconoclasta que necessitava urgentemente atacar Freud... e isto não pode mais ser usado como um pretexto para evitar o estudo cuidadoso das ideias de Fairbairn"; pois, para este biógrafo, se tratava

> *de uma mente disciplinada e crítica em um gentleman scholar, cujo objetivo era fazer avançar nosso conhecimento do homem enquanto pessoa. ...Fairbairn nunca se considerou de outra maneira do que como um estudioso diligente que estava levando adiante sua assimilação da contribuição única feita por Freud; o pensamento de Freud permaneceu como uma inspiração constante para ele, assim como foi a fons et origo de todo o seu self psicanalítico. (Sutherland, 1989/1999, p. x)*

346 FAIRBAIRN E A BUSCA DE OBJETO

Esta descrição pungente e tocante nos oferece um quadro bastante mais complexo e rico, retratando Fairbairn como um pesquisador muito engajado e em busca de fazer avançar o pensamento psicanalítico.

O suposto caráter de ruptura de sua atitude pode bem ser visto como próprio de um espírito independente, que ao longo de suas pesquisas vislumbrou a necessidade de uma renovação considerável da metapsicologia freudiana. Deste ponto de vista, torna-se bem compreensível a consideração e o respeito que Greenberg e Mitchell demonstraram por seu trabalho: pois o argumento principal que esta dupla de estudiosos sustentou foi justamente o caráter de ruptura – ruptura de modelos – implícito no advento da linhagem das relações de objeto. Assim, é natural que eles tenham se mostrado simpáticos à "causa" de Fairbairn (e, além do mais, lembremos: agora estamos em solo americano!).

Por outro lado, devemos considerar que sustentar uma atitude como esta também tem seu preço e o sofrimento a ela inerente não deixou de atingir Fairbairn. Sutherland nos informa que a tensão emocional em que Fairbairn vivia era bastante grande, e que o que mais o desequilibrava era o duplo ataque ao seu trabalho no ambiente doméstico e na Universidade.

> *O trabalho que ele valorizava tanto e para o qual ele era profundamente dedicado era assim atacado por todos os lados no seu mundo imediato; havia algum apoio vindo de fora de Edimburgo, mas, infelizmente, não havia disponibilidade de uma ajuda analítica local para lidar com os distúrbios profundos que o acometiam. As notas autoanalíticas me impressionaram como uma tentativa séria e persistente de dar conta dos conflitos subjacentes aos seus sintomas, dos quais ele não conseguiu se aliviar. (Sutherland, 1989/1999, p. xii)*

As idas a Londres provavelmente também não traziam grande alívio. Se, por um lado, Fairbairn teve a oportunidade e o privilégio de ser introduzido e oficialmente aceito na Sociedade Britânica, o reconhecimento de seu trabalho – algo de que, afinal, todos necessitamos – não foi fácil.

> *Eric Trist lembra-se de uma tarde de sábado dos anos 40 em que um grupo se reuniu, provavelmente na casa de Susan Isaacs, e Melanie Klein, com sua fala monótona, lenta, de sotaque carregado, sequer dignou-se a discutir com Fairbairn, que insistia energicamente em tentar apresentar seu ponto de vista. (Grosskurth, 1986/1992, p. 343)*

Essa *insistência* demonstra – evidentemente – uma necessidade de reconhecimento e de estabelecer contato e comunicação com o outro – e, neste caso, com um "outro" tão significativo como M. Klein! Afinal, a libido busca um objeto... Na década de 1950, a situação foi ganhando novos matizes, e o trabalho de Fairbairn foi ganhando um substancioso reconhecimento em alguns setores do mundo psicanalítico; ainda assim, as resenhas de seu livro feitas por analistas o desapontaram muito, especialmente pela falta de interesse que revelavam. Para Sutherland e Guntrip, tratava-se de uma forte resistência ao que evocava o teor das ideias de Fairbairn – inclusive no caso da reação de Winnicott, o mais surpreendente de todos (Sutherland, 1989/1999).

O legado de Fairbairn

Não é uma tarefa fácil avaliarmos a relevância de uma obra e seu papel na história das ideias de nossa disciplina. Obter uma visão abrangente e ao mesmo tempo equilibrada da contribuição de um autor exige um trabalho de pesquisa cuidadoso e, ao mesmo tempo, um trabalho psíquico não menos desafiador de não se deixar contaminar com por visões já estabelecidas – e por vezes estereotipadas – de seu trabalho, muitas vezes enviesadas tanto na direção da crítica infundada e do descaso quanto na direção de uma idealização acrítica. Como sabemos, tais "visões pré-estabelecidas" são sobredeterminadas por diversos fatores, como jogos políticos de poder nas instituições, identificações e filiações transferenciais, rivalidade pessoais, ignorância e desconhecimento, resistências e medo do desconhecido, as modas e o "espírito da época" etc. Estes princípios se aplicam a todo e qualquer autor da psicanálise, mas, em relação a diversos deles, temos muito mais trabalho coletivamente acumulado de estudos para nos apoiar.

Quanto à obra de Fairbairn, temos ainda muito o que caminhar e necessitamos de um bom tempo transcorrido para que as suas ideias sejam mais conhecidas e discutidas; somente por este meio é que o debate pode amadurecer, para que finalmente possamos ter uma visão algo mais nítida da real dimensão da contribuição de Fairbairn. Neste momento, podemos apenas assinalar alguns méritos e limitações de seu trabalho.

A contribuição de Fairbairn se destaca, especialmente em relação a seus colegas de *Middle Group*, por nascer de um estudioso da Universidade bastante bem preparado no campo da filosofia e da filosofia da ciência e bastante preocupado com uma leitura exegética da obra de Freud – perfil de psicanalista que encontraremos com mais frequência, em geral, na psicanálise francesa a partir de Lacan. Na Escócia, predominava um estudo de filosofia muito mais próximo daquele do continente europeu que o da Inglaterra e Fairbairn foi particularmente influenciado pela psicologia aristotélica e pelo trabalho de Hegel. Isto lhe permitiu, bastante cedo e munido de instrumentos de análise mais sofisticados, efetuar uma leitura epistemológica e crítica de Freud.

Qual é a essência de sua crítica? O principal problema que Fairbairn via no trabalho de Freud é um "dualismo filosófico" que se refletia na oposição entre mente e corpo, vida e morte, energia e estrutura, e forma e conteúdo. Segundo Sharff e Birtles (1994), esta visão evidencia-se cabalmente no *Projeto para uma psicologia científica* de Freud – manuscrito postumamente publicado que Fairbairn não teve a oportunidade de conhecer – e, apesar de todas as revisões feitas por Freud em seu trabalho posterior, tal visão permaneceu ao longo de sua obra.

> *Isto conduziu a debilidades que hoje podemos enxergar melhor: a máquina do século XIX, a máquina a vapor, era uma estrutura mecânica impulsionada por uma fonte de energia aplicada; ela serviu adequadamente, de modo preliminar, como uma alegoria do homem do século XIX. Mas agora que vemos o sistema nervoso como um processador de informação complexo em uma relação de interação e de mútua influência com seu ambiente, a máquina a vapor não mais serve à complexidade de nossas conceitualizações. (Sharff & Birtles, 1994, p. xv)*

E qual é a consequência destes pressupostos filosóficos do pensamento de Freud para a teoria psicanalítica? Segundo Fairbairn (1951/19890):

> *a separação feita por Freud entre a energia e a estrutura deve ser considerada como reflexo do pano de fundo científico geral do século XIX, dominado como estava pela concepção helmholtziana do universo físico, e constitui assim uma limitação imposta a seu pensamento por influências externas. No século XX, a física atômica revolucionou a concepção científica do universo físico,*

> *e introduziu a concepção de estrutura dinâmica; as ideias que esbocei representam uma tentativa de reformular a teoria psicanalítica em função desta concepção. (p. 139)*

O princípio de que a libido busca o prazer decorre diretamente desta separação entre energia e estrutura, como a tópica freudiana que postulou um Id como reservatório da libido e um Eu que busca se equilibrar entre seus diversos senhores (o Id, o mundo externo e o superego). O modelo da estrutura endopsíquica de Fairbairn, por outro lado, nos apresenta um psiquismo que se origina da internalização de estruturas relacionais que se sedimentam em subestruturas complexas, formadas, por sua vez, de aspectos de um Eu dissociado em uma relação de investimento energético em seus respectivos objetos internalizados – sem que energia e estrutura estejam localizados em espaços psíquicos separados.

De fato, a "psicologia de estrutura dinâmica" proposta por Fairbairn contém uma descrição muito mais próxima da experiência humana que o modelo do aparelho psíquico de Freud. Pois ela que nos apresenta as subestruturas psíquicas com um caráter *antropomórfico*, em um modelo mais assemelhado ao mundo imaginativo das crianças – que concebem objetos e animais como personagens falantes, tal como são retratados nos contos de fadas e desenhos animados – e à mentalidade dos povos primitivos, que povoa o mundo da cultura com seus objetos subjetivos. Trata-se de uma "tópica humanizada", mais afim à realidade subjetiva do que os modelos de uma ciência mecanizada e asséptica do século XIX podem nos proporcionar, e muito mais próxima da "alma humana", conforme a leitura de Freud à qual Bettelheim[26] quis nos convidar.

---

26 A argumentação de Bettelheim (1982) é contundente, pois sugere que o suposto caráter "mecanicista" do pensamento de Freud se deve, em parte, à maneira como

Assim, Fairbairn buscou empreender o seu próprio "projeto científico" para a psicanálise. Ele contestou a visão dualista derivada de Platão e substituiu-a por uma visão holística do homem derivada da psicologia aristototélica, que o concebia como um ser integrado e naturalmente voltado para a sociedade.

> *Aristóteles via o homem essencialmente como um organismo social e cultural. Esta tendência foi reforçada por Hegel, que via a participação de cada indivíduo com os outros como o veículo para o desenvolvimento em direção a uma personalidade plenamente humana. Foi Hegel quem primeiro percebeu que tais processos eram inseparavelmente conectados com a experiência dos relacionamentos sujeito-objeto, e é provável que tenha sido de Hegel que Fairbairn retirou a base de inspiração para sua teoria da personalidade. (Scharff & Birtles, 1994, p. xvi)*

A visão holística é um modelo análogo, no campo das ciências físicas, aos trabalhos desenvolvidos por Einstein, Planck e Heisenberg.

---

ele foi lido e, mais particularmente, traduzido para a língua inglesa. Assim, por exemplo, a escolha da expressão "aparelho mental" para traduzir *"seelischen Apparatus"* – que, para Bettelheim, deveria ser vertido como "estrutura da alma" – foi uma tentativa de tornar a linguagem da psicanálise mais "cientificamente" aceita, com o preço alto de afastá-la das experiências humanas: "parece a Freud perfeitamente natural falar de alma humana; ao evocar a imagem da alma e todas as suas associações, Freud está enfatizando nossa humanidade comum" (Bettelheim, 1982, p. 87). Curiosamente, ao que sabemos (Scharff & Birtles, 1994, v. I, p. xiii), Fairbairn lia Freud tanto no original como na tradução inglesa, de modo que é difícil avaliar o quanto a sua leitura de Freud tenha sido contaminada pelo viés da "versão" de Freud desenvolvida no ambiente de língua inglesa – distorção que se disseminou bastante nos EUA, conforme alertou Bettelheim.

> *Nesta nova filosofia da ciência, o potencial de energia e a matéria foram compreendidos como inextricavelmente interligados. O trabalho de Fairbairn pertence a esta tradição, que tem se expandido continuamente na segunda metade deste século e tem incluído trabalhos sobre ecossistemas e outros sistemas auto-organizados.*
>
> *(Scharff & Birtles, 1994, p. xvi)*

Tais discussões sobre as bases filosóficas de Freud – seus méritos e limitações – estão na ordem do dia de uma epistemologia crítica da psicanálise e um recorrido na argumentação de Fairbairn e nas construções alternativas propostas por ele pode ser, sem dúvida, um dos benefícios que a difusão de sua obra pode nos trazer.

Mas considero que o mérito maior de Fairbairn foi – justamente por sua postura confrontativa – ter colocado de forma mais límpida e bem delimitada uma questão crucial, que reavalia a teoria e a prática da psicanálise em um de seus aspectos mais centrais: afinal, o que move o ser humano é a busca de prazer ou a busca de objeto? Ao fazê--lo, ele inaugurou um debate fundamental na história da psicanálise.

Penso que, além desta dimensão mais geral e fundamental, diversos elementos de seu trabalho têm também o potencial de fertilizar o trabalho teórico-clínico dos psicanalistas; dentre eles, destaco aqui dois pontos. O primeiro deles é o modo como Fairbairn pôs em primeiro plano o jogo entre os movimentos excitantes e rejeitantes nas relações de objeto, tanto na histeria e esquizoidia quanto no psiquismo em geral; trata-se de um *insight* muito precioso, que evidencia um eixo central da relação dos indivíduos com os outros, e que pode ser fonte de grande sofrimento e conflito. O segundo ponto é sua proposição que, dentre as dificuldades que enfrentamos na busca de objeto, o que em geral nos falta é "experiência de realidade" – tal qual a mariposa que se queima ao buscar o calor da luz.

Essa proposição aparentemente simples ganha muita densidade se lembrarmos da ênfase que Bion veio a conferir ao fato de sermos capazes de "aprender com a experiência" e de como Winnicott propôs que o "experienciar" constitui a essência do processo de amadurecimento – um exercício que ocorre na área intermediária entre o Eu e o objeto, de modo que o viver é um contínuo exercitar-se neste *playground*. As questões que surgem, a partir daí, são: como se ganha experiência de realidade na vida, e quais fatores dificultam ou bloqueiam tal aprendizado?

Em contraponto aos méritos, algumas limitações do pensamento de Fairbairn têm sido apontadas. Greenberg e Mitchell (1983/ 2003) assinalaram algumas delas, mas a crítica mais impactante feita por eles tem um caráter mais geral: há em Fairbairn *uma reação romântica e excessiva aos aspectos mecanicistas e pessimistas do pensamento freudiano e kleiniano.* Assim, ao colocar toda ênfase na dependência da criança, ele subestimou outras funções necessárias para seu desenvolvimento: encorajar a separação, colocar limites e introduzir a criança no mundo – funções em geral associadas à figura do pai; ao relacionar a gênese dos objetos internos à função de compensar a falta de gratificação completa vivida pelo bebê, ele deixou sem resposta a questão de como as experiências boas são registradas e possibilitam a construção de vínculos; e:

> *ao enfatizar a integridade primitiva do ego original e colocar a culpa de todas as dificuldades vivenciais na psicopatologia dos pais, ele passa por cima de temas importantes como: os traços insaciáveis e por vezes incompatíveis das necessidades infantis; diferenças de temperamento entre os bebês e entre o bebê e seus cuidadores; e distorções e mal-entendidos de experiência devido à capacidade primitiva de percepção e de cognição. (Greenberg & Mitchell, 1983/2003, p. 181)*

Portanto, ao considerar unilateralmente que a desarmonia é sempre negativa e leva à dissociação, enquanto a "integridade" do ego é o estado mental mas desejável, ele deixou de levar em conta o papel dos "conflitos produtivos" e da "confusão criativa", bem como o caráter mutualmente enriquecedor das identificações parciais.

Scharff e Birtles (1994) também apontaram algumas limitações do modelo de Fairbairn por se tratar de uma visão centrada excessiva e exclusivamente na criança. A partir de uma visão mais ampla derivada da "teoria dos campos", deve-se considerar que há uma relação inextricável entre os objetos e seu contexto, de modo que a "aceitação" e a "rejeição" devem ser consideradas também do lado da mãe:

> para se atingir um relacionamento satisfatório, tanto a mãe como a criança devem ser capazes de dar e de receber, e a experiência deve ser redefinida como interdependente e interativa; ela deve ser mais apropriadamente denominada de "intersubjetiva". (Scharff & Birtles, 1994, p. xviii)

Assim, as noções de mutualidade – que encontramos no final da obra de Winnicott – e de intersubjetividade são complementos importantes para um pensamento das relações de objeto no âmbito de uma psicanálise contemporânea.

Todos estes elementos devem, de fato, ser avaliados com atenção, e apontam para negligências, pontos fracos e limitações do pensamento de Fairbairn. Estas se devem, em grande parte – conforme ressaltaram Greenberg e Mitchell –, à simplicidade de seu enfoque e à sua tendência a exagerar na rejeição da teoria pulsional; eu acrescentaria que elas se devem, também, a uma necessidade de Fairbairn – por vezes quase uma obsessão – em "sistematizar", buscando construir um sistema coerente e que dê conta dos principais problemas da vida psíquica. Ao sermos dominados por esta preocupação, podemos nos afastar da complexidade da experiência e dos fenômenos clínicos, caracterizados pelo inacabamento, pelas fissuras e pela irredutibilidade. Aqui, a vocação do filósofo e do cientista por vezes inibe e atrofia o trabalho do psicanalista. Quanto a isto, devemos acrescentar ainda uma reserva e uma certa inquietação pelo fato de Fairbairn não ter tido sua própria experiência analítica pessoal, o que – como bem sabemos e não cessamos de comprovar na prática – é uma condição fundamental para o tornar-se analista. Para além de critérios burocráticos, como trabalhar com esta exceção à regra, em uma prerrogativa que em geral só é dada a Freud? Quais foram os efeitos desta não análise?

Temos aqui um vislumbre de quantas indagações permanecem em aberto para os pesquisadores engajados no assunto, e o muito que ainda temos a explorar das proposições teórico-clínicas de Fairbairn – este pioneiro que certamente se encontra no primeiro piso do grande edifício que se construiu na história da psicanálise sob a rubrica de "relações de objeto".

6. Winnicott e a transicionalidade

É bastante difícil traçar um panorama da obra de Winnicott, muito mais extensa e multifacetada que as de Fairbairn ou de Balint. A maneira peculiar como ele escrevia e transmitia oralmente suas ideias – aparentemente tão simples e despretensiosa e, ao mesmo tempo, tão delicada –, construindo paulatinamente o seu pensamento, desorienta facilmente o leitor desavisado. Ao mesmo tempo, a difusão em grande escala que assistimos hoje da sua obra torna dispensável e até pouco recomendável uma mera repetição de suas ideias, em geral bastante conhecidas. O que buscarei aqui é uma reapresentação delas segundo um enfoque próprio, com a finalidade de transmitir uma noção do conjunto de sua obra a fim de localizá-la no contexto histórico do pensamento das relações de objeto.

O foco principal do capítulo será a invenção de Winnicott da noção de transicionalidade, que teve certamente um papel revolucionário na história das ideias em psicanálise. O lugar central e "mutativo" que este conceito ocupa na obra de Winnicott pode ser comparado com aquele ocupado pelo conceito de "estágio do espelho" na obra de Lacan ou de "posição depressiva" na de M. Klein:

358 WINNICOTT E A TRANSICIONALIDADE

são invenções resultantes de um lento processo de elaboração e que provocaram, após sua emergência, uma reordenação de grande envergadura no campo da teorização psicanalítica. Poderíamos também aproximá-la da frase-ícone de Fairbairn a respeito da "busca de objeto", ainda que a natureza, o impacto e a extensão da reordenação que ela produziu ainda nos sejam bastante obscuros. Em contraste, a revolução produzida pela ideia da transicionalidade já nos é bastante visível. E, mais que isso: ela sofre daquele desgaste inevitável resultante de um excesso – uma saturação por hiperexposição e o excesso por repetições, que tendem à estereotipia. Isto nos coloca novos desafios: como preservar e revitalizar o pensamento de Winnicott de modo a não se perder a sua força, o seu frescor, a sua originalidade e o "espaço potencial" que ele instaurou no campo da psicanálise?

No presente capítulo, não me dedicarei a reapresentar os elementos básicos que compõem a teoria da transicionalidade – justamente por serem bem conhecidos –, mas me concentrarei em destacar o contexto a partir do qual ela emerge e alguns de seus desdobramentos ulteriores, relacionados ao advento do pensamento das relações de objeto. E, como fizemos nos capítulos anteriores, o ponto de partida será um breve olhar sobre a trajetória pessoal e profissional de Winnicott.

Da pediatria à psicanálise

Ao contrário de Klein, Balint e Fairbairn, Winnicott era um verdadeiro inglês: ele nasceu, viveu e morreu no mesmo solo cultural e, portanto, não viveu a experiência do exílio, do desterro e das imigrações, ou mesmo da excentricidade de ser um escocês. Ele pertencia a uma família tradicional inglesa, filho de um comerciante bem-sucedido e bem relacionado em sua cidade (Plymouth) que chegou a ser prefeito e ter importantes cargos públicos, e irmão caçula de duas irmãs. Vivia entre mulheres e em um ambiente doméstico estável e tranquilo e teve uma infância "aparentemente feliz".[1] Com 14 anos de idade, ele se mudou para Cambridge para – como todo filho de boas famílias inglesas – cursar a College, onde decidiu ser médico ao ter uma clavícula quebrada.

Durante a faculdade de medicina, já em Londres, Winnicott teve seu primeiro contato com a psicanálise, em uma circunstância curiosa: intrigado por não conseguir mais recordar de seus sonhos, procurou em uma biblioteca algum livro que o ajudasse a esclarecer o mistério, acabou por chegar na Interpretação dos sonhos de Freud. O interesse e a inclinação pela psicanálise logo se estabeleceram em seu íntimo. No início da década de 1920, após se formar, houve três acontecimentos decisivos em sua vida: Winnicott casou-se, começou a trabalhar como pediatra no Paddington Green Childrens's Hospital, onde permaneceu por quarenta anos, e iniciou sua primeira análise com Strachey – o tradutor oficial da obra de Freud –, que durou dez anos. Como se vê, a inserção de Winnicott no ambiente da psicanálise se deu relativamente cedo em sua vida profissional.[2]

A prática de Winnicott no hospital – de caráter predominantemente ambulatorial – foi determinante para seu trabalho, já que, ao

---

1 Rodman (1987/1990, p. xiii). A principal fonte bibliográfica sobre a vida de Winnicott é a biografia bastante informativa, rica e inteligente de Robert Rodman (2003), Winnicott: life and work. Além disso, pode-se consultar um esboço preliminar a ela na "Introdução" à coletânea de cartas escritas por Winnicott, O gesto espontâneo.

2 É interessante, aqui, efetuarmos uma comparação de datas e percursos com Fairbairn: se ambos se formaram médicos em 1923, Fairbairn é 7 anos mais velho que Winnicott e, portanto, já havia tido um percurso de formação geral em filosofia, teologia e línguas clássicas anterior e, certamente, alguma experiência de vida pessoal maior. No entanto, como Fairbairn faleceu em 1964 e Winnicott em 1971, o segundo teve maior oportunidade de desenvolver suas ideias, já que, tendo ingressado nas fileiras da psicanálise mais cedo, teve um período mais extenso de maturidade intelectual.

360   WINNICOTT E A TRANSICIONALIDADE

longo de todos estes anos, ele pôde confrontar suas observações clínicas de atendimento de bebês, crianças e adolescentes com suas respectivas mães e familiares com o que vinha aprendendo em sua formação psicanalítica. A psiquiatria infantil que ele praticava no hospital era basicamente psicoterápica e não medicamentosa, e muito crítica aos tratamentos físicos; isto levou-o a desenvolver as chamadas "consultas terapêuticas" – uma forma muito particular de trabalho clínico em poucos encontros, mas psicanaliticamente inspirado e adaptado ao contexto institucional, mas passível de ser utilizado em outros contextos. Hoje, vemos como Winnicott foi pioneiro por ter conservado, ao longo de toda sua trajetória profissional, uma prática institucional bastante relevante em paralelo com sua prática psicanalítica estrito senso, procurando tanto utilizar a psicanálise para construir dispositivos de trabalho institucionais, quanto utilizar tal experiência para repensar a própria psicanálise enquanto teoria e técnica. Não há dúvida de que este entrecruzamento entre as clínicas psicanalítica e institucional contribuiu substancialmente para o estilo de trabalho tão *sui generis* desenvolvido por Winnicott.

Aos olhos de hoje, vê-se como seu encontro com M. Klein foi o caminho mais natural: Winnicott encontrava-se envolvido com a clínica com crianças e com a psicanálise, e ela surgiu como a representante maior da busca de construir uma articulação entre estes dois campos. Klein havia iniciado seu percurso de formação e de pesquisa em Budapest, incentivada por Ferenczi – seu analista –, e prosseguido seu caminho em Berlim, após uma separação conjugal traumática, e agora sob a análise e o incentivo de Abraham. Com a morte deste e mais uma experiência de ruptura, ela finalmente aportou em Londres, em 1926, desta vez apadrinhada por Jones. Winnicott era um jovem analista em formação e, ao ter notícias do trabalho desta talentosa e impetuosa pioneira da psicanálise com crianças, acompanhou a sua evolução nos anos que se seguiram e assistiu à polarização que paulatinamente foi se desenvolvendo entre Klein e Anna Freud na década de 1930. Em 1935, ele procurou-a com o desejo de ser analisado por ela. No entanto, a relação entre os dois ganhou outro rumo: Klein não o toma em análise, mas ele inicia com ela um período de supervisão que durou seis anos. Klein, por seu lado, solicitou que Winnicott atendesse seu filho, o que ele aceitou; e, por outro lado, Klein lhe indicou Joan Riviere como analista, com quem Winnicott veio a empreender o seu segundo percurso de análise pessoal.

Em 1938, os Freud chegaram a Londres, onde, na época, um terço dos membros da Sociedade Britânica de Psicanálise eram exilados centro-europeus fugindo da guerra e, no ano seguinte, o pai da psicanálise veio a falecer. Este acontecimento simbolicamente tão marcante na história da psicanálise abriu uma nova era e, em paralelo à terrível guerra que assolava a Europa, acirrou-se o conflito entre A. Freud e M. Klein, conduzindo às lutas desagregadoras e à tentativa de equacioná-las por meio das "Discussões Controversas". Winnicott, como Balint, Fairbairn e outros analistas, não se adaptava à exigência de escolha entre um dos dois lados do conflito e acabou por participar de um movimento informal que ficou conhecido como *Middle Group*, que procurava sustentar uma posição independente.

Winnicott chegou a fazer tentativas e apelos de conciliação entre os dois lados. Um exemplo tocante se deu em 1954, e está registrado em uma carta dirigida às duas damas. Ele argumenta que a divisão da Sociedade foi necessária por dez anos para salvá-la da cisão, mas que o motivo para tal arranjo não mais existia, e as alerta de que manter tal *status quo* é bastante nocivo:

> *se tentarmos estabelecer padrões rígidos no presente criaremos com isso iconoclastas ou claustrofóbicos (talvez*

362 WINNICOTT E A TRANSICIONALIDADE

eu seja um deles), que não conseguem aguentar a falsi-
dade de um sistema rígido na psicologia mais do que o
conseguem na religião. (Winnicott, 1954c/1990, p. 64)

Winnicott exorta-as a tomarem uma atitude, já que, na sua opinião, ninguém seria capaz de dissolver a divisão senão elas mesmas; caso contrário,

> *se passaria uma geração ou mais até que a Sociedade*
> *pudesse se recuperar desse desastre que seria o bloqueio*
> *fundamentado não na ciência, mas nas personalidades*
> *ou até mesmo, eu diria, em política, já que os grupos*
> *originais foram constructos justificáveis, embora defen-*
> *sivos. (Winnicott, 1954c/1990, p. 64)*

Mas Winnicott não obteve sucesso: A. Freud e Klein rejeitaram seu apelo. Para alguns, se tratara de uma proposta ingênua: "ele sempre achou que as diferenças entre as duas mulheres podiam ser harmonizadas, sem dúvida alguma uma expectativa irreal" (Grosskurth, 1986/1992, p. 424).

Durante a Segunda Guerra, Winnicott desenvolveu um trabalho que repercutiu em uma dimensão conceitual importante de sua obra. Ele foi convidado a ser um "psiquiatra consultor" nos planos de evacuação das crianças de Londres, o que o levou acompanhar de perto diversos programas e instituições dedicados ao abrigo infantil. Foi a partir do acompanhamento sistemático de casos de crianças difíceis e delinquentes que Winnicott desenvolveu sua teoria da tendência antissocial, procurando ao mesmo tempo preencher o que considerava uma lacuna significativa da psicopatologia psicanalítica – pois, na sua visão, a psicanálise não tinha, até então, recursos adequados para compreender e trabalhar terapeuticamente com estes casos. A chave que ele encontrou para dar conta deste fenômeno clínico foi o conceito de "privação" (*deprivation*) que, muito evidentemente, carrega o espírito da visão das relações de objeto em seu centro: a tendência antissocial é uma busca inconsciente de refazer um percurso de desenvolvimento perturbado por uma quebra brusca nas relações da criança, em termos do seu ambiente familiar.

Mas, ao lado desta experiência tão significativa, Winnicott teve mais dois "laboratórios" que foram fundamentais para a construção de suas teorias. Trata-se, por um lado, da prática constante de atendimento de bebês, crianças e adolescentes em conjunto com suas mães e familiares – seja no âmbito institucional, seja no particular – e, por outro, de sua prática intensiva de trabalho psicanalítico com pacientes fronteiriços, que se desenvolveu a partir de meados da década de 1940 e prosseguiu ao longo da década de 1950. Foi do cruzamento destes dois campos que Winnicott pôde construir sua concepção original da psicose, cuja etiologia estaria relacionada com problemas vividos no âmbito do desenvolvimento emocional primitivo, e cuja proposta terapêutica está calcada no manejo e na experiência de regressão à dependência na transferência.

A partir da década de 1950, inicia-se o ciclo de maturidade de Winnicott, que foi muito produtivo e durou duas décadas. Ele havia perdido seu pai em 1948 – quando sentiu-se autorizado a se divorciar de um casamento desgastante – e, em 1952, casou-se com Clare Britton, que havia conhecido em seu trabalho em instituições de crianças evacuadas, com quem se relacionava desde 1944 e com quem permaneceu até a morte. Em 1951, ele escreveu o artigo que pode ser considerado como o mais marcante de sua obra, no qual presenteou a comunidade psicanalítica com o conceito de "objeto transicional" – sua ideia mais inspirada –, que abriu caminho para uma obra tão original quanto espantosamente fértil.

Por outro lado, a relação de Winnicott com Klein evoluiu para um afastamento lento e progressivo, no qual se entrecruzavam diferenças

364 WINNICOTT E A TRANSICIONALIDADE

conceituais, pessoais, políticas e transferenciais complexas. Temos novamente um registro dos diversos aspectos aí envolvidos em uma belíssima carta escrita por Winnicott, desta vez apenas para Klein, em 1952; o conteúdo dela, combinado com o contexto em que foi escrita, tornaram-na muito conhecida, e um instrumento precioso de pesquisa.

Há alguns dias, Winnicott havia apresentado um trabalho em uma reunião cientifica e sentiu necessidade de dirigir-se a Klein para comentar os pensamentos e sentimentos que despertaram a partir das reações à sua apresentação. Winnicott percebeu que sua apresentação havia gerado irritação e atribui tal reação, em parte, à sua teimosia em querer colocar as coisas "em suas próprias palavras"; mas – ele argumenta –, se é necessário termos uma linguagem comum para nos comunicarmos, talvez mais importante seja manter a linguagem *viva*, já que não há nada pior que uma "linguagem morta". Neste contraste entre linguagem viva e linguagem morta, reconhecemos aspectos fundamentais do pensamento e das atitudes pessoal e institucional de Winnicott. A teoria do *self*, que estava em processo de construção, nos lembra que, se aderimos prontamente a uma linguagem grupal, sempre corremos o risco de uma alienação e perda do sentido de ser e de si-mesmo, situação em que o verdadeiro si-mesmo fica aleijado em virtude de uma posição submissa em relação ao ambiente. A linguagem morta é a linguagem dos *falsos selves*...

É bastante conhecida a insistência de Winnicott em formular as suas ideais em suas próprias palavras, o que pode ser tomado como uma "doença pessoal"[3] – com ou sem sentido pejorativo –, mas que pode certamente ser relacionada com dois aspectos, um ligado ao teor de seu pensamento e outro a uma fina percepção da política institucional psicanalítica. Aquilo que veio a se tornar o conceito

---

3 Expressão pela qual ele refere-se a si mesmo, relacionada à sua tendência obstinada de dizer as coisas nas suas próprias palavras (Winnicott, 1952a/1990, pp. 30-33).

de *self* – cujo sentido é, aliás, bastante particular – nos mostra a enorme importância que tinha, para Winnicott, tudo o que fosse próprio, pessoal, íntimo e não invadido pela "falsidade" das relações humanas. Há aqui o postulado de um "ser" original do sujeito – que só se encontraria, no limite, quando de seu total isolamento do mundo – e que delimita um território sagrado que é a fonte da vida e o lugar do qual parte o gesto espontâneo, o impulso para a criatividade. Não há viver criativo que passe ao largo do *self* do sujeito.

Na carta, Winnicott "declarou-se" a M. Klein, de um modo que parece ser sincero: "não tenho qualquer dificuldade para dizer, do fundo do meu coração ..., que você é a melhor analista, assim como a mais criativa no movimento analítico" (Winnicott, 1952a/1990, p. 33). Como todo grande pensador criativo, Klein buscou e se permitiu construir sua própria linguagem; no entanto, o movimento kleiniano passou a utilizar tal linguagem de maneira extremamente repetitiva e estereotipada, como palavras de ordem que indicavam muito mais a pertinência a um grupo e a obediência a um líder que a capacidade de pensamento teórico-clínico. Winnicott foi uma testemunha ocular: "você ficaria surpresa com os gemidos e os suspiros que acompanham todas as reafirmações dos clichês sobre o objeto interno vindo daqueles que passarei a designar como kleinianos" (Winnicott, 1952a/1990, p. 31).

Winnicott também sentiu os efeitos disto na pele: ao apresentar seus trabalhos, percebia um misto de frieza e indiferença, trazendo uma sensação de invisibilidade e inexistência próprias da doença do não reconhecimento.

> *O que eu queria era sem dúvida que houvesse algum movimento da sua parte para com o gesto que fiz naquele ensaio. Trata-se de um gesto criativo e não posso estabelecer relacionamento algum através deste gesto se ninguém vier ao seu encontro. (Winnicott, 1952a/1990, p. 30)*

366 WINNICOTT E A TRANSICIONALIDADE

Hoje sabemos o quanto a função de reconhecimento é fundamental para a construção de um sentimento de existência, tanto no desenvolvimento da criança quanto na vida adulta e na situação terapêutica; assim, em seus últimos trabalhos, Winnicott propôs que o que o bebê busca ver no olhar da mãe é a si mesmo e que uma das principais funções da interpretação em psicanálise é oferecer uma experiência de espelhamento/reconhecimento daquilo que é comunicado pelo paciente. Esta experiência nasce de um encontro e de um *ir ao encontro* [*to meet*] – uma atitude deliberada de oferecer o seio ali onde ele estaria prestes a ser criado.

Winnicott esperava de Klein – esta figura tão valorizada – um reconhecimento das ideias que vinha desenvolvendo e se ressentia por não o ter;[4] no entanto, na carta de 1952, já observamos nitidamente uma elaboração desta dor e uma relativização desta necessidade de reconhecimento, justamente à medida que Winnicott vinha se firmando em um caminho próprio. Esta posição de maior

---

4 A relação entre Klein e Winnicott era complexa, multifacetada e difícil de apreender, sendo que a "luta por reconhecimento" era certamente um de seus aspectos mais proeminentes. Mas, para além dos aspectos frustrantes de tal luta, podemos imaginar que havia nela também uma dimensão lúdica e estética, na qual se condensavam prazer e dor. É isso que nos sugere a bela imagem escolhida por Padel para descrevê-la: "John Padel definiu a Sociedade Britânica na década de 1950 como um *pas de deux*. Klein era a bailarina para quem Winnicott estava sempre oferecendo alguma coisa, que ela rejeitava com um meneio da cabeça, como para dizer que já tinha aquilo. Numa Reunião Científica, Winnicott comentou, pesaroso, que achava que a expressão 'posição depressiva' estava firmemente estabelecida agora, embora ele tivesse preferido 'o estágio de inquietação' [*concern*]. Klein retrucou que esperara vinte anos para que o Dr. Winnicott aceitasse "a posição depressiva" e estava disposta a esperar mais vinte para que ele aceitasse 'a posição esquizoparanoide' (Grosskurth, 1986/1992, p. 426). Ver nesta 'queda de braço' a cena clássica de um *pas de deux* é bastante interessante, já que confere à situação a dimensão de um jogo, ou mesmo de uma dança continuamente repetida que busca monopolizar a atenção e "roubar a cena" da família psicanalítica.

amadurecimento permitiu-lhe formular uma visão crítica menos contaminada pelo ressentimento, em um processo de conquista de uma verdadeira independência:

> *acho que queria algo que não tenho nenhum direito de esperar de seu grupo, e que tem a natureza de um ato terapêutico, algo que não consegui em nenhuma de minhas duas longas análises, embora tenha conseguido muitas outras coisas. (Winnicott, 1952a/1990, p. 30)*

Seria esta busca de reconhecimento uma posição infantil de Winnicott, uma queixa ou um resto não resolvido de sua análise com J. Riviere? Afinal, segundo ele, "foi exatamente neste ponto que a análise dela fracassou comigo" (Winnicott, 1952a, p. 30). Ou se trata de uma descoberta importante – de que o ser humano se funda e se apoia ao longo da vida pela experiência de um reconhecimento recíproco – e de uma denúncia legítima, e até autolibertadora? É essa descoberta, ao mesmo tempo profundamente pessoal e "científica", que levou Winnicott a uma grande reformulação na teoria da técnica em psicanálise. Como se deu com outros grandes pensadores da psicanálise, começando por Ferenczi, muitas das ideias melhores e mais originais em parte nasceram, paradoxalmente, de restos não resolvidos de suas próprias análises.

O trabalho que havia apresentado tratava de uma reavaliação de certos tipos de angústia que estariam associados a um sentimento de insegurança, ou seja, a uma experiência de falha de sustentação (*holding*); ele desenvolve seu argumento a partir do caso clínico de um paciente que sofria de medo de alturas.[5] Essa forma de repensar a angústia aponta justamente para uma concepção relacional, que

---

5 "Ansiedade associada à insegurança" (Winnicott, 1952c/1992), publicado posteriormente em *Da pediatria à psicanálise*.

368   WINNICOTT E A TRANSICIONALIDADE

concebe a sua origem em uma situação intersubjetiva em vez de associá-la aos desafios relativos à administração do impulso pulsional. É difícil imaginar esta mudança de perspectiva sendo bem recebida pelo grupo kleiniano. Observamos aqui, portanto, uma mudança significativa no plano das ideias, que vem acompanhada necessariamente de um conflito no plano das relações pessoais, grupais e institucionais.

A partir da elaboração de questões conceituais e transferenciais, Winnicott pôde também fazer uma leitura fina dos movimentos institucionais que vinha testemunhando. Ele se mostra bastante preocupado com o kleinianismo que vinha crescendo e se enrijecendo e, para além deste caso específico, denuncia o malefício que advém de qualquer "ismo" que tome conta do meio psicanalítico. É até certo ponto natural – nos diz Winnicott – que nos agrupemos entre iguais para nos sentirmos mais confortáveis e protegidos, mas o problema surge quando este círculo desenvolve um sistema baseado na defesa da posição conquistada; e acrescentou: "Freud, creio eu, percebeu este perigo" (Winnicott, 1952a, p. 31). Sim, pois são problemas que assombraram o movimento psicanalítico desde sempre e que revelam o aspecto sombrio dos agrupamentos que Freud soube tão bem analisar em *Psicologia das massas*. "Suponho que este seja um fenômeno que sempre se repete, e que é de se esperar que se repita sempre que houver um pensamento realmente grande e original; surge aí um 'ismo' que se torna um inconveniente" (Winnicott, 1952a, p. 33).

Ora, nos dias de hoje, deparamos ironicamente com a sombra e o risco de um inconveniente *winnicottianismo*...

A invenção da transicionalidade[6]

Um dos aspectos mais interessantes do contexto que permeia a carta para M. Klein diz respeito ao artigo de Winnicott sobre os objetos e fenômenos transicionais, talvez seu mais importante trabalho. Ele pretendia, na carta, explicar a Klein por que ele *não* iria participar de um livro que estava sendo preparado para publicação, no qual cogitava-se a participação de Winnicott com um capítulo. O livro veio a se tornar *Progressos da psicanálise* e o artigo em causa era justamente *Objetos transicionais e fenômenos transicionais!* A importância do livro é inquestionável: do ponto de vista histórico, ele reuniu grande parte dos trabalhos apresentados pelo grupo kleiniano nas Discussões Controversas da década de 1940 a fim de defender suas ideias das críticas do grupo de Anna Freud e, do ponto de vista de seu conteúdo, ele é ainda hoje referência clássica obrigatória para o estudo do pensamento kleiniano. Quanto ao artigo de Winnicott – que talvez tenha sido sua contribuição mais original ao corpo teórico da psicanálise –, Klein manifestou-se contra ele desde o início. Segundo Grosskurth (1986/1992), biógrafa de Klein, esta queria que Winnicott revisasse o artigo para incorporar com mais clareza as suas próprias ideias e ele se recusou a fazê-lo. E a biógrafa prossegue: "com o manuscrito debaixo do braço, deixou a sala desgostoso. Como disse mais tarde à sua esposa: 'parece que a Sra. Klein já não me considera um kleiniano'. Para Melanie Klein, era o fim da cooperação entre eles" (Grosskurth, 1986/1992, p. 424).

Esses anos iniciais da década de 1950 – nos quais se deu a produção, a apresentação pública e a publicação do artigo dos objetos

---

6 Uma parte do material que se segue foi anteriormente apresentado em "O carretel e o cordão", artigo originalmente publicado na *Revista Percurso* (*17*, 56-68, 1996) e posteriormente incluído como capítulo no livro *Do sonho ao trauma: psicossoma e adicções* (Gurfinkel, 2001).

transicionais – caracterizaram-se, portanto, pelo afastamento, tanto em ideias como em termos pessoais, entre Winnicott e Klein. A carta é um documento histórico, mas também um marco simbólico de tal afastamento, com toda a carga emocional e intelectual, inerente a tal situação, transbordando em suas palavras.

O motivo alegado por Winnicott para não participar da publicação é muito surpreendente, pois nos informa sobre o tremendo trabalho emocional e transferencial que estava se dando neste seu afastamento do grupo kleiniano. Ele se refere a uma "frase infeliz" do prefácio do livro, escrito por Joan Riviere – sua ex-analista! –, que resume a essência de sua discordância com a *atitude* do grupo kleiniano: tratava-se de uma frase que sugeria que o sistema teórico criado por Klein nos dava condição de compreender *todos* os fenômenos da natureza humana. Era este totalitarismo que Winnicott combatia no interior de sua associação psicanalítica, mas também no interior dos restos transferenciais não analisados de sua própria análise, conforme sugere explicitamente na carta. Este pedaço de sua análise pessoal, ele teve que percorrer sozinho; curiosamente, é daí que nasceram suas ideias mais interessantes e originais. Ao se referir às dificuldades especiais que a análise de pacientes psicóticos comporta, Winnicott (1947/1992) afirmou que "a pesquisa psicanalítica talvez seja sempre, até certo ponto, uma tentativa, por parte do analista, de avançar no trabalho de sua própria análise para além do ponto ao qual o seu próprio analista pôde conduzi-lo" (p. 196).

Em sua "frase infeliz", Riviere (1952/1982) dizia que a teoria kleiniana não deixava "abismos intransponíveis nem fenômenos importantes sem uma relação inteligível com o resto" (Winnicott, 1947/1992, p. 21). Aqui temos – segundo o olhar de Winnicott – uma afronta metodológica a qualquer abordagem científica, pois cada novo avanço de conhecimento nos leva, na verdade, a uma "nova plataforma a partir da qual se pode sentir uma porção ainda maior do desconhecido" (Winnicott, 1947/1992, p. 31). Foi justamente isso que ocorreu com a publicação, em 1951, do artigo sobre os objetos transicionais, dando início a uma pequena reviravolta na história das ideias em psicanálise: chegamos a uma nova plataforma de conhecimento, a partir da qual vislumbramos uma porção ainda maior do desconhecido. As duas últimas décadas de vida de Winnicott que se seguiram a este trabalho foram, de certa forma, dedicadas ao desenvolvimento e desdobramento da proposta original nele contida.

Objetos transicionais e fenômenos transicionais[7] é um trabalho central na obra de Winnicott. Além de ser este o artigo em que se formula o conceito pelo qual ele é hoje mais conhecido, significa um marco fundamental no processo de construção de seu pensamento. Por um lado, é o resultado de uma série de elaborações importantes que o precederam e, neste sentido, representa uma feliz confluência de diversas ideias que vinham sendo gestadas anteriormente. E, por outro, estabelece a base sólida a partir da qual Winnicott irá construir um pensamento próprio, original e extremamente fecundo, cuja riqueza e desdobramentos estamos ainda a explorar.

A obra de Winnicott compõe-se principalmente de uma enorme quantidade de conferências e artigos, reunidos, em alguns momentos, em importantes coletâneas; trata-se, portanto, de uma obra relativamente dispersa e fragmentada. No entanto, o conjunto de

---

7 O artigo teve três versões. Lido inicialmente na *British Psycho-analytical Society* em maio de 1951, foi publicado no *International Journal of Psycho-analysis* em 1953, no *Collected papers* (*Da pediatria à psicanálise*) em 1958 e em *Playing and reality* em 1971. Certas alterações foram feitas pelo autor ao longo das sucessivas edições, principalmente entre a segunda e a terceira. Em termos gerais, na versão final, Winnicott suprime algumas passagens e as notas de rodapé – incluindo algumas referências bibliográficas nelas contidas no corpo do texto, mas retirando, com uma única exceção, alguns comentários importantes – e acrescenta duas seções baseadas em material clínico de enorme riqueza. Comentarei algumas destas alterações ao longo do presente capítulo.

artigos compõe um corpo complexo e perfeitamente articulado, não deixando dúvidas de que se trata de uma obra coerente e de um pensamento concatenado. Curiosamente, Winnicott publica, no final de sua vida, uma coletânea que guarda uma característica que a diferencia das anteriores, e que justamente por isto não se enquadra perfeitamente na categoria de coletânea: trata-se de *O brincar e a realidade*. Não sendo exatamente um livro ensaístico no qual a sequência dos capítulos desenvolve um argumento caminhando de uma introdução a uma conclusão, não deixa de ser um livro temático dedicado ao estudo e ao aprofundamento de um problema central.

"Este livro constitui um desenvolvimento de meu artigo 'Objetos transicionais e fenômenos transicionais'"; é assim que Winnicott abre a sua introdução. O primeiro capítulo é justamente uma reedição do artigo de 1951 – acrescido de duas seções à maneira de apêndice – e os capítulos que se seguem são desenvolvimentos deste tema básico, em uma ou outra direção, seja no aspecto clínico seja no aspecto teórico. Poderíamos entender este livro utilizando-nos de uma analogia com a composição musical, como um "tema e variações". Não se tratando de uma forma – sonata – o que implicaria uma escrita semelhante à forma ensaística clássica de dissertações científicas –, encontramos aqui a apresentação inicial do tema na sua forma original seguida por sucessivas seções de variações, relativamente independentes e sem uma sequência logicamente necessária, que reconstroem o tema com diferenças melódicas, rítmicas ou harmônicas que revelam justamente o potencial presente, mas não explicitamente expresso no tema original, e, obviamente, a capacidade criativa do próprio compositor. As coletâneas anteriores de Winnicott estariam mais próximas de suítes ou conjunto de estudos, nos quais não há compromisso temático tão evidente.

Assim, praticamente vinte anos após a sua concepção, vemos o artigo dos objetos e fenômenos transicionais ser retomado, retrabalhado e desenvolvido. Ao longo deste período, suas ideias vão sendo trabalhadas e ganham prolongamentos e implicações que provavelmente não poderiam ser totalmente previstos quando da sua criação. Pensemos no conceito de falso *self*, na conceptualização do *fantasiar* em contraposição ao *sonhar* e ao *viver*, na ênfase na negatividade originada nas falhas de simbolização que necessita ser atingida nas experiências de regressão, na imensa implicação que a área intermediária tem no brincar e em toda a experiência cultural, entre outros aspectos; vários destes elementos podem ser encontrados, embrionariamente, no artigo original, mas é só a partir de seu desenvolvimento pleno que podemos apreciar o seu verdadeiro alcance e importância. Winnicott é um destes autores que teve a sorte de realizar uma grande descoberta e poder, por um processo de amadurecimento pleno, extrair grande parte do potencial nela embutido e, talvez também, descobrir com surpresa o que ele mesmo havia dito e pensado sem nem saber totalmente que horizontes estavam sendo abertos. Neste sentido, não é de se estranhar que este artigo ocupe um lugar tão central na obra do autor.

Wulff: um contraponto inesperado

Uma das surpresas mais curiosas vividas por Winnicott quando da primeira discussão do seu artigo sobre os objetos transicionais, foi o fato de ter descoberto um "nobre" contraponto às suas proposições: o artigo de M. Wulff sobre o fetichismo infantil. Aqui temos mais uma via fecunda para adentrarmos no significado e no alcance da invenção winnicottiana – e agora não tanto em um confronto direto à muito presente e dominadora M. Klein, e sim em uma inesperada polêmica à distância com uma espécie de reencarnação distante do velho pai Freud, que reapareceu como um fantasma adormecido.

Em um pequeno comentário da edição original do texto depois suprimido, somos informados de que uma versão abreviada do

374   WINNICOTT E A TRANSICIONALIDADE

trabalho havia sido distribuída por Winnicott aos membros da Sociedade antes da sua apresentação e de que alguns acréscimos foram feitos para a publicação na seção "Ilusão-desilusão". Estes acréscimos, o próprio Winnicott nos esclarece, são um comentário a partir de um artigo de Wulff que ele veio a conhecer depois de ter escrito o seu próprio e que lhe trouxe "grande prazer e apoio descobrir que o assunto já tinha sido considerado digno de discussão por um colega" (Winnicott, 1953, p. 92), já que o seu tema parecia praticamente inédito. Apesar desta satisfação, Winnicott credita grande valor ao trabalho por suas observações clínicas, mas nem tanto por suas conclusões teóricas; ele discorda do uso, por Wulff, do termo *objeto-fetiche* para o fenômeno que ele mesmo descreve como *objeto transicional* e dedica uma seção – *"Reference to Wulff's paper"* – composta de três parágrafos para justificar a sua crítica e afirmar a sua posição. Esta seção, bem como a nota comentando as descrições clínicas de Wulff, é suprimida na última versão do artigo (em *O brincar e a realidade,* de 1971), restando apenas uma referência a ele na seção "Estudo teórico", ao afirmar a possibilidade de o objeto transicional se transformar em objeto de fetiche na vida sexual adulta.

No entanto, a problemática tratada no trecho suprimido reaparece na parte acrescentada ao artigo sob o título "Psicopatologia manifestada na área dos fenômenos transicionais", trabalhada em novas bases e com um desenvolvimento bastante elucidativo. Da versão inicial (1953 e 1958), há mais um trecho suprimido do *Summary* do artigo, que enuncia de forma breve como poderiam ser compreendidos três fenômenos da psicopatologia a partir da nova conceitualização proposta: a adicção, o fetichismo e a pseudologia fantástica e roubo. Neste sentido, parece razoável supor que o objetivo da supressão era substituir uma afirmação breve e inicial por um desenvolvimento mais completo e, em certo sentido, mais correto e atualizado. Considero esta interpretação essencialmente correta, mas um tanto incompleta; creio que aqui podemos localizar também um problema central do pensamento de Winnicott: a filiação ou não de suas ideias à tradição psicanalítica, especialmente à freudiana, e as vantagens e desvantagens de tal filiação.

Mosche Wulff, nascido em 1878, fez parte do círculo de pioneiros da psicanálise e foi um dos principais responsáveis pela implantação e pela difusão desta disciplina na Rússia e em Israel. Psiquiatra formado em Berlim, foi influenciado por Abraham e participou regularmente como membro externo da Sociedade Psicanalítica de Viena entre 1911 e 1921. Em 1909, após ser demitido de uma instituição em Berlim por suas concepções freudianas, voltou para a Rússia – seu país de origem –, então mais receptiva que a Alemanha, e lá permaneceu até 1927. Em 1922, fundou com outros colegas a Sociedade Psicanalítica Russa. Com a extinção da psicanálise pelo regime comunista – ao qual Wulff era inicialmente favorável – foi obrigado a emigrar e, após mais alguns anos em Berlim, foi novamente forçado ao exílio em 1933, por causa da ascensão do nazismo. Estabeleceu-se, por fim, em Jerusalém e Tel-Aviv, onde deu início, juntamente com Eitingon, ao movimento psicanalítico em Israel (ou Palestina, até 1948), permanecendo lá até sua morte, em 1971. Quanto à sua relação com Freud, vale lembrar que, na *História do movimento psicanalítico*, Freud (1914a/1981) afirmou ser Wulff o único "verdadeiro psicanalista" (Freud, 1941a1981, p. 1911) da Rússia de então; um ano antes, havia se referido a ele como "um dos autores que com maior inteligência têm se ocupado das neuroses infantis". Este último comentário se encontra no trecho do quarto ensaio de *Totem e tabu* em que Freud (Freud, 1913b/1981, p. 1829) discute as zoofobias, em que cita com alguma extensão um artigo em que Wulff analisa uma fobia de cachorros ("Contribuições sobre a sexualidade infantil", 1912 – original em alemão). E ainda: Wulff foi um dos médicos que recebeu em consulta o "Homem dos Lobos" e o aconselhou a empreender um tratamento psicanalítico! Este pioneiro da psicanálise foi responsável pela tradução das obras de Freud para o

376 WINNICOTT E A TRANSICIONALIDADE

russo – hoje reeditadas – e, posteriormente, para o hebraico, bem como de trabalhos de Abraham.

Wulff se interessou particularmente pela psicanálise de crianças e pela pedagogia de inspiração psicanalítica; na Rússia, participou da criação de um lar para crianças, que veio a se tornar uma policlínica, de onde tomou os exemplos clínicos de fetichismo infantil descritos em seu artigo. Outros temas de interesse clínico de Wulff foram a fobia, os transtornos alimentares, as adicções e o fetichismo. Dentre seus trabalhos publicados, destaca-se, além do artigo de 1912 mencionado por Freud e do artigo sobre o fetichismo infantil, um texto de 1932, já traduzido para o português: "Sobre um interessante complexo sintomático oral e sua relação com a adicção" (Wulff, 1932/2003).[8] Trata-se de artigo extremamente rico e penetrante, e que é considerado por diversos autores um trabalho pioneiro e uma referência importante para os estudos psicanalíticos dos transtornos alimentares – em particular da bulimia – e das adicções. Como o artigo sobre o fetichismo, este trabalho parte de uma descrição detalhada de vários exemplos clínicos e evolui para uma discussão psicopatológica e metapsicológica bastante densa e estimulante. Vale destacar um eixo comum aos dois textos: a ênfase na oralidade como operador teórico-clínico, dando prosseguimento à abordagem de Abraham sobre o assunto.

"Fetichismo e escolha de objeto na infância inicial"[9] de Wulff desperta um duplo interesse: pelo valor intrínseco de sua contribuição, e pelo diálogo de pensamentos que se estabeleceu entre este artigo e o estudo de Winnicott sobre os objetos transicionais. Winnicott publicou "Objetos transicionais e fenômenos transicionais" em 1953

---

8 O artigo foi escrito originalmente em alemão, vertido para o francês e daí para o português.

9 O artigo foi traduzido e publicado em português pela revista *Percurso* (n. 40, 2008).

e havia apresentado o trabalho na Sociedade Britânica em 1951; no intervalo entre a apresentação e a publicação, ele veio a conhecer o artigo de Wulff. A descoberta do texto provocou um grande impacto, e levou Winnicott a acrescentar ao seu próprio trabalho uma seção especial para discutir o artigo de Wulff; podemos imaginar a sua surpresa pois, com efeito, os fragmentos clínicos apresentados por Wulff poderiam muito bem servir para ilustrar um estudo sobre os objetos transicionais!

Abre-se, assim, uma interessante polêmica. Penso que o artigo dos objetos e fenômenos transicionais pode ser entendido como um momento crucial de afirmação do *self* winnicottiano, carregando todo o paradoxo e riqueza desta operação privilegiada. É nesta perspectiva que podemos entender o contraponto com o artigo de Wulff e a discussão da problemática do fetichismo.

Winnicott critica o uso do termo *objeto-fetiche*, por Wulff, para aquilo que ele mesmo denominou *objeto transicional*. Dois argumentos são utilizados. Em primeiro, Winnicott diz que o fenômeno que ele descreve tem um caráter saudável e universal, e não patológico e particular; o uso da palavra fetiche ou traz retroativamente à infância algo da teoria das perversões sexuais em adultos, ou estende indevidamente o termo fetiche para fenômenos normais, diluindo a sua significação e valor. O segundo argumento refere-se à distinção entre *delírio* e *ilusão*. O fato de um objeto ser o substituto do falo materno não constitui um fetiche, já que o objeto transicional pode eventualmente vir a sê-lo; no fetichismo, há o delírio de um falo materno, enquanto que a ilusão de um falo materno é universal e não patológica. Winnicott propõe um deslocamento da palavra *objeto* para a palavra *ilusão*.

Há, pois, um conceito de saúde e doença sendo gerados e a ilusão, com seu valor positivo, está agora do lado da saúde. Esta saúde se manifesta nos fenômenos da área intermediária, seja na sua

378 WINNICOTT E A TRANSICIONALIDADE

instauração quando do início do desenvolvimento, seja no brincar, no sonhar ou no mundo da cultura.

> *Se um adulto reivindica de nós a aceitação objetiva de seus fenômenos subjetivos nós discernimos ou diagnosticamos loucura. Se, por outro lado, o adulto pode usufruir da área pessoal intermediária sem fazer reivindicações, então nós podemos reconhecer nossas próprias e correspondentes áreas intermediárias, e ficamos contentes de encontrar uma sobreposição, uma experiência comum entre membros de um grupo através da arte, da religião ou da filosofia. (Winnicott, 1953, p. 96)*

Para Winnicott, um verdadeiro objeto transicional é mais importante que a mãe, ao contrário de um pseudo-objeto confortador; se a ligação com a mãe enquanto pessoa é muito forte e precoce, isto pode impedir que outros objetos ganhem importância e, com o desmame, o bebê não tem "para o que se voltar" (Winnicott, 1953, p. 92). Os traços que distinguem o fetichismo da conduta sexual corrente, distinção aliás nada simples, apresentados por Freud nos *Três ensaios...*, são a fixação, a independência em relação ao objeto de origem (aquele a que vem substituir), e a exclusividade do objeto como condição para a satisfação. Do ponto de vista descritivo, o chamado objeto transicional tem um caráter fetichista – como bem observou Wulff –, mas, para Winnicott, distingue-se por um aspecto fundamental: a experiência da ilusão. A ilusão de que um objeto pode ser obra criativa de quem o usa e, ao mesmo tempo, algo oferecido por alguém suficientemente bom, não equivale em absoluto à necessidade defensiva de negação de algum aspecto da realidade. É na psicopatologia dos objetos transicionais que observamos como, na origem da perversão, a função do objeto modifica-se de meio de comunicação para instrumento de negação da separação (Winnicott,

1971/1996, p. 19). Assim, aquilo que para Freud é patológico no fetichismo é justamente a propriedade que permite o desabrochar da vida emocional humana: é apenas "fetichizando" a própria mãe que podemos descobrir e criar o mundo.

Uma leitura comparativa dos trabalhos de Wulff e Winnicott é bastante elucidativa. De fato, o "dado" de observação clínica sobre o qual ambos se baseiam é o mesmo, fenômeno tão fácil de se verificar no desenvolvimento inicial do bebê humano e que, surpreendentemente, esteve virtualmente ignorado na bibliografia psicanalítica até então. Wulff nos informa, no entanto, que houve dois antecedentes importantes do tema com Joseph K. Friedjung (Viena, 1927) e Editha Sterba (1935), sendo o primeiro mais interessante por dois motivos: por enfocar a discussão na questão do fetichismo na infância – no segundo caso, a atenção da autora se volta para outro tema, sendo o objeto transicional um aspecto lateral do trabalho – e pelo debate direto com as proposições de Freud. Em linhas gerais, Wulff realiza uma tentativa de compreender aquilo que chamamos objeto transicional dentro de um quadro teórico basicamente freudiano; ele o faz de maneira consistente e criativa – a própria colocação do problema já traz em si uma grande originalidade – e acaba por questionar algumas das proposições freudianas a partir do material clínico (mais especificamente, a vinculação necessária entre fetichismo e recusa da castração). O resultado é estimulante: não é de se espantar a satisfação de Winnicott ao descobrir este trabalho.

Wulff acaba por tocar em algumas contradições básicas relativas ao tema, mas não avança tanto no sentido de perceber a necessidade de reformulações mais estruturais no quadro teórico de referência. Nem por isso o trabalho perde o seu valor (ou ainda: precisamente por isso ele se torna interessante): Wulff, no desenvolvimento teórico, propõe ideias que merecem atenção, como a de um desenvolvimento do objeto – fetiche ao longo das organizações da libido – do seio ao pênis –, ou o achado de que "a primeira genuína ligação libidinal a um objeto estranho se dá na trilha aberta por uma identificação deste objeto com o pênis do próprio indivíduo" (Wulff, 1946, p. 468). Destaca, ainda, a importância dos sentidos do tato e do olfato para a constituição do fetiche, sugerindo uma origem bastante arcaica – onto e filogenética – para a aderência da libido que caracteriza o fetichismo.

Winnicott, em contraste, realiza um movimento contrário ao propor um novo modelo teórico para compreender o mesmo fenômeno, cujos desdobramentos hoje podemos vislumbrar. Ele parte, sim, da atividade autoerótica ligada à zona erógena oral, mas logo anuncia que "evidentemente algo mais é importante aqui além da excitação e satisfação oral, apesar de que elas podem ser a base de todo o resto" (Winnicott, 1953, p. 89), para em seguida afirmar a inadequação do enunciado usual sobre a natureza humana. O "algo mais importante" é o processo de construção da realidade e do sujeito humano. Ele aponta a insuficiência de considerar a natureza humana tanto em termos de relacionamentos interpessoais, elaboração imaginativa das funções e totalidade da fantasia – sua versão da psicanálise freudiana –, como colocando a ênfase em um mundo interno com qualidades específicas – perspectiva kleiniana –, e propõe a existência da área intermediária de experimentação entre realidade interna e externa, área de repouso e de ilusão em que o juízo de realidade não se estabeleceu, mas na qual não predomina simplesmente o princípio do prazer da formulação freudiana. É a partir deste novo referencial – terceira área, terceiro passo da história conceitual da psicanálise conforme ele nos dá a entender – que o material clínico será trabalhado.

Assim, comparando os dois autores, temos a oportunidade de observar com nitidez algo frequente no desenvolvimento de uma área do conhecimento: um esforço de ler as novas "realidades empíricas" segundo o referencial estabelecido e o esforço de criar novos modelos teóricos a partir de alguns impasses intransponíveis.

Os objetos e fenômenos transicionais talvez sejam, como "fatos" ou "dados", de uma natureza tal que exigem um reordenamento significativo e até certo ponto radical do quadro referencial da psicanálise, ainda que em si mesmos pareçam simples ou até banais. Winnicott estava mais certo que Wulff? Considero esta pergunta mal colocada, mas é inegável que aquilo a que nos levou a posição de Winnicott é de muito maior alcance e relevância do ponto de vista do avanço do conhecimento, apesar que não julgo que Wulff estivesse propriamente "errado". Wulff é, neste sentido, um "adversário digno" de Winnicott.

O problema tratado por Wulff é regional e específico: o fetichismo na infância. Colocar a questão nestes termos, no entanto, já traz em si uma problematização do quadro freudiano, uma vez que a rigor o fetichismo só se constituiria a partir da organização genital infantil ou por uma regressão à problemática da castração que a caracteriza. Friedjung comunicou a Freud, em 1927, as suas observações, e recebeu como resposta:

> já foi demonstrado em numerosos adultos que, sem sombra de dúvida, o fetiche é um substituto do pênis, um substituto do pênis ausente da mãe, e assim é um meio de defesa contra a ansiedade de castração – e nada mais. Deve-se agora verificar isto no caso desta criança. Se a prova for encontrada, o menino deve ter tido ampla oportunidade para convencer-se da falta de pênis ao observar a mãe despida. (Friedjung, 1927, citado por Wulff, 1946, p. 452)

Logo em seguida, Freud publicou o artigo *Fetichismo*. Friedjung encontrou a confirmação que Freud o induziu a procurar, mas Wulff contesta-a, apontando o contra-senso da situação. Tratava-se de um "menino" de dezesseis meses de idade, ainda não envolvido com a problemática da castração, e, conforme o próprio Freud sempre frisou, a visão do genital feminino só causa impacto à luz da ansiedade de castração; anteriormente a isto, há um total desinteresse da criança sobre o fato. Para lidar com esta contradição, Wulff permanece no marco freudiano, trabalhando o fetichismo em termos das organizações pré-genitais da libido. É evidente que este remendo é profundamente problemático, já que a organização genital infantil é muito mais que uma organização da libido, é o palco onde se desenrola o complexo de Édipo, estruturador para Freud da neurose e do psiquismo humano.

Já em Winnicott, o problema tratado é muito mais amplo e estrutural: a construção do sujeito e de sua relação com a realidade e, mais radicalmente, a criação simultânea do sujeito e da realidade em um mesmo processo. Os objetos e fenômenos transicionais são o meio e o modelo para desenvolver a sua contribuição neste aspecto. É a partir do novo modelo criado que Winnicott pode, então, voltar-se para o assunto específico do fetichismo, e isto faz toda a diferença. O uso fetichizado de objetos é justamente sinal de distúrbios na área dos fenômenos transicionais, e nisso se inclui o fetichismo, mas também as adicções, o roubo e as perversões de modo geral. Com o estudo do caso do menino do cordão, compreendemos que toda a psicopatologia nesta área está relacionada a certas experiências traumáticas de separação e perda da mãe com características específicas, ou o que poderíamos simplesmente resumir pela expressão rupturas na continuidade do ser.

Transicionalidade e relações de objeto

É da maior importância compreendermos que, do ponto de vista de um pensamento centrado nas relações de objeto, a construção da teoria da transicionalidade teve um papel primordial, já que, enquanto um modelo teórico geral, ela se mostrou uma das ferramentas mais poderosas para abordar a articulação entre o intrapsíquico e o intersubjetivo.

Em primeiro lugar, deve-se recordar que Winnicott afirmou, no texto sobre os objetos transicionais, que a passagem do princípio do prazer para o princípio da realidade só é possível mediante uma mãe suficientemente boa. O que isto nos indica? Que só a presença viva de um outro humano pode oferecer as condições necessárias para realizar esta travessia. Ao proporcionar o suporte para uma experiência primária de onipotência e, também, gradativamente, para a experiência da desilusão precursora do desmame, ele fornece o suporte necessário e imprescindível para se encontrar o caminho em direção à realidade. Assim, a dialética da ilusão--desilusão só se constrói de modo suficientemente bom quando há um outro disponível a ir ao encontro das necessidades da pessoa que vem ao mundo, fazendo-se presente-ausente na intensidade, no ritmo e no tempo adequado a tal indivíduo.

E, sobretudo, devemos observar como, ao propor a "terceira área" da experiência, Winnicott conferiu um *status* teórico e epistemológico para o *entre*: um lugar para os encontros potencias, bem como os desencontros mais ou menos inevitáveis. Não se trata apenas de uma fronteira entre o interno e o externo, mas de um *espaço* específico e primordial, com um estatuto tópico semelhante ao das instâncias psíquicas propostas por Freud – mas, agora, concebido como um espaço paradoxal entre o interno e o externo. Este espaço é o reino das passagens, das travessias, das jornadas – entre o autoerotismo e a relação de objeto, entre o Eu e o outro, entre o *self* e mundo –, o reino do experimentar e do experimentar-se na relação com a realidade; enfim, o reino do brincar e do sonhar, concebidos como formas simbólicas e altamente sofisticadas de comunicação intra e intersubjetiva.

É justamente na postulação deste espaço *entre* que se encontra o verdadeiro espírito do pensamento das relações de objeto. Pois, muito mais que em M. Klein, é neste modelo de Winnicott que encontramos o instrumento para se pensar a articulação entre o intrapsíquico e o intersubjetivo. Neste ponto, a leitura de Green (1975/ 1988) foi muito precisa e esclarecedora:

> *quando a teoria das relações objetais estava no começo de seu desenvolvimento, tínhamos, em primeiro lugar, de descrever a interação do self com objeto em termos de processos internos. Não se prestou atenção suficiente ao fato de que na expressão "relação objetal" a palavra "relação" era a mais importante. Isto quer dizer que nosso interesse deveria ter sido dirigido para aquilo que está entre estes termos, unidos por ações, ou entre os efeitos das diferentes ações. Em outras palavras, o estudo das relações é antes o dos elos que o dos termos unidos por eles. É a natureza do elo que confere ao material seu caráter verdadeiramente psíquico, responsável pelo desenvolvimento intelectual. Esse trabalho foi adiado até que Bion examinou os elos entre processos internos e Winnicott estudou a interação entre o interno e o externo. (Green, 1975/1988, p. 53)*

Ou seja: a relação de objeto era tratada por Klein como um processo eminentemente interno, mas, a partir de Winnicott e Bion, o foco passou a ser o *vínculo*, ou o elo de ligação – e é nele que reside de fato o espírito do termo "relação". Bion estudou exaustivamente tais elos nos processos de pensamento, partindo de uma tradição de análise calcada na dialética da ligação-separação (ataque e integração depressiva), a partir da herança freudo-kleiniana. Winnicott, por seu lado, ao construir a teoria da transicionalidade, formulou uma das soluções teóricas e epistemológicas mais criativas e geniais para o problema da relação do sujeito humano com a realidade. Assim, não foi à toa que, mais tardiamente, Winnicott veio a reconhecer que o espaço transicional intermediário é, no fundo, o campo de experiências no qual se dá a "busca de objeto" postulada por Fairbairn.

"Clínica da dissociação"

Outra das contribuições significativas da obra de Winnicott – e que pode ser correlacionada à teoria da transicionalidade – encontra-se no conceito de dissociação; ou, para sermos mais precisos: *no tratamento e no uso particular* que ele fez de tal noção psicanalítica. Pois a ideia da dissociação, oriunda da psiquiatria da época, foi introduzida na teorização psicanalítica pelo próprio Freud e retomada por diversos autores, que a utilizaram e a desenvolveram de modos diferentes e dentre de contextos teóricos variados, como M. Klein e Fairbairn. O fato é que o conceito ganhou cada vez mais importância na psicanálise pós-freudiana, ocupando para alguns teóricos um lugar análogo e complementar ao conceito clássico de recalcamento; penso que a coparticipação de Winnicott neste processo foi bastante significativa.[10]

Freud mencionou a ideia da dissociação em seus primeiros trabalhos sobre histeria, mas acabou por afastar-se dela a fim de fundar sua própria teoria etiológica, fundada no conceito de recalcamento.

---

10 Discuti o tema com mais detalhe no artigo "Clínica da dissociação" (Gurfinkel, 2001) e em "A psicanálise do Fronteiriço: André Green entre Freud e Winnicott" (Gurfinkel, 2013b).

386 WINNICOTT E A TRANSICIONALIDADE

Desde este momento, notamos como há, na história dos conceitos psicanalíticos, uma curiosa dialética entre recalcamento e dissociação que é, em si mesma, bastante elucidativa do entrelaçamento entre preocupações clínicas e teóricas. O fato é que o mecanismo de recalcamento ganhará, no pensamento freudiano, o *status* de mecanismo *princeps* da psiconeurose e, por extensão, do próprio processo de estruturação do psiquismo humano. No entanto, na obra madura de Freud, a dissociação volta a se fazer presente, inicialmente relacionada ao fetichismo e depois tomada como um mecanismo mais geral de defesa que atinge, em certas circunstâncias, a unidade do Eu. Encontramos, ainda, no *Esboço...*, uma breve reflexão de Freud sobre a dissociação na psicose e, em seu instigante manuscrito inacabado de 1938 sobre o assunto, uma abertura enigmática: Freud se pergunta se estaria trazendo para a psicanálise uma ideia totalmente nova, ou retomando, com outras palavras, o que havia até então já dito a respeito do mecanismo de recalcamento. Mais uma vez, a dialética entre recalcamento e dissociação se faz presente...

O fato é que este fio solto deixado por Freud nunca ocupou um lugar de destaque em suas próprias formulações, mas foi ulteriormente retomado e puxado por outros analistas. Já vimos como Fairbairn foi pioneiro por dedicar-se ao assunto ainda no final da década de 1920, o que o levou a adotar a dissociação como um conceito-chave subjacente à psicopatologia tanto da histeria quanto da esquizoidia, e mais que isso: trata-se, para ele, de um mecanismo básico que, de modo complementar à interiorização e ao recalcamento, constitui a estrutura mesma do psiquismo humano. Klein também veio a utilizar o *splitting* como um conceito-chave e estrutural da vida psíquica, desenhada pelo interjogo entre movimentos e divisão e de integração que se alternam nas posições esquizoparanoide e depressiva. Vimos também como houve um curioso diálogo de ideias entre Klein e Fairbairn sobre o assunto, cujo ponto alto foi a "concessão" feita pela primeira ao assimilar o "esquizoide" de Fairbairn à sua própria posição exclusivamente "paranoide".

Também aqui devemos reconhecer o pioneirismo de Ferenczi, em diversos aspectos mais próximo ao espírito do que Winnicott proporá décadas depois.[11] O seu texto-testamento de 1933 – posterior ao texto do fetichismo de Freud, mas anterior à retomada freudiana da dissociação nos últimos anos – foi, como se sabe, veementemente rechaçado por Freud. A principal diferença talvez seja a ênfase de Ferenczi na situação traumática em detrimento da problemática da castração. A divisão do Eu se instala em termos de um movimento de regressão defensiva – retorno à linguagem da ternura por um mecanismo de alucinação negativa que anula a violência traumática – e um outro, paralelo e concomitante, de progressão pré-matura, figurado brilhantemente no bebê-sábio ou na fruta bichada que amadurece apodrecendo; esta descrição dos processos de divisão encontra um modelo fecundo na "autotomia". A dissociação implica um reconhecimento e um irreconhecimento simultâneos, seja da realidade da castração para Freud, seja da realidade da violência traumática para Ferenczi. O traumático, no entanto, não está totalmente ausente em Freud e nem é totalmente estranho à problemática da castração: ele nunca deixou de insistir em um componente da organização genital infantil, que é a ameaça de castração que vem de fora; poderíamos acrescentar aqui que, talvez, a natureza traumática e violenta desta ameaça pode ser determinante para uma estrutura perversa ulterior. Freud (1938/1981), no seu artigo inacabado, nos fala que um certo paciente "dissociado" teria passado, na juventude, por "certas situações peculiares de pressão";

---

11 A "herança paradoxal" de Ferenczi que reencontramos na obra de Winnicott é detalhadamente discutida, no presente livro, em seção específica dedicada ao assunto ("Winnicott e Ferenczi: heranças e paradoxos") do capítulo "Balint: regressão e falha básica". Tal herança, de caráter indireto, é estudada em contraste com a herança direta e explícita entre Ferenczi e Balint.

388   WINNICOTT E A TRANSICIONALIDADE

"podemos fixar em termos gerais e bastante vagos as situações em que isto acontece dizendo que ocorre sob a influência de um trauma psíquico" (Freud, 1938/1981, p. 3375). Encontramo-nos, pois, com Freud discretamente além do princípio do prazer.

Assim, a proposição de uma "clínica da dissociação" construída a partir de uma "clínica do recalcamento", mas ao mesmo tempo tornando-se razoavelmente independente dela, é uma tentativa de organizar e dar inteligibilidade à complexidade e ao caráter dinâmico do campo psicanalítico. No texto do fetichismo, Freud (1927/1981) recorre ao conceito de recalcamento – "a peça mais antiga da nossa terminologia psicanalítica" –, rejeitando a criação de um novo conceito (por exemplo, "escotomização"), já que "um novo termo só se justifica quando se descreve ou se ressalta um fato novo" (Freud, 1927/ 1981, p. 2994). Mas, ao mesmo tempo, ele efetivamente apresenta uma ideia nova: a de que duas correntes subsistem paralelamente no psiquismo. E abre o texto de 1938, como disse, de maneira enigmática: "encontro-me, por um momento, na interessante posição de não saber se o que direi deveria ser considerado algo familiar e evidente há muito tempo ou algo novo e surpreendente. Me sinto inclinado a pensar da segunda maneira" (Freud, 1938/1981, p. 3775).

Hoje, não podemos deixar de concordar com a intuição premonitória de Freud, já próximo de sua morte. Ao longo dos desenvolvimentos teórico-clínicos que aqui retraçamos, notamos como foi emergindo, cada vez mais, algo que podemos nomear como uma "clínica da dissociação", que contrasta com uma "clínica do recalcamento" e sucede a ela. Deste ponto de vista, *proponho que redesenhemos a história da psicanálise segundo um interjogo complexo entre recalcamento e dissociação.*

Neste percurso histórico, Winnicott cumpriu um papel significativo. Ele desenvolveu também o seu próprio conceito de dissociação, que ganhou uma importância crescente, uma extensão e uma reelaboração constante ao longo de toda sua obra; recapitulemos os seus pontos principais.

O conceito de dissociação aparece em Winnicott já no artigo sobre o desenvolvimento emocional primitivo, de 1945. Enquanto processo patológico, ela está relacionada a distúrbios nos processos de *integração, personalização* e *realização*. A personalização concerne à localização do *self* no corpo, não apenas por este ser o seu "lugar" na saúde, mas também enquanto complexa operação de construção deste lugar para viver; trata-se da problemática abordada, poucos anos depois, em termos da relação entre a mente e o psique-soma. A realização refere-se à mesma questão tratada no artigo dos objetos transicionais; o fantasiar dissociado – como é o caso dos "companheiros imaginários" da infância – expressa uma perturbação neste processo.

A título de síntese, podemos dizer que a dissociação concerne, em termos do processo de desenvolvimento do Eu, ao *negativo* da tendência à integração que caracteriza, para Winnicott, o processo de amadurecimento. Neste sentido, ela é o sinal e o resultado de alguma perturbação ou dificuldade no percurso de desenvolvimento e, por se tratar de perturbações que ocorrem no início do desenvolvimento e no processo de formação do Eu, ela se relaciona ao campo da psicose.

Mas o mais notável neste artigo fundamental é que a dissociação é apresentada também na sua forma natural ou inicial. Ela ocorre, por exemplo, entre a experiência do bebê que se sente confortado e o bebê que grita por satisfação imediata, ou ainda – o que é muito mais interessante – entre o bebê que dorme e o bebê que está acordado; neste caso, lembrar de sonhos e relatá-los a um outro tem como função permitir uma quebra nesta dissociação. O bebê necessita sempre de uma pessoa para "juntar seus pedaços" e, neste sentido, o outro tem em suas mãos a grande responsabilidade de

390 WINNICOTT E A TRANSICIONALIDADE

proporcionar a experiência de integração ao bebê que se desenvolve.

A proposição da dissociação como "natural" e universal se asseme-lha muito à insistência de Winnicott em afirmar os fenômenos transicionais como universais e saudáveis; assim, vemos a sutileza de um pensamento que discrimina um estado inicial de *não integração* da *desintegração* como fenômeno patológico de natureza psicótica que implica uma regressão a este estádio primário. É esta sutileza que permite a construção de uma verdadeira teoria sobre a criatividade humana que prescinde em absoluto de um modelo psicopatológico – já que se baseia nesta fonte da criação que é o estado de não integração, área do informe na qual "a mente está fora de foco" (Winnicott, 1971/ 1996, p. 35) –, ao mesmo tempo que nos alerta de que "ficamos de fato empobrecidos se somos apenas sãos" (Winnicott, 1945/1992, p. 150).

Dissociação e psicose

De qualquer maneira, a linha de força mais nítida que se destaca na obra de Winnicott é aquela que associa a dissociação à psicose. Assim, conforme ele bem sintetizou em um artigo tardio,

> *para mim, a chave do conflito que subjaz à doença que chamamos de psiconeurose situa-se dentro dos limites do indivíduo. O analista do paciente psiconeurótico está envolvido, como é sabido, com a análise do inconsciente recalcado do paciente. Em contraste, quando se trata da esquizofrenia, o analista – ou quem quer que seja que esteja tratando o paciente ou lidando com o caso – está envolvido em elucidar a cisão [split] na pessoa do paciente, o extremo da dissociação [dissociation]. A cisão toma o lugar do inconsciente recalcado do psiconeurótico.*
> *(Winnicott, 1967c/1989, p. 195)*

Winnicott sugere, em algumas passagens, que discriminemos a *cisão* como um mecanismo de base primário dos fenômenos psicóticos das diversas formas de *dissociação*, secundárias, que incidem sobre diversos campos (por exemplo, entre a mente e o psicossoma, entre o falso e o verdadeiro *self*, entre os elementos feminino e masculino etc.); no entanto, esta discriminação conceitual entre "cisão" e "dissociação" não é tão clara nem sistematicamente estabelecida em sua obra.

É interessante lembrar aqui que o termo *Spaltung* serviu, na psiquiatria, tanto para caracterizar as duplas personalidades da histeria quanto o mecanismo essencial da esquizofrenia. Bleuler introduziu a expressão "esquizofrenia", em 1911, justamente por indicar o que seria, na sua ótica, o sintoma básico desta afecção: a *Spaltung*; "esquizofrenia", do grego, significa "espírito clivado". Freud, por sua vez, criticou a adoção deste termo por considerá-lo um "preconceito" e propôs em seu lugar o termo "parafrenia", hoje pouco utilizado: "é pré-julgar demais utilizar como denominação uma característica postulada teoricamente que nem sequer é exclusiva da afecção denominada e nem pode ser considerada, sob outros pontos de vista, a mais importante" (Freud, 1911b/1981, p. 1525). Creio que esta controvérsia terminológica reflete questões conceituais e de princípios que estão, por sua vez, em constante movimento. Em 1911, na sua primeira incursão de fôlego no campo das psicoses, constrói uma teoria sobre a paranoia buscando aproveitar e adaptar a teoria do recalcamento, ainda que introduzindo o importante mecanismo de projeção e elaborando o conceito de narcisismo. Mas o Freud de 1911 não é o mesmo de 1938.

O mérito de retomar a dissociação do Eu freudiana e conectá-la aos fatores esquizoides da personalidade cabe, em grande parte, a Fairbairn, fato muitas vezes pouco reconhecido. Os seus trabalhos sobre o assunto, escritos na década de 1940, são – como vimos – de uma riqueza inestimável. Defende então a tese de que todos somos,

392 WINNICOTT E A TRANSICIONALIDADE

de algum modo, esquizoides – "o fenômeno esquizoide fundamental é a presença de dissociações no ego" (Fairbairn, 1940/1980, p. 7) – e o que determina as variações psicopatológicas seria a suposta profundidade de tal processo. É nesta perspectiva que Fairbairn volta à relação entre dissociação e histeria:

> *no que se refere a manifestações de personalidade dupla e múltipla, seu caráter essencialmente esquizóide pode ser inferido de um estudo cuidadoso dos numerosos casos descritos por Janet, William James e Morton Prince. E aqui é oportuno assinalar que muitos dos casos descritos por Janet como manifestações de fenômenos dissociativos, na base dos quais formulou seu conceito clássico de histeria, comportavam-se suspeitosamente como esquizofrênicos – fato que interpreto em apoio da conclusão, a que já tinha chegado com base nas minhas próprias observações, de que a personalidade do histérico contém invariavelmente um fator esquizóide em menor ou maior grau, por mais profundamente que este possa estar sepultado. (Fairbairn, 1940/1980, p. 5)*

A inclusão definitiva do termo "esquizoide" no campo conceitual da psicanálise – não apenas no seu aspecto descritivo, mas com uma clara intenção metapsicológica – é de responsabilidade de Melanie Klein. Porém, ao propor a sua "posição esquizoparanoide" – ulteriormente à "posição depressiva", elaborada na década de 1930 a partir de seus trabalhos sobre os estados maníaco-depressivos –, M. Klein na verdade incorpora o termo "esquizoide" de Fairbairn. Assim, a parafrenia – como queria Freud, para indicar estruturalmente uma relação singular desta afecção com a paranoia – volta a reunir-se com esta última na pena de alguns autores da psicanálise inglesa, a fim de prosseguir na construção de um pensamento propriamente psicanalítico sobre as psicoses.

Winnicott coloca-se em uma tradição freudo-kleiniana, mas é justamente nesta época que começa a divergir radicalmente de M. Klein e a construir seu próprio caminho; estamos no final da década de 1940 e o principal conflito conceitual refere-se à etiologia da psicose. Winnicott rejeita a posição esquizoparanoide e utiliza o termo dissociação de modo bastante diferente de Klein, talvez de modo mais freudiano. Como Freud (1938/1981), para ele ocorre um rasgo ou fratura no Eu que nunca se cura e que se aprofunda com o passar do tempo. Dois elementos essenciais podem ser destacados: a dissociação como resultado patológico de falhas graves no cuidado infantil e a sua relação com a problemática da constituição do Eu.

Winnicott descreve uma cisão básica (*basic split*) que pode atingir a "organização ambiente-indivíduo" (*an environment-individual set-up*), para ele, a única unidade possível de ser considerada nos estágios primitivos do desenvolvimento emocional: "de início, o indivíduo não é uma unidade" (Winnicott, 1952b/1992, p. 221). Esta cisão – essência da psicose – é o negativo de um desenrolar suficientemente bom dos processos iniciais de desenvolvimento, descritos pelos termos *integração*, *personalização* e *realização*. A questão central é a da construção de uma relação "saudável" com o corpo próprio e com a realidade, ao cabo da qual esta poderá ser a um só tempo reconhecida e criada, conforme o protótipo dos objetos transicionais.

> *Se tudo corre bem, o ambiente criado pelo indivíduo se torna algo que é suficientemente parecido com o ambiente que pode ser geralmente percebido, e em tal caso surge um estágio no processo de desenvolvimento através do qual o indivíduo passa da dependência à independência. (Winnicott, 1952b/1992, p. 222)*

A cisão básica é o avesso desta possibilidade de encontro (*meeting*) – encontro com a realidade, experiência de ilusão em virtude de uma mãe-ambiente que vai de encontro ao potencial alucinatório de seu bebê, sobreposição mágica e fugidia entre concepção e percepção. É a partir destas experiências que poderá sobrevir, segundo Winnicott, o regime do princípio de realidade; nunca por completo, pois, por consequência desta gênese, a realidade é sempre colorida – e de certo modo transformada e transgredida – pelo olhar criativo do sujeito. A cisão básica concerne ao Eu, conforme apontou inicialmente Freud, mas de um modo particular: é justamente por não haver ainda um Eu minimamente constituído que o processo de defesa não pode ser *do* Eu – como é o caso do recalcamento – mas *no* Eu, na medida em que compromete o processo de sua própria constituição. Na verdade, não é primariamente o Eu que sofre a cisão, e sim a organização ambiente-indivíduo. O rasgo que incide sobre o Eu é apenas um desdobramento da fratura que se abre no solo da organização ambiente-indivíduo, resultado de um terremoto precoce que condena o sujeito a uma existência à beira do abismo. O outro e o mundo dos objetos significativos estão do outro lado, inacessíveis em termos de uma experiência compartilhada.

Esta cisão é sempre efeito de um trauma. Nisto, Ferenczi (1933/ 1966) foi precursor, ao descrever a dissociação resultante de certas formas de violência que produz, por um lado, a progressão pré- -matura de um "fruto bichado" – o famoso "bebê-sábio" – e, por outro, uma parte regressiva da personalidade eternamente ferida, roubada e dependente. O processo complexo que se produz, de difícil manejo clínico, é a *identificação com o agressor*. Também para Ferenczi, a dissociação – e este tipo de identificação – só pode ser compreendida se levarmos em conta a imaturidade do psiquismo infantil, "uma psique composta apenas de Id e Supereu" (Ferenczi, 1933/1966, p. 145). Winnicott localiza a violência que provoca a cisão básica, *grosso modo*, no primeiro semestre de vida, sendo ela o resultado de falhas na necessária adaptação ativa por parte do ambiente – neste momento, não há uma mãe-objeto, apenas uma mãe-ambiente. Invasão, violação, instabilidade, falhas na sustentação física e psíquica (*holding*), manejo tantalizante, mãe psiquicamente morta (deprimida), cuidado mecânico e impessoal, impossibilidade da mãe de oferecer o seu rosto como espelho para o *self* do bebê, ausência de um ambiente que possibilite a experiência da não integração ou do informe: eis algumas das condições por meio das quais Winnicott procurou figurar a sua ideia de traumático. A angústia psicótica a ela correlativa pode ser descrita em termos do medo iminente de um colapso (*breakdown*) que de fato já ocorreu, o terror sem nome de uma queda sem fim; esta angústia deve ser bem distinguida, segundo Winnicott, da angústia de castração, própria da psiconeurose. Se quisermos, podemos aproximar esta concepção de traumático mais àquela de *Além do princípio do prazer* que à da teoria da sedução; talvez Ferenczi tenha ficado aqui no meio do caminho. De qualquer modo, como a dissociação, a questão do traumático volta à cena mais na clínica da psicose que na da histeria.

Examinando alguns de seus trabalhos ulteriores, observamos que, em conexão com uma "clínica da dissociação", Winnicott propõe também uma reelaboração do conceito de inconsciente, seguindo adiante na trilha da primeira e da segunda tópicas. Temos aqui algumas proposições verdadeiramente instigantes e enigmáticas:

> *existem certos momentos, de acordo com minha experiência, em que é necessário dizer ao paciente que o colapso – em relação ao qual ele vive um temor que destrói toda sua vida – já ocorreu. Este é um fato que se traz consigo, conservado oculto no inconsciente. O inconsciente aqui não é exatamente o inconsciente recalcado da psiconeurose, nem é o inconsciente da formulação freudiana de uma parte da psique que está muito*

próxima do funcionamento neurofisiológico... Neste contexto especial, o inconsciente significa que a integração do ego não é capaz de conter (encompass: cercar, dominar por todos os lados, englobar, abarcar) algo. O ego é muito imaturo para reunir todos os fenômenos dentro da área da onipotência pessoal. (Winnicott, 1963b/1990, pp. 90-91)

Assim, esta suposta forma de inconsciente só é compreensível a partir do vértice do Eu e de sua constituição – ou de sua debilidade para conter a experiência. Sem o Eu-auxiliar da mãe-ambiente para filtrar o mundo e apresentá-lo ao bebê na medida e no tempo das suas possibilidades de absorvê-lo – o que para Winnicott significa: sem que seu próprio potencial criador seja dilacerado –, a construção da experiência de um si mesmo e de um mundo de objetos significativos fica, de saída, comprometida, rasgada, rompida pela cisão básica da organização ambiente-indivíduo.

Winnicott se refere aqui a uma forma de inacessibilidade diferente daquelas até então exploradas pela psicanálise. Em um brilhante trabalho de maturidade, ele descreveu, a partir da análise de uma paciente sua, uma forma de dissociação que muitas vezes passa desapercebida na clínica: aquela entre o sonhar e o viver, por um lado, e o fantasiar, por outro. E acrescenta:

um outro traço que distingue estes dois grupos de fenômenos é que, enquanto uma grande parte do sonho e dos sentimentos que pertencem à vida são passíveis de serem recalcados, isto é diferente da inacessibilidade do fantasiar. A inacessibilidade do fantasiar é ligada à dissociação, e não ao recalcamento. Gradualmente, conforme esta paciente começa a tornar-se uma pessoa total e começa a perder suas dissociações rigidamente organizadas, ela se torna cônscia da importância vital que o fantasiar sempre teve para ela. (Winnicott, 1971/ 1996, pp. 26-27)

E, em uma nota de rodapé, esclarece que "tornar-se cônscia" (*become aware*) remete ao fato de que agora ela tem um lugar a partir do qual ela possa se tornar cônscia. Aqui, não podemos deixar de reconhecer uma ressignificação da fórmula "tornar consciente o inconsciente"!

O elemento central é esse "lugar" a partir do qual se pode existir. A obra de maturidade de Winnicott é consagrada, em grande parte, a esta questão, tanto no sentido de ressaltar e celebrar a experiência do viver criativo na sua dimensão positiva, quanto para denunciar com radicalidade, na sua dimensão negativa, a sua paralisação e congelamento, com o consequente desperdício do viver. A dissociação é o termo escolhido por Winnicott para traduzir, em termos de mecanismo psíquico, a gênese e a persistência no tempo de um pseudoviver.

"O lugar onde vivemos" foi trabalhado, como se sabe, em termos de um si mesmo – o *self* –, abordagem que levou Winnicott a elaborar uma espécie de "tópica do existir" que não deve, segundo penso, ser isolada do conjunto do complexo tecido conceitual da psicanálise. Pois a questão do *self* da metapsicologia winnicottiana teve seu antecedente na problemática do Eu, existente desde o início na obra freudiana e tendo ganho uma elaboração mais formal com a segunda tópica. Logo após propor este segundo modelo do aparelho psíquico, Freud já inicia, de maneira discreta, um questionamento que será caro aos desenvolvimentos de Winnicott: a suposta função de síntese do Eu. Se não quisermos considerar que a própria concepção estrutural do aparelho psíquico – e, em especial,

398 WINNICOTT E A TRANSICIONALIDADE

a figura do Supereu – já evidencia uma forma de *Spaltung* (podemos lê-lo em *Luto e melancolia*, quando Freud apresenta a consciência moral do melancólico como uma forma de dissociação), devemos retornar ao texto *Neurose e psicose*. Nele, Freud (1923b/1981) já prevê a possibilidade de o Eu, diante de seus conflitos, deformar-se espontaneamente, sofrer certos danos em sua unidade e inclusive dissociar-se em alguns casos. Winnicott dedica boa parte de sua obra ao estudo do Eu, especialmente à questão de sua origem. Nela, coloca-se a questão de como se constrói a experiência do "Eu sou", da diferenciação do Eu de um não Eu a partir de uma experiência originária de fusão, ou da construção de uma membrana limitadora que possibilite um lugar próprio e a experiência de uma unidade, em contraste com a experiência com os objetos e com o mundo. O termo "integração" busca condensar em si a complexidade destes processos. Winnicott, aliás, definiu o Ego a partir de sua função integradora, já que propôs que usássemos este termo para descrever a parte da personalidade humana em crescimento que tende, sob condições favoráveis, a se tornar integrada em uma unidade (Winnicott, 1962/1980, p. 56). Assim, vê-se claramente que não é possível abordar satisfatoriamente a questão da dissociação sem tocar a problemática do Eu e de sua gênese.

É de fundamental importância compreendermos que Winnicott tem em mente um *conceito ampliado* de psicose. Se a "cisão básica" caracteriza a doença da alma dividida – esquizofrenia –, ela muitas vezes ocorre, de modo parcial, na forma de uma dissociação. Clinicamente, esta dissociação pode se dar, como no caso mencionado anteriormente, entre o sonhar e o fantasiar; mas pode também se dar entre o Verdadeiro *Self* e o Falso *Self*, ou ainda incidir sobre o psicosssoma. Nestes casos, haveria uma espécie de esquizofrenia latente que, apesar de por vezes estabilizar-se em quadros extremamente enrijecidos, está potencialmente presente na forma da iminência de um colapso. Winnicott descreveu uma galeria de tipos clínicos hoje bastante reconhecidos, mas cuja psicose latente muitas vezes passava desapercebida.

Certas pessoas com excelente desempenho acadêmico, quanto mais bem sucedidas mais se sentem falsas, e são invadidas por um insuportável sentimento de futilidade e vazio; de repente, surpreendem e chocam a todos que estão a sua volta, repentinamente destruindo tudo e não se tornando o que prometiam ser. Passar anos tendo como base um falso *self* (Winnicott, 1960c/1990) dissociado é mais comum do que se pode supor, e nem sempre o meio social abre espaço para que a qualidade do viver criativo possa ser colocada em questão. Muitas vezes, a mente se torna o lugar em que se aloja o falso *self*, havendo uma dissociação entre a atividade intelectual e a existência psicossomática; baseado nestes pressupostos, Winnicott (1949/1992) desenvolveu uma ideia muito própria do que seria a "mente" – que, para ele, não deve ser confundida com a psique –, bem como uma reflexão clínica sobre a patologia de uma mente dissociada, que se torna uma coisa em si.

A problemática da dissociação vai desembocar na teorização do verdadeiro e falso *self*. A única passagem acrescentada na última versão do artigo dos objetos e fenômenos transicionais, além das duas seções à maneira de apêndice, diz:

> *o que surge dessas considerações é a ideia adicional de que o paradoxo aceito pode ter um valor positivo. A solução do paradoxo conduz a uma organização de defesa que, no adulto, pode encontrar-se como verdadeira e falsa organização do self. (Winnicott, 1971/1996, p. 14)*

O paradoxo, mais que um método de pensar, é uma maneira de ser no mundo – ou a maneira do ser no mundo –, e a sua violentação conduz à ruptura da continuidade do ser e, no limite, ao aniquilamento do sentido do viver. Não integração, área da amorfia e paradoxo são ideias a serem pensadas em conjunto. A dissociação que, em última instância, incide sobre o *self*, conduz, segundo Winnicott, a uma perturbação fundamental do sujeito na sua relação com o mundo e consigo mesmo.[12]

Dentre as diversas formas de "psicoses latentes" descritas, também a patologia psicossomática foi compreendida, por Winnicott, sob a ótica da dissociação.

> *A doença na desordem psicossomática não é o estado clínico expresso em termos de patologia somática ou funcionamento patológico (colite, asma, eczema crônico); é a persistência de uma cisão na organização do ego do paciente – ou de múltiplas dissociações – que constitui a verdadeira doença. (Winnicott, 1964a/1989, p. 103)*

Assim, a doença do psicossoma é, para Winnicott, o negativo de um positivo: o processo de integração, especialmente no que concerne à dita personalização, ou seja, à construção de uma "morada": a base do *self* no corpo.

Deve-se ressaltar, por fim, que o conceito de dissociação é central para a compreensão da psicopatologia da área dos fenômenos transicionais. Ao propor uma diferença essencial entre o *fantasiar* e as alternativas do sonhar, por um lado, e o viver real e o relacionar-se com objetos reais – próprios do *sonhar* –, por outro, Winnicott afirma que:

---

12 Encontramos ainda uma retomada da dissociação por Winnicott, em plena maturidade, em termos de uma exclusão completa por parte do homem (ou da mulher) do aspecto da personalidade do sexo oposto, conduzindo ao estudo dos "elementos masculinos puros" e "elementos femininos puros".

> *uma característica diferenciadora entre estes dois con-*
> *juntos de fenômenos está em que, embora boa parte dos*
> *sonhos e dos sentimentos pertencentes à vida podem*
> *estar recalcados, isso constitui algo diferente da inaces-*
> *sibilidade do fantasiar. Essa inacessibilidade está rela-*
> *cionada mais à dissociação do que ao recalcamento.*
> *(Winnicott, 1971/1996, pp. 26-27)*

O *fantasiar* é justamente uma atividade mental dissociada, de caráter circular e ruminativo, formação defensiva cuja principal característica é a ausência dos processos de simbolização que caracterizam a experiência da transicionalidade; nele, um pseudossonhar, "um cachorro é um cachorro é um cachorro": não há valor poético.

Assim, o uso do conceito de dissociação para compreender um tipo de atividade mental que se dá no vazio permite uma discriminação muito mais apurada dos "aspectos do fantasiar", avançando consideravelmente a pesquisa psicanalítica e alertando-nos dos riscos de confundir fenômenos mentais tão diferentes: o sonhar e o fantasiar; é importante frisar que, para Winnicott, o fantasiar concerne a um processo essencialmente diverso daquele abarcado pelo conceito de fantasia. A metapsicologia clássica não nos fornece os instrumentos para tal discriminação. A mesma problemática é tratada em termos dos riscos do surgimento de uma atividade mental que se opõe ao psique-soma, funcionando como uma coisa em si, um verdadeiro "corpo estranho" ao *self* do sujeito; Winnicott (1949/1992) relaciona este fenômeno com o pensamento do neurótico obsessivo apresentado por Freud em *O homem dos ratos*. Aqui há a criação de uma teoria totalmente original sobre a gênese da mente, essencialmente ligada aos fracassos da mãe-ambiente em se adaptar às necessidades do bebê; a psique, em contraste, surge da elaboração imaginativa das partes, sentimentos e funções somáticas.

Penso que o grande mérito de Winnicott foi não apenas conferir um lugar central para a dissociação na etiologia da psicose – seguindo, como procurei apontar, a trilha de outros analistas – mas revelar, a partir daí, essas diversas faces do fenômeno dissociativo. Além do manejo da psicose propriamente dita, foi sobre a clínica dos pacientes fronteiriços que ele mais contribuiu, ampliando significativamente o nosso olhar e as nossas possibilidades de trabalho sobre ela.

Uma nova matriz clínica?

Tenho buscado ressaltar como, enquanto uma "figura da teoria psicanalítica",[13] o conceito de dissociação cumpre um papel bastante significativo e nos remete, mais uma vez, à temática fundamental e fundante da transicionalidade. No âmbito das construções teóricas de Winnicott, a dissociação ocupa um lugar simetricamente oposto e complementar ao conceito de integração: se, por um lado, a integração refere-se ao processo de formação do Eu enquanto uma unidade que se desenha, se destaca e se diferencia a partir de uma situação primária e indiferenciada na qual a unidade é o indivíduo-ambiente, a dissociação indica as perturbações deste processo, que pode ser corrompido em algum ponto. Assim, enquanto o avesso da integração, é a dissociação que cria um fosso na *relação* – laço, vínculo, elo de ligação – entre o Eu e o mundo (realidade, outro, objeto), sendo, portanto, a figura que mais claramente expressa a quebra, a ruptura ou até o estilhaçamento do espaço potencial na experiência humana. Se este laço é rompido, corremos o risco de cair em um sentimento de futilidade e vazio, já que o si-mesmo não mais pode ser reencontrado na experiência do viver no mundo.

---

13 Conforme expressão proposta por Renato Mezan.

Para concluir o presente percurso sobre o tema da dissociação em Winnicott, gostaria de propor aqui uma hipótese,[14] retomando as proposições de Renato Mezan sobre as matrizes clínicas na obra de Freud, apresentadas no Capítulo 1. Segundo este autor, a história das ideias em psicanálise – especialmente no que se refere ao desdobramento do pensamento freudiano nas diferentes vertentes que o sucederam – pode ser mais bem compreendida se distinguirmos quatro "modelos metapsicológicos" construídos por Freud em sua obra. Tais modelos são, por sua vez, baseados em diferentes "matrizes clínicas" – as matrizes da histeria, da psicose, da neurose obsessiva e da melancolia – e podem ser tomados como pontos de partida das derivações que encontramos nos trabalhos de analistas que o sucederam.

Creio que aqui podemos considerar a possibilidade de um *quinto modelo metapsicológico na obra de Freud* – não tão nítido, desenvolvido e bem elaborado como os anteriores –, *baseado na matriz clínica do fetichismo.*

Penso que a questão do fetichismo possa ser uma porta de entrada para investigarmos uma possível gênese de uma "clínica da dissociação" na obra de Freud, na qual não encontramos, no entanto, um desenvolvimento pleno desta. Evidentemente, não é cabível uma relação direta entre a dissociação em Freud e Winnicott; como já sugeri, Winnicott desenvolve o seu pensamento a partir de um novo quadro de referência que altera substancialmente algumas proposições do modelo freudiano.

Mas algumas observações podem ser feitas. A ideia de uma fenda no Eu que é estrutural, ou seja, que "nunca se cura e que se aprofunda com o passar do tempo" (Freud, 1938/1981) é comum a ambos autores. Neste ponto, Winnicott está mais próximo de Freud que de

---

14 Já anteriormente apresentada (Gurfinkel, 2001).

M. Klein, que utiliza a ideia de *splitting* como um mecanismo conjuntural que se alterna dinamicamente com a integração depressiva por meio das posições por ela propostas. A centralidade do complexo de Édipo, por outro lado, distancia as duas concepções, questão que já se anuncia desde a problematização por Wulff do fetichismo na infância. A ênfase no traumático poderia ser um outro ponto de contato, mas, para efetuar esta aproximação, teríamos que nos aventurar em outra região do pensamento freudiano: a teoria da pulsão de morte.

De qualquer forma, o estudo do fetichismo "abre uma fenda" no pensamento freudiano, e a questão do objeto-fetiche – presente nas adicções, na tendência antissocial ou em outras formações clínicas – poderia ser tomada como uma nova *matriz clínica* – conforme Mezan (2014) utiliza esta expressão – da teorização psicanalítica. O fetichismo, seja no seu aspecto fenomenológico, seja no seu aspecto metapsicológico, nos leva a pensar em certo tipo de uso de objetos que levanta problemas especiais. Uma maneira de buscar circunscrever e compreender esta matriz clínica é tratá-la em termos de uma clínica da dissociação.

Assim, segundo a hipótese provisória que aqui apresento de modo sucinto, poderíamos reconhecer, na obra de Freud, a presença de um *quinto* "modelo metapsicológico", baseado na matriz clínica do fetichismo, que teria encontrado, por sua vez, na obra ulterior de Winnicott – e em especial em sua teoria da transicionalidade – um destino e um desenvolvimento muito marcante. Naturalmente, tal hipótese pede um maior desenvolvimento e um estudo muito mais apurado, que foge aos objetivos do presente livro.

Psicopatologia e contexto relacional

Se temos, por um lado, o importante trabalho de Winnicott sobre o conceito de dissociação enquanto mecanismo *princeps* da psicose, devemos lembrar que há, também, em sua reconfiguração da psicopatologia psicanalítica, o "outro lado da moeda" fundamental a ser considerado: o lugar preponderante do contexto relacional na determinação dos distúrbios psíquicos. Pois se as formas não neuróticas de distúrbios estão correlacionadas a modalidades de dissociação derivadas de uma cisão básica da personalidade que ocorre nos primeiros momentos do desenvolvimento psíquico e da constituição do Eu, tais distorções do desenvolvimento inicial se devem a problemas e desadaptações vividas no plano relacional, ou na interação com o ambiente humano que circunda o bebê e a criança. *Aqui, temos uma das decorrências mais claras e pungentes do pensamento das relações de objeto para a clínica e para a teoria psicanalíticas.*

Esta visão da etiologia dos distúrbios psíquicos está entranhada no pensamento de Winnicott, que sempre considerou o papel primordial que a mãe e a família cumprem no fornecimento das condições para um bom desenvolvimento e, por decorrência, para o estabelecimento da saúde mental. O *holding*, o *handling* e a apresentação de objetos são funções fundamentais cumpridas pelo outro humano na formação da personalidade, bem como as funções de espelhamento e reconhecimento, a experiência de comunicação vivida em um contexto de mutualidade, ou a sobrevivência do objeto e sua disponibilidade para receber os gestos reparatórios. Tal visão se encontra, de uma forma ou de outra, nos trabalhos de muitos autores das relações de objeto,[15] mas na obra de Winnicott destaca-se uma elaboração e um desenvolvimento muito particulares do tema.

Acompanharemos, em seguida, uma sequência de artigos na qual podemos reconhecer uma *linha evolutiva* de tal concepção.

---

15 Já vimos como Ferenczi foi, neste ponto, pioneiro, ao apontar para uma ênfase, na equação etiológica dos distúrbios psíquicos, nos cuidados dispensados à criança nos seus primeiros anos de vida.

O artigo de 1948 dedicado ao tema da reparação é o primeiro que merece ser lembrado. Nele, Winnicott revisita a teoria sobre a posição depressiva de M. Klein – que sempre considerou como sua uma de suas contribuições mais importantes –, à qual, no entanto, acrescentou elementos bastante inovadores. Se o foco principal de Klein estava na dinâmica intrapsíquica e no conflito pulsional, Winnicott realizou um sutil salto qualitativo a partir desta visão. Ele nos mostra, em síntese, como a elaboração da posição depressiva da criança pode ficar totalmente impossibilitada quando uma depressão materna pronunciada faz com que todos os esforços da criança sejam absorvidos em uma falsa reparação; assim, por exemplo, uma criança extremamente alegre pode estar representando, de modo disfarçado, a defesa maníaca de sua mãe, como uma criança que precisa sempre ser levada ao pediatra pode estar atuando a hipocondria materna, derivada da angústia depressiva da mãe quanto aos seus próprios objetos internos atacados. As consequências disto são particularmente nocivas, já que a criança não tem a oportunidade de experimentar um trabalho de reparação autêntico a partir do contato psíquico com os seus próprios ímpetos agressivos e sofre uma interrupção mutiladora no desenvolvimento do seu *self*.

Neste artigo, Winnicott deu um passo bastante significativo na construção de sua própria forma de compreender a natureza humana, já que ele pôde redescrever, pela primeira vez, a posição depressiva em um campo eminentemente intersubjetivo. Esta reelaboração do conceito prosseguiu em um artigo de 1954, quando ele ressaltou que um bom atravessamento da posição depressiva depende da sobrevivência da mãe e da sua capacidade de receber as contribuições que o bebê lhe oferece, como resultado de seus gestos de reparação. Como se vê, o papel crucial de uma mãe suficientemente boa não se restringe aos primeiros tempos do desenvolvimento emocional do bebê em estado de dependência absoluta, mas continua ao longo do desenvolvimento da criança, com novos desafios.

Em uma série de conferências sobre a família e o desenvolvimento individual do final da década de 1950 e do início da década de 1960 encontramos, também, material muito farto sobre este mesmo fio condutor.[16] Ao partir do pressuposto de que a família é o ambiente humano imprescindível que dá sustentação para o desenvolvimento do indivíduo saudável, Winnicott acrescenta o fato de que se trata de uma realimentação de mão dupla, já que cada indivíduo saudável contribui para a construção e o fortalecimento da família como um lugar para se viver. Mas, inversamente, os distúrbios psíquicos de um ou mais de seus membros são sempre fatores de tensão e, no caso das patologias parentais, podem comprometer a formação do *self* da criança na sua gênese. O foco de Winnicott nestas conferências é, pois, o estudo dos fatores integradores e desagregadores na vida familiar, considerando-se sempre a dialética indivíduo-grupo.

As duas conferências de 1958 e 1959[17] sobre as consequências da patologia depressiva de um ou ambos os pais, bem como da psicose parental, no desenvolvimento da criança, são particularmente ricas, vívidas e recheadas de exemplos clínicos bastante dramáticos. Quanto à depressão parental, Winnicott retoma as suas elaborações dos artigos de 1948 e de 1954; ele ressalta o fato de a doença do filho refletir a depressão materna – "eu aprendi cedo a imaginar minha clínica como uma seção de tratamento da hipocondria de mães e

---

16 Estas conferências foram reunidas por Winnicott, em 1965, em um livro (Winnicott, 2001).

17 As datas são aqui importantes, pois se trata justamente do período subsequente à sua pequena nota inacabada sobre a fantasia de espancamento, que comentarei adiante. Lembremos que o caso do menino do cordão foi publicado pela primeira vez em 1960, portanto, nesta mesma época; neste relato clínico – cujo subtítulo é "uma técnica de comunicação", o que nos mostra que a preocupação com a questão do rompimento da comunicação mãe-filho estava no centro da atenção de Winnicott –, as consequências da depressão materna para o desenvolvimento emocional da criança são ilustradas de modo especialmente claro, já que a problemática da comunicação é tão bem figurada pelo elemento cordão.

408   WINNICOTT E A TRANSICIONALIDADE

pais" (Winnicott, 1958c/2001, p. 76) – e acrescenta a observação de que a própria tarefa de cuidar dos filhos e construir uma família é uma atividade construtiva fundamental relacionada ao trabalho de reparação. Neste sentido, as dificuldades e o fracasso neste campo refletem-se diretamente na depressividade dos pais. Mas talvez a contribuição mais significativa desta conferência seja a ênfase de Winnicott no papel crucial que o agente de saúde mental pode ter em buscar minorar o ciclo vicioso da depressão e do desinvestimento parental nos filhos por meio de um manejo delicado e sutil, que é descrito em detalhe e de maneira que raramente encontramos em sua obra.

Já a conferência sobre as consequências da psicose parental nos traz um quadro mais sombrio, ainda que não segundo um determinismo estrito. "A psicose dos pais não produz psicose nos filhos; a etiologia não é assim tão simples", nos diz Winnicott (1959/2001, p. 106). Ainda que tais pais tendam a fracassar, de muitos modos, no cuidado de seus filhos, é preciso reconhecer que "a criança pode encontrar meios de crescer sadia apesar dos fatores ambientais, e pode sofrer distúrbios, não obstante o bom cuidado" (Winnicott, 1959/2001, p. 108). Winnicott investe, por um lado, nas possibilidades que os pais doentes possam ter de cumprir um papel terapêutico – pois eles são capazes de procurar ajuda para seus filhos no momento certo – e, por outro lado, se mostra vigilante quanto à necessidade de uma intervenção mais radical em casos extremos, nos quais pode ser necessário afastar a criança do pai perturbado. Um critério subjaz a esta avaliação e ao manejo que ela pode exigir: a consideração pelo estágio de desenvolvimento da criança quando exposta ao fator traumático da doença parental. Assim, por exemplo, uma mãe esquizofrênica foi capaz de cuidar razoavelmente bem de sua filha nos seus primeiros cinco meses de vida, mas, a partir daí, não suportou o processo de diferenciação que viria pela frente e jogou seu bebê em um canal, de onde foi resgatado por um policial e encaminhado para um berçário e posterior adoção.

Creio que o maior ensinamento que a leitura desta conferência nos proporciona é o cuidado que devemos ter em "fechar" o diagnóstico e o destino de um sujeito a partir de uma situação familiar comprometida pela psicose de um dos pais; ao invés disto, é preciso considerar a singularidade da situação: as características individuais da criança, a organização familiar e os recursos daquela família em particular, bem como a incidência mais ou menos traumática das situações especificamente desagregadoras neste contexto particular. Como adverte Winnicott, "*o distúrbio da criança pertence apenas à criança*, embora as condições ambientais devam ser levadas em alta conta na consideração da etiologia do problema" (Winnicott, 1959/2001, p. 108). Estas observações nos oferecem uma oportunidade de uma reflexão bastante mais equilibrada, realística e clinicamente embasada sobre o problema, em contraste com o risco de incorrermos em uma leitura mais esquemática, apressada e generalizante de artigos seminais como "Psicose e o cuidado infantil" (Winnicott, 1952b/1992), que nos apresentam, de maneira inédita e revolucionária, a visão crítica de Winnicott sobre a etiologia da psicose nas falhas do cuidado inicial da criança.

A linha temática que aqui perseguimos continua em dois artigos de Winnicott de 1969, da fase final de sua obra – publicados postumamente e incluídos em *Explorações psicanalíticas* –, o que nos mostra como a reelaboração contínua da questão permaneceu até o fim de sua vida.

Em um deles, Winnicott nos relata mais uma de suas surpreendentes experiências de consultas terapêuticas. Neste caso, tratava-se de um menino de seis anos atendido em uma única entrevista, que apresentava, na ocasião, uma série de pequenos distúrbios. Na consulta, a comunicação com o analista mostra-se bastante rica e simbolicamente significativa, até um momento em que a criança passa a apresentar uma desorganização psíquica muito particular e marcada.

410   WINNICOTT E A TRANSICIONALIDADE

A compreensão de Winnicott levou-o à hipótese, confirmada pela intervenção clínica e pela conversa subsequente com a mãe, que esta era uma pessoa enferma. Ela de fato ficava frequentemente louca na frente do filho e sabia que isto o estava perturbando. O que o menino apresentara na consulta era, pois, uma "representação em profundidade" desta experiência. Ele ficara louco, sim – tomado por uma fúria destrutiva, pela perda do sentido de realidade e por alucinações auditivas –, "mas é mais verdadeiro dizer que ficara *possuído pela loucura*. Não é mais a ele que eu assisto, mas a uma pessoa louca, que é completamente imprevisível" (Winnicott, 1969a/1989, p. 381).

Como em tantos outros relatos de Winnicott, também aqui ficamos espantados com o resultado terapêutico desta consulta: uma melhora sintomática de seus problemas escolares, do comportamento em casa e de distúrbios em relação à alimentação e à excreção e, sobretudo, com a recuperação da capacidade de brincar, inclusive podendo o menino agora "brincar com o absurdo que, ao tornar-se parte da sua própria loucura, deixa de ser traumático e passa a ser cômico e risível" (Winnicott, 1969a/1989, p. 382). Este é, evidentemente, um caso "feliz", uma vez que a loucura da mãe pôde ser identificada e realocada em seu lugar de origem, sem que a vida psíquica do menino tenha sido – ao que parece – estruturalmente comprometida. A importância clínica – inclusive em termos de saúde pública – da comunicação contida neste artigo é notável: trata-se de poder identificar a loucura parental como um "fator estranho ao Eu" (de acordo com o título do artigo) e, conforme este reconhecimento se dá em uma experiência psicoterápica, pode-se, eventualmente, proporcionar condições boas para a recuperação do sentido de *self* do sujeito.

O outro artigo de 1969 guarda um interesse especial, pois ele contém em si mesmo uma retrospectiva histórica do próprio Winnicott sobre a sua pesquisa a respeito da patologia parental. Neste percurso, podemos reconhecer três períodos. No primeiro deles, entre 1948 e 1952, deu-se a descoberta a respeito das distorções da posição depressiva em função de uma depressão materna, levando a uma consequência séria no desenvolvimento da criança: um funcionamento à base do falso *self*. Esta acaba por ficar exaurida por sua missão de lidar com a destrutividade e depressão maternas, e não encontra meios de levar em frente a própria vida; segundo uma bela e dramática metáfora, elas carregam água em baldes furados. No período seguinte, na década de 1960, Winnicott concentrou-se nos efeitos da dialética destrutividade/construtividade na transferência e na contratransferência e seus problemas de manejo, em contraste com a interpretação sistemática do ódio da técnica kleiniana e, no último período, no final desta década, ele destacou um novo elemento significativo: a importância crucial de se chegar ao ódio da mãe na experiência de uma transferência delirante.

Alguns pacientes carregam consigo o fato de terem tido um contato sistemático com uma mãe portadora de um ódio inconsciente particularmente acentuado. Segundo Winnicott (1969b/1989), enquanto tal questão não for elaborada no trabalho analítico, a evolução clínica do caso está fadada ao fracasso, presa por uma compulsão à repetição e condenada por uma reação terapêutica negativa. Mas a gênese de tal fenômeno não se encontra, como propôs Freud, nos efeitos da pulsão de morte e do sentimento inconsciente de culpa, e sim em uma fixação persistente a este ódio materno. O caminho do trabalho terapêutico irá necessariamente passar pela sustentação da transferência deste ódio à figura do analista, constituindo uma "transferência delirante" na qual o paciente se sente delirantemente perseguido e provoca o analista a odiá-lo; a partir daí, o trabalho analítico deve se focar no reconhecimento da realidade deste ódio como pertencente *ao objeto* e não ao si-mesmo. Winnicott ressalta que o caráter problemático deste ódio materno se deve ao fato de ele ser *recalcado e inconsciente para própria mãe*, que só é capaz de se relacionar com seu filho por meio da formação reativa de um falso amor e uma falsa devoção.

412 WINNICOTT E A TRANSICIONALIDADE

Devemos notar que estas ideias foram apresentadas no mesmo período em que Winnicott construía sua teoria do uso do objeto, sua última e mais instigante elaboração a respeito do tema da destrutividade. Esta foi trabalhada, mais uma vez, não como vinculada à pulsão de morte, e sim no âmbito do contexto relacional. A experiência da destrutividade é vista por Winnicott como necessária e estruturante da relação com o mundo, e mais que isso: uma vez que ela tenha podido ser devidamente experimentada em uma relação de objeto, ela cria as condições para um verdadeiro "uso do objeto". Assim, neste pequeno artigo de 1969 que não chegou a ser publicado, Winnicott defende a necessidade de se experimentar o ódio no contexto de uma transferência delirante: faz-se necessário dar espaço e legitimidade a um analista que é hostil e persegue, único meio de se chegar ao *ódio recalcado inconsciente da mãe.*

Estas últimas elaborações de Winnicott sobre os efeitos da patologia parental na organização psíquica do filho e sobre as estratégias clínicas para abordá-la na terapêutica são extremamente sutis e interessantes e merecem ser retomadas e, eventualmente, desenvolvidas. Elas devem ser compreendidas, conforme ele mesmo sugeriu neste artigo tardio, no contexto mais geral do percurso histórico das diversas elaborações teórico-clínicas ao longo de sua obra neste setor da pesquisa. Penso que há, aqui, uma ideia bastante original sendo gestada: o efeito do inconsciente recalcado dos pais e, mais particularmente, do ódio recalcado da mãe em seu desenvolvimento emocional. Como ressaltou Winnicott, o ódio "comum" e ordinário pode bem ser manejado, tolerado e "usado" pela criança de modo satisfatório, mas este, inconsciente, que só é conhecido por suas formações reativas, jamais pode ser usado satisfatoriamente no seu desenvolvimento emocional. Trata-se, portanto, de um processo psíquico e psicopatológico inquietante, que poderia ser descrito como uma fixação ao ódio inconsciente *do outro*; não se trata nem do manejo da ambivalência própria do sujeito, e nem do manejo do ódio do outro que é explícito e consciente, e pode, por isso ser muito mais facilmente assimilado. Creio que a proposta a que este trabalho nos convida, e que não foi possível a Winnicott desenvolver mais plenamente, é a de *uma reelaboração do conceito de fixação, agora no contexto relacional.*[18]

Bate-se numa criança, agora com Winnicott!

Para compreendermos melhor o significado desta proposição, retomarei um trabalho de Winnicott, tão instigante quanto desconhecido, sobre a fantasia de espancamento. Isto nos proporciona a oportunidade de um interessante contraponto entre a leitura de Winnicott sobre esta problemática clínica e a visão de Freud sobre ela, que conhecemos por seu clássico estudo sobre tal tema. Podemos reconhecer, no artigo de Winnicott sobre a fantasia de espancamento, o germe de uma reelaboração do conceito freudiano de fixação à luz da problemática da comunicação no contexto

---

18 Rodman (2003, p. 355) sugeriu uma interpretação biográfica para as proposições de Winnicott do artigo de 1969 sobre o inconsciente materno. Ele considera que o caráter peremptório e aprisionante atribuído por Winnicott (1969b/1989) à situação da criança fixada ao recalcado materno – "não há meios de a criança lidar com este fenômeno" (p. 250) – se deve à sua situação pessoal: com a idade avançada e a saúde bastante debilitada, Winnicott se via no fim iminente de sua carreira, o que teria se refletido no caráter tão "conclusivo" e definitivo desta frase. Ainda que tal situação existencial possa de fato ter influenciado seu humor e o modo como apreendia os fenômenos clínicos e aprimorava e apresentava suas ideias, creio que tal interpretação pode ser bastante reducionista, já que, ao adotar uma perspectiva exclusivamente biográfica, obscurece a força e o valor destas últimas elaborações de Winnicott. Pois os pactos inconscientes são de fato assustadores em seu poder de encarceramento dos sujeitos, e constitui um fenômeno clínico e um desafio teórico constante com o qual os psicanalistas têm se defrontado, a começar pela proposição por Freud da "compulsão à repetição".

414   WINNICOTT E A TRANSICIONALIDADE

relacional[19] e, sobretudo, temos a oportunidade de acompanhar, por meio de um estudo de caso mais singular, como a evolução que a passagem do modelo pulsional para o relacional se reflete na concepção psicanalítica sobre a psicopatologia e, em especial, segundo o olhar de Winnicott.

A pequena nota de Winnicott sobre a fantasia de espancamento é datada de 11 de março de 1958. Trata-se de um de seus diversos escritos inéditos reunidos e publicados postumamente no livro *Explorações psicanalíticas* e tem, portanto, um caráter inacabado e não oficial. O interesse deste tipo de material é acompanharmos o pensamento vivo de Winnicott se construindo e se desenvolvendo a partir de suas experiências clínicas; mas ele contém um atrativo especial, pois as notas de Winnicott podem ser tomadas como um excelente contraponto ao conhecido texto *Bate-se numa criança*, de Freud. Neste contraponto, podemos indagar: em que Winnicott coincide com, diverge de ou amplia as proposições de Freud sobre um mesmo problema clínico?

Freud parte, em seu artigo, de um breve inventário de diversos casos – pelo menos seis – em que deparou com a fantasia de espancamento; ele se preocupa em apoiar sempre suas interpretações na casuística referida e reconhece dúvidas e imprecisões ocasionais pela insuficiência do material. Curiosamente, ele toma como modelo, aqui, casos de pacientes mulheres,[20] ao contrário da tendência predominante em outros trabalhos seus sobre o desenvolvimento psicossexual; é somente no final do artigo que ele discute a situação

---

19 Este argumento foi por mim apresentado no VII Encontro Brasileiro sobre o pensamento de Winnicott, em Fortaleza, em agosto de 2012.

20 Um dos casos em que Freud se baseia é o da análise de sua própria filha, Anna Freud, que também veio a escrever um ensaio sobre o devaneio e a fantasia de espancamento, em 1922; poderia se especular, ainda, sobre a possibilidade de que uma das observações de Freud sobre o papel desta fantasia na vida mental tenha se originado de notícias indiretas sobre a análise de Sabina Spielrein com Jung.

dos pacientes homens. O fenômeno observado por Freud é, em poucas palavras, a presença persistente na vida mental de uma fantasia de espancamento, que é em geral acompanhada de intensa excitação sexual e se faz presente regularmente nas práticas masturbatórias. Esta fantasia pode apresentar-se sob diversas roupagens, em casos de pacientes neuróticos – muitos deles obsessivos –, mas também ganhar a forma de uma perversão manifesta de matiz sadomasoquista. Na verdade, a persistência desta fantasia na vida mental é, para Freud (1919/1981), um "sinal primário de perversão" (Freud, 1919/1981, p. 2466).

A partir de suas observações, Freud concluiu que a pregnância desta cena fantasiada não se explica por experiências reais de espancamento na vida pregressa. Por outro lado, tal cena tem uma história de constituição a partir de duas versões cronologicamente anteriores a ela, experimentadas na vida infantil, igualmente fantasiosas e em geral inconscientes, que precederam a forma final que ela toma na vida adulta. É justamente o estudo retrospectivo da história desta fantasia que permitiu a Freud melhor elucidá-la.

A primeira versão da cena de espancamento, no caso das meninas, toma a forma do pai batendo em uma outra criança – em geral, um irmão mais novo –, que representa o rival do intenso elo de amor que a menina espera ter como exclusivo com seu pai, amor já de natureza genital. Se o pai bate em outra criança é porque de fato a ama. Mas como este amor incestuoso será logo vivido, em um segundo tempo, como proibido e censurável, a segunda versão da cena emergirá sob a pressão do recalcamento deste desejo proibido e da culpabilidade que o acompanha. Agora, é a menina que apanha de seu pai. A culpa pelo desejo proibido exige o castigo da surra e a cena inicialmente sádica torna-se masoquista.

Mas, ao lado dos efeitos do recalcamento, algo mais também acontece neste segundo tempo: uma regressão da organização genital

416 WINNICOTT E A TRANSICIONALIDADE

à organização sádico-anal da sexualidade. A etiologia da fantasia se torna mais complexa, pois observamos uma combinação entre os mecanismos de recalcamento e de regressão. Para uma melhor inteligibilidade desta constelação singular, Freud retoma uma proposição anterior sua sobre a etiologia da perversão, segundo a qual um de seus fatores predisponentes é de natureza constitucional, ou seja: a antecipação, a independência prematura e a fixação em um dos componentes da função sexual – neste caso, tratar-se-ia da pulsão parcial sádica. Assim, o "apanhar do pai" é uma confluência da culpabilidade com o erotismo; "não se trata tão somente do castigo da relação genital proibida, mas também de sua substituição regressiva, de onde [a fantasia] extrai a excitação libidinal que a partir deste ponto ficará a ela ligada e buscará a descarga em atos onanistas" (Freud, 1919/1981, p. 2471). É importante notar como é neste segundo tempo que, para Freud, o caráter francamente sexual da cena se estabelece, já que na primeira etapa da fantasia de espancamento tal caráter é ainda potencial e duvidoso, confundindo-se com os interesses egoístas da criança (ou seja, situado também no âmbito das pulsões de autoconservação e do amor analítico).

Na terceira etapa, há uma nova reelaboração da cena, na qual a menina, agora como espectadora, assiste a um substituto do pai (um professor, por exemplo) batendo em alguns meninos, e vive intensa excitação. Para Freud, trata-se de um retorno apenas aparente a uma posição sádica que, na verdade, esconde um masoquismo, já que os meninos espancados são substitutos da própria menina que devaneia. Tal identificação responde, agora, ao intenso desejo da menina de ser um menino, reanimando seu complexo de masculinidade.

Esta análise minuciosa a partir do material clínico permitiu a Freud lançar-se, em seguida, em discussões teóricas significativas, nas quais se destaca o problema da gênese da perversão e, em particular, do masoquismo. Este é, aliás, o subtítulo do artigo: "contribuição ao conhecimento da gênese das perversões sexuais". Se, por um lado, Freud reafirma a importância do fator constitucional na etiologia da perversão, ele acrescenta que este fator deve necessariamente interagir com as experiências vividas pela criança no período edipiano. Ou seja: as fixações sádico-anais demonstram seu poder ao "impor ao complexo de Édipo uma orientação especial e obrigando-o a subsistir como um fenômeno residual incomum" (Freud, 1919/ 1981, p. 2473). Daí a fórmula final a que Freud chega neste trabalho: *a fantasia de espancamento é uma cicatriz do complexo de Édipo.*

Essa conclusão comporta grande relevância na história da construção do pensamento freudiano, já que ajuda a consolidar o lugar proeminente da situação edipiana na vida psíquica. Daí o papel de destaque do artigo *Bate-se numa criança* dentro da obra freudiana. Complementando a proposição de que o Édipo é o complexo nuclear da neurose, já então estabelecida, com a sugestão de que também na gênese da perversão tal complexo tem um lugar central, vemos Freud consolidar, na década de 1920, a concepção do Édipo como *estrutural*. E, como ainda não viera à tona sua teoria da pulsão de morte, Freud não concebia aqui o masoquismo como primário; ele explicava sua gênese pela transformação no contrário do sadismo por influência da culpabilidade, originada do recalcamento dos desejos incestuosos proibidos. Aos olhos dos analistas que, a exemplo de Winnicott, veem com reserva a teoria da pulsão de morte como "solução final" para o problema da destrutividade na vida humana, as formulações deste artigo de 1919 podem ser bastante sugestivas para se pensar a gênese do sadomasoquismo na história singular de cada sujeito, para além da hipótese de uma misteriosa força destrutiva herdada e originada do interior.

E o que Winnicott tem a nos dizer sobre a fantasia de espancamento?

Winnicott inicia sua breve nota comentando o trabalho pioneiro de Freud e, como ele, se apoia em suas próprias observações clínicas

418 WINNICOTT E A TRANSICIONALIDADE

para, em seguida, sugerir certas direções teóricas significativas. Ele reconhece a organização extremamente complexa que subjaz à fantasia espancamento e a sobredeterminação de sua etiologia, e reafirma que em sua própria experiência clínica constatou que se trata de um fenômeno de fato muito comum. Mas se Freud, por um lado, estabeleceu o elo entre a crueldade figurada na fantasia e a fixação à fase anal, é preciso, adverte Winnicott, reexaminar o problema em cada caso singular, de maneira renovada.

Em seguida, ele relata um fragmento de caso de sua própria clínica. Trata-se de uma mulher que esteve dez anos em análise e que trazia uma fantasia de espancamento à qual recorria regularmente em suas atividades sexuais como praticamente a única forma de satisfação, mas que nunca chegou a ser atuada diretamente. Alguns elementos significativos da vida infantil já haviam emergido em associação à fantasia, como uma cena em que uma tal Sra. "Terra da Vara" [*Stickland*] dava uma surra ou em que sua mãe pegava uma vara em um guarda-roupa,[21] bem como duas cenas em que o pai lhe batia em um momento de excitação sexual ou que era flagrado pela filha "em um momento embaraçoso" (Winnicott, 1958b/1989, p. 46). Esses elementos parecem corroborar o universo de fantasias ligadas à sexualidade infantil e ao complexo edipiano exploradas por Freud em seu texto, mas a elucidação de tais sentidos inconscientes mostrou-se insuficiente na análise em questão.

Foi apenas no final desta longa análise, em meio à qual se deu uma profunda regressão à dependência,[22] que uma transformação

---

21 O que faz alusão à fantasia da mãe fálica.

22 Winnicott comenta que, no período mais agudo da fase de regressão à dependência, foi necessário atender a paciente em sua casa e organizar um "Home Help", que incluía as compras e o preparo das refeições, bem como o trabalho doméstico. Ele nos informa ainda que este caso clínico já fora descrito por ele em outro lugar; me pergunto se se trata do caso mencionado em "Aspetos clínicos e metapsicológicos da regressão no interior do *setting* psicanalítico" (1954a), que

significativa foi possível em relação a esta fantasia tão pregnante.

Winnicott nos chama a atenção para o fato de que a atividade sexual autoerótica da paciente atrelada à fantasia de espancamento permaneceu sempre presente ao longo de todo o período mais regressivo, ainda que seu conteúdo remonte a estágios mais avançados (não primitivos) do desenvolvimento emocional. A aproximação com homens lhe parecia sem sentido e, apesar de conviver com mulheres homossexuais e as atrair, não tinha experiências homossexuais manifestas. Mas, ainda que a temática tenha permanecido aparentemente intocada neste período da análise, Winnicott sugere-nos que a experiência radical de regressão à dependência *abriu caminho* para uma melhor compreensão deste material.

O que se passou perto do final desta análise? A construção interpretativa que então surgiu foi que *a ideia de espancamento estava substituindo e encobrindo uma enorme desesperança da paciente quanto à comunicação com a mãe, em um nível anal*. Desde pequena – e ao longo de toda a vida –, esta mulher manipulara sua flatulência como uma busca de comunicação com a mãe e, ao se dar conta da total impossibilidade de um encontro significativo nesta área, caíra em profunda depressão. Haviam ocorrido, também, imensas frustrações orais, mas estas não puderam ganhar uma figurabilidade fantasística pela imaturidade do ego na época. Esta interpretação produziu, surpreendentemente, uma mudança duradoura quanto à fantasia de espancamento.

é retomado brevemente, anos depois, como a ilustração III de "O papel de espelho da mãe e da família no desenvolvimento infantil" (1967b/1966), ou ainda se se trata dos exemplos citados em "A mente e sua relação como o psico-soma" (1949/1992) e em "Distorção do ego em termos de falso e verdadeiro *self*" (1960c/1990). De qualquer maneira, creio ter sido um daqueles poucos casos em que Winnicott se permitiu a experiência mais radical da regressão à dependência que certos pacientes buscam inconscientemente na análise, e que o ajudou a reformular radicalmente o lugar do manejo na análise de pacientes mais graves.

A grande novidade introduzida por este breve comentário clínico de Winnicott é que, se quisermos pensar em termos de *fixação*, nos diz ele, deve-se notar que na verdade se tratava de uma fixação *da mãe* e, mais especificamente, de uma *fixação no sadismo recalcado da mãe*. A mãe sempre apresentara, aliás, um acentuado masoquismo manifesto, mas o sadismo subjacente emergiu apenas em sua velhice. Assim, o importante ensinamento clínico desta observação é que, se bem tenha sido pertinente e necessário abordar analiticamente as fixações anais da própria paciente, a mudança terapêutica só foi possível ao se elucidar a fixação anal *da mãe*, bem como o sadismo recalcado a ela relacionado.

Este breve relato de Winnicott sugere, ainda, que abordemos o tema tão importante do sentimento de desesperança de comunicação com a mãe por meio de um novo ângulo. Pois tal desesperança, neste caso clínico, pode ser compreendida nos seguintes termos: *a mãe como pessoa* não estava disponível pelo simples fato de que a paciente estava aprisionada e se relacionava basicamente com o inconsciente recalcado da mãe, ou com *a mãe como uma organização de defesa contra a ansiedade*. Em outras palavras: *quando o inconsciente materno recalcado domina a cena, a pessoa da mãe desaparece*.

A partir da retrospectiva dos trabalhos de Freud e de Winnicott, podemos ensaiar, agora, um breve estudo comparativo.

Antes de tudo, vale constatar como Freud e Winnicott convergem quanto ao caráter *fantasioso* da cena de espancamento. Ainda que surjam na análise diversas lembranças infantis relacionadas ao tema, não é possível referir a força da fantasia a alguma experiência realística específica de ter apanhado de um adulto quando pequeno, e que tenha eventualmente se fixado, direta e concretamente, no psiquismo. Winnicott acrescentou, ainda, que, no caso de sua paciente, não havia tampouco alguma sensação de ser machucada associada à fantasia, o que seria, segundo ele, mais um indicativo de que se tratava do masoquismo e de uma fixação *da mãe*. Assim, da mesma maneira como foi necessário se compreender que a cena de sedução relatada a Freud com tintas tão dramáticas pelas suas pacientes histéricas dos primeiros anos eram construções fantasiosas, produto de recriações das experiências infantis por meio dos fios do desejo sexual, também a cena de espancamento pode ser fruto de um trabalho de criação da mesma natureza, mesclando nela, além dos impulsos eróticos, também os impulsos agressivos. É claro que, dito isto, não devemos negligenciar o fato de que o abuso e a violência real – tanto em termos sexuais quanto em termos dos castigos físicos – existem e não devem ser negados. Nestas situações, há que se considerar todo o cortejo de consequências psíquicas devastadoras próprias das situações verdadeiramente traumáticas e, ainda, que em alguns casos mais complicados os aspectos fantasiosos e realísticos podem também se mesclar. No entanto, nos casos em que a cena de espancamento emerge na análise com as características aqui referidas, é para o campo da realidade psíquica do paciente que o analista vai voltar sua atenção – daí a denominação do tema em questão como uma *fantasia* de espancamento.

Uma vez que a cena de espancamento é tomada como uma fantasia, o método de investigação freudiano se dirige a uma pesquisa na história psicossexual infantil do paciente, buscando o substrato inconsciente desta construção psíquica. Vimos como Freud realiza uma minuciosa investigação que o levou a distinguir três fases distintas na construção da fantasia, processo diretamente relacionado às vicissitudes da travessia edipiana da criança, tingida com tonalidades particulares pela influência de uma fixação pré-genital sádico--anal característica. O método de Winnicott é, a princípio, o mesmo, e ele encontra bastante material edipiano mesclado com fixações pré-genitais, tal qual descrito por Freud; mas seu olhar *se expande* para além da história do desenvolvimento psicossexual infantil e do universo pulsional e intrapsíquico da criança: ele investiga também a história das relações objetais iniciais. Pois, como vimos, é precisamente em uma *falha real de comunicação* entre a mãe e a criança que ele encontra a gênese da fantasia, que representa imageticamente, afinal, a fixação sádico-anal *da mãe.*

Freud ambicionava, em seu trabalho, muito mais que buscar elucidar a origem da fantasia de espancamento; ele buscava, por meio desta investigação, estabelecer as bases para uma teoria da gênese da perversão. Winnicott parece ter, neste escrito inacabado, objetivos mais modestos, mas podemos entrever nele também uma preocupação semelhante, com resultados diferentes daqueles do pai da psicanálise. Como vimos, ao concluir que a fantasia de espancamento é uma cicatriz do complexo de Édipo, Freud postulou que a gênese da perversão deve ser encontrada neste mesmo complexo, com o importante acréscimo na série etiológica da influência de fixações sádico-anais prévias à etapa edipiana, que determinam um resultado particular no desfecho desta.

Ainda que Winnicott não proponha hipóteses etiológicas gerais sobre a gênese da fantasia de espancamento e da perversão, podemos avançar a partir de suas observações singulares do caso nesta mesma direção, levando-se em conta o conjunto de sua obra. Se a fixação é *da mãe*, logicamente fica muito difícil explicar a fantasia e o enredo perverso apenas em termos do desenvolvimento psicossexual individual; é necessário incluir a situação intersubjetiva e relacional no modelo etiológico do distúrbio psíquico desta natureza. Essa mesma linha de raciocínio pode ser encontrada ao longo de toda obra de Winnicott. Assim, por exemplo, na discussão do caso paradigmático do "menino do cordão", Winnicott tenta explicar o que levou a uma mudança no comportamento do menino que implicou em uma *perversão* do uso do cordão e opina que, neste caso, a função de comunicação do cordão é distorcida, tornando-se uma negação da separação. Esta distorção resulta, como sabemos, de uma dificuldade persistente da mãe do menino em sustentar uma comunicação viva com o filho, por sua própria depressão. Winnicott assinala, então, que "este caso comporta um especial interesse, por tornar possível a observação do desenvolvimento de uma perversão" (Winnicott, 1960a/1990, p. 157).[23] Assim, o problema da falta de comunicação com a mãe e da desesperança que aí se instala se torna, para Winnicott, o foco principal para se compreender a etiologia da perversão.[24] O sintoma perverso – o uso compulsivo dos cordões ou de qualquer outro objeto adictivo, ou o investimento psíquico persistente em uma fantasia de espancamento – é, nesta perspectiva, uma formação compensatória, substitutiva e com uma finalidade de negação de uma falha profunda de comunicação inicial com a mãe.

É surpreendente depararmos, na obra de Winnicott, com uma formulação que nos é bastante familiar na psicanálise francesa sob a influência de Lacan: a grande importância do inconsciente dos pais na estruturação do psiquismo da criança e seus efeitos em diversas formas de perturbação psíquica. Se o efeito nocivo do ódio recalcado da mãe só foi explicitamente formulado em 1969, a ideia já vinha sendo gestada a tempos, e o *insight* a respeito da repercussão do sadismo recalcado da mãe na construção da perversão já havia se dado no estudo sobre a fantasia de espancamento.

Winnicott nos fala da repercussão na criança de uma *fixação da mãe*; podemos acrescentar que se trata, na verdade, de uma *fixação reduplicada*: a mãe porta uma fixação – derivada do ódio ou do sadismo recalcados –, e tal fixação é transmitida ao filho, que passa a estar *fixado na fixação materna*. A dificuldade maior desta herança

---

23 Para uma discussão mais aprofundada do caso, ver D. Gurfinkel (2012).

24 É bom lembrar que o caso do "menino do cordão" foi inicialmente publicado em 1960, data próxima à do pequeno texto sobre a fantasia de espancamento que ora discutimos; trata-se de um período bastante fértil da obra de Winnicott, ao longo do qual o tema da comunicação veio a ganhar um estatuto teórico cada vez mais importante, até culminar no magnífico "O comunicar-se e o não comunicar-se, levando ao estudo de certos opostos" (Winnicott, 1963a/1990).

infeliz se deve ao fato de que, por se tratar de afetos inconscientes para a própria mãe, eles têm muito menos oportunidade de serem reconhecidos, metabolizados e elaborados pelo Eu do filho. É justamente em virtude do recalcamento *na mãe* que se produz tal processo psicopatológico e é isto que faz com que sua estruturação seja tão complexa e difícil de abordar terapeuticamente. Este processo, que envolve uma articulação muito específica entre intrapsíquico e intersubjetivo e entre o pulsional e o relacional, sugere que as teorias sobre a etiologia dos distúrbios psíquicos ainda têm muito a se desenvolver, e que a dimensão relacional tem trazido novos e importantes instrumentos teórico-clínicos para tal evolução.

Nota-se como aqui o pensamento psicanalítico evoluiu de modo tão sutil, em uma dialética entre a continuidade e a ruptura. Pois, em termos da metapsicologia, os conceitos estão em constante movimento, o que se evidencia no processo de recriação do conceito de fixação. Winnicott conserva, por um lado, o espírito original de tal conceito – pois se trata ainda da marcação do processo de desenvolvimento em algum ponto particular, que tende a se tornar um forte foco de atração dos processos psíquicos. Isso poderia dever-se a uma intensificação exagerada de algum erotismo parcial ou – conforme propôs Abraham – ao excesso de gratificação ou frustração; mas, segundo um outro ponto de vista, a fixação pode ser atribuída também a experiências marcantes em determinadas passagens do desenvolvimento infantil, em especial aquelas mais difíceis e desastradas. Ora, se a fixação é *da mãe*, temos aqui um salto de qualidade do pensamento: pois tal processo só pode ser compreendido por meio do modelo relacional, que nos fornece novos instrumentos para dar conta desta transmissão psíquica e psicopatológica tão singular. A "fixação reduplicada" sugerida por Winnicott é, portanto, um conceito eminentemente relacional.

Esta evolução do conceito de fixação deve ser compreendida em um quadro mais geral de transformação do pensamento psicanalítico.

Assim, deve-se lembrar que uma evolução análoga se deu também com o conceito de regressão, que ganhou em Winnicott um sentido relacional ao ser tratada como uma "regressão à dependência". A regressão à dependência implica uma "fixação arcaica" a situações primárias de falha ambiental, descrita por Winnicott por meio do termo *congelamento*; no caso da fantasia de espancamento, a fixação já se deu em um momento posterior do desenvolvimento emocional, em que há figurabilidade, recalcamento e um Eu capaz de abarcar a experiência puderam propiciar a sua construção. Outra transformação significativa a ser ressaltada refere-se ao tratamento dado aos temas da destrutividade, da agressividade e do ódio e ao problema do sadismo-masoquismo. Com o trabalho de Winnicott e de outros autores das relações de objeto, novos parâmetros são propostos para dar conta de tal gênese do ódio, referindo-os à relação pais-filhos. Assim, se com Freud a origem do masoquismo subjacente à fantasia de espancamento se explica pela confluência da culpa edipiana com as fixações sádico-anais, para Winnicott, tal elemento se explica, em última instância, pelo sadismo materno recalcado.

O conceito de saúde

Se percorremos até agora as contribuições de Winnicott para o campo da psicopatologia – seja por meio do conceito de dissociação, seja pela ênfase na situação relacional –, abriremos agora nosso olhar para uma dimensão mais ampla, a saber: a visão da psicanalítica sobre o funcionamento psíquico do ponto de vista universal e não patológico, o que nos conduz para a questão sempre controvertida sobre a "normalidade" psíquica e para o conceito de saúde.

No início, Freud construiu seu modelo do psiquismo a partir do estudo da psicopatologia; uma consequência clara disto é o lugar

426 WINNICOTT E A TRANSICIONALIDADE

central do mecanismo de recalcamento tanto na etiologia da neurose quanto na construção da teoria sobre o aparelho psíquico. Hoje, percebemos nitidamente como toda concepção psicanalítica sobre o psiquismo envolve necessariamente – e de maneira perfeitamente entrelaçada – uma teoria sobre a gênese da estrutura psíquica e uma teoria sobre o desenvolvimento e seus extravios, que redundam em processo psicopatológicos. Mas uma teoria sobre a psicopatologia não pode prescindir da discussão mais geral sobre o que é universal e o que é desvio, o que é "normal" e o que é patológico, e, em última instância, o que é ser ou estar saudável do ponto de vista psíquico.

Winnicott esteve particularmente sensível a este problema e procurou, ao longo da sua trajetória, desenvolver sua própria visão sobre o que é, afinal, saúde. Tais elaborações conduziram a uma resposta muito singular e interessante proporcionada pela chave da teoria da transicionalidade, a partir da qual surgiram suas ideias a respeito do *viver criativo*, que examinaremos em seguida.[25]

A primeira noção de saúde que encontramos em Winnicott está estreitamente vinculada à ideia de desenvolvimento. Trata-se de um ponto de vista que não é novo, pois já estava bem estabelecido na psicanálise desde Freud, que descreveu um "desenvolvimento da libido" a fim de compreender diversos processos psíquicos e formas psicopatológicas. Mas Winnicott foi certamente um psicanalista que adotou o "processo de amadurecimento" como um eixo fundamental de suas elaborações conceituais, convertendo-o em verdadeira palavra de ordem e conferindo a ele novas significações. Segundo seu ponto de vista, um indivíduo saudável é aquele que está maduro de acordo com a etapa que cumpre no ciclo vital. Pressupõe-se, aqui, uma tendência ao amadurecimento como inerente à

---

25 As ideias que se seguem foram originalmente apresentadas em "O viver criativo: saúde e educação em Winnicott" (Gurfinkel, 2016).

natureza humana e o papel primordial de um ambiente facilitador para que tal tendência possa de fato se realizar a contento.

No início do ciclo vital, faz-se necessário um alto grau de adaptação por parte do ambiente humano que circunda o recém-nascido – daí a "preocupação materna primária" como o estado especial em que se encontra a mãe nestes momentos; mas, com o passar do tempo, faz-se também necessária uma desadaptação gradativa, que é ao mesmo tempo o fruto e o estímulo para o desenvolvimento dos recursos psíquicos e egoicos do bebê. A polaridade que rege aqui a dualidade saúde/doença é aquela entre a *sustentação* e a *ruptura*: sustentação oferecida pelo ambiente para que o processo de amadurecimento transcorra de forma suficientemente boa e as rupturas que ameaçam este processo, na forma de traumatismos que interrompem e quebram uma vivência de continuidade. Nestes casos, o fio da vida sofre uma fratura ou rompimento maior ou menor, comprometendo o sentido de si-mesmo, o sentir-se real e a chamada "continuidade do ser".

Portanto, para falarmos em termos de saúde individual, é imprescindível incluir a função do ambiente. O "ambiente" é um conceito dinâmico e vivo que pode ser descrito em termos de círculos concêntricos que vão se ampliando ao longo do desenvolvimento do indivíduo, começando pela mãe – seu corpo, seus braços e seu espaço psíquico – e seguindo pelo pai, pela família ampliada, pela escola e pelo meio social global. O ambiente é, para Winnicott, essencialmente *humano*. A função do ambiente se cumpre em uma dialética entre oferecer uma sustentação [*holding*] e introduzir gradativamente o princípio de realidade, em um jogo contínuo de ilusão e desilusão.

Seguindo a trilha freudiana, Winnicott também considerou a dimensão libidinal do processo de amadurecimento. Assim, a saúde deve ser avaliada segundo a maturidade esperada em termos dos estágios pré-genitais e genitais da libido, incluindo-se aqui o período

428   WINNICOTT E A TRANSICIONALIDADE

de latência. A adolescência é um período especialmente difícil de
ser avaliado no que se refere ao eixo saúde/doença, já que ele é
caracterizado por confusão, perturbação e sofrimento. Pode ser
tentador ver tendências patológicas em diversos comportamentos
e vivências comuns na adolescência, especialmente quando não se
tem em conta que a busca de experimentação e aventuras é algo
extremamente necessário e inerente a este período, indicando a
imprescindível busca de si-mesmo que servirá como base e modelo
para toda a vida ulterior: "o adolescente não deve ser curado como
se estivesse doente" (Winnicott, 1967d/1990, p. 24).

Mas é em termos do desenvolvimento do Eu – ideia já lançada
por Freud – que a visão de Winnicott sobre o amadurecimento foi
mais longe. Se um dos maiores desafios para o adolescente é ser
capaz de "cavalgar" as pulsões ao invés de ser aniquilado por elas,
tal objetivo só será atingido a contento se os processos iniciais de
integração e personalização, próprios da formação do Eu, forem
bem-sucedidos.[26] A proposição de uma teoria sobre o desenvolvimento emocional primitivo procurava justamente dar conta da
gênese e formação do Eu, processo que é uma condição necessária
para que a experiência pulsional possa fazer sentido enquanto tal,
originando tudo o que conhecemos como aparentemente "natural"
no âmbito de uma clínica do recalcamento. Tal teorização nasceu
fundamentalmente da experiência clínica de Winnicott de análise
de pacientes fronteiriços, cruzada com sua vasta experiência de trabalho com bebês e suas mães.

Deve-se notar, no entanto, que o estudo do Eu e suas necessidades vinculadas à dependência em relação ao outro levou Winnicott, pouco a pouco, a realizar um salto de qualidade que podemos
resumir na fórmula "do Eu ao *si-mesmo* [*self*]". Esta mudança é de

---

26 Em "Excitação e trabalho de simbolização" (Gurfinkel, 2013a), abordo este
tema a partir de um caso clínico.

grande relevância.[27] As novas considerações que foram, pouco a pouco, emergindo, voltaram-se para questões essenciais ligados ao Ser e ao Estar em algum lugar que faça sentido pessoal, bem como ao sentir-se real. Por decorrência, era a própria noção de saúde que estava sendo reformulada e ampliada. Não cabia mais pensar a saúde apenas em termos de ausência de distúrbios neuróticos; era preciso pensar também em termos de "liberdade dentro da personalidade, da capacidade de confiar e acreditar, de questões ligadas à confiabilidade e a constância objetal, de poder estar menos aprisionado em termos de autoengano, e também de algo que tem mais a ver com à riqueza que com a pobreza em termos de qualidade da realidade psíquica pessoal" (Winnicott, 1967d/1990, p. 26).

O viver e a criatividade

Assim, avançando mais em termos de parâmetros para se definir o que entendemos por saúde, Winnicott nos possibilitou compreender com mais clareza a importância de vincular a saúde, mais essencial e diretamente, à qualidade do viver e à criatividade.

Todo o percurso do pensamento de Winnicott parece desaguar na questão: afinal, e o que é "viver"? Ora, viver não é apenas sobreviver, mas também e sobretudo *viver com um sentido*. Trata-se de um viver que implica uma experiência subjetiva significativa, na qual o si-mesmo se veja engajado em uma relação com o mundo e seus objetos, e em uma relação reciprocamente enriquecedora com os outros humanos. Neste viver, há um sentimento de sentir-se real – e a "verdadeira realidade" é aquela na qual o sujeito pode *se* reconhecer. Trata-se, paradoxalmente, de experimentá-la como a *sua* realidade, conservando ao mesmo tempo o reconhecimento da radical

---

27 Desenvolvo mais este argumento em "Psicanálise do gesto" (Gurfinkel, 2008b).

430 WINNICOTT E A TRANSICIONALIDADE

alteridade que lhe é inerente. Afinal o "objeto" é aquele que, por definição, nos coloca uma *ob-jeção*; mas, com Winnicott, aprendemos que este mesmo objeto pode também ser aquele com o qual nos re-unimos no espaço da ilusão. Em contraste, a doença se instala quando se perde o sentimento de que viver vale a pena e sobrevém um sentimento de futilidade e de vazio de sentido. Temos aqui, pois, um paradigma de doença específico, calcado nos estados fronteiriços e nas depressões esquizoides.

Winnicott propôs que, ao longo de nossa trajetória, circulamos em três áreas da experiência: nosso mundo interior; com pensamentos, fantasias e um acervo de personagens internos, o campo intersubjetivo, no qual interagimos com o mundo externo (pessoas, objetos, realidade social etc.); e a chamada "terceira área". A proposição – ou "descoberta" – desta terceira área talvez seja sua contribuição maior para a psicanálise e para uma filosofia geral do humano. Trata-se da área da ilusão. Nela, a experiência subjetiva e a intersubjetiva podem se sobrepor por meio do acontecimento aparentemente mágico de um encontro [*meeting*] e a realidade psíquica pessoal pode coincidir com a realidade objetal. É esta alquimia de um encontro possível que rege o brincar da criança, o humor do adulto e toda a área da cultura – e ainda, o que pode parecer estranho à primeira vista, também e sobretudo o sonhar.[28] A riqueza da experiência de existir e de ser – "ser" humano – advém desta área e o que nela se desdobra é a capacidade criativa dos indivíduos.

À medida que somos capazes de habitar e usufruir desta terceira área da experiência, nos é franqueado um dos maiores tesouros humanos: a capacidade de viver criativamente. E esta é marca do indivíduo psiquicamente saudável, para além de qualquer

---

28 Para uma discussão mais detida sobre a relação entre o sonhar e a criatividade, ver *Sonhar, dormir e psicanalisar: viagens ao informe* (Gurfinkel, 2008a), especialmente o capítulo "Sonhar e criar: viagens ao informe".

critério baseado na ausência de sintoma de doença derivado de um olhar psicopatológico.

E o que é criatividade? Para Winnicott (1970/1990), trata-se de "um fazer que emerge do ser [*being*]" (p. 39). Um fazer automatizado, que responda única e exclusivamente a uma demanda externa, não implica o sujeito no seu cerne – o seu verdadeiro si-mesmo – e não contém nenhum caráter criativo. O Ser é justamente o princípio vital do Ser humano, sendo aquilo que confere um caráter pessoal a qualquer gesto ou engajamento no mundo compartilhado. A criatividade é, neste sentido, um selo de existência verdadeira e autêntica, já que indica sempre que aquele que existe está vivo.

O fazer implica uma ação motora no mundo; mas, para que ele seja considerado um verdadeiro movimento do si-mesmo, ele necessita guardar um caráter gestual, uma espécie de busca de comunicação ou de busca de objeto – como o movimento de um bebê que estica o braço buscando alcançar um objeto. É, pois, fundamental que distingamos um fazer por impulso pessoal, que envolve um ser original, de um fazer por reação; este último, que se dá em uma relação de submissão ao ambiente, indica, em última instância, um estado de escravização.[29]

Vemos, assim, como o conceito de saúde se amplia consideravelmente. A saúde não pode ser confundida com boa adaptação, e muito menos com uma "fuga para a sanidade": "devemos nos recordar que a fuga para a sanidade não é saúde" (Winnicott, 1967d/1990, p. 32). O "bom comportamento" ou a "boa adaptação" podem ser o resultado de um mimetismo do mundo exterior, justamente quando não se suporta a experiência do viver com toda sua inquietação, seus estados de não integração e seu caráter por vezes informe – em uma

---

29 Este estado de escravização pode ser aproximado do campo clínico das adicções (Gurfinkel, 2011).

432 WINNICOTT E A TRANSICIONALIDADE

espécie de defesa radical contra a própria vida. Este tipo de "sanidade" pode gerar uma existência de fachada, por vezes bastante eficaz do ponto de vista social, mas no fundo bastante doente do ponto de vista do conceito de saúde que aqui consideramos. Podemos compreender que se trata de uma complexa organização de defesa contra as ameaças advindas da inquietante experiência do viver – especialmente quando se está marcado por uma história de invasões traumáticas –, mas não podemos deixar de reconhecer que se trata, também, do falso viver de um falso si-mesmo.

O corolário disto é que, em contraste, há uma certa dimensão da experiência da loucura que a aproxima da saúde. "A saúde é tolerante com a doença [*ill health*]; na verdade, a saúde ganha muito por permanecer em contato com a doença em todos os seus aspectos, especialmente a doença chamada de esquizoide" (Winnicott, 1967d/1990, p. 32).

A experiência da loucura não é algo que se opõe à saúde, e sim algo que pode, quando não se sucumbe a ela, enriquecer a vida e o viver. Assim, há pessoas consideravelmente perturbadas que, impulsionadas pela própria angústia, atingem conquistas muito significativas: "elas podem ser difíceis de se conviver, mas empurram o mundo para frente em algumas áreas da ciência, arte, filosofia, religião ou política" (Winnicott, 1967d/1990, p. 33).

Saúde e cuidado: família, escola e sociedade

A partir do conceito de saúde desenvolvido por Winnicott segundo a perspectiva de um "viver criativo", algumas indagações surgem: como proporcionar as melhores condições para que a saúde possa se desenvolver? Como pensar um uma visão "preventiva" e não apenas curativa dos processos de saúde/doença? A resposta se encontra, mais uma vez, no campo relacional e, mais especifica-mente, no manejo dos bebês e das crianças no ambiente familiar e social; trata-se, em última instância, do *trabalho de cuidar.*

O cuidar pode ser considerado em diversos círculos, que se am-pliam gradativamente: na relação do bebê com a mãe, com os pais, com o círculo familiar mais amplo e com o ambiente escolar e social; e, em *lato sensu*, ele pode ser também abordado como uma espécie de *processo educativo.*

A aproximação entre psicanálise e educação nunca foi pacífica. Desde Freud, os psicanalistas têm chamado a atenção a diversas dis-torções e sofrimentos oriundos do processo educativo, mas a possi-bilidade de a psicanálise contribuir direta ou indiretamente para o trabalho do educador não é algo facilmente aceitável. Se em algum momento Freud supôs que a pedagogia, esclarecida pela psicanálise, pudesse reformar seus métodos e seus objetivos a fim de minorar o sofrimento neurótico, ele acabou por desistir desta possibilidade. Alguns autores sustentam enfaticamente que não é possível uma "pedagogia analítica" e que, compreensivamente, o mesmo indiví-duo não pode ocupar ao mesmo tempo o lugar de educador e de analista.[30] No entanto, Ferenczi (1928a/1992b), conhecido como um pensador otimista, resgatou a proposição de Freud de que o processo analítico poderia ser chamado de uma "pós-educação" e foi ainda mais adiante, com uma profecia um tanto utópica: "a psi-canálise ensinará aos pedagogos e aos pais a tratar suas crianças de modo a tornar supérflua qualquer pós-educação" (p. 12). Será que podemos, hoje, sustentar uma tal expectativa?

Entre estes dois extremos, encontramos posições bastante di-ferentes em um campo de discussões muito polêmico. É preciso reconhecer que as concepções sobre o assunto variam bastante de

---

30 C. Millot (1987) desenvolveu extensamente esta argumentação.

434   WINNICOTT E A TRANSICIONALIDADE

acordo com o quadro conceitual de cada analista e que houve, na história da psicanálise, uma transformação nos modos de pensar que se refletiu, também, no olhar da psicanálise sobre a educação. A obra de Winnicott proporcionou uma renovação muito significativa nos modos de compreender a natureza humana; podemos nos perguntar, a partir daí, que decorrências se pode dela depreender para o campo da educação. A ênfase na criatividade e o lugar central atribuído ao brincar são aspectos que podem ser destacados; esta linha de abordagem já pode ser encontrada em alguns trabalhos na área.[31]

A partir do conceito de saúde que aqui esboçamos, qual seria a tarefa dos educadores e dos pais? Como ressaltou Winnicott (1970/ 1990), "proporcionar oportunidades para que a criança viva a própria vida, tanto em casa como na escola, é um assunto muito vasto" (p. 52); vejamos algumas direções preliminares.

Devemos nos lembrar, inicialmente, que, para se conquistar, preservar e cultivar um viver criativo ao longo de uma vida individual, a função do ambiente humano é de fundamental importância. Como sabemos, o ambiente humano que nos envolve nos fornece, ao longo da vida, uma sustentação [holding] imprescindível. Esta começa pelo útero materno que sustenta seu feto, segue pelo colo e pelos braços da mãe, pelo círculo mais amplo que envolve o pai, a família e, gradativamente, o espaço social de modo geral – incluindo aqui, também, o ambiente da escola e todos os espaços e relacionamentos de ensino-aprendizagem que podemos incluir sob a rubrica da educação, no seu sentido mais lato e mais pleno. Esta sequência de círculos de *holding* nos oferecem uma *experiência de continuidade da existência*, que é condição para um viver criativo.

Winnicott nos alerta que o viver criativo não se atinge por decreto – seja pela força de vontade, seja por organizações e reorganizações

---

31 Sobre este ponto de vista, consultar o trabalho de Maciel (2013).

operacionais na vida; na verdade, trata-se de uma construção, cujos "padrões básicos" se estabelecem ao longo do processo de amadurecimento, sendo que as experiências mais iniciais têm influência preponderante. Assim, ao longo deste percurso, o ambiente humano tem um papel crucial e uma responsabilidade fundamental, já que é neste meio de caminho que se encontram as oportunidades de fomentar um "fazer por impulso" em detrimento de um "fazer por reação", interferindo, desta maneira, na formação dos padrões básicos de um viver criativo.

Classicamente, considera-se que uma das funções do processo educativo é instaurar, desenvolver e fortalecer o princípio de realidade na criança. Esta deverá compreender e aceitar as "regras do jogo" da vida em sociedade, começando pela adaptação a rotinas, impossibilidades, limites etc.; Freud e Abraham nos mostraram, com perspicácia, como a educação esfincteriana é um protótipo importante de todo este aprendizado futuro, comportando uma gama complexa de processos afetivos, cognitivos e relacionais. Freud descreveu, ainda, as chamadas "funções do ego", que constituem, na verdade, os mecanismos mentais que proporcionam o substrato para que tal aprendizado se dê: a capacidade de atenção, a memória, a capacidade de espera, a suspensão da ação impulsiva etc.[32]

Mas, com Winnicott, algumas novas considerações emergem: afinal, "o princípio da realidade é um insulto" (Winnicott, 1970/ 1990, p. 40), nos diz ele, em tom de brincadeira e ironia. Mas em que sentido? Tal princípio indica que o mundo existe independentemente de nossa vontade; ocorre que, por outro lado, a criatividade deriva justamente da manutenção, ao longo da vida, de um sentimento experimentado no início da vida: a experiência de onipotência de ser o criador do mundo. Como compor com estas duas coisas – a manutenção deste princípio criativo e o fato de que o mundo

---

32 Cf. *Os dois princípios do funcionamento mental* (Freud, 1911a/1981).

existe independentemente de nós? Como assimilar o princípio de realidade sem apenas se submeter a ele, de modo alienado, "fazendo por reação" e operando assim em função de uma realidade alheia ao si-mesmo? Aí reside a arte de viver.

Os desafios são grandes. Afinal, como já nos alertara Freud (1930/1981) em *O mal-estar na cultura*, as exigências do mundo social podem trazer muito sofrimento e adoecimento psíquico e os caminhos para a busca da felicidade individual são praticamente utópicos. Como a saúde, o viver criativamente também não é fácil. As frustrações e dissabores que assombram e ameaçam a todos nós são inevitáveis e, por vezes, acachapantes. A lista de fatores que põem em xeque nossas criações subjetivas é grande: as rotinas e suas repetições, o trabalho e suas exigências – e, em particular, o trabalho repetitivo e mecânico, realizado unicamente com fins de sobrevivência –, o peso dos compromissos e, talvez, o fator mais difícil de contornar: lidar com a alteridade radical que rege os relacionamentos com os outros. O outro pode nos proporcionar muitas oportunidades de compartilhar vivências em um espaço de ilusão, mas é inevitável que seja também ele que, em maior ou menor medida, imponha as maiores limitações aos nossos anseios, impulsos e necessidades.

O desafio é, pois, como preservar algo de pessoal e significativo diante de tudo isto? Como viver no mundo da cultura, sem perder a capacidade para os gestos espontâneos? Para Winnicott, isto é possível pela capacidade de que toda criança é dotada – desde que se desenvolva em um ambiente propício – de olhar para o mundo de "modo renovado" [*to see everything in a fresh way*] (Winnicott, 1970/ 1990, p. 41); isto equivale à capacidade de cada pessoa de, ao acordar pela manhã e abrir os olhos, ser capaz de reconhecer, a cada dia, algo de novo que se lhe apresenta ao olhar. É deste *frescor* que é feito o viver criativo. Desta maneira, torna-se possível absorver o insulto do princípio de realidade sem perder a capacidade para a ilusão, derivada do sentimento de onipotência. O *desgaste* inevitável do cotidiano tem seu contraponto no *frescor* do viver criativo.

Como vimos, Winnicott sugere que esta capacidade tem seus padrões básicos estabelecidos no início na infância. E de que maneira? Nos tempos iniciais, o bebê tem a oportunidade repetida de viver experiências de onipotência, graças à sustentação oferecida pelo ambiente materno. Assim, se há no bebê um impulso primário de criar um seio – entendido este como um objeto subjetivo capaz de atender às suas necessidades –, há do lado da mãe uma disponibilidade sensível e atenta de oferecer ao bebê um seio no lugar e no momento em que ele estaria prestes a ser criado, proporcionando a ele a ilusão de criar o que realmente existe. Este feliz encontro [*meeting*] proporciona as bases da experiência de um mundo criado à medida da necessidade e do desejo do ser nascente. Haverá o tempo – necessário e imprescindível – para uma desadaptação e desilusão progressivas, proporcionada em pequenas doses, de modo que a descoberta do mundo com existência independente do bebê – o tal do princípio de realidade – possa ser absorvida sem rompimento da experiência da continuidade do ser. Esta é a travessia mítica que todos nós passamos, de um modo ou de outro, quando somos introduzidos no mundo da cultura por meio de um espaço transicional entre o Eu e o outro.

A relação com o objeto transicional se caracteriza pela sobreposição entre o que é criado subjetivamente e o que é encontrado objetivamente no mundo – inicialmente por uma oferenda materna. Este é o paradoxo do concebido que é também percebido, a partir do qual se constrói as condições para um Ser que pode potencialmente se desdobrar em um Fazer, em um exercício contínuo do viver criativo.

A partir deste ponto, podemos compreender a função crucial de um ambiente humano no início da vida, que deve oferecer a

438 WINNICOTT E A TRANSICIONALIDADE

sustentação primordial da experiência de ilusão. Mas esta função se estende para os anos posteriores e se recoloca ao longo de todo processo educativo da criança. Winnicott nos adverte, quanto ao trato com as crianças, que devemos lembrar que experimentar o viver criativo é sempre mais importante que o "se sair bem". O chamado "sucesso" não é garantia nenhuma de um fazer que brota do ser e pode bem ser uma adaptação na base da submissão, reforçando um falso si-mesmo. A ênfase na busca do sucesso que por vezes permeia a relação dos pais e dos educadores com suas crianças merece séria reflexão: que tipo de seres estamos formando?

Devemos estar atentos às nossas próprias expectativas adaptacionistas; afinal, é tentador ser seduzido pelo conforto de crianças "bem-comportadas". Novamente, é a questão da normatização que está aqui em jogo: como encarar as crianças que "dão trabalho"? Mas quais são exatamente estas crianças que "dão trabalho"? Aqui Winnicott também nos alerta contra o senso comum, que pode ser enganoso: "as crianças que sentem mais facilmente que existem por seu próprio direito, são aquelas que são mais fáceis de se lidar. Estas são as que não se sentem insultadas e desviadas, para um lado e para o outro, pela operação do princípio da realidade" (Winnicott, 1970/1990, pp. 52-53). Assim, tais crianças podem reagir e reclamar quando frustradas ou quando têm que interromper a brincadeira para se ocupar de um dever, mas, em seu íntimo, elas são capazes de assimilar tal desvio e recuperar, em camadas mais profundas, um sentido pessoal no modo com que se engajam na nova tarefa, sem sentir que o seu senso de si-mesmas esteja ameaçado.

Winnicott (1970/1990) nos surpreende, ainda, com uma afirmação curiosa e inesperada, bem à moda de seu pensamento paradoxal: "quando estamos criando crianças ou buscando iniciar bebês como indivíduos criativos em um mundo real, nós temos que ser não criativos, aquiescentes e adaptativos" (p. 70). Isto porque se as crianças vivem em um ambiente dominado por personalidades muito criativas, sentem-se sufocadas e sentem que este mundo não lhes pertence, mas apenas aos outros; elas deixam de Ser e desenvolvem alguma técnica de isolamento – como a infeliz criança que é obrigada a sempre brincar a brincadeira dos outros... A tarefa básica do cuidado de bebês e crianças pode ser, em um primeiro momento, monótona e não criativa, já que se trata justamente de um ato de doação: conceder ao *outro* a ilusão de um campo de experiência – um tempo-espaço potencial – para que a criatividade de um si-mesmo que busca um lugar no mundo possa emergir, se desenvolver e ser exercitada. Surge então a questão sobre se esta advertência vale também para os psicanalistas e os educadores: será que deveríamos nos dispor a ser não criativos? Não precisamos nos inquietar por isto, já que, na verdade, temos uma grande compensação por esta aparente renúncia: vivemos, com aqueles que estão sob nossos cuidados, uma profunda identificação e nos realizamos por meio deles e do ato reparatório de oferecer ao outro este bem tão precioso que – supostamente – nos foi oferecido no nosso próprio início.

Se, para Winnicott, a tarefa dos pais e dos educadores não é *criar* um ser humano, mas proporcionar as condições para que ele possa surgir e se desenvolver, o mesmo princípio vale para o trabalho do psicanalista. Na conhecida e já mencionada carta dirigida a Melanie Klein, Winnicott (1952a/1990) desabafou seu mal-estar pelo relatório clínico que um colega havia apresentado em uma reunião científica da Sociedade: "o pior exemplo talvez tenha sido a dissertação de C., em que ele simplesmente ficou jogando de um lado para outro uma porção daquilo que veio a ser conhecido como as coisas de Klein, sem dar a menor impressão de possuir uma apreciação dos processos pessoais do paciente. A sensação foi de que se ele estivesse cultivando um narciso, pensaria estar fazendo um narciso a partir de um bulbo, e não capacitando o bulbo a se desenvolver num narciso por meio de tratos satisfatórios" (p. 31). O contexto desta crítica deve

440 WINNICOTT E A TRANSICIONALIDADE

ser relembrado: Winnicott se sentia sufocado no ambiente da Sociedade Britânica de Psicanálise, onde o grupo kleiniano era hegemônico e apregoava suas teorias e concepções de modo dogmático e repetitivo. Note-se bem: mais que discordar do conteúdo das teorias de sua ex-supervisora, Winnicott estava denunciando uma diferença básica de concepção de ser humano e, portanto, de princípio técnico que rege o trabalho do psicanalista: seja qual for sua orientação teórica, o analista deveria estar capacitado a acompanhar o processo pessoal do paciente em vez de amputar seus gestos criativos, impondo suas próprias [do analista] ideias e concepções de maneira intrusiva – o que levaria a uma espécie de psicanálise de falso si-mesmo.

Na mesma carta, e agora defendendo um outro analista criticado por Klein, Winnicott (1952a/1990) deixou bem claro qual é, em sua opinião, a parte principal do trabalho do psicanalista:

quando você tomou por certo que era impossível que D. fizesse uma boa análise de E., senti que você estava cometendo um grande erro... D. é capaz de fazer uma boa análise. É verdade que ele fará coisas erradas e deixará de lado muitas coisas que poderia fazer; no entanto, esse homem terá oportunidade de ser criativo num enquadramento regular e ele será capaz de se desenvolver de um modo que não lhe seria possível sem a análise. Acho que alguns dos pacientes que vão aos "entusiastas kleinianos" para análise não têm liberdade para se desenvolver ou criar na análise. (p. 32)

Assim, oferecer aos pacientes a oportunidade de "serem criativos em um enquadramento regular" talvez seja o melhor que um psicanalista possa fazer! Este "fazer" do psicanalista – que se abstém de fazer demais e que dá lugar a um fazer que nasce do ser de seu paciente – nos faz tocar na essência da ética da psicanálise.

"Esta é a velha questão sobre a natureza da criação", nos lembra Winnicott (1963c/1990); e responde: "sugiro que este problema não é insolúvel. Os pais não têm que fazer seu bebê como um artista tem que fazer seu quadro e o ceramista seu pote. O bebê cresce a seu próprio modo, se o ambiente é suficientemente bom" (p. 96). As palavras de Winnicott falam por si só: o filho, o aluno ou o paciente não são *criação* de seus respectivos pais, professores e psicanalistas – o que caracterizaria uma relação de cunho marcadamente narcisista; criar um filho, educar um aluno ou analisar um paciente é oferecer as condições mais propícias para que ele possa Ser e Fazer por impulso, proporcionando um ambiente suficientemente bom para que tal processo possa se dar da forma mais fluente possível. Assim, um dos maiores desafios do cuidador é o de como viver de modo criativo essa suposta tarefa não criativa... Ora, as necessidades criativas dos pais, educadores e psicanalistas deveriam ser buscadas e realizadas em outro lugar!

Estas considerações nos permitem formular algumas indicações, ainda que bastante gerais, para balizar o trabalho do *cuidador* – figura que, segundo um determinado ponto de vista, se desdobra, a partir da matriz materno-paterno-familiar, nas figuras do educador e do psicanalista.

Cabe ao cuidador a função de proporcionar um ambiente humano que dê a sustentação necessária para que os processos de desenvolvimento possam seguir seu curso. Se, por um lado, poder atingir uma relação satisfatória e produtiva com a realidade e com o mundo é algo que se espera, é preciso lembrar também que tal conquista se dá sempre por meio de um *trabalho de passagem*. Este trabalho nunca pode ser considerado como terminado enquanto estivermos vivos – ou pelo menos vivendo criativamente; ao contrário, ele precisa ser continuamente refeito ao longo de uma trajetória de vida. Tal passagem poderia ser descrita, em termos da

442 WINNICOTT E A TRANSICIONALIDADE

metapsicologia freudiana, como aquela que vai do princípio do prazer para o princípio da realidade; com Winnicott, contudo, aprendemos a reconhecer neste trajeto a travessia mítica e fundante por meio do espaço transicional entre Eu e outro, entre o subjetivamente concebido e o objetivamente percebido. O que não se pode nunca perder de vista é o novo postulado que aqui surge: "não existe possibilidade alguma de um bebê evoluir do princípio do prazer para o princípio da realidade..., a não ser que haja ali uma mãe suficientemente boa" (Winnicott, 1971/1996, p. 10).

O cuidador precisa ser também capaz de sustentar o paradoxo da terceira área – a área da ilusão, construída pela alquimia da sobreposição dos espaços intrassubjetivo e intersubjetivo. Nela, é fundamental reconhecer o valor positivo da ilusão, que é continuamente exercitada no brincar e em toda experimentação, nos agrupamentos e no campo da cultura. Como fundamento destas atividades, podemos reconhecer o sonhar e a área do informe – um campo de experiência no qual a matéria psíquica ainda não ganhou forma e deve ser sustentada enquanto tal, para que a forma possa emergir a partir de um gesto pessoal do educando.

Nesta terceira área, o cuidador deve ser capaz de sustentar o paradoxo do sim-e-não:[33] um fato, ideia ou pensamento pode *ao mesmo tempo* ser e não ser reconhecido como real e verdadeiro... Esta sustentação implica em ser capaz de deixar em suspenso, em certas situações, as exigências do juízo de realidade. Deve-se, no entanto, ser capaz de discriminar as situações, já que este "deixar em suspenso" não equivale ao movimento de negação, que indica um

---

33 Como bem assinalou André Green (1977/1988) em sua oportuna articulação entre o conceito de transicionalidade e as proposições de Freud sobre a negação, o espaço transicional contém o paradoxo do sim-e-não: "Winnicott descreveu o *status* do objeto transicional, que combina o "Sim" e o "Não", como o transicional é-e-não-é-o-seio" (p. 88).

processo de defesa contra angústias derivadas de algum reconhecimento de aspectos da realidade; nestes casos, deve-se cuidar de não entrar em conluio com a negação, mas, ao contrário, buscar os caminhos de auxiliar o sujeito a construir os recursos para sustentar a tensão na relação com a realidade.

O desafio é, pois, promover um desenvolvimento em direção ao princípio de realidade que conserve, ao mesmo tempo, um sentido de si-mesmo – ou o sentimento de fundo de permanecer sendo o criador. Dentro deste objetivo geral, podemos atentar para dois riscos, que nos remetem a polos opostos da dialética almejada pelo processo de desenvolvimento humano.

O primeiro risco é promover uma "educação" para o falso si--mesmo. Neste caso, utilizando-se de recursos que vão do constrangimento e chantagem ao uso direto da força, o cuidador busca impor um modo de ser, pensar e se comportar de acordo com os valores preconizados pelo sistema social e educacional. A crença subjacente a esta estratégia é que, de outra maneira, as crianças permaneceriam necessariamente "mal educadas". O resultado desta distorção é um indivíduo que se constitui na base da submissão, sem ter chance de construir uma relação com o mundo na qual caiba a sua própria pessoalidade.

A educação esfincteriana pode ser tomada como um exemplo útil para discutirmos este ponto. Com Freud, aprendemos que, na fantasia, uma criança pequena sente que as fezes são um presente que ela oferece a sua mãe; Abraham, por sua vez, ressaltou a importância de que, na educação esfincteriana, a criança sinta que assimila as regras e concede renunciar aos prazeres anais por amor, e não por medo – o que produz distorções importantes na formação do caráter da criança.[34] Para Winnicott há, no bebê, uma "moralidade

_____
34 Cf. Abraham (1921/1970).

inata"; inata não no sentido de que já está lá desde sempre, mas que emerge como consequência natural de um desenvolvimento que se dá na primeira infância e que, se tudo corre bem, tem como consequência a formação do superego. Esta moralidade "natural" origina uma propensão a uma identificação salutar com os educadores e com o corpo social em geral e é a base para a educação esfincteriana e para todo o processo educativo. Neste caso, assimilar e atender às regras higiênicas do meio social não é uma questão de submissão e não reforça um falso si-mesmo; bem ao contrário, pode ser uma oportunidade para a criança pequena de seguir construindo uma relação de trocas com o mundo e com as pessoas significativas de seu convívio, sem que tal caminho em direção ao princípio da realidade seja apenas um insulto.

Em uma camada ainda mais primitiva do processo de amadurecimento, anterior ao período da educação esfincteriana, se dá a emergência dos sentimentos de segurança pessoal e de confiança nos outros e no mundo, que formam a base para a construção de relacionamentos saudáveis e enriquecedores. Uma confiabilidade básica e os sentimentos de amor, culpa e gratidão são as aquisições do processo de desenvolvimento "natural" dos seres humanos que formam os alicerces da sociabilidade e do processo educacional. A partir desta base, aquilo que é oferecido à criança como sendo a matéria de que é feita a realidade pode ser algo que desperta o interesse e pode ser buscado enquanto objeto, a partir de um gesto pessoal. É nesta situação que se dá uma verdadeira *introjeção*, como bem formulou Ferenczi (1909/1991): um movimento de dilatação do ego que busca assimilar a si o mundo externo, espalhando as emoções por sobre os objetos. O resultado disto é uma ampliação contínua na esfera de interesses do ego, em um movimento simetricamente oposto do encolhimento do espaço interno do ego, no caso da projeção paranoica.

O segundo risco, no polo simetricamente oposto ao anterior, é o de se valorizar unilateralmente a experiência de ilusão, alimentando uma dependência crônica da criança em uma posição de ingenuidade, que comporta a fantasia de que "a vida é bela". Esta posição enfraquece cada vez mais a criança e o futuro adulto, deixando-o despreparado para enfrentar os desafios cada vez maiores que a vido oferece. Os efeitos deletérios desta infantilização crônica são, muitas vezes, pouco considerados por alguns psicanalistas e educadores que tomam o pensamento de Winnicott de modo unilateral e até estereotipado, idealizando o *holding* e alimentando uma hiperproteção prejudicial ao desenvolvimento da criança – e da criança dentro do paciente. A teoria da regressão como fator terapêutico tem sido, neste sentido, muitas vezes mal interpretada e mal empregada por diversos clínicos. É preciso lembrar, pois, que o processo maturacional também deve ter em conta, além do valor da ilusão, o "valor da desilusão", que é a base do contrato social e que implica sempre o reconhecimento da alteridade.

Assim, se, acompanhando o pensamento de Winnicott, fossemos resumir em uma fórmula qual é a orientação básica que deve fundar o trabalho do cuidador, eu diria que tal trabalho se assenta na dialética da ilusão-desilusão. No percurso de vida, passamos por uma oscilação contínua entre a experiência mágica de ser o criador do mundo e a experiência, inicialmente dolorosa, mas em seguida enriquecedora de descobrir-se não mais o sendo, e descobrindo com interesse o que este mundo nos oferece de novo, a cada novo dia. E, para que este interjogo possa prosseguir, é fundamental oferecer à criança espaço e tempo, um espaço de experimentação – uma espécie de *playground* – e o tempo para que o sentido de processo possa se desenrolar, no jogo contínuo de ilusão e desilusão. Neste jogo, é fundamental estar sempre atento aos dois riscos envolvidos: promover uma criação para o falso si-mesmo ou valorizar unilateralmente a experiência de ilusão. Tais riscos nada mais são que o efeito de uma fixação em um dos polos do interjogo ilusão-desilusão, que indica justamente a paralização e o rompimento do movimento dialético inerente a ele.

Winnicott: entre o si-mesmo e o encontro com o outro

À maneira de síntese, penso que podemos reconhecer a essência do pensamento de Winnicott no interjogo entre dois polos: o da singularidade e do encontro com o outro humano.

No polo da singularidade, encontra-se a noção fundamental do si-mesmo, que expressa o que há de mais pessoal e íntimo em cada um de nós, e que nos diferencia e especifica – uma espécie de impressão digital do Ser. Justamente por ser tão essencial e delicado, o núcleo do *self* permanece oculto e incomunicável; mas, ao mesmo tempo e paradoxalmente, ele também anseia por ser buscado e encontrado, em um verdadeiro jogo de esconde-esconde.

No outro polo, temos o encontro humano [*meeting*]: é somente com a participação ativa de um outro humano que se tornam possíveis os processos de integração, personalização e realização que são a base para a constituição do Eu, e é por meio dele que se dá a experiência primária de onipotência e a dialética da ilusão-desilusão, construindo-se assim a ponte entre o si-mesmo e a experiência com a realidade. Segundo esta lógica paradoxal, é justamente a partir da experiência fundante do estar com, que se desenvolve a capacidade igualmente fundamental de estar só... O desafio maior é, como vimos, como conservar o senso de si mesmo e a capacidade criativa e, ao mesmo tempo, usufruir da experiência de viver com.

A teoria da transicionalidade contém a essência deste interjogo entre singularidade do *self* e encontro com o outro. Pois o conceito de ilusão proporcionou verdadeiramente à psicanálise uma nova chave para lidarmos com o problema da relação do sujeito com a realidade, propondo a terceira área da experiência enquanto um espaço potencial no qual a relação Eu-outro pôde ser concebida de maneira não dilemática e não conflitiva. É justamente pela possibilidade de sobreposição entre concepção subjetiva e percepção objetiva que o *meeting* pode ser vivido como uma experiência de *repouso* e não como uma luta contínua que produz uma tensão inerente. Esta vivência não é uma alucinação construída no mundo interno, e nem se dá sob o signo da negação da percepção da realidade: trata-se da magia de um encontro possível e realizável, no qual a criatividade do si--mesmo pode reencontrar-se e reconhecer-se na realidade do objeto.

É assim que, a partir do início da década de 1950, com a publicação do artigo sobre os objetos transicionais, deu-se início a um período especialmente fértil e inspirado do pensamento de Winnicott, que culminou com a publicação de *O brincar e a realidade*. E abre-se, de fato, a partir daqui, um novo e promissor horizonte para as pesquisas psicanalíticas.

Hoje podemos vislumbrar melhor a dimensão extensa para a qual a teoria da transicionalidade aponta. Como bem assinalou Kaës (1985), o conceito de intermediário, cujas raízes na história da filosofia podem ser retraçadas, se encontra em toda obra de Freud: ele se faz presente nos "elementos intermediários" da cadeia associativa do sonho, na realidade psíquica como o "reino do intermediário" e na concepção de um Eu como instância de intermediação entre o Isso, a realidade e o Supereu – ou mesmo na noção de transferência, este "terreno intermediário" entre a neurose e a vida real. Vimos, também, como Winnicott "emprestou", de certa forma, a ideia de Fairbairn, que uma década antes propusera uma etapa intermediária entre a dependência infantil e a independência adulta. Mas o tratamento que Winnicott deu ao conceito foi único e original, extraindo dele um poder heurístico sem igual.

A terceira área é o espaço do "entre", e é uma das ferramentas mais poderosas para se pensar a articulação entre o intrapsíquico e o intersubjetivo. O conceito do intermediário, tal qual Winnicott o reinventou, contém o fundamento mesmo do espírito de um pensamento das relações de objeto, como bem notou André Green.

448 WINNICOTT E A TRANSICIONALIDADE

Além disto, a transicionalidade de Winnicott contém entranhada em si uma verdadeira *teoria dos processos*, já que toda a ênfase deixa de ser colocada nos elementos estáticos que estão no ponto de partida e no ponto de chegada dos processos de mudança e passa a ser colocada no movimento mesmo de transformação e no tempo/espaço "entre" no qual ela se dá: nas passagens, no trânsito, no percurso, no movimento, na mudança, na travessia e... na transferência! E, ainda, ela nos permite formular com mais clareza o contraste entre a potencialidade criativa, a saúde e a "riqueza psíquica", por um lado, e o vazio de sentido, a doença e a "pobreza psíquica", do outro.

É no âmbito do espaço potencial que se dá a alternância entre a busca de objeto preconizada por Fairbairn e a necessidade de recolhimento, igualmente importante. A busca se dá nos *momentos excitados*, quando o bebê procura, por meio da motilidade, atingir e agarrar um objeto; quando este movimento encontra um substrato humano que o receba, o reflita ou mesmo o confronte, ele se constitui enquanto um *gesto* – um ato que contém uma direcionalidade e um sentido simbólico, e que ganha o *status* de um ato de comunicação. Nos *momentos tranquilos*, em contraste, observamos o contraponto desta busca: a necessidade do *self* de se retirar para seu estado de solidão essencial e aí reabastecer o seu sentido mais básico de Ser. Para Winnicott, tanto a busca do objeto nos estados excitados quanto a necessidade de recolhimento nos estados tranquilos requerem um outro: no primeiro caso, será imprescindível a presença de uma mãe-objeto que se ofereça com prazer, tranquilidade e liberdade interior para ser devorada e, no segundo, será requerida uma mãe-ambiente que, no silêncio, seja capaz de sustentar com placidez a espera e a experiência da não comunicação.

A alternância entre "estados excitados" e "estados tranquilos" descrita por Winnicott pode bem ser entendida como uma releitura aprimorada e extremamente criativa da dinâmica pulsional descrita por Freud, caracterizada pela oscilação entre o crescendo da excitação e o esvaziamento da descarga. Nesta reinvenção, ganham mais proeminência os aspectos intersubjetivos, qualitativos, transformacionais[35] e simbolizantes da experiência pulsional, para além de sua dimensão econômica e por vezes biologizante.

O interjogo entre conservação da singularidade e cultivo do encontro com o outro refletiu-se também na própria *atitude* de Winnicott em sua vida institucional.

Winnicott tinha uma preocupação e um prazer especial de se comunicar com públicos bastante diversos fora do ambiente psicanalítico, sejam profissionais da área da saúde e educação, seja o público leigo em geral – particularmente as mães e familiares em busca de orientação e conhecimento sobre o desenvolvimento da criança.[36] Para tanto, ele lançou mão de veículos de comunicação como conferências, livros e programas de rádio, e chegou a participar de debates públicos enviando cartas a jornais de grande circulação (a reafirmação pública de sua posição contrária ao uso do ECT no tratamento da psicose é um bom exemplo).

Mas, se ele tinha uma participação bastante ativa e chegou a ocupar diversos cargos na instituição psicanalítica, Winnicott cuidou sempre de preservar sua independência de pensamento e ação. Quanto a isto, as observações de Grosskurth (1986/1992) são bastantes elucidativas:

> *diz-se por vezes que muitos do Grupo Intermediário gostariam que Winnicott tivesse sido seu líder. Mas, embora tenha exercido por duas vezes a função de presidente da Sociedade, ele era essencialmente um solitário.*

---

35 Empresto aqui a expressão cunhada por Bollas.

36 Uma boa parte dos artigos de Winnicott que lemos hoje são transcrições destas conferências e apresentações públicas.

Quando se tornou presidente em 1956, escreveu para Clifford Scott: "sinto-me um estranho na cadeira de presidente". (p. 426)

Como vimos, ele empreendeu uma verdadeira cruzada contra o dogma. Por permanecer firmemente "do contra" – e ele soube enfatizar o valor positivo de tal atitude tão frequente entre os adolescentes –, Winnicott pôde assegurar um terreno de liberdade de pensamento sem o qual grande parte do que produziu seria inviável.

A manutenção de um espaço protegido e um *setting* de trabalho protegido – o "círculo seleto" necessário, conforme diz a Klein[37] – é condição para o fazer original e criativo. Claustrofóbico em meio às controvérsias da década de 1940 – e isto não apenas como vítima, mas também como autor de sua "oposição" –, Winnicott construiu um lugar a partir do qual podia fazer, criar e sonhar: um lugar para viver. Vale ressaltar que "ser do contra" não configura, por si, nenhum espaço de liberdade, mas pode ser apenas uma reação defensiva – até certo ponto saudável, correndo o risco de uma cronificação caracterológica – a invasões ambientais violentas: a fonte do viver não se encontra na negação do outro, mas na afirmação do *self*.

Como se deu em relação a seu modo peculiar de circular no ambiente institucional, também seu estilo de escrita reflete o interjogo entre singularidade e encontro com o outro.

Em diversos artigos e cartas, encontramos pistas importantes a respeito de sua visão sobre seu próprio método de pensamento,

---

37 "É claro que é necessário para você ter um grupo no qual possa se sentir em casa. Todo trabalhador original precisa de um círculo seleto, onde possa estar ao abrigo das controvérsias e no qual possa se sentir à vontade" (Winnicott, 1952a/1990, p. 31). Ao ficar "de fora" de *Progressos da psicanálise*, tornava-se evidente que Winnicott não fazia mais parte deste "círculo"; ele teria dito, então, à sua esposa: "parece que a Sra. Klein já não me considera um kleiniano" (Grosskurth, 1986/1992, p. 424).

escrita e criação psicanalíticos. No artigo de referência sobre o desenvolvimento emocional primitivo, ele assim apresentou seu método de trabalho: "o que faço é juntar isto e aquilo, aqui e acolá, concentrando-me na experiência clínica, formando minhas próprias teorias e, então, depois de tudo, me interesso em descobrir de onde roubei o quê" (Winnicott, 1945/1992, p. 145). O método roubo-e--colagem é o que há de original em Winnicott, propiciando o campo de liberdade para criar acima referido.

Mas a preocupação com o roubo efetuado nunca deixou de estar presente nos seus escritos, seja pela necessidade do reconhecimento – mútuo – seja pela necessidade da rejeição – também recíproca. *Reconhecimento da necessidade* e *rejeição da filiação* que se expressam nos trechos de cartas que se seguem.

Ao comentar, em carta a Strachey, o artigo dos objetos e fenômenos transicionais quando da sua elaboração, Winnicott (1951b/ 1990) escreveu:

> *gostaria muito de destacar a teoria psicanalítica comum, na seção teórica do ensaio, o suficiente para tornar aceitável aquilo que julgo ser a minha contribuição pessoal...; ainda é correto dizer que se eu tivesse de tirar um ano de folga e não fazer mais nada além de ler, eu estaria em melhores condições de escrever. (pp. 21-22)*

E, em carta a Balint de 1960:

> *acho que sempre serei da opinião de que é relativamente desimportante o modo como Freud contestava a si próprio e gradualmente estimulava o pensamento, fazendo novas sugestões. Em uma ou duas décadas, as pessoas que se importam com isso estarão todas mortas. (Winnicott, 1960d/1990, p. 111)*

452 WINNICOTT E A TRANSICIONALIDADE

Nota-se que, na primeira das cartas, Winnicott está diante de seu analista-Freud e no momento mais sensível da afirmação de sua criação (1951), e, no segundo caso, ao lado de um irmão de *Middle Group* buscando estabelecer semelhanças e diferenças, podendo então (1960) afirmar com maior ferocidade as suas posições, sem tanto temor de destruição.[38]

Podemos, assim, colocar a questão do si-mesmo e do valor da criatividade também no âmbito da produção teórica dos analistas, observando a linguagem, o estilo de escrita e suas proposições. Surge então a pergunta: a referência ao outro sempre carrega algo de falso *self*, por se dar na base de submissão? Winnicott deixou claro que o falso *self* é algo inerente ao viver em sociedade, estando a sua patologia mais vinculada a dissociações provocadas por distorções no processo de desenvolvimento precoce. Como na maioria dos casos, aqui o seu pensamento não mantém linearidade alguma, já que grande parte da sua obra está voltada para destacar a importância, a inevitabilidade e a constância da dependência como uma realidade humana. A construção do *self* se dá a partir de um estado de identificação primária com a mãe, e é só a partir desta experiência de fusão original com a vivência de ilusão que lhe é correlata que algo como um verdadeiro si-mesmo pode emergir, brotar, frutificar e florescer plenamente. A capacidade de estar só é uma continuação de ter sido possível estar com de uma maneira suficientemente boa, de modo que sempre se está verdadeiramente só... com! Este paradoxo pode ser tomado, portanto, para compreendermos a relação de continuidade e ruptura de Winnicott com outros analistas, também paradoxal. A questão da "propriedade intelectual"

---

38 Não devemos nos esquecer que, por vicissitudes históricas, a afirmação do *self* winnicottiano se deu muito mais em confronto com Klein que com Freud; neste sentido, cabe perguntarmo-nos, por exemplo, até que ponto a rejeição do conceito de pulsão de morte está mais relacionada às ideias de Freud ou à sua reutilização por Klein.

precisaria ser revista, com Winnicott, à luz do *uso do objeto*, do roubo-colagem: Winnicott usou e abusou dos objetos psicanalíticos que estavam ao seu alcance, mas não deixou se sentir responsável e comprometido com eles; manteve um relação paradoxal de usar e jogar fora, como no jogo da espátula, sem por isso, devemos ressaltar, construir um Frankenstein remendado e monstruoso: criou uma obra e um pensamento coerente, unitário e coeso, à imagem e semelhança de seu *self.*

No final de sua vida, em um depoimento comovente, Winnicott (1967a/1989) reuniu-se com seus amigos e colegas mais próximos do *Clube 1952* com o desejo de compartilhar com eles as fontes principais de seu trabalho e as correlações entre ele e o trabalho de outros analistas. Neste momento de maturidade, ele mostra-se mais seguro para apontar e reconhecer mais claramente que ideias "furtou" e de quem – ou mesmo aquelas que "apenas ignorou" –, em um tom misto de *mea culpa* depressiva e – ainda mais uma vez – reafirmação do *self.* Começando por Freud, Anna Freud e Klein, ele comentou sua relação com Fairbairn, Greenacre, Hartmann, M. Little e outros, e manifestou o desejo de ser mais "correlacionado".

> *Eu tenho me dado cada vez mais conta, conforme o tempo passa, o quanto eu perdi por não ter correlacionado de modo apropriado meu trabalho com o os outros. Isto é não apenas irritante, mas também grosseiro, e fez com que aquilo que eu disse tenha ficado isolado e que as pessoas tivessem que se dar um grande trabalho para acessá-lo. Ocorre que este é o meu temperamento, e é uma falha grande. (Winnicott, 1967a/1989, p. 573)*

E, então, ele acrescenta: "agora estou chegando ao momento em que eu de fato gostaria de ser mais relacionado" (Winnicott, 1967a/ 1989, p. 573).

454 WINNICOTT E A TRANSICIONALIDADE

Aqui há um claro apelo de comunicação e um reconhecimento de que talvez tenha exagerado um pouco na afirmação de sua singularidade. Mas podemos pensar que foi necessário que assim o fosse e que foi justamente esta "teimosia" de Winnicott de falar as coisas à sua própria maneira que que lhe proporcionou a independência de pensamento para criar a obra genial que criou. E, neste final de vida, a partir de sua capacidade de estar só, nos reencontramos com um Winnicott novamente em busca do outro, na sua busca de comunicação e de encontro no espaço transicional entre o *self* e o objeto. Como no caso de Fairbairn, podemos supor que foi justamente o reconhecimento pleno da importância da dependência como fundamento da existência humana que lhe proporcionou as melhores condições para desenvolver uma especial capacidade de ser e de pensar com independência.

O neto de Freud

Terminamos nossa jornada sobre Winnicott com uma pequena sugestão imaginativa sobre a relação entre ele e Freud, aproximando o relato deste do menino com o carretel do relato de Winnicott sobre o "menino do cordão".

Freud observou um curioso jogo realizado por seu neto de um ano e meio, jogo no qual um carretel é posto fora (longe, fora do campo visual), sendo mantido preso por um cordão; em seguida, ele é trazido de volta para perto e ambos movimentos são acompanhados pelos esboços de palavra *fort* (fora) e *da* (aqui). Este suposto primeiro jogo de sua vida, de desaparecimento e reaparição, refletia a sua experiência emocional em relação à presença e à ausência da mãe. Winnicott descreveu um caso de um menino de sete anos que tinha uma preocupação obstinada com cordões; ele vivia amarrando os objetos: a mesa com a cadeira, a almofada com a lareira, e até o pescoço da irmã menor. Winnicott compreende este comportamento em relação a uma série de experiências traumáticas de separação com a mãe, e não apenas no sentido físico, já que ela estava frequentemente muito deprimida.

Winnicott utilizou o caso do "menino do cordão" para mostrar como o cordão pode ser entendido, em termos gerais, como uma técnica de comunicação, mas um uso exacerbado deste pode significar a perturbação em uma área essencial da vida psíquica: "o cordão possui um significado simbólico para todos; o exagero de seu uso pode facilmente pertencer aos primórdios de um sentimento de insegurança ou à ideia de uma falta de comunicação" (Winnicott, 1971/1996, p. 19).

Este é o exemplo paradigmático proposto por Winnicott para a psicopatologia dos fenômenos transicionais; o uso fetichizado do objeto – e aqui estaria a gênese da perversão – se dá quando a função do cordão se modifica de meio de comunicação para negação da separação.

Freud descreveu um jogo universal, se desenrolando em um ambiente familiar saudável: "a mãe não apenas o havia criado, como também continuava ocupando-se dele constantemente e quase sem auxílio exterior algum" (Freud, 1920/1981, p. 2511). A partir dele – e conjuntamente com outras observações –, propôs a existência de uma compulsão à repetição na vida humana, o que o conduz a reavaliar a primazia do princípio do prazer em sua metapsicologia e a formular o conceito de pulsão de morte. Winnicott navegou por outras águas, mas talvez também estimulado pela intuição da insuficiência de uma metapsicologia baseada exclusivamente no princípio do prazer e seu derivado, o princípio da realidade. O que podemos depreender de comum nos dois casos é como a reflexão se dirige para pensar o problema da simbolização no sujeito humano e, por decorrência, estudar suas falhas e limites; esta é a questão central dos fenômenos transicionais.

456 WINNICOTT E A TRANSICIONALIDADE

Como entender o peculiar e tão característico "uso de objeto" destes dois meninos? Lembremos que as crianças são verdadeiros portadores de objetos. Ao final de toda festa infantil, se distribuem lembranças (um menino de três anos referia-se a elas como "presentes de saudades"); quando vão e voltam para a escola, para a casa da avó ou dos amigos, incessantemente demandam levar e trazer seus pequenos objetos. O que carregam estes objetos, ou o que se carrega neles? Os adultos, quando voltam de suas viagens, também trazem lembranças. Quando alguém morre, não repartimos apenas os seus bens, mas distribuímos também aos mais próximos objetos significativos da pessoa que ele foi. Presentes e lembranças, como sua própria natureza linguística denota, remetem à questão essencial da presença/ausência de objetos significativos e, por decorrência, ao processo de ilusão-desilusão que caracteriza a relação do sujeito com a realidade.

O que são estes objetos? Uma caricatura de patologização da vida cotidiana poderia nos fazer pensar em um uso fetichizado deles, no sentido de expressarem uma negação da experiência de perda e separação; por outro lado, podemos considerar que aí há um cordão que liga – e indica a distância entre – eu e outro, passado e futuro, interno e externo, prazer e realidade: presença e ausência. Este é o trabalho essencial de simbolização. Como todo bom objeto transicional, o seu destino é uma gaveta ou uma estante empoeirada, ou até o lixo; não há propriamente aqui o que se entende por trabalho de luto. Quando investidos, eles são mais importantes que a própria mãe; mas "seu destino é ser gradativamente desinvestido, de maneira que ao longo dos anos ele não é tanto esquecido, mas relegado ao limbo" (Winnicott, 1953, p. 91). Não sofrem recalcamento, não "vão para dentro": perdem o sentido e se tornam difusos, pois se espalham pelo território intermediário e compõem o campo da cultura.

Assim, creio que a categoria de objeto transicional propiciou *verdadeiramente uma nova luz sobre a natureza da vida infantil e, por decorrência, de toda a vida humana. Winnicott criou, de fato, um novo "objeto" para a psicanálise.*

Podemos figurar uma fábula em que Freud contempla seu neto – Winnicott brincando com o carretel –, e intui que algo verdadeiramente importante se apresentava naquela experiência. Seria o *fort-da* uma espécie de sonho premonitório de Freud?

PARTE III

Debates

7. As pulsões revisitadas

Uma indagação que nos dias de hoje ressoa no ouvido de muitos de nós é: e como fica a teoria das pulsões após o advento do pensamento das relações de objeto? Ela deve ser suprimida, substituída, ignorada ou suplantada? Ou ela pode ser reincorporada e redescrita no âmbito de um novo contexto? É possível, interessante e desejável uma composição entre os modelos pulsional e das relações de objeto, construindo um "modelo misto",[1] ou seria mais correto tratá-los como pontos de vista inconciliáveis? Como se recolocam a questão da série etiológica e a controvérsia do inato/adquirido a partir das mudanças conceituais aqui discutidas? Estas indagações têm recebido respostas e encaminhamentos que variam bastante de autor para autor; neste capítulo, proponho-me a uma revisão de alguns aspectos relevantes relacionados ao tema, a fim de contribuir com um debate que certamente permanece em aberto.

---

1 Segundo nomenclatura proposta por Greenberg e Mitchell.

A libido, o eu e o self

Iniciamos nosso trajeto com a seguinte pergunta: como se rearticularam as duas linhas de desenvolvimento – da libido e do Eu – no pensamento das relações de objeto, e como tal reposicionamento se refletiu no modo como os seus autores repensaram a teoria pulsional?

O exame detalhado dos artigos de Ferenczi, realizado em capítulo anterior, nos deixou com esta discussão em aberto. Vimos como Ferenczi, mesmo tendo desenvolvido de modo pioneiro uma teoria do desenvolvimento do Eu, nunca deixou de considerar o desenvolvimento da libido; muito ao contrário: em *Thalassa*, testemunhamos um enorme esforço de articular as duas linhas de desenvolvimento. Como avançar na análise desta situação?

Em primeiro lugar, devemos observar o entrecruzamento muito sutil entre as construções de Freud e de Ferenczi. Já em 1913, Ferenczi postulara um princípio regressivo no funcionamento psíquico, mas localizara-o no âmbito da formação do Eu. Em *Além do princípio do prazer*, Freud conferiu às pulsões um atributo novo e inverso à sua proposta anterior: elas buscariam, em sua finalidade última, o retorno a um estado anterior – estado que remontaria, no seu ponto de origem, ao inorgânico. Freud se dedicou, então, a "adaptar" as antigas pulsões – sexual e de autoconservação – a esta nova concepção, com argumentos interessantes, mas nem sempre de todo convincentes, e apresentou um novo polo para o conflito pulsional: a pulsão de morte. Esta proposição "inatizou", de uma certa maneira, a destrutividade – evidentemente observável – na conduta e no psiquismo dos homens. Mas Ferenczi, sem descartar esta concepção freudiana tardia sobre a origem da destrutividade, da agressão e do ódio que tanto imperou na era kleiniana ulterior, atribuiu o destino da luta entre Eros e Thânatos em cada indivíduo muito mais ao fator ambiental que a forças inatas, sem com isso – nota-se – descartar o conceito de pulsão de morte ou a perspectiva pulsional.

Uma observação mais cuidadosa deste interjogo sutil de ideias nos prepara o terreno para compreender que, como veremos, os caminhos e as soluções possíveis são múltiplos e que adotar a visão das relações de objeto não significa descartar automaticamente o ponto de vista do desenvolvimento da libido, a teoria pulsional, ou mesmo o conceito de pulsão de morte. Penso que o que diferencia os caminhos adotados por Ferenczi e por Freud não é a inclinação por uma ou outra linha do desenvolvimento, e sim o modo particular com que cada um as articula e as correlaciona. É neste sentido que se torna inteligível a sugestão que depreendemos das elaborações de Ferenczi, segundo a qual um bom acolhimento da criança por seu ambiente seria capaz, de certo modo, de "injetar" Eros. Esta "injeção de vida" é que dá condição para o desenvolvimento de um caráter positivo e otimista em relação à vida e ao futuro – o positivo do negativo retratado por Freud na "neurose de destino".

Creio que esta mesma complexidade de formas de articulação das linhas de desenvolvimento pode também ser recolocada em relação aos autores da vertente das relações de objeto, cada um criando as suas próprias soluções quanto ao desenvolvimento da libido, do Eu e – segundo uma conceitualização que surgirá depois – do si-mesmo (*self*).

Dentre os representantes do nosso "edifício central", a construção de Winnicott se destaca, já que ele fundamentou, de maneira explícita, a mudança essencial no modo de pensar e de trabalhar do psicanalista por ele defendida, apoiando-se na distinção das duas linhas de desenvolvimento, da libido e do Eu. Em seu clássico artigo sobre a regressão, Winnicott (1954a) ressaltou que uma grande quantidade de material clínico – especialmente aquele referido a pacientes mais graves, ou com alguma falha significativa no processo de formação do Eu – não se adapta bem à estrutura da teoria do desenvolvimento libidinal. Tal material pede que trabalhemos com um outro ponto de vista: aquele do desenvolvimento do Eu.[2] Mas – ele adverte – não é possível compreender as origens do Eu sem que consideremos, cada vez mais, o papel fundamental do ambiente: "nós podemos construir teorias sobre o desenvolvimento *pulsional* e concordar em deixar de fora o ambiente, mas não é possível fazê-lo no que se refere a formulações a respeito do desenvolvimento *inicial do Eu*" (Winnicott, 1954a, p. 283).

Assim, o estudo da emergência e desenvolvimento do Eu vai necessariamente nos levar ao tema da dependência e, no campo da teoria da técnica, ao estudo da dependência na transferência e da "regressão à dependência", fenômeno que se apresenta em certas análises e que se relaciona a estágios iniciais do desenvolvimento do Eu. A introdução necessária do ambiente e da dependência no horizonte teórico-clínico do analista nos coloca, de chofre, no campo das relações de objeto.

Este artigo de Winnicott pode ser considerado – para além de um "clássico" – uma espécie de *turning point* da história das ideias

---

2　A visão de Winnicott quanto a esta questão pode ser comparada com a posição defendida por Fairbairn. Para este, a "psicologia evolutiva do ego" desenvolvida por Freud a partir de *O Ego e o Id* se sobrepôs "e passou a formar parte de uma psicologia do impulso já estabelecida"; isto "foi lamentável", pois, neste movimento, a teoria da libido não sofreu modificações significativas. Se as atenções estiveram inicialmente voltadas para o "impulso" e depois para o "ego", trata-se agora de se concentrar sobre o *objeto* ao qual se dirige o impulso: "para expressar-me com mais clareza, direi que chegou o momento de se estabelecer uma psicologia das *relações de objeto*" (Fairbairn, 1943/1980, p. 48). De fato, a clínica com os pacientes esquizoides exigiu uma atenção especial para o desenvolvimento do Eu e para a relação com o objeto – opinião que é compartilhada por ambos os autores -, mas Winnicott *não propôs* uma revisão da teoria da libido, e sim um deslocamento do foco para o desenvolvimento do Eu, que se dá em paralelo ao desenvolvimento libidinal.

em psicanálise. É esta também a opinião de Green (1999/2000), que localizou na publicação deste artigo de 1954 o marco principal de uma mudança muito grande na história da psicanálise, a partir da qual surge uma nova forma de compreender e trabalhar na clínica, segundo o "paradigma do fronteiriço". Em suas palavras, "a partir deste dia, tudo mudou" (Green, 1999/2000, p. 28). Green reconhece a participação significativa de outros analistas na construção desta mudança – como Balint, Fairbairn e Guntrip – e assinala o trabalho de Ferenczi dos anos 1929-1933 como um precursor importante, mas localiza no texto sobre a regressão de Winnicott o evento simbólico mais marcante de tal mudança.

O trabalho de Winnicott evoluirá, nos anos seguintes, para uma transformação de uma "teoria sobre o Eu" em uma "teoria sobre o si-mesmo (*self)*", evolução complexa que abarca vários vetores. A partir dela, o que passa a ganhar o primeiro plano é a questão da conquista de uma experiência de Ser autêntica. Tal conquista só pode se dar se o núcleo do si-mesmo puder ser protegido e não corrompido pelas invasões ambientais e envolve diversos outros vetores fundamentais para além do eixo gratificação-frustração, como a valorização e o reconhecimento dos gestos espontâneos do bebê por parte do outro humano e a construção da capacidade de viver de modo criativo, que comporta em si o sentimento de que "a vida vale a pena".

E como esta evolução do pensamento repercutiu no lugar do conceito de pulsão no corpo teórico da psicanálise? Vale lembrar que a introdução da questão do *self* no campo da psicanálise não coube exclusivamente a Winnicott e que o estudo do advento de tal conceito é, em si mesmo, uma área de enorme complexidade e interesse.[3]

---

3 Quanto a isto, consultar "Nascimento e reconhecimento do *self*", um belo ensaio de Pontalis sobre o assunto (Pontalis, 1978).

Winnicott e as pulsões: uma releitura

A mudança em direção a uma "psicanálise do *self*", que passa a eleger como foco central a questão essencial – e, por que não, também "existencial" – do Ser, parece ter afastado mais o psicanalista do raciocínio clínico em termos de pulsões. Tal leitura que vê na obra de Winnicott um suposto "afastamento" da questão pulsional é, em essência, a visão defendida por Greenberg e Mitchell. Segundo estes autores, Winnicott

> concebe as relações objetais em um plano que é autônomo e apartado dos processos pulsionais. Na teoria clássica pulsional, as relações objetais são derivativos dos veículos destinados à gratificação pulsional e das defesas; na teoria de Winnicott, as relações objetais iniciais se formam pela interação entre as necessidades da criança em seu desenvolvimento e a provisão oferecida pela mãe, de maneira totalmente independente da gratificação pulsional. Ele não põe em questão o conceito de pulsão diretamente, mas o "empurra para fora" e o coloca de lado [he crowds it out], relegando-o a um status periférico e secundário. (Greenberg & Mitchell, 1983/2003, p. 198)

Penso, no entanto, que tal leitura é – ainda que bem fundamentada – um tanto incompleta e unilateral, pois não considera que, mesmo em uma teoria do *self*, a problemática pulsional continua a ter um lugar fundamental – ainda que o foco tenha se alterado. No âmbito de tal teoria, o novo foco passa a ser: como e até que ponto a pulsionalidade pode ser experimentada como um impulso pessoal, uma força que brota de si-mesmo em direção ao mundo em busca de objetos? Quando isso não ocorre, cabe ao clínico investigar e tentar compreender que tipo de "extravios" ocorreram neste processo. É o desenvolvimento e fortalecimento do Eu que faz com que as demandas do Isso sejam vividas como parte do *self*; antes disso, elas são vividas como puramente exteriores.

> *Quando este desenvolvimento ocorre, as satisfações do Id se tornam um importante fator de fortalecimento do Eu, ou do verdadeiro self; mas as excitações do Id podem ser traumáticas se o Eu não é capaz de assimilá--las. (Winnicott, 1960c/1990, p. 141)*

Assim, considero que Winnicott não abandona nem desvaloriza a teoria pulsional e o desenvolvimento da libido, e sim efetua uma ampliação a um só tempo clínica e metapsicológica que reenuncia o problema sobre novas bases. As pulsões são uma fonte de impulso e energia para todo ser humano, que coloca a todos nós o desafio de como manejá-la. Uma vez que se tenha estruturado um Eu, um de seus mais importantes desafios será administrar o conflito entre impulsos pulsionais e forças recalcantes, conforme o modelo freudiano. Mas, ali onde o desenvolvimento do Eu tiver sido significativamente corrompido, a tarefa clínica passa a ser a de construir as condições para que tal conflito do tipo neurótico possa vir a se estabelecer. Em tais casos, a excitação pulsional é, antes de tudo, uma ameaça externa, e não uma força motriz de que o si-mesmo pode fazer uso em seu *fazer* no mundo. Pois, para Winnicott, antes de *fazer*, é preciso *ser*.

Winnicott realizou uma verdadeira releitura da teoria pulsional, trabalho que se estendeu por toda sua obra – até quando, no final, reelaborou a questão do masculino e do feminino. Recapitular este trajeto nos levaria aqui muito longe, mas vale a pena mencionar alguns pontos. "A agressão relacionada ao desenvolvimento emocional", de 1950-1955, é um dos artigos em que Winnicott se debruçou de modo particular sobre o assunto. Neste estudo extenso e complexo, ele rearticula de modo brilhante a questão pulsional, a natureza do impulso amoroso e a gênese da agressividade a partir de uma hipótese original sobre o papel da motilidade. Trata-se de uma leitura obrigatória para quem quer estudar o tema com rigor e profundidade. Mas há também outras passagens, menos visíveis e conhecidas, em que encontramos comentários bastante elucidativos sobre o assunto.

Excitação e trabalho de simbolização

O trabalho fino de Winnicott de reelaboração sobre a questão da excitação é, a meu ver, uma destas vertentes pouco exploradas e constitui um caminho profícuo para reavaliarmos o lugar do pulsional e do sexual em seu pensamento. Acompanhemos, brevemente, este percurso.

Em "A excitação na etiologia da trombose coronária" – publicação póstuma constituída de notas para uma palestra – Winnicott (1957/1989) enfatizou como o destino da excitação é determinante para a saúde e para a doença. A excitação nasce de modo *local* – nas zonas erógenas, como Freud havia postulado –, evolui, conforme a personalidade se integra, para um estado *geral* de excitação e, em um terceiro tempo, tem como desafio buscar seus caminhos de satisfação em um contexto relacional. No melhor dos casos, o processo da excitação se inicia com uma preparação, atinge um clímax e termina no relaxamento; mas, muitas vezes, este processo é truncado e adiamentos do clímax podem ser mais ou menos prejudiciais – pois em alguns casos é possível uma recuperação e uma retomada do relaxamento, enquanto em outros se dá uma "congestão" que predispõe a transtornos psíquicos e psicossomáticos, como a trombose coronária. Como podemos ainda sustentar, após a leitura deste texto, que Winnicott "ignora" a dimensão pulsional? Curiosamente, as proposições deste artigo lembram muito o primeiro Freud, aquele da teoria sobre as neuroses atuais. Estas seriam transtornos psíquicos e psicossomáticos diferentes das psiconeuroses; ao contrário das últimas, que nascem do interjogo entre a frustração atual e a predisposição oriunda de uma história psicossexual pregressa, as neuroses *atuais* se formariam como o efeito direto de desequilíbrios nas práticas sexuais no momento presente.

A dimensão psicossomática da excitação e da experiência pulsional nos conduz também a uma importante reflexão no que diz respeito ao campo da contratransferência. Em um conhecido artigo, Linda Hopkings estudou em detalhe a análise de Masud Khan com Winnicott e levantou hipóteses sobre possíveis problemas e limitações que teriam ali ocorrido. Dentre estes, ela mencionou os efeitos da doença cardíaca de Winnicott nesta análise, somado a possíveis equívocos no manejo da questão pelo analista. Isto teria limitado a possibilidade de Khan experimentar um engajamento maior em termos de hostilidade transferencial e regressão mais profunda, já que ele não podia contar com a "sobrevivência do objeto" à experiência da excitação. Aqui Hopkings se apoia tanto no trabalho de Winnicott sobre o "uso do objeto" quanto em seu artigo sobre a excitação e a trombose coronária de 1957 que, segundo sua leitura, contém também um fundo autobiográfico. Neste, o próprio Winnicott sugere que a forma de se controlar a explosão destrutiva da excitação é buscar limitar a sua emergência; será que Winnicott – indaga a autora – "tentava controlar conscientemente sua congestão cardíaca controlando a quantidade de excitação ou limitando a resposta à excitação em seu trabalho clínico?" (Hopkings, 1998, p. 26). Tais hipóteses guardam um caráter especulativo, mas nos servem aqui como a abertura para uma questão clínica de grande relevância: quais os efeitos das "experiências excitantes" – psíquicas e somáticas – em um processo analítico, e como elas podem ser experimentadas, sustentadas, manejadas e interpretadas? Como considerar a questão tanto do lado dos movimentos transferenciais do paciente quanto do lado do impacto contratransferencial no analista? Creio que estas considerações técnicas e teóricas, que subjazem a vários trabalhos de Winnicott, só puderam ser levantadas em virtude de sua "inspiração" no modelo pulsional.

Em "A capacidade de estar só" – trabalho apresentado no ano seguinte à conferência sobre a excitação – encontramos novos comentários relevantes. Ao tematizar a vivência subjetiva dos parceiros após uma relação sexual, Winnicott (1958a/1990) sugere que, neste momento do relaxamento, estamos sujeitos a uma angústia pela falta de tensão do Id, mas a integração da personalidade nos habilita a fazer frente a esta ameaça. Em tal situação, estamos novamente expostos a um "estar só", mas que pode ser vivido como uma solidão compartilhada. Mais adiante, na seção que encerra o artigo, Winnicott acrescenta ainda uma outra temática, surpreendente por sua originalidade, que não recebeu ainda a devida atenção. Ao propor a noção de "orgasmo do Eu", ele estabelece um paralelo fascinante entre a experiência libidinal e a experiência do Eu, retecendo, em mais um lance sugestivo, as duas linhas e desenvolvimento. O clímax do Eu ocorre quando este vive uma experiência de satisfação completa, análoga ao orgasmo sexual; isto se daria de modo exemplar no brincar da criança ou na fruição estética de um adulto; mas – note-se – tal fenômeno não coincide com o processo de sublimação. Deve-se lembrar, no entanto, que, para Winnicott, a excitação sexual pode estragar o brincar; trata-se, portanto, de uma experiência do Eu que é análoga, mas não equivale às experiências pulsionais.

Muitos anos depois, ao descrever o fenômeno patológico do *fantasiar*, Winnicott (1971/1996) abordou os malefícios advindos da ausência de um "clímax psicossomático" (p. 33), que pode predispor a uma oclusão coronariana, à pressão arterial alta ou a úlceras gástricas. Apesar de não explicitar o sentido da expressão "clímax psicossomático", ele assinala que se trata da mesma questão abordada anteriormente como "orgasmo do Eu". Para Winnicott, o fantasiar envolve o corpo; mas, em sua faceta patológica, observamos uma excitação que não pode ganhar vazão. Tal estancamento se explica pelo fato de o fantasiar resultar de um processo dissociativo; trata-se de uma atividade psíquica fechada em si mesma, de caráter ruminativo, e que poderia bem ser descrita como uma "masturbação mental".

O modo como Winnicott fazia uso da questão da excitação e do clímax nas situações clínicas é bem ilustrado na descrição da consulta terapêutica da menina Ada, de oito anos. Para Winnicott (1965/1999), um dos requisitos para que tal estratégia de atendimento seja eficaz é a disposição subjetiva do indivíduo que chega à consulta:

> *o analista, ao realizar esta terapia não analítica, aproveita-se de um sonho com o analista que o paciente pode ter tido na noite anterior a esse primeiro contato, quer dizer, da capacidade do paciente para acreditar em uma figura compreensiva e prestativa. (Winnicott, 1965/1999, p. 299)*

Essa condição bem poderia ser descrita em termos de uma capacidade de acreditar – de um modo mais amplo – que se é capaz de chegar a uma *realização na vida*, capacidade que está articulada, por sua vez, com o potencial erótico e com uma capacidade de sonhar preservada.

Assim, no ponto culminante da consulta, Ada desenha um "alpinista orgulhoso", uma figura humana no pico de uma grande montanha, com um enorme sol atrás de si; na época, noticiava-se a expedição de dois alpinistas ao Everest. Winnicott observa:

> *Esta ideia forneceu-me uma medida da capacidade de Ada de experimentar uma conquista [an achievement] e, no campo sexual, de atingir um clímax. Eu pude usar isto como um sinal de que Ada seria capaz de me trazer*

o seu principal problema, e me dar a chance de ajudá-la
em relação a ele. (Winnicott, 1984, p. 228)

Winnicott agrupa aqui, portanto, três elementos: a capacidade humana de atingir algo na vida (ou de conquistar algo), a capacidade de atingir um clímax no campo específico da sexualidade, e a capacidade de um paciente trazer ao analista a raiz de suas dificuldades e, por decorrência, poder ser por ele ajudado. Nota-se como é intricado e sutil o pensamento de Winnicott: haveria um paralelismo significativo entre o clímax sexual, o "clímax do Eu" – o Eu que, conforme postulado por Freud é essencialmente um Eu corporal –, e uma espécie de clímax do *self*: a conquista ou realização do si-mesmo.

O material clínico da entrevista já vinha indicando, aos olhos de Winnicott, o potencial erótico de Ada; mas não no sentido de excitações puras oriundas do *Isso*, e sim da capacidade já construída – e nem sempre presente em todos os indivíduos – de experimentar a dinâmica do crescente de excitação, do atingir algo – sentimento de conquista que condensa gozo e aquisição do *self* – e do posterior sentimento de realização que se segue. Essa capacidade não está em absoluto presente no indivíduo quando vem ao mundo. O recém-nascido experimenta as excitações pulsionais de um modo tão externo como o estrondo de um trovão, e faz-se necessário um longo e paulatino trabalho de integração e de simbolização do psicossoma para *Isso* se tornar inconsciente recalcado e, em alguns momentos, aliar-se ao si-mesmo na busca de realização e de encontro com o objeto. Este encontro, que se dá na área da ilusão, pode então incluir aquilo que Freud denominou escolha (sexual) de objeto.[4]

___

4 Desenvolvi este argumento em detalhe em "Excitação e trabalho de simbolização" (Gurfinkel, 2013a).

As consequências teórico-clínicas destas diversas proposições são de grande relevância e comportam grande riqueza. Creio que elas foram, até o momento, relativamente pouco exploradas pelos estudiosos da obra de Winnicott; no contexto do presente livro, quis apenas mencioná-las – um trabalho mais profundo sobre o tema nos desviaria por demais do objetivo. Deve-se enfatizar, por ora, como os processos psíquicos são trabalhados por Winnicott por meio de um paralelo com os processos psicossomáticos e psicossexuais, dando continuidade, de uma maneira muito brilhante e original, à linha de pensamento estabelecida por Freud. Cabe observar, ainda, que o conjunto destas diversas elaborações de Winnicott sobre a excitação, o orgasmo e o Eu evoca, de certa maneira, o Ferenczi de *Thalassa*, com a diferença de que as ideias de Winnicott estão dispersas, são apresentadas de maneira sumária e aparentemente descompromissada. Este estilo de apresentação dificulta que a sua linha de pensamento seja percebida e compreendida, convidando o leitor a um sutil jogo de "esconde-esconde".

O princípio regressivo, a pulsão de morte e a "solidão essencial"

Winnicott também construiu sua própria versão do princípio regressivo, dialogando com os postulados freudianos – e, indireta e paradoxalmente, com as construções ferenczianas. Como se sabe, Winnicott refutou com grande veemência o conceito de pulsão de morte – fazendo-o de maneira cuidada e fundamentada – e propôs um caminho alternativo bastante convincente. Segundo sua interpretação do princípio regressivo, *na origem encontra-se a "solidão essencial"*.

Como de hábito, Winnicott apresenta sua visão por meio de um paradoxo:

um observador pode perceber que cada ser humano individual emerge como matéria orgânica que brota da matéria inorgânica, e no devido tempo retorna ao estado inorgânico...; ao mesmo tempo, do ponto de vista do indivíduo e de sua própria experiência, ele emerge não do inorgânico, mas da solidão. (Winnicott, 1988, p. 133)

Todo ser humano teria experimentado, antes mesmo da dependência absoluta e de qualquer experiência pulsional, tal estado anterior de solidão; Winnicott argumenta: "o que poderia ser mais natural, para explicar esta incognoscível morte que vem depois da vida, do que recorrer a este estado que já foi experienciado? " (Winnicott, 1988, p. 133).

Assim, um princípio regressivo faz com que todos busquem, no fundo de si mesmos, retornar a este "estar só"; tal movimento é, no entanto, refreado por diversas angústias, e é parcialmente realizado pela "capacidade da pessoa saudável de estar a sós e se fazer cuidar por uma parte do *self* especialmente destacada para tomar conta de tudo" (Winnicott, 1988, p. 132). Novamente, a mesma ideia que vimos em Freud e Ferenczi: enquanto não é possível percorrer o caminho de volta até as últimas consequências, somos coagidos a seguir em frente... Há ainda mais um paradoxo: para Winnicott, a solidão primária somente pode existir em condições de dependência máxima, ou seja: pressupõe um ambiente circundante – fundamental mas desconhecido – como pano de fundo. Assim, vemos que o ponto de origem visado implica uma relação potencial com um ambiente; mas este ambiente, que ulteriormente será a matriz da qual se recortará a forma de um "objeto", faz-se presente, neste "estágio pré-primitivo", em uma condição paradoxal de existente-inexistente.

Esta solução elaborada por Winnicott contém, a meu ver, uma formulação inquietante e genial, pois nos permite recolocar toda a problemática em uma visão eminentemente relacional; e, desta maneira, ele constrói a sua própria "metapsicologia do princípio regressivo", singular e original. Com ela, ele dialoga diretamente com Freud, e apresenta um modelo que pode também ser cotejado com aquele de *Thalassa*. São três caminhos igualmente ambiciosos e especulativos. Mas podemos vislumbrar uma proximidade maior entre Ferenczi e Winnicott, uma vez que ambos veem no "estado anterior" almejado um estado que não é tanto *de morte*, e sim um estado caracterizado por uma placidez e um silêncio ontogeneticamente experimentados. Tratar-se-ia de um "estado de sono" inicial, a partir do qual "a experiência do primeiro despertar dá ao indivíduo a ideia de que existe um estado de não-estar-vivo cheio de paz, que poderia ser pacificamente alcançado por meio de uma regressão extrema" (Winnicott, 1988, p. 154). "Não-estar-vivo" não é, definitivamente, o mesmo que "estar morto"; algo muito diferente disso é considerar que se trata, muito mais, de um estado de não comunicação, habitado pelo silêncio.

> *Vejo que o que não posso aceitar é que a vida tenha a morte como seu oposto... no desenvolvimento do bebê, o viver emerge e se estabelece a partir do não-viver, e o ser surge como um evento, em substituição ao não-ser – assim como a comunicação emerge do silêncio. (Winnicott, 1963a/1990, p. 191)*

Como se pode ver, a discussão do lugar do conceito de pulsão na obra de Winnicott nos leva a veredas tão inesperadas quanto inovadoras, pondo em movimento e "chacoalhando" o pensamento para além de uma visão reducionista e polarizante em termos do binômio pulsão/relação de objeto. Poder-se-ia, de maneira análoga, estudar as soluções específicas que outros autores ditos das relações de objeto – como Balint e Fairbairn – adotaram quanto à questão pulsional, mas por ora nos basta observar este diálogo Freud/Ferenczi/Winnicott para introduzir o tema. O que notamos é a grande abertura que se deu na história das ideias em psicanálise à medida que o estudo da formação do Eu passou ao primeiro plano, e a inter-relação entre este processo e o desenvolvimento da libido se tornou um foco significativo de interesse. O surgimento de uma "teoria do *self*" só veio a enriquecer tal discussão, trazendo novos desafios e gerando uma exigência de reconstruções teóricas importantes. O foco nas relações de objeto – seja ele exclusivo ou prioritário – surgiu e ganhou corpo *pari passu* com tais transformações.

Inato ou adquirido?

O revisitar das pulsões a partir do advento do pensamento das relações de objeto nos reconduz, necessariamente, a uma questão crucial para todo teórico e clínico da psicanálise: a controvérsia entre o inato e o adquirido. Como o interjogo entre as linhas de desenvolvimento da libido e do Eu deve ser considerado em toda sua complexidade, evitando uma partição simplista entre autores do modelo pulsional e autores das relações de objeto, também o tema do inatismo merece ser revisado com cuidado.

Em *Os caminhos da formação dos sintomas*, uma das "Conferências" de 1917, Freud cunhou o conceito de "séries complementares" para dar conta da etiologia das neuroses. A causação de uma neurose se deve à combinação entre dois fatores – a disposição e os eventos atuais traumáticos – que, em cada caso, se combinam em proporções variadas. Mas o fator disposicional, por sua vez, é também composto por dois fatores que, da mesma maneira, interagem em proporções variadas em cada caso: a constituição sexual e a experiência infantil.

Como sabemos, será justamente sobre a história das experiências infantis que a investigação psicanalítica irá se concentrar, sendo este o campo possível de incidência dos trabalhos de interpretação e de construção do analista. A história é, a princípio, individual e totalmente singular para cada um; será primordialmente o processo associativo, acrescido da repetição na transferência, que irá nos permitir acessá-la, direta ou indiretamente. Mas há também uma dimensão universal da história: um caminho que todos percorrem, de uma maneira ou de outra. É esta história comum a todos que é tomada como a referência principal para se compreender a "escolha da neurose", segundo a lógica da fixação/regressão. Toda a teoria do desenvolvimento – seja da libido, seja do Eu – pressupõe uma teoria sobre tal história, supondo nela etapas, mecanismos e elementos que são universais. Estes universais e suas etapas – as organizações pré-genitais e genital da libido, ou os estágios de desenvolvimento do Eu – determinarão as regularidades de organização psíquica que são as diversas formas psicopatológicas e de caráter, de acordo com a sequência dos processos de frustração, regressão e fixação.

Por outro lado, os eventos traumáticos e a disposição herdada não estariam, em tese, sob a alçada do psicanalista. Os eventos traumáticos não seriam objeto de intervenção do analista, pois se trata das condições dadas da realidade externa, que não podem ser transformadas. Naturalmente, este raciocínio é um pouco simplista, se considerarmos que um trabalho terapêutico poderia, em princípio, habilitar um sujeito a melhor reagir e a influir, dentro do possível, sobre tais fatores adversos; ou, no sentido inverso, se lembrarmos que o paciente pode estar psiquicamente aprisionado em uma "neurose de destino" inconscientemente criada e realimentada, sendo a intervenção analítica, neste caso, indispensável para libertá-lo de tal destino.

Em relação a isto, é interessante mencionar uma proposição muito sutil de Winnicott (1957/1989): mesmo tendo enfatizando sempre o lugar primordial do meio ambiente como fator etiológico dos processos psicopatológicos, ele nos lembra que "o indivíduo é, até certo ponto, responsável por seu meio ambiente e por continuar a viver nele caso isto seja penoso" (p. 35). Na esteira de suas proposições, podemos considerar que, na série etiológica, deve-se sempre levar em conta a capacidade maior e menor de cada pessoa de *criar* o seu próprio ambiente. O desenvolvimento de tal capacidade é um efeito importante do processo terapêutico e pode habilitar o indivíduo a estar mais preparado para enfrentar as adversidades ambientais, à maneira de uma vacina que aumenta a imunidade subjetiva. Neste sentido, torna-se possível transformar a "série complementar" individual de modo favorável, alterando um fator que é, ao mesmo tempo, interno e externo.

Quanto ao fator hereditário, Freud define-o como a "constituição sexual hereditária" formada por uma variedade combinatória de pulsões parciais, cuja intensidade maior ou menor é herdada por cada indivíduo. As problemáticas levantadas com a proposição do fator hereditário serão tocadas por Freud em alguns momentos e serão retomadas por muitos dos psicanalistas que o seguiram. Trata-se de uma herança biológica, definida por quantidades e qualidades pulsionais específicas – do tipo: uma oralidade exacerbada, ou uma quantidade exagerada de pulsão de morte? Trata-se de uma herança filogenética? Como ela se transmite? E, no contexto do presente livro: como a questão se colocou para os autores das relações de objeto?

Conforme vimos em capítulo anterior, Ferenczi (1929a/1992b) tocou neste problema quando estudou a questão do mau acolhimento da criança e as repercussões dele em seu desenvolvimento. Segundo ele, a etiologia da perturbação que acometerá o indivíduo adulto que viveu tais circunstâncias é formada por uma combinação entre o endógeno e o exógeno. Deve-se considerar, por um lado, uma certa "fraqueza congênita" da criança diante das frustrações inevitáveis da vida e, portanto, uma capacidade insuficiente de adaptação; mas tal caráter congênito é em grande parte devido à precocidade do trauma, ou seja: à incapacidade *da família* de adaptar-se à criança! Vimos, ainda, como Ferenczi, sem descartar a concepção freudiana sobre a pulsão de morte, atribuiu o destino da luta entre Eros e Thânatos em cada indivíduo muito mais ao fator ambiental que a forças inatas. Como sabemos, esta discussão não cessará de ocupar a mente dos muitos analistas que vieram depois e, em particular, dos ditos autores das relações de objeto, que questionarão a participação unilateral atribuída ao interjogo pulsional na etiologia dos distúrbios psíquicos.

Ferenczi levantou, ainda, uma questão que veio a ser considerada decisiva para o destino das estruturas clínicas na vida adulta: o momento do desenvolvimento em que se dá a falha nos cuidados. Assim, "uma tarefa resta por resolver, a saber, a constatação das diferenças mais sutis entre a sintomatologia neurótica das crianças maltratadas desde o começo e aquelas que são, no início, tratadas com entusiasmo, até mesmo com amor apaixonado, mas que depois foram postas de lado" (Ferenczi, 1929a/1992b, pp. 50-51). Em uma direção semelhante, Winnicott veio a distinguir a etiologia da psicose, caracterizada por uma carência básica desde o início [*privation*], daquela da tendência antissocial, caracterizada pela privação [*deprivation*] – a perda secundária de um ambiente materno e familiar inicialmente bom em virtude de alguma ruptura significativa de tais laços e que é vivida e inconscientemente registrada como um "roubo". Quando se deu a perda, já havia um Eu constituído e é este que busca responder à ameaça lançando mão de seus mecanismos de defesa.

A etiologia da psicose: Bion e Winnicott

A controvérsia em relação às séries complementares pode ser examinada de modo exemplar no caso da etiologia da psicose.

Freud (1915-1917/1981) chegou a se perguntar se "os mais marcantes tipos de regressões libidinais – os que se fazem aos primeiros estádios da organização sexual – não poderiam ser predominantemente determinados pelo fator constitucional hereditário" (p. 2348). Pode-se deduzir deste breve comentário que ele considerou a hipótese de que quanto mais severa a regressão – por dirigir-se a pontos de fixação mais antigos –, maior seria o peso do fator hereditário; assim, quadros como a melancolia e a esquizofrenia, resultantes de regressões à organização oral ou ao estágio narcísico, teriam um componente hereditário mais marcado. No entanto, a prudência de Freud o levou, em seguida, a deixar em suspenso esta hipótese, até que se tenha um maior conhecimento de um amplo leque de formas psicopatológicas. Ainda que não tenha se referido especificamente ao fator hereditário, Abraham (1924b/1970) também conferiu à etiologia da psicose um caráter especial. Ele propôs que os processos regressivos que ultrapassam o limiar que separa a etapa anal-retentiva da anal-expulsiva, adentrando assim o campo da psicose, estariam sujeitos a uma aceleração progressiva, precipitando a reativação de formas cada vez mais primitivas de funcionamento psíquico, segundo um "efeito cascata".

Os trabalhos de Bion e de Winnicott mergulharam diretamente nesta questão e nos levam a um contraponto muito instrutivo. Ambos os autores se dedicaram de maneira pioneira e intensiva ao tratamento psicanalítico de pacientes psicóticos – na mesma época e no mesmo ambiente geográfico –, experiência que ensejou, em ambos os casos, a construção de uma teoria da psicose.

Ao longo da década de 1950, Bion publicou uma série de artigos que contêm o material desta sua pesquisa e que foram posteriormente reunidos na coletânea comentada *Pensamentos psicanalíticos revisitados.* É curioso notar a semelhança de pontos de partida entre Bion e Ferenczi: pois também Bion (1957/1994) se apoiou e dialogou intensamente com *Formulações sobre os dois princípios do funcionamento mental* de Freud, articulando sua leitura deste trabalho fundamental com suas próprias observações a respeito das dificuldades de desenvolvimento em direção ao princípio de realidade em pacientes psicóticos.[5] Ele se dedicou, então, a buscar compreender o que, nestes casos, impediria o desenvolvimento das funções do Eu (capacidade perceptiva, atenção, memória etc.) descritas por Freud em seu trabalho e concluiu que a presença maciça de ataques à percepção é o fator determinante da "perda da realidade" – marca característica da psicose, conforme proposição freudiana.

---

5 Não creio que este apoio comum no texto de Freud seja casual. Como bem assinalaram Greenberg e Mitchell (1983/2003), este pequeno e brilhante artigo foi o primeiro passo significativo de Freud em termos de sua "estratégia de acomodação": ao mesmo tempo que introduz elementos conceituais que apontam para um pensamento relacional, procura incorporá-los dentro de uma lógica pulsional. A relevância do artigo se deve, neste contexto, ao fato de inserir o papel da realidade e do princípio da realidade na economia psíquica; a consciência, a atenção, o juízo de realidade, a ação e o pensamento são as funções que emergem com a passagem do princípio do prazer para o regime do princípio da realidade – funções que, posteriormente, serão atribuídas ao Eu. Tais funções não se desenvolvem a partir do estímulo pulsional, mas a partir da relação do impulso com o mundo real: "são as pontes para a realidade que tinham saído de cena com o advento do modelo pulsional" (Greenberg & Mitchell, 1983/2003, p. 53). Mas, segundo os autores, "Freud não permite de maneira nenhuma que a realidade 'infiltre-se' na teoria das pulsões; ela permanece na 'superfície', e é considerada mais por introduzir contingências que requerem o controle do impulso do que por influenciar na natureza do impulso em si mesmo" (Greenberg & Mitchell, 1983/2003, p. 53). Enquanto representante do primeiro momento em que Freud efetuou sua estratégia de acomodação, o artigo dos *Dois princípios* "é uma obra-prima de dar com uma mão e tirar com a outra, embora seja ao mesmo tempo a base para uma integração muito mais abrangente da questão da realidade no modelo existente" (Greenberg & Mitchell, 1983/2003, p. 54).

482   AS PULSÕES REVISITADAS

Para tanto, Bion utilizou-se das proposições de Klein em relação à posição esquizoparanoide e postulou que o que caracteriza o funcionamento psicótico é a proeminência de *ataques ao vínculo*: ataques destrutivos a tudo aquilo que tenha a função de ligar um objeto, incluindo aqui também ataques à ligação entre o paciente e o analista na situação transferencial e ataques destrutivos ao próprio pensamento. Pois o pensamento se constitui, justamente, por meio de um *trabalho de ligação* entre os elementos de percepção e entre tais elementos, as imagens e os elementos verbais respectivos. A importância do "trabalho de ligação" já havia sido sugerida por Freud enquanto um atributo essencial das pulsões de vida; anos depois, os kleinianos – com destaque a H. Segal – retomaram o tema, e demonstraram como a formação de símbolos e o desenvolvimento do pensamento verbal é colocado em marcha na posição depressiva, já que este é o momento em que a tarefa da *integração* se coloca de maneira mais pungente; Bion, por sua vez, acrescentou que os movimentos precursores de tal trabalho se encontram em um momento anterior, na posição esquizoparanoide.

Em "Ataques ao vínculo", Bion (1959/1994) volta ao tema, reenuncia as suas teses principais e acrescenta importantes comentários sobre a questão etiológica. O uso que ele faz da ideia de *ataque* deriva diretamente da descrição kleiniana da posição esquizoparanoide, ainda que não seja difícil reconhecer aqui uma derivação do *trabalho de desligamento* atribuído por Freud à pulsão de morte. Seguindo Klein, Bion vê o ataque sobretudo no uso excessivo da identificação projetiva e ressalta que tal movimento expulsivo incide tanto sobre os objetos e sobre as partes do Eu, quanto sobre o próprio aparelho psíquico. Mas, por outro lado, Bion começa a compreender que a identificação projetiva não é um processo em si patológico: ao contrário, trata-se de uma técnica arcaica fundamental de comunicação entre o bebê e a mãe. O bebê expulsa de si e tenta "enfiar" na mãe vivências emocionais que não é capaz de suportar – como o terror de morrer –; e cabe a ela receber e experimentar a sensação de pavor e, ainda assim, manter a ponderação e o equilíbrio e transformar tal material bruto dentro de si a fim de que, posteriormente, ele possa ser reintrojetado pelo bebê, sem perigo.

Muitos pacientes foram privados deste exercício da identificação projetiva em "graus normais" e por isto recorrem a ela de modo tão excessivo na transferência. Mas a compulsão à repetição os leva a reviver o sentimento de que tal movimento é recusado também pelo analista, o que produz reações cada vez mais violentas. Bion sugere que, neste sentido, a agressão do paciente não é primária, e sim secundária: trata-se de uma reação ao que ele sente como uma atitude defensiva, hostil e não receptiva do outro. Como nos é bem familiar, o circuito fechado paranoide reproduz continuamente a violência que tanto teme, em uma situação complexa que obscurece a percepção do "onde tudo começou", deixando-nos com o desafio de tentar compreender quando se trata de uma violência primária ou secundária. No tratamento analítico, tudo fica extremamente dificultado pelo fato de que uma possível gratidão pela oportunidade de compreensão oferecida pelo analista coexiste com um enorme ressentimento pela privação vivida e, por decorrência de uma recordação arcaica transferida para a cena atual, com uma hostilidade ao analista por ser alguém que não compreenderá e se recusará a ser usado[6] como continente da necessidade de identificação projetiva do paciente.[7]

Este aparentemente pequeno acréscimo que Bion faz à teoria kleiniana da identificação projetiva significa um salto de qualidade

---

6   Esta proposição de Bion a respeito da importância de a mãe/analista ser "usada" pode ser aproximada de modo muito interessante do conceito de "uso de objeto" desenvolvido por Winnicott no final de sua obra.

7   A expressão "transferência delirante", proposta por M. Little e reaproveitada por Winnicott, serve bem para designar este círculo paranoide que impera em certas relações analíticas.

484   AS PULSÕES REVISITADAS

importante. Pois, a partir dele, a equação etiológica da psicose passa a incluir de modo marcante uma dimensão relacional: é na *relação* inicial mãe-bebê que se encontrariam as condições básicas para um desenvolvimento saudável ou, por outro lado, um fator determinante para a uma interrupção do desenvolvimento.[8] Neste sentido, Bion (1959/1994) chegou a fazer uma afirmação curiosa e difícil de compreender, por seu caráter paradoxal: "os ataques destrutivos a este elo de ligação [entre o paciente e o analista e entre o bebê e o seio] originam-se numa fonte externa ao paciente, ou ao bebê; ou seja, no analista, ou no seio" (p. 121). Assim, *o analista e o seio são a fonte do ataque*. Como compreender esta afirmação: trata-se da descrição de uma simples projeção? Ou de uma "memória arcaica" da incapacidade materna de ser continente para as identificações projetivas? A questão é, pois: de onde partiu o ataque, primariamente? Ora, esse foi o modo como Bion encontrou para descrever "o fator ambiental na produção da personalidade psicótica" (Bion, 1959/1994, p. 122).

Mas Bion apresenta, em seus trabalhos da década de 1950, um movimento pendular, oscilando entre o polo ambientalista e o polo inatista. Pois, justamente em seguida à proposição do "fator ambiental", ele afirma: "não apresento essa vivência como causa da perturbação do paciente. A principal fonte desta se encontra na disposição inata do bebê" (Bion, 1959/1994, pp. 121-122). Tal disposição é constituída de agressão e inveja primárias exacerbadas, devidas, em última instância, à predominância da pulsão de morte. Este axioma pode ser facilmente reconhecido como uma herança de M. Klein, que efetuou, por sua vez, uma leitura muito própria da teoria

---

8 Para Bion, esta parada no desenvolvimento equivale à destruição da capacidade de ter curiosidade e à consequente incapacidade de aprender, própria de uma atitude arrogante. A abordagem do mundo permanece segundo a lógica dos objetos parciais, não sendo possível uma apreensão da totalidade dos fenômenos da realidade e a percepção, neles, de relações de causalidade.

freudiana das pulsões de vida e de morte. Aqui poderíamos ver uma necessidade pessoal de Bion de manter sua filiação a Klein, mas penso que isto não explica tudo; a abordagem de Bion é bastante sutil e delicada, e implica considerar um entrecruzamento complexo entre herdado e adquirido:

> *a origem da perturbação é dupla. De um lado está a disposição inata do paciente à destrutividade, ódio e inveja excessivos. De outro lado, o ambiente que, na pior hipótese, nega ao paciente o uso dos mecanismos de cisão e identificação projetiva. (Bion, 1959/1994, p. 122)*

Em Winnicott, o peso no fator ambiental é mais claro e explícito, sendo reafirmado inúmeras vezes, à maneira de uma palavra de ordem. Como Bion, a base da teoria da psicose de Winnicott se encontra em um conjunto de trabalhos iniciados na década de 1940 – "O desenvolvimento emocional primitivo", de 1945, foi o primeiro deles – e que ganharam corpo na década de 1950, sendo posteriormente reunidos em *Textos selecionados: da pediatria à psicanálise.* "Psicose e cuidados infantis" é aquele que enuncia a problemática etiológica de maneira mais direta. Se – conforme testemunha Winnicott (1952b/1992) – a etiologia das neuroses[9] já era totalmente aceita na época,

> *não é tão sabido – e, na verdade, ainda se trata de assunto sujeito à prova – que os distúrbios que podem ser reconhecidos e classificados como psicóticos têm sua origem em distorções no desenvolvimento emocional ocorridos antes que a criança tenha claramente se tornado uma*

---

9 Winnicott refere-se, aqui, no seu linguajar típico, à proposição freudiana do Édipo como complexo nuclear da neurose.

pessoa inteira, capaz de relacionamentos totais com pessoas inteiras. (p. 220)

Assim, para Winnicott, a psicose se deve a problemas ocorridos nos estágios primitivos do desenvolvimento emocional e, para compreender sua etiologia, deve-se fazer uma redescrição do processo de desenvolvimento de um bebê.

Greenberg e Mitchell (1983/2003) consideram que esta abordagem diagnóstica de Winnicott faz parte de um estratagema por meio do qual ele buscava – de maneira forçada e inapropriada – colocar-se em continuidade ao trabalho de Freud. Ele teria demarcado o território da neurose para uma "psicanálise freudiana", o território das depressões para uma "psicanálise kleiniana" e o território da psicose para uma "psicanálise winnicottiana": "a neurose é o território do 'indivíduo', o 'fator pessoal', em contraste com os transtornos do falso *self*, que são produto de deficiências ambientais" (Greenberg & Mitchell, 1983/2003, p. 209). De fato, há aqui uma certa simplificação, que pode gerar territórios estanques; pois Freud nunca deixou de considerar o fator externo na etiologia da neurose e, na verdade, o caráter multifatorial das "séries etiológicas" se aplica, em tese, a todo espectro psicopatológico. É também verdade que, conforme o trabalho de Winnicott avançou, suas proposições clínicas e metapsicológicas desenvolvidas a partir do trabalho com pacientes graves se estenderam e acabaram por produzir, de um modo mais geral, um novo modo de pensar e praticar a psicanálise; portanto, até certo ponto, está correto dizer que "à medida que seu trabalho foi evoluindo, se tornou claro que o que Winnicott estava propondo não era uma extensão, mas uma *alternativa* à abordagem de Freud" (Greenberg & Mitchell, 1983/2003, p. 209).

No entanto, podemos entender também que as diversas proposições de Winnicott quanto à questão diagnóstica refletem seu próprio processo de elaboração de um posicionamento sobre o assunto, e que o contraste entre neurose e psicose permaneceu sendo para ele – em continuidade à tradição freudiana – o eixo básico de sua abordagem. Seguindo sua linha de pensamento, faz sentido supor que, na etiologia da psicose – justamente por ela se referir aos momentos mais arcaicos de desenvolvimento do bebê, em que ele está em um estado de absoluta dependência –, o peso do fator ambiental seja maior. Esta hipótese é reforçada por observações realizadas no trabalho analítico com pacientes em situação de regressão à dependência, no qual se verifica o lugar primordial que a relação com o *setting* e com a pessoa do analista ganha em tais situações. Essa hipótese vai na direção oposta à sugestão de Freud sobre um possível peso maior dos fatores hereditários nas regressões mais severas – ideia que, aliás, o senso comum em geral adota, ao considerar que a gravidade da apresentação da desorganização psicótica seria um forte indício que sugere o peso maior do fator inato.

Recapitulemos brevemente os pontos principais da teoria do desenvolvimento inicial proposta por Winnicott, a fim de compreendermos o que está em jogo nos estágios associados à etiologia da psicose. Tais estágios encontram-se, lógica e cronologicamente, antes do desmame – passagem crucial no desenvolvimento psíquico, relacionada às problemáticas depressivas – e coincidem com o processo de formação do Eu, por sua vez constituído de três processos principais: a integração, a personalização e a realização; eles pavimentam o caminho para a passagem de um estado inicial de indiferenciação mãe-bebê para o surgimento de um Eu. Em um percurso saudável, o meio ambiente permite que o bebê viva por um tempo um isolamento não perturbado, até que possa, a partir de um movimento próprio, descobrir a existência do mundo externo sem perder o sentido de si-mesmo. Mas quando o ambiente fracassa em oferecer uma adaptação ativa suficientemente boa, produz-se uma distorção psicótica. A travessia transicional é, aqui, crucial, já que, por meio da experiência da ilusão, cria-se uma ponte de comunicação entre o sujeito e o mundo que possibilita, ao mesmo tempo, o desenvolvimento do sentido de realidade e a conservação do sentido de si-mesmo.

O efeito de uma falha significativa do ambiente em sustentar tais processos iniciais é o surgimento de uma *cisão básica*; esta cisão será a marca mais profunda e característica da estrutura psicótica, podendo se desdobrar em diversas modalidades de dissociações secundárias, conforme vimos anteriormente no capítulo dedicado a Winnicott. Este modelo etiológico se refere de modo mais direto às estruturas esquizoides que, por um processo dissociativo, funcionam à base de um falso si-mesmo defensivo, a fim de proteger o verdadeiro si-mesmo de uma ameaça constante de aniquilamento; para permitir uma sobrevivência mínima, este deve permanecer inteiramente isolado. Mas também as estruturas paranoides são explicadas por este modelo: elas se devem ao fracasso ambiental em neutralizar as ameaças extremas – reais – vividas pelo Eu quando de seus primeiros passos na diferenciação a partir da organização ambiente-indivíduo.

Assim, Winnicott (1952b/1992) desenvolveu uma teoria da psicose que coloca o acento principal no fator ambiental, em termos do cuidado humano dispensado ao bebê nos primeiros momentos de seu desenvolvimento. A sua proposta é clara e axiomática:

> *a base da saúde mental vai sendo estabelecida pela mãe desde a concepção e prossegue pelo cuidado comum de seu bebê devido a sua dedicação especial a tal tarefa. O adoecimento mental de tipo psicótico surge devido a atrasos e distorções, regressões e desordens [muddles], em estágios precoces do crescimento da organização indivíduo-ambiente. Tal adoecimento emerge de modo*

imperceptível a partir de dificuldades comuns que são inerentes à natureza humana e que colorem a tarefa do cuidado da criança, seja este realizado pelos pais, por enfermeiros ou professores de escola. (Winnicott, 1952b/ 1992, pp. 227-228)

A teoria da psicose de Winnicott evoluiu ao longo de sua obra e vale a pena mencionar um aspecto que surgirá no final deste percurso. A proposição do "fator ambiental na produção da personalidade psicótica" de Bion, nascida da ideia de que o ataque se origina de uma fonte *externa*,[10] pode ser cotejada com certas formulações de Winnicott a respeito da loucura que é *externa* ao indivíduo, como um elemento estranho ao Eu. Em um breve artigo, Winnicott (1969a/ 1999) relata o atendimento de um menino que "trouxe" para a cena analítica uma loucura que Winnicott entendeu como sendo de sua mãe, e não dele mesmo. No material clínico, quando o paciente vivia uma grande desorganização e reações caóticas e incompreensíveis, Winnicott viu uma encenação detalhada de uma cena que presumivelmente o menino presenciara algumas vezes: o surto psicótico da mãe, do qual ela em seguida se recobrava. Em vez de considerar que ele ficou louco, Winnicott preferiu pensar que ele foi *possuído* pela loucura e que, na verdade, estava reproduzindo na cena analítica um retrato vívido da cena testemunhada: "mamãe às vezes fica louca quando você está por perto; é isto que você está me mostrando" (Winnicott, 1959/2001, p. 380), interpretou ele. Em outro relato bem conhecido, Winnicott (1971/1996) interpretou: "o louco sou *eu*"; isto se deu logo após ter dito a este paciente, homem adulto: "eu estou escutando a uma moça" (p. 73). Novamente tratava-se de uma loucura externa: a loucura da mãe que, quando de seu nascimento, vira uma menina onde existia um menino. O "ser visto" como uma menina se

_____
10 Cf. p. 484.

originava de uma loucura externa (da mãe ou, na situação transferencial, do analista) e esse reconhecimento liberou o paciente de um estado dissociado crônico e antigo: "o paciente disse que agora ele se sentia são, em um ambiente louco" (Winnicott, 1971/ 1996, p. 74).

Vemos, assim, nas trajetórias de Bion e Winnicott, um trabalho progressivo de elaboração da questão etiológica da psicose, a partir de um diálogo entre a experiência clínica intensiva com pacientes graves e a tradição das teorizações vigentes, especialmente no eixo Freud-Klein. O apoio de Bion em Klein é mais evidente, especialmente em relação à sua concepção dos mecanismos esquizoparanoides derivados de impulsos destrutivos inatos; mas a evolução de suas pesquisas o levou a uma reelaboração, que conduziu a uma mudança significativa: reconhecer a função primordial do continente materno em dar lugar ao trabalho de ligação e em dar condições para a construção da capacidade de pensar, que se fazem necessários para o desenvolvimento em direção a uma organização não psicótica. No entanto, Bion não deixa de enfatizar a importância igualmente marcante dos fatores inatos, na forma de uma tendência destrutiva.

Winnicott foi mais enfático em colocar praticamente todo o acento no papel dos cuidados maternos na etiologia da psicose, desconsiderando,[11] na prática, os fatores inatos. O seu salto em direção ao modelo relacional é, aqui, mais claro e decidido; como sintetizaram Greenberg e Mitchell (1983/2003): "o que Klein deriva da constituição, Winnicott deriva das provisões e falhas do ambiente" (p. 202). O próprio Winnicott (1959-1964/1990) ressaltou explicitamente esta diferença de abordagem, denominando-a de uma "dicotomia", que,

---

11 "Desconsiderar" não é "descartar": encontramos algumas passagens em que Winnicott considera a possibilidade de fatores inatos na etiologia da psicose. Há, certamente, bebês muito mais difíceis que outros, o que torna a tarefa de adaptação da mãe especialmente desafiadora, ou mesmo, em alguns casos extremos, quase que impossível na prática.

do seu ponto de vista, imperava nos círculos psicanalíticos. Para ele, Klein encontrava-se em um de seus polos:

> eu diria que Melanie Klein representa a tentativa mais vigorosa de estudar os processos precoces do desenvolvimento da criança sem considerar o estudo do cuidado da criança. Ela sempre admitiu que o cuidado da criança é importante, mas não fez um estudo especial dele. De outro lado, em uma outra vertente, houve aqueles que desenvolveram interesse no cuidado da criança e nas técnicas de cuidado. (Winnicott, 1959-1964/1990, p. 126)

Assim, no âmbito da etiologia, Winnicott, ao contrário de Bion, deixa mais clara sua distância em relação a Klein, apesar de testemunhar – o que não deixa de ser interessante – que ela mesma admitia a importância dos cuidados infantis, apesar de não ter se dedicado a estudá-lo.

Em mais um paralelo notável, as teorias da psicose desenvolvidas por Winnicott e Bion culminaram, nos dois casos, em uma proposição geral quanto ao mecanismo básico que subjaz a tal afecção. Como vimos em detalhe em capítulo anterior, Winnicott propôs a *cisão básica* como o mecanismo que dá origem à estrutura psicótica, emergindo, a partir dela, diversas formas de *dissociações* secundárias, como a dissociação entre o verdadeiro e o falso *self*, a dissociação entre a mente e o psicossoma, a dissociação que preside o fantasiar em contraste com o sonhar, a dissociação entre os elementos feminino e masculino puros etc. Para Winnicott a cisão é o mecanismo básico da psicose, enquanto que o recalcamento – exatamente como Freud propôs – é o mecanismo *princeps* da psiconeurose: *"a cisão toma o lugar do inconsciente recalcado do psiconeurótico"* (Winnicott, 1967c/1989, p. 195).

Bion (1957/1994) também conserva a proposição freudiana do recalcamento como o mecanismo da neurose, mas descreve o mecanismo básico da psicose em termos um pouco diferentes. Para ele, a personalidade psicótica utiliza-se de uma combinação regular de dois mecanismos: a *cisão* e a *identificação projetiva*. O lugar primordial atribuído à identificação projetiva na gênese da psicose se deve à herança kleiniana e, mais particularmente, à ênfase nos movimentos de expulsão projetiva de elementos psíquicos não tolerados e – mais que tudo – do próprio aparelho de pensar. Tais movimentos expulsivos são associados, como sabemos, à preponderância da hipotetizada pulsão de morte. Os efeitos desta expulsão generalizada são descritos por Bion com uma impressionante genialidade e riqueza de detalhes, construindo um quadro vívido da experiência subjetiva do psicótico, rodeado e aprisionado pelos objetos bizarros.

A descrição de tais mecanismos levou cada um dos autores a *redescrever* o próprio conceito de inconsciente – e isto não é pouca coisa. Conforme vimos em capítulo anterior,[12] ao propor a ideia inquietante do registro paradoxal de um "acontecido e não experimentado", Winnicott reelaborou e ampliou o conceito de inconsciente, descrevendo uma forma de inconsciência com características novas; também Bion buscou resposta para tal questão:

> *enquanto a parte não psicótica da personalidade recorre ao recalcamento como meio de eliminar da consciência – e de outras formas de manifestação e atividade – certas tendências da mente, a parte psicótica da personalidade, por sua vez, tenta livrar-se do aparelho de que depende a psique para levar a efeito os recalcamentos; tem-se a impressão de que o inconsciente foi substituído pelo mundo dos conteúdos oníricos. (Bion, 1957/1994, p. 65)*

---

12 No Capítulo 1, "Da pulsão à relação de objeto".

O "viver em um mundo de conteúdos oníricos" do psicótico nada tem a ver com o sonhar verdadeiro; este se dá em um espaço de sono-sonho devidamente constituído, do qual podemos nos retirar sempre que necessário por meio do despertar – seja ele espontâneo ou desencadeado por um sonho de angústia, à maneira de uma saída de emergência.[13] O psicótico, ao contrário, "se sente aprisionado no estado mental a que chegou, e incapaz de evadir-se; ... a sensação de aprisionamento se intensifica pela presença ameaçadora dos fragmentos expelidos, em cujos movimentos planetários o paciente fica contido, alojado" (Bion, 1957/1994, p. 64). Portanto, o "mundo dos conteúdos oníricos" originados pela cisão e pela identificação projetiva subsequente veio a substituir, para Bion, o lugar do inconsciente recalcado da neurose, como, para Winnicott, o "acontecido não experimentado" veio a tomar o lugar do inconsciente freudiano da primeira tópica.

O "combate ao inatismo" e a pulsão de morte

É notável como, na história da psicanálise, um certo espírito de "combate ao inatismo" frequentemente veio acompanhado de uma revisão da teoria pulsional, seja em termos de reinseri-la no círculo mais amplo do campo relacional, seja em termos de uma crítica ou redescrição do conceito de pulsão. A discussão sobre a etiologia da psicose é, quanto a isto – como vimos –, bastante exemplar. Em paralelo a esta temática, um outro tópico polêmico e importante se recoloca como central no que se refere à questão inato/adquirido: a controvérsia a respeito da pulsão de morte. Uma breve recapitulação panorâmica pode nos ser útil.

---

13 Cf. Gurfinkel (2008b).

494 AS PULSÕES REVISITADAS

Abraham realizou um importante estudo da psicopatologia psicanalítica em relação à história do desenvolvimento da libido, seguindo e aprimorando proposições de Freud. Ao vincular os quadros clínicos aos diversos pontos de fixação, ele adotou como eixo fundamental a evolução da ambivalência no desenvolvimento, partindo de um estágio pré-ambivalente (fase oral succional), seguido pela presença do sadismo oral, anal e fálico e suas sucessivas reelaborações, até a organização genital adulta. No entanto, é digo de nota que Abraham nunca tenha articulado a problemática da ambivalência à segunda dualidade pulsional – articulação que Freud fez explicitamente em *Além do princípio do prazer* –; e isto nem mesmo nos seus últimos anos de trabalho, após 1920, que se seguiram à proposição freudiana. Podemos supor que Abraham não achou conveniente ou necessário lançar mão da hipótese da pulsão de morte para dar conta, metapsicologicamente, da problemática do ódio e sua relação com o impulso amoroso, caminho que M. Klein, sua ex--analisanda, abraçou com todas suas forças. Será que ele mesmo o teria feito, se tivesse vivido mais? Ou será que manteve esta posição pois seu modelo, que enfatizava os modos de relação de objeto em seu paralelismo com a formação do caráter, teria se enfraquecido se inatizado pela "solução simplificadora" da pulsão de morte?

Ferenczi, como vimos, diferentemente de Abraham, assimilou o conceito de pulsão de morte da virada de 1920, mas à sua maneira. O princípio regressivo de *Além do princípio do prazer* foi, para ele, um reforço para sua própria construção de uma metapsicologia do princípio regressivo. Mas a teoria das pulsões de vida e de morte não foi tomada de uma forma inatista. Muito ao contrário: o destino do interjogo de tais forças primordiais depende, para ele, muito mais dos cuidados dispensados à criança que de intensidades herdadas. Assim, como se vê, ambos os seguidores diretos de Freud foram bastante comedidos em abraçar a causa "inatista" da pulsão de morte.

Winnicott foi um grande crítico ao conceito de pulsão de morte, o que combina bem com o combate ao inatismo que observamos em sua concepção etiológica dos distúrbios psíquicos – especialmente quanto aos casos mais graves, cujo "apelo" à explicação em termos de pulsão de morte parece, muitas vezes, atraente e quase "autoevidente". A sua crítica ao conceito se deu por meio de um verdadeiro trabalho de desconstrução ao longo do tempo, cujas marcas encontramos em vários de seus artigos, e que teve como pano de fundo a ambição de construir uma verdadeira *alternativa* – aqui sim – à teoria freudiana da pulsão de morte. A construção desta proposta alternativa talvez seja uma das mais consistentes e bem elaboradas da história da psicanálise.[14]

Mas é preciso também lembrar de Fairbairn, cujas proposições antecedem, em muitos aspectos, as de Winnicott. O mesmo se passou em relação ao tema da pulsão de morte: em artigo de 1943, quando acabara de estabelecer as bases de sua "psicologia das relações de objeto", erigida a partir de uma revisão crítica contundente da teoria da libido freudo-abrahamniana, Fairbairn afirmou que não necessitamos "ir além do princípio do prazer" e postular uma compulsão à repetição para explicar a persistência de cenas traumáticas na vida psíquica, e que, a partir do momento em que se considere que a finalidade da libido não é a busca de prazer e sim de objeto, o conceito de pulsão de morte "se torna supérfluo" (Fairbairn/1980, 1943, p. 62). Para ele, aquilo que Freud descreveu como sendo manifestações da pulsão de morte são, na verdade, relações masoquistas com objetos maus internalizados – à maneira da identificação com o agressor, descrita por Ferenczi na década anterior. O caráter de tais manifestações é, para Fairbairn, essencialmente libidinal. A visão de Winnicott e

---

14 Para uma discussão mais sistemática desta crítica de Winnicott ao conceito de pulsão de morte e da alternativa por ele construída, ver "Pulsão de morte ou mãe morta?" (Gurfinkel, 2001).

Fairbairn são, neste sentido, um exemplo claro de repúdio ao inatismo embutido no conceito de pulsão de morte, em favor de uma teoria etiológica dos aspectos mais sombrios e destrutivos da conduta humana calcada nos descaminhos das relações objetais iniciais.

Avançando algumas décadas, encontramos, na obra de André Green, mais uma reelaboração interessante do tema. Green não repudia diretamente o conceito de pulsão de morte, mas reelabora-o de tal modo que acaba por reinseri-lo em um contexto relacional. Um dos focos fundamentais de sua abordagem do conceito é a dimensão de desligamento que lhe é inerente, o que o levou a redescrever a pulsão de morte como um "desinvestimento desobjetalizante". A formulação é interessante e rica em significados, e nasce de uma releitura de Freud influenciada pelas principais linhas de força da era pós-freudiana – dentre as quais se destacam, além da de Lacan, aquelas de Winnicott e de Bion. O *desinvestimento* alude ao fato de que o trabalho da pulsão de morte pode ser entendido como uma retirada do investimento libidinal que é, ao mesmo tempo, *desobjetalizante*, pois apaga a presença viva do objeto do campo subjetivo do indivíduo, desfazendo, ao mesmo tempo, o vínculo sujeito-objeto. Trata-se de uma retirada radical de caráter narcisista, que constitui uma espécie de "narcisismo de morte"; aqui se dá, de fato, um desligamento que desarticula o elo que liga o sujeito ao objeto, à maneira do "ataque ao vínculo" proposto por Bion.

Mas, como o próprio Green (1986/1988) assinalou, sua revisão da teoria da pulsão de morte já se afasta consideravelmente do modelo pulsional freudiano original, já que,

> *mesmo se formulamos as pulsões como entidades primeiras, fundamentais, isto é, originárias, deve-se, no entanto, admitir que o objeto é o revelador das pulsões. Ele não as cria – e sem dúvida podemos dizer que é criado por elas,*

*pelo menos em parte – mas é a condição de seu vir a
existir. E é através desta existência que ele mesmo será
criado ainda que já estando lá. É esta a explicação da
ideia de Winnicott do encontrar-criar. (p. 64)*

Trata-se de uma saída bastante criativa e rica em ressonâncias:
o paradoxo do criar-encontrar do espaço transicional pode ser
tomado como um instrumento muito útil para recolocar a questão
dilemática do tipo "quem vem antes, o ovo ou a galinha" – a pulsão
ou o objeto?

Ao acompanharmos estas diversas elaborações a respeito da
teoria da pulsão de morte, compreendemos que o inatismo supostamente embutido em tal conceito depende, também, da leitura que
faz cada autor. Assim, se a visão kleiniana reforçou tal inatismo, a
reinterpretação do conceito por outros autores que a antecederam
ou que a sucederam não seguiu necessariamente o mesmo caminho, seja dentro ou fora do ambiente da psicanálise britânica. Este
foi o caso de Lacan, que vinculou, de modo próprio e original, tal
conceito ao que nomeou como "gozo", em contraste com o "prazer".
Penso que, se deixarmos de lado o aspecto inatista da teoria das
pulsões de vida e de morte, podemos retrabalhá-la de modo mais
proveitoso – como o fez Green – se reconhecermos a importância e
o lugar central que ocupa, na vida psíquica dos homens, o interjogo
entre um trabalho de ligação-integração, efetuado pelas pulsões de
vida, e o trabalho do desligamento, efetuado pelas forças antagônicas da pulsão de morte. Mas, ainda assim, fica a interrogação: vale
a pena, neste caso, conservar esta nomenclatura original, derivada
do "modelo pulsional" descrito por Greenberg e Mitchell? Ou seria
mais conveniente uma reenunciação metapsicológica mais clara e
discriminadora, como o fizeram Winnicott e Fairbairn?

* * *

498   AS PULSÕES REVISITADAS

Uma conclusão é certa: o pensamento das relações de objeto contribuiu significativamente com uma importante crítica, advertindo a comunidade psicanalítica contra os riscos de se cair em um inatismo improdutivo, especialmente a partir de um possível uso enviesado da teoria pulsional. Mas é bom lembrar também que o combate ao inatismo se iniciou com a própria fundação da psicanálise por Freud que, ao postular o recalcamento resultante de conflitos psíquicos como o mecanismo *princeps* da histeria, ele o fez, em parte, para se contrapor à teoria etiológica de Janet, vigente na época, de uma tendência à dissociação em virtude de uma "debilidade psíquica" inata em tais casos. Pois, como bem testemunhou Ferenczi (1928a/1992b):

> *Charcot punha todo o seu empenho em averiguar os traços hereditários e nada mais contava. Nós, psicanalistas, não negamos, em absoluto, a sua importância; muito pelo contrário, consideramo-los fatores de peso na etiologia das neuroses e psicoses, mas não os únicos. Pode haver uma predisposição desde o nascimento, mas, sem sombra de dúvida, sua influência pode ser modificada pelas experiências vividas, após o nascimento ou durante a educação. É preciso ter em conta tanto a hereditariedade quanto as causas individuais. (p. 6)*

Neste sentido, não podemos considerar que certos usos da teoria pulsional poderiam nos levar a sustentar as teses que os fundadores da psicanálise buscavam combater?

Por fim, é importante reconhecer e compreender que, apesar de todas as controvérsias e diferenças de ênfase, o modelo das "séries complementares" criado por Freud esteve como pano de fundo de todas estas discussões. Creio que a contribuição específica dos autores das relações de objeto visava, neste contexto, rediscutir e aprimorar este modelo original, com um foco particular: buscar estudar de que maneira se forma o fator constitucional (não hereditário), na história inicial de uma vida subjetiva, *no contexto do campo relacional*, e como este material disposicional é reativado e se atualiza no momento presente – seja na interação relacional dos sujeitos em sua vida cotidiana, ou, ainda, no caso específico da situação transferencial, seja na relação com o analista.

8. Busca de objeto?

Muito se tem falado em nome da "teoria das relações de objeto"; creio que devemos falar no plural – *teorias* das relações de objeto –, já que não se trata de um sistema de pensamento homogêneo e unânime. A solução terminológica de Greenberg e Mitchell é inteligente: eles falam em "relações de objeto na teoria psicanalítica" [*object relations in psychoanalytic theory*], já que vincular tal temática das "relações" a *uma* teoria ou a um ou mais teóricos específicos não faz justiça à complexidade do problema. As relações de objeto emergiram como tema esforços de acomodação de Freud do modelo pulsional a novos desafios teórico-clínicos, foram ganhando corpo ao longo da história da psicanálise até se tornarem – de modo mais deliberado e consciente – o cerne da questão humana para alguns psicanalistas.

Os autores britânicos que protagonizaram este movimento em meados do século passado nunca se organizaram – institucional ou informalmente – como um grupo. Esta parece ter sido uma opção mais ou menos deliberada. Em meio ao clima bélico e bastante dogmático que imperava na época das controvérsias entre os kleinianos e seus opositores, a conservação de um espírito independente era uma postura bastante cultivada – hoje podemos acrescentar: talvez de modo também reativo. E, ao lado disto, devemos lembrar das características pessoais dos personagens envolvidos: a escolha de Fairbairn de se manter à distância do fogo cruzado de Londres, a "teimosia" de Winnicott em dizer tudo com suas próprias palavras e de conservar seu "*self* psicanalítico" como um valor maior, ou mesmo a peculiar "posição trilíngue" ocupada por Balint – entre a linhagem húngara herdada de Ferenczi, a sua passagem pelo ambiente germânico e a construção da psicanálise da qual participou como protagonista em solo inglês –, que lhe deu condições de uma visão mais equilibrada e crítica das grandes paixões que ali se desenrolavam.

Mas algo se passou entre estes homens de grande talento e senso crítico que limitou o estreitamento dos vínculos recíprocos que seria de se esperar; não encontramos sinais de grande entusiasmo quanto aos pontos de contato evidentes entre seus diversos pensamentos e, em alguns casos, notamos uma certa observação fria e à distância que põe em relevo, antes de tudo, as divergências e os "pontos fracos" dos colegas. Este estado de coisas deixou, por um lado, mais trabalho para os estudiosos da história das ideias em psicanálise e, por outro, um campo muito menos viciado de conluios e falsos acordos que costumam engessar o livre pensar – bem como o "livre associar-se" e o livre associar. Nós nos nutriremos, neste capítulo, dos benefícios deste "espírito independente" preservado por nossos autores-personagens e retomaremos diversas polêmicas e críticas que circularam entre Fairbairn, Balint e Winnicott.

A proposição de Fairbairn sobre a busca do objeto expressa bem o projeto de revisão da psicanálise próprio das "teorias das relações de objeto" e merece ser mais uma vez retomada neste final do nosso percurso. Se, no capítulo anterior, estivemos discutindo as decorrências do pensamento das relações de objeto *do lado das pulsões*, agora o faremos, à maneira de um contraponto, *do lado do objeto*. A frase-ícone de Fairbairn nos servirá como mote para tal empreitada, justamente por condensar muitas das questões e controvérsias inerentes ao tema. E, como veremos, ela não foi adotada, de modo algum, como uma bandeira unânime; só para começar, tanto Winnicott quanto Balint manifestaram suas reservas a tal proposta.

Balint critica Fairbairn: a busca de prazer subsiste!

Fairbairn se contrapôs ao que qualificou como "hedonismo" da teoria freudiana da libido. Segundo esta, os seres humanos são guiados pela finalidade primária de busca de prazer, o que equivale, na linguagem das pulsões, ao alívio por descarga da tensão da excitação corporal que se acumula nas zonas erógenas. No início, a sexualidade é autoerótica, passando por uma etapa intermediária narcisista até o paulatino desenvolvimento em direção ao aloerotismo; este processo é acompanhado, *pari passu*, pela substituição gradativa do princípio do prazer pelo princípio da realidade. O objeto, que só entra de fato em cena neste tempo secundário, importa apenas na medida em que serve como instrumento na obtenção de prazer. Na visão de Fairbairn, este modelo é insatisfatório, pois relega a relação de objeto para um segundo plano e desconsidera que o homem é, por natureza, um "animal social". Os homens, tanto quanto os animais, são inerentemente orientados para o mundo dos objetos, seguindo um "princípio da realidade" – o que se confirma pelos fenômenos do "*imprinting*" observado pelos etologistas e do apego descrito por Bowlby.

Ora, a reação mais comum daquele que toma contato com os escritos de Fairbairn é perguntar: então devemos jogar fora o princípio do prazer como modelo explicativo da natureza humana?

504   BUSCA DE OBJETO?

O olhar de Balint (1957/1994) sobre a posição de Fairbairn suscita, neste ponto, uma rica reflexão, especialmente vindo de alguém que não pode ser considerado, propriamente, um adversário das relações de objeto. A sua crítica principal é que Fairbairn teria incorrido no erro de uma *generalização* indevida de suas proposições. Balint reconhece nelas uma mudança radical na teoria psicanalítica, mas considera necessário reformulá-las de um modo mais restrito: "não nego a grande importância das relações de objeto; só gostaria de ressaltar que excluir todo o resto é muito parcial e tendencioso" (Balint, 1957/1994, p. 140). Ele assinala ter sido um dos primeiros a ressaltar a dimensão relacional da experiência psi-canalítica; assim, desde 1932, ele vinha denunciando a falácia do conceito de narcisismo primário. Mas, ainda assim, não temos como afirmar a inexistência de outras tendências que não as da busca de objeto: "não concordo que a busca de prazer deva ser excluída" (Balint, 19571994, p. 140).

Com esta premissa, Balint recoloca a tarefa da pesquisa psicanalítica, que passa a ser: como conceber a inter-relação entre os dois princípios – a busca de objeto e a busca de prazer –, já que ambos devem ser tomados em conta? Balint levanta três possíveis maneiras de responder à questão e, de um modo mais humilde que Fairbairn, reconhece aqui uma porção de desconhecimento da pesquisa psicanalítica; pois, para ele, a experiência clínica não possibilita que nos decidamos em favor de algum caminho. As três possibilidades são:

> *a) A busca de prazer e a busca de objeto são ambas inatas e independentes; b) em algum estágio do desenvolvimento, parte da busca de prazer é transformada em busca de objeto; c) a busca de prazer é um caso especial de busca de objeto, nas situações em que a*

escolha de objeto é assunto totalmente indiferente (isto é, dentro do vasto campo de objetos disponíveis, nenhum importa). (Balint, 1957/1994, p. 140)

Balint não desenvolveu seu raciocínio além deste ponto, mas nos deixou esta proposição como um estimulante material para reflexão. Talvez, busca de prazer e busca de objeto coexistam como princípios ordenadores da natureza humana; esta é uma resposta que nos leva a um modelo misto entre o pulsional e o relacional. Talvez, a busca de objeto seja mesmo secundária, ainda que muito importante na vida dos homens; ela surgiria, neste caso, de alguma transformação da busca de prazer originária, em um raciocínio bem próximo ao freudiano: o princípio da realidade como uma modificação do princípio do prazer.[1] Ou, ainda, talvez seja o contrário: a busca de objeto é primária e ela se torna uma busca de prazer quando uma total indiferença em relação ao objeto se faz presente. Balint não esclarece quais seriam estas circunstâncias: seria um sinal de imaturidade? Seria uma circunstância comum na vida dos homens? Ela seria determinada por fatores externos ou internos?

Se seguirmos o modelo de Fairbairn, esta terceira possibilidade nada mais é que um padrão patológico no qual se dá um desvio ou uma *deterioração* da vocação objetal do homem; este é o caminho mais lógico para compreendermos, dentro desta visão, o hedonismo que caracteriza diversas formas psicopatológicas, como os processos aditivos. Assim, em resposta a Balint, Fairbairn (1957/1994)

---

1 Segundo a interpretação de Scharff e Birtles, os editores dos *Selected Papers* de Fairbairn, se a busca de prazer fosse de fato a motivação primária da criança, ela morreria de inanição. O prazer é secundário em relação à alimentação e esta, por sua vez, é também uma decorrência secundária da necessidade de um relacionamento pessoal com a mãe – para além do relacionamento com o seio enquanto objeto parcial (Scharff & Birtles, 1994, v. 1, p. 100).

reiterou que não é sua intenção negar a importância do prazer na economia psíquica: "o que está em questão é o papel particular que nela ele cumpre; eu defendo que, embora sob certas condições ele pode se tornar, sem sombra de dúvida, um 'fim', sua função natural é a de ser um 'meio'" (p. 151).

Vemos aqui, mais uma vez, como uma sutil inversão entre meios e fins faz toda a diferença. Quando o prazer se torna um fim em si mesmo – o que é bastante comum –, a sua função natural está sendo transformada em virtude de alguma distorção na busca de objeto, pondo em marcha o princípio do prazer; isto pode dar a impressão de se tratar de um princípio geral do funcionamento psíquico, mas, para Fairbairn, trata-se de uma impressão enganosa. Como ele mesmo esclarece, o princípio do prazer é colocado em ação necessariamente com uma função de *defesa*. Assim, o próprio Fairbairn responde à crítica de ter negligenciado a questão do prazer:

> *tal conclusão [a proposição da busca de objeto como a finalidade primária do psiquismo] não implica, de forma alguma, o abandono do princípio do prazer, mas apenas uma re-interpretação do mesmo no sentido de que ele representa a deterioração do comportamento decorrente de falhas de adaptação às condições da realidade externa. (Fairbairn, 1956/1994, p. 132)*

O princípio do prazer não faz parte das formas básicas e constitutivas da atividade psíquica, mas é, essencialmente, uma "técnica de defesa de caráter inespecífico" (Fairbairn, 1957/1994, p. 151).

Fairbairn dá a entender que foi mal interpretado por Balint, já que nunca negou a presença da busca de prazer na conduta humana, mas apenas propôs considerá-la sob outro ângulo. Creio que, com este estratagema, ele em parte desvia do aspecto mais interessante dos comentários de Balint: temos mesmo condições de considerar a busca de objeto como o único motor da conduta humana? Quem nos garante que ela não convive, em paralelo, com a busca de prazer como uma tendência também primária? Esta possibilidade tem sido abraçada por diversos analistas e talvez seja a tendência que mais cresce na psicanálise contemporânea.

Os "modelos mistos" e a psicanálise contemporânea

Greenberg e Mitchell assinalaram a presença desta tendência na psicanálise norte-americana e apontaram Kohut como um de seus principais representantes. Em uma síntese bastante clara, eles resumiram muito bem o espírito que rege este tipo de caminho:

> Uma abordagem hoje comum, que tem gerado considerável controvérsia nos círculos psicanalíticos ortodoxos, mas que tem sido abraçada de modo entusiástico por psicoterapeutas mais ecléticos, é a tentativa de misturar modelos teóricos. Diferentemente de revisionistas radicais do modelo relacional, os autores que empregam esta estratégia não rejeitam a compreensão clássica da natureza da pulsão. Diferentemente dos acomodadores teóricos que ainda operam dentro do modelo pulsional, eles tampouco buscam simplesmente integrar as questões relacionais a uma estrutura em última instância regulada pela atividade pulsional. Os teóricos do modelo misto tentam justapor os pressupostos funda-

508   BUSCA DE OBJETO?

mentais dos dois grandes modelos; eles acreditam que uma compreensão mais plena da natureza humana requer que levemos em conta ambos os fatores – pulsionais e relacionais – como forças motivacionais fundamentais, fatores que são tratados como mais ou menos independentes. A difícil tarefa do analista que segue esta estratégia é encontrar alguma cola conceitual que una os dois modelos. (Greenberg & Mitchell, 1983/2003, pp. 351-352)

A proposta de Balint de uma possível coexistência entre a busca de prazer e a busca de objeto se encaixa perfeitamente nesta definição de um "modelo misto"; como bem assinalaram Greenberg e Mitchell, este caminho trilhado por Balint está bastante condicionado pelo seu esforço de integrar a visão freudiana e a ferencziana, conflito que viveu de perto. Trabalhar com um modelo misto tem sido uma escolha que continuou sendo levada bem a sério.

Conforme vimos no capítulo 1, um bom exemplo deste tipo de tendência encontra-se na obra de André Green. Trata-se de um autor contemporâneo bastante respeitado que empreendeu um trabalho de articulação entre diversas correntes psicanalíticas de modo rigoroso e crítico, e com o cuidado e a fundamentação suficientes para que a "cola conceitual" seja de fato de boa qualidade. Assim que, ao referir-se ao seu próprio trabalho em comparação ao de Winnicott – que, segundo ele, teria subestimado o papel das pulsões –, sintetiza: "na verdade, acredito que o aspecto pulsional precisa ser considerado juntamente com a relação objetal, um esclarecendo o outro" (Green, 1997/1999, p. 249).

Sem a mesma ambição de densidade metapsicológica, mas com grande criatividade e alcance clínico – e bastante conscientes de seu projeto de construção teórico-clínico enquanto um "modelo misto" – podemos citar também Joyce McDougall e Christopher Bollas. Nesses autores, como em diversos outros, acompanhamos uma saudável e fértil alimentação recíproca entre as tradições francesa e inglesa da psicanálise, predominantemente "freudianas" e "relacionais", respectivamente.

"Na minha opinião não houve nenhum verdadeiro desvio paradigmático (de acordo com a definição de Kuhn) na teoria psicanalítica desde a publicação do trabalho da vida toda de Freud" (McDougall, 1995/1997, p. 255). Aqui, J. McDougall sintetiza seu ponto de vista, ao final de um trajeto de construções teórico-clínicas muito próprias, no qual pôde circular com liberdade e discernimento entre referenciais teóricos diversos. Não se trata de negar as diferenças entre eles – diferenças que McDougall reconhece e valoriza –, mas de reafirmar que "sem o pano de fundo da metapsicologia freudiana seria impossível pensar psicanaliticamente" (McDougall, 1995/1997, p. 253). A partir deste pano de fundo, McDougall absorve e utiliza a contribuição de pensadores de diversas escolas, incluindo os da relação de objeto.[2] Assim, por exemplo, para explicar as origens da economia adictiva, ela se baseia na teoria dos objetos transicionais de Winnicott e sugere o conceito de um "relacionamento adictivo" (McDougall, 1995/1997, p. 201) – um padrão patológico de relação estabelecido na relação inicial mãe-bebê –; mas, ao mesmo tempo, ela recorre também ao conceito de neonecessidade de Braunschweig e Fain (1975/2001), originado de uma reelaboração do modelo pulsional.[3] Para ela, cada modelo tem sua contribuição singular e seu limite de abrangência; ao se referir ao

---

2 Apoiada em A. Modell (*Object love and reality*, London: Hogarth, 1969/1977) e em Kuhn, McDougall (1982/1992, p. 60) tratou o pensamento das relações de objeto também como um "modelo", antes ainda da publicação do estudo de Greenberg e Mitchell.

3 Cf. Gurfinkel (2011).

510   BUSCA DE OBJETO?

modelo das relações de objeto derivado da teoria da transicionalidade, ela ressaltou: "como todo modelo, este só pode representar um aspecto do fenômeno que visa explicar, a saber, o nascimento da relação Eu-mundo" (McDougall, 1982/1992, p. 60). É
esta conjunção entre potencial heurístico e limitações inerentes
de cada modelo que confere valor teórico-clínico ao projeto de
composição entre eles e que justifica, no espírito do modelo misto,
enfrentar os riscos de ecletismo ou de cair em contradições intrín-
secas e inevitáveis.

Se houve algum "desvio" do paradigma original – conclui
McDougall –, ele se deu mais no campo da psicopatologia, na
medida em que o modelo inicial das pesquisas psicanalíticas era o
da psiconeurose, e este se ampliou para incluir os estados fronteiriços, psicóticos, adictivos, psicossomáticos, narcísicos e perversos; mas aqui se trata mais de um *alargamento* do campo, que
levou os psicanalistas a reexaminarem seus quadros conceituais,
que de um abandono de modelos obsoletos. O problema maior da
psicanálise contemporânea não provém, para ela, da diversidade
de teorias, mas do caráter dogmático e religioso que tomou conta de
muitos dos analistas e de suas escolas, conduzindo a uma perversão: a crença de que se tem a chave para verdade. Este fenômeno
é, segundo ela, em grande parte resultante de sequelas de ligações
transferenciais mal resolvidas com analistas, supervisores e professores. A transferência pode ser usada de modo perverso, de modo
que os discípulos *incorporam* mais que *introjetam*: incorporam a
postura teórica do líder, mas não introjetam o verdadeiro objetivo
da ética da psicanálise: "a busca constante da verdade – a sua própria e a de seus analisandos" (McDougall, 1982/1992, p. 252).

Christopher Bollas fez sua formação na Sociedade Britânica de
Psicanálise, no chamado Grupo Independente ou *Middle Group*, que
contém uma boa parte de autores identificados com a perspectiva
das "relações de objeto". A sua obra é bastante influenciada por tais

ideias, como no caso de suas elaborações sobre o conceito de verdadeiro *self.* Ainda assim, ele tem se posicionado de modo crítico em relação a certas distorções que tem observado neste ambiente psicanalítico, como a negligência do fator sexual e do complexo de castração na etiologia da histeria, ou a interpretação transferencial do aqui-e-agora como uma "tradução simultânea" estereotipada. Esta técnica, desenvolvida a partir do método de M. Klein, é de grande utilidade, mas tornou-se, segundo Bollas, um dogma e um fetiche – já que protege o analista da angústia de castração de não saber. A "escola" nela baseada "exerceu não somente um autoritarismo insensato em relação ao analisando, mas igualmente arruinou, em parte, o acesso do analista ao inconsciente" (Bollas, 2001/2003, p. 281). A leitura de Bollas é aqui muito interessante, pois ele mostra como um "pensamento da relação de objeto" pode ser utilizado, de modo perverso e ideológico, para justificar um procedimento que descaracteriza o cerne da teoria e da técnica de Freud, levando à "derrota" da psicanálise freudiana:

> *desde o início, este aspecto da técnica britânica tomou a forma de uma presença psicanalítica muito interpretativa e consciente. A temporalidade freudiana, que exige longos períodos de tecelagem inconsciente entre analista e analisando, foi suplantada pela temporalidade das relações de objeto, que substituiu a ausência produtiva da presença freudiana, que ficou igualmente suspensa, pela presença redundante da presunção de uma relação de objeto presente. (Bollas, 2001/2003, p. 280)*

Bollas tem buscado, em outras tradições da psicanálise – como a psicanálise freudiana francesa –, elementos que possibilitem uma "cura" destas distorções e uma revitalização da perspectiva das

512 BUSCA DE OBJETO?

relações de objeto. A revisão crítica por ele empreendida da histeria é, neste sentido, exemplar; e, neste mesmo espírito, o seu conceito de "pulsão de destino" é também um bom exemplo de teorização de "modelo misto". Pois tal conceito comporta, ao mesmo tempo, a ideia freudiana de pulsão enquanto uma força básica que faz parte da constituição de todos os seres humanos e que os impulsiona para um trabalho psíquico e também o sentido do conceito de "uso do objeto", proposto por Winnicott, como uma busca do *self*. Se trata de um impulso do *self* de criar representações, trabalho tão prazeroso quanto necessário, em uma "urgência de se autoarticular". Esta busca é impiedosa e implacável, como a pulsão freudiana ou o uso de objetos winnicottiano, o que se evidencia, por exemplo, na escolha de um parceiro sexual e amoroso: "a implacabilidade é vital para a realização do idioma do *self*" (Bollas, 1998, p. 142). Assim, para Bollas (1989/1992), no centro das forças que impulsionam o destino de um sujeito se encontra uma "pulsão" que, se bem contém o mesmo caráter energético, primitivo e primário da pulsão sexual, comporta também um impulso de pôr em ação o idioma do verdadeiro *self*, o que resulta em realizações pessoais e em uma vida cultural singular. A "pulsão de destino" tem como alvo, assim, o "moldar de uma existência" (Bollas, 1989/1992, p. 64).[4]

Ao lado da discussão dos conceitos, Bollas tem se preocupado também com a dimensão política e institucional que subjaz à confusão de línguas da Babel psicanalítica. Ele tem criticado veementemente – como McDougall – a tendência de formação de escolas, que se transformam em "igrejas, com seus bispos e papas": "esta guerra entre escolas destrói a psicanálise" (Bollas, 1998, p. 138).

---

4 Segundo a definição de Bollas (1989/1992), a pulsão de destino "refere-se ao impulso dentro de cada pessoa de articular e elaborar o seu idioma por meio da seleção e uso dos objetos. É uma força do instinto de vida, com a qual o sujeito procura penetrar em seu próprio e verdadeiro ser por meio do vivenciar que libera esse potencial" (p. 235).

Por isto, ele tem procurado manter uma distância em relação à Sociedade Britânica: "achei que isto [a polarização em torno do grupo kleiniano] ia destruir a minha criatividade. Eu não queria falar para os dogmáticos... Sou contra qualquer forma de kleinianismo, lacanismo, winnicottianismo, com exceção do freudismo" (Bollas, 1998, p. 138). Para ele, as diferenças de visão não são um problema; ao contrário, elas são sinal de saúde e de vitalidade do agrupamento psicanalítico. Mas, no movimento psicanalítico atual, existe "um esforço consciente de destruir a integridade do pensamento do outro", constituindo uma espécie de "genocídio intelectual": "uma tentativa deliberada de desacreditar, distorcer, diminuir e anular as diferenças" (Bollas, 1998, p. 139). Para Bollas, a dimensão "científica" da disciplina psicanalítica não deve ser dissociada de sua dimensão política, pois o fracasso da teoria da técnica de Freud resulta, em parte, da institucionalização da psicanálise: "o movimento psicanalítico é, em alguns aspectos, uma derrota da psicanálise-em-si-mesma" (Bollas, 1998, p. 284). E, em função desta compreensão dos fatos, ele formulou uma série de propostas para a reorganização da IPA.[5]

Um olhar sobre este conjunto de posicionamentos de autores hoje tão respeitados quanto admirados nos faz compreender, cada vez mais, como a psicanálise não é, de fato, um corpo coerente e uniforme de pensamento, e que a distinção dos dois grandes modelos – o relacional e o pulsional – não deve ser tomada de modo simplista, rígido e redutor. A correlação entre os dois modelos é complexa e cheia de nuanças e, mesmo no interior de cada modelo, existem diferenças significativas entre os autores.

---

5 Cf. Bollas (2001/2003, pp. 284-289).

Winnicott critica Fairbairn: não desbancar Freud!

Como que confirmando tanto esta complexidade do campo quanto o "espírito independente" característico dos autores do *Middle Group*, deparamos com um episódio bastante singular e intrigante: um posicionamento público bastante crítico de Winnicott em relação a Fairbairn. Mesmo sendo frequentemente colocado ao lado de Fairbairn como um dos principais representantes do pensamento das relações de objeto, ele manteve, na verdade, uma distância crítica significativa em relação a seu colega de Edimburgo.

Winnicott escreveu, em parceria com Khan, uma resenha do então recém-publicado *Estudos psicanalíticos da personalidade* de Fairbairn – o livro-manifesto em que apresenta sua proposta de revisão da teoria psicanalítica. O exame cuidadoso deste material nos oferece uma oportunidade rica de observar o impacto em Winnicott do ambicioso projeto de Fairbairn e traz elementos sugestivos sobre o tema; diversos autores se debruçaram posteriormente sobre esta resenha, que se tornou uma peça importante de um debate ainda em curso. A resenha chama a atenção por seu tom bastante crítico e, de modo mais sutil, por uma ironia que chega a ser agressiva. Ao mesmo tempo, Winnicott e Khan (1953/1989) reconhecem a riqueza clínica do trabalho de Fairbairn, o estímulo ao pensamento que ele produz e, sobretudo, o caráter sincero e ousado desta tentativa de revisar a metapsicologia psicanalítica: "quer se concorde ou discorde da teoria da Fairbairn, há muito a ganhar do estudo de sua maneira de ver as coisas" (p. 413).

O ponto mais crítico refere-se à atitude adotada por Fairbairn em relação ao pensamento de Freud. Winnicott e Khan entendem que no livro há uma reivindicação, a de que a teoria de Fairbairn suplanta a de Freud; isto nos levaria, logicamente, a substituir o estudo de uma pela outra na formação de um analista. Para um leitor que possa se desviar desta reivindicação, os escritos de Fairbairn – este analista "que desafia tudo, que põe a evidência clínica na frente da aceitação da teoria e que não é um adorador diante de um altar" (Winnicott & Khan, 1953/1989, p. 413) – são de enorme interesse; mas um resenhista não pode fazer "vista grossa" para isto e precisa se posicionar criticamente. Os resenhadores criticaram, também, o fato de Fairbairn escrever "como se praticamente não existissem outros teóricos da psicanálise além de Freud, Abraham e Klein" (Winnicott & Khan, 1953/1989, p. 413), comentário provavelmente suscitado pela ausência total de referências sobre a obra de Winnicott. Pois este estava, a todo vapor, envolvido na sua sincera e ousada revisão da metapsicologia psicanalítica, em uma linha de abordagem que obviamente tangenciava a de Fairbairn. Não deve ter sido fácil para Winnicott conviver e lidar com este paralelismo em curso; este foi, provavelmente, um dos motivos de, na resenha, a ênfase sobre as diferenças sobrepujar totalmente possíveis pontos de identificação, o que nos leva a pensar que houvesse aqui uma necessidade de diferenciação por parte de Winnicott.

Ainda assim, a sua leitura do livro de Fairbairn foi extremamente séria, inteligente, profunda e – no fundo – generosa, já que ele foi pioneiro em perceber e apontar algumas questões importantes da abordagem de Fairbairn, mantendo sua atualidade como documento na discussão do assunto. Os resenhadores enfatizaram o acerto de Fairbairn por ter partido da clínica dos estados esquizoides, com suas vivências de futilidade e de vazio, para construir uma teoria sobre os primórdios do desenvolvimento psíquico, na qual a experiência de relacionamentos emocionais insatisfatórios com os pais é um fator determinante. Winnicott também adotara este caminho, mas justamente por ter chegado a outras conclusões, pôde perceber de saída uma grande contradição nas formulações de Fairbairn: como pode, no início, um bebê estar em busca do objeto, se o objeto não foi ainda construído e, portanto, não existe enquanto tal? Se, no

516 BUSCA DE OBJETO?

estágio inicial de identificação primária, o objeto não é ainda diferenciado, temos simplesmente um bebê com necessidades, mas sem "mecanismos" que a implementem:

> *um bebê que necessita não de "buscar" um objeto, mas de buscar a distensão – a libido buscando satisfação, uma tensão pulsional buscando um retorno a um estado de repouso ou de ausência de excitação, o que nos traz de volta a Freud. (Winnicott & Khan, 1953/1989, p. 419)*

É apenas em um segundo tempo que o bebê começa a associar o objeto à sua necessidade, a buscá-lo ou a criá-lo – e isto caso a maternagem tenha sido suficientemente boa. O erro de Fairbairn foi partir da concepção de um bebê como um ser humano total, capaz de um relacionamento com a mãe segundo os moldes de um indivíduo adulto.

Winnicott e Khan parecem, aqui, acompanhar uma das possibilidades aventadas por Balint, a saber: a busca de prazer se transforma, a partir de determinado estágio, em busca de objeto – e Balint ressalva, ainda, que apenas uma *parte* dela sofre esta transformação. Ao refutarem uma busca de objeto *primária*, Winnicott e Khan deixam de ressaltar a grande contribuição de Fairbairn ao colocar a busca de objeto como central na dinâmica psíquica. Só este fato já significava, na época, uma proposição digna de ser "celebrada", especialmente por estes dois resenhadores...

Treze anos depois, Winnicott (1967a/1989) declarou, em um dos seus depoimentos mais pungentes sobre as diversas fontes e influências de seu trabalho:

> *hoje eu me dou conta que Fairbairn deu uma contribuição tremenda, mesmo que tomemos apenas duas coisas. Uma delas é a busca de objeto, que começa a*

*surgir na área dos fenômenos transicionais e prossegue
daí em diante, e a outra é o sentir-se real em contraste
com sentir-se irreal. (p. 582)*

A segunda, de grande importância clínica, mas de menor importância teórica, havia sido assinalada na resenha de 1953, mas a primeira, indubitavelmente disruptiva e de amplas consequências, não teve o destaque merecido.

O contraste entre os dois momentos – 1953 e 1967 – é evidente, a começar pelo tom pessoal do depoimento de Winnicott, que é tocante. Em determinado período, por volta de 1943,[6] Winnicott estava insatisfeito com a crescente "escavação" de Klein em direção aos estratos mais primitivos da mente, supondo ali conflitos e processos que ele julgava inverossímeis. Em contraste, Winnicott pensava cada vez mais no papel do ambiente facilitador no processo de maturação e, de repente, deparou com Fairbairn:

*então, certa noite, Fairbairn deixou seu lugar de origem
para vir nos falar; este foi o tipo de acontecimento que
foi além da minha compreensão, e que ainda assim teve,
indubitavelmente, uma importância tremenda. A questão era sobre a primeira introjeção, se ela incidia sobre
objetos bons ou maus – o tipo de coisa em que eu não sou
bom.[7] Na época, eu não pude ver nada em Fairbairn.*

---

6 Estimo a data pelo tema da palestra referido por Winnicott – o recalcamento dos objetos maus –, elaborado e publicado neste período.

7 Na resenha de 1953, Winnicott e Khan criticaram veementemente a controvertida teoria da repressão dos objetos maus de Fairbairn, e acrescentaram: "isto é certamente apenas uma caricatura da teoria de Klein" (Winnicott, 1953, p. 418). É estranho que Winnicott tenha sido tão enfático em 1953 e, posteriormente, em 1967, tenha declarado nunca ter sido muito "bom" nesta discussão; será que esta crítica deva ser creditada mais a Khan que a Winnicott?

518   BUSCA DE OBJETO?

Depois, eu vi que ele tinha algo extremamente impor-
tante a dizer, que tinha a ver com ir além das satisfações
pulsionais e frustrações, e considerar a ideia da busca
de objeto. (Winnicott, 1967a/1989, p. 579)

Esta passagem nos mostra como Winnicott percebeu que fora incapaz de compreender Fairbairn. E, como ocorre muitas vezes, algo
que não é compreendido em um nível racional pode ter um grande
impacto em um nível mais profundo; lidamos aqui com o "conhecido
não pensado", segundo feliz expressão de Bollas (1987/1992).

No final de sua obra, Winnicott deixou claro, portanto, o ponto
de encontro evidente entre o seu pensamento o de Fairbairn: ambos tematizaram a busca do objeto. Mas, para Winnicott, esta entra
em ação justamente com a emergência dos processos transicionais,
e prossegue daí em diante, como uma marca essencial do humano.
Haveria um princípio do prazer primário para Winnicott? Provavelmente sim; mas o seu ponto principal é que

não há qualquer possibilidade de um bebê avançar do
princípio do prazer ao princípio da realidade – ou em
direção a e além da identificação primária (ver Freud,
1923) – a não ser que haja uma mãe suficientemente
boa. (Winnicott, 1951a, p. 237)

Ainda que o princípio do prazer seja primário, o maior desafio
é compreendermos como se dá a passagem deste estado primitivo
para um outro, no qual o objeto e a realidade podem se percebidos
objetivamente. Esta passagem é – justamente – um processo transicional, no qual a participação do outro humano é primordial. Na
transicionalidade, o que está em questão é a construção de uma
articulação entre prazer e realidade, ou entre criatividade primária e

encontro com o objeto. *Na metapsicologia paradoxal de Winnicott, não é necessário refutar a primariedade do princípio do prazer para afirmar o lugar primordial da busca do objeto na experiência humana.*

O princípio do prazer como um estado primário é equiparado, por Winnicott, a sua concepção de um período de identificação primária – "no início, o indivíduo não é uma unidade; vista de fora, a unidade é a organização ambiente-indivíduo [*environment-individual set-up*]" (Winnicott, 1952b, p. 221). Em sua releitura do artigo de Freud sobre os dois princípios do funcionamento mental, Winnicott (1960b/ 1990) sugeriu que Freud percebera que a "ficção" de um psiquismo inteiramente voltado ao prazer só é possível graças aos cuidados maternos, mesmo que não tenha se dedicado a investigar o assunto: "aqui Freud paga inteiro tributo à função dos cuidados maternos e deve-se presumir que ele deixou o assunto de lado apenas porque não estava pronto para discutir suas implicações" (p. 39). E, por fim, devemos lembrar que, para Winnicott (1960c/1990), o "barulho" produzido pela excitação pulsional é, neste início, tão externo quanto o estrondo de um trovão; é apenas após um longo processo de integração e personalização que tais estímulos serão sentidos como internos, próprios e – na melhor das hipóteses – enriquecedores para o *self*. Essas diversas observações de Winnicott sobre o princípio do prazer, a identificação primária, a importância do ambiente facilitador e do trabalho de integração não divergem tanto assim, pelo menos no seu espírito, da busca de objeto defendida por Fairbairn, ainda que possamos reconhecer diferenças significativas.

Diversos outros pontos foram examinados de maneira muito interessante e instrutiva por Winnicott e Khan, como a função do sonho, a cisão do ego e a oralidade, a ambivalência, a fronteira entre normal e patológico, a identificação primária, o conceito de onipotência e os problemas da técnica em casos graves (reabilitação *versus* tratamento). O cuidado de uma leitura atenta representa, em

520   BUSCA DE OBJETO?

si mesmo, um gesto de generosidade e respeito, mas não esconde o tom crítico e por vezes agressivo, como nos seguintes comentários: "em sua teoria da estrutura psíquica, ele sequer considera o fato de que uma metapsicologia deva ser capaz..."; "ficamos aqui com a impressão que o senso intuitivo e clínico de Fairbairn o conduz até o fim do caminho, enquanto que sua teoria fica atolada algumas milhas atrás", "pena que Fairbairn não tenha feito uso de uma hipótese[8] que lhe teria fornecido uma pista quanto às raízes deste sentimento de futilidade na primeira infância".

O tom crítico e a "secura" da resenha chamam a atenção, se pensarmos que eles indicam uma falta de solidariedade e empatia com o esforço de construção de um pensamento que, guardados todos os problemas, era ainda bastante próximo ao de Winnicott. A falta de empatia fica ainda mais gritante se pensarmos que ele mesmo – Winnicott – enfrentava dificuldades quanto à aceitação de suas ideias e que, praticamente na mesma época, demonstrara grande sofrimento em relação a isto em carta a Klein. Ele escreve a ela sobre o estado sensível que se encontra alguém ao apresentar um trabalho para colegas, esperando um gesto do outro que vá ao encontro do gesto criativo daquele que se apresenta:

> o que eu queria na sexta-feira era sem dúvida que houvesse algum movimento de sua parte para com o gesto que fiz naquele ensaio... Acho que eu queria algo que não tenho nenhum direito de esperar do seu grupo, e que tem a natureza de um ato terapêutico, algo que não consegui em nenhuma de minhas duas longas análises. (Winnicott, 1952a/1990, p. 30)

---

8   Os resenhadores se referem aqui à hipótese da criatividade primária, proposta por Winnicott.

É uma triste ironia que ele também não tenha sido capaz de um ato terapêutico deste tipo com Fairbairn, se esquecendo do provérbio "não faça aos outros o que não queres que te façam". Tratava-se, aqui, de um "despreparo" de Winnicott para compreender Fairbairn? Ou de uma resistência, de um sentimento de ameaça de um pensamento estranhamente familiar, de ciúmes, de teimosia?[9]

É claro que esta "estreia" de Fairbairn, publicando seu primeiro livro que continha a essência de sua proposta ousada e revolucionária, e prefaciado por Jones, devia ser de grande importância para ele. O mesmo pode-se dizer da resenha, publicada no *International Journal of Psychoanalysis* e escrita por colegas de *Middle Group*. E, de fato, conforme sabemos por depoimento de Sutherland (1989/ 199), as resenhas de seu livro o deixaram muito desapontado. Ainda assim, podemos entrever, na resenha de Winnicott e Khan, também um "gesto de amizade": ao comentar que o trabalho de Fairbairn poderia se perder pela conjunção de dois fatores – o seu isolamento da

---

9 Segundo o testemunho pessoal de Guntrip (1975/2006), que se analisou com estes dois grandes homens, a distância "conceitual" que caracterizou a relação entre eles deve ser vista em sua complexidade: "a relação entre Fairbairn e Winnicott é teoricamente importante e, ao mesmo tempo, muito curiosa. Superficialmente, eles eram bastante diferentes entre si no tipo de mente e no método de trabalho, o que os impediu de detectar até que ponto eram, no final das contas, próximos um do outro. Ambos tinham raízes profundas na teoria e na terapia freudianas clássicas, e ambos a ultrapassaram, cada qual à sua maneira. No plano intelectual, Fairbairn via isso mais claramente que Winnicott; no entanto, na década de 1950, era ele que se mostrava, na prática, o mais ortodoxo dos dois" (p. 386-87). Entrevemos, aqui, um jogo bastante sutil de semelhanças e diferenças, identificações e contraidentificações; dentro deste jogo, vale lembrar um de seus lances mais curiosos: foi o próprio Fairbairn quem apresentou Winnicott a Guntrip, durante sua análise com ele – este que veio a se tornar seu segundo analista. E, ainda: ambos – Guntrip e Fairbairn – sempre liam os artigos de Winnicott assim que eram publicados e Fairbairn costumava se referir a Winnicott, em conversas com Guntrip, como "clinicamente brilhante" (Guntrip, 1975/2006, p. 399).

522   BUSCA DE OBJETO?

comunidade psicanalítica e seu "rompimento" com o corpo da teoria em desenvolvimento –, eles talvez tentassem alertá-lo de que
a estratégia que adotara poderia dificultar muito a divulgação e o
reconhecimento de sua obra – no que tinham razão; afinal, "quem
avisa amigo é".

De um modo geral, é correta a seguinte afirmação de Greenberg
e Mitchell (1983/2003):

> a abordagem de Fairbairn contrasta nitidamente com as
> estratégias de outros teóricos britânicos, como Klein e
> Winnicott, assim como com aquela da tradição da psi-
> cologia do ego americana; todos eles, de uma maneira
> ou de outra, tentaram preservar tanto quanto possível
> a teoria clássica. (p. 151)

De fato, Winnicott preocupava-se em conservar sua filiação a
Freud,[10] apontando, em diversos momentos, a ligação entre suas
ideias e os conceitos freudianos, dando algumas indicações de como
"interpretava" Freud e, de modo explícito, declarando que seu trabalho era um desenvolvimento a partir de Freud e Klein, sendo um
complemento que não almejava substituir a teoria de seus predecessores. Assim, por exemplo, a proposta de uma teoria do desenvolvimento do Eu visava complementar a teoria do desenvolvimento
psicossexual, e não a substituir. Ainda assim, Winnicott desenvolveu
uma crítica cuidadosa de diversos conceitos de Freud e Klein, propondo alternativas teóricas para eles, como: a pulsão de morte,[11] a
inveja primária, a posição esquizoparanoide etc.

---

10 Para Greenberg e Mitchell, esta é a razão principal do tom duro e de crítica
severa de Winnicott e Khan em sua resenha sobre Fairbairn.

11 Em carta a Money-Kyrle de 27 de novembro de 1952, Winnicott (1952d/1990)
escreveu: "é uma pena que Melanie Klein tenha feito um esforço tão grande
para conciliar sua opinião com a pulsão de vida e a de morte, que são talvez o
único erro de Freud" (p. 37).

Por outro lado, por vezes deparamos com um Winnicott ora desvalorizando a leitura exegética de Freud em nome da primazia da clínica, ora sentindo-se culpado por isto e buscando remendá-lo. Quando Balint apresentou um importante trabalho a respeito do "amor primário", no qual parte de uma cuidadosa avaliação crítica do conceito freudiano de "narcisismo primário", Winnicott (1960d/ 1990) lhe escreveu:

> acho que sempre serei da opinião que é relativamente desimportante o modo como Freud contestava a si próprio e gradualmente estimulava o pensamento, fazendo novas sugestões. Em uma ou duas décadas [a carta é de 05.02.1960], as pessoas que se importam com isso estarão todas mortas. (p. 111)

Winnicott não era sempre assim tão "despreocupado". Pois, em maio de 1951, ele escrevera para Strachey – seu ex-analista e tradutor de Freud – como quem conversa com o superego: "você ficará aliviado ao saber que andei fazendo uma quantidade até que razoável de leituras psicanalíticas..." (Winnicott, 1951b/1990, p. 22). O contexto aqui é significativo: Winnicott estava redigindo seu trabalho sobre os objetos transicionais e escrevia para pedir que Strachey lesse o esboço; ele estava preocupado em articular suas ideias com aquelas já assentadas na tradição psicanalítica: "gostaria muito de destacar a teoria psicanalítica comum, na seção teórica do ensaio, o suficiente para tornar aceitável aquilo que julgo ser minha contribuição pessoal" (Winnicott, 1951b/1990, p. 21). Aqui, fica claro como de fato Winnicott deveria pensar que Fairbairn estava escolhendo a estratégia errada e procurara "adverti-lo" disto na resenha. A relação superegoica com Strachey-Freud-pai ressurge em uma carta a Jones de 22 de julho de 1952, quando Winnicott interpreta um lapso próprio em artigo seu que Jones lera e comentara. As palavras que "escaparam" no texto – o que deixara Winnicott "muito zangado" consigo mesmo, prometendo suprimi-las – remeteram-no à sua inibição com relação à leitura de Freud e a um comentário feito por Strachey em sua análise. Ele considera que este foi um dos poucos do seu analista: em vez de interpretar sua inibição, Strachey teria tentado incentivá-lo com as palavras "afinal, a parte que você precisa ler não é muito volumosa" – as palavras que escaparam no artigo lido por Jones.

Alguns autores consideram que Winnicott "leu mal" Freud, como opinaram Greenberg e Mitchell. Eles fazem um inventário e uma análise das diversas áreas em que isto teria ocorrido, a saber: quanto aos conceitos de narcisismo primário e pulsão agressiva, em relação à teoria da culpa edipiana, ao propor um paralelo "extremamente enganoso" entre a dualidade ego/id e a falso *self*/verdadeiro *self*, e ao distorcer a psicopatologia freudiana e seu princípio das séries complementares. Na sua opinião, tais distorções foram motivadas pela insistência de Winnicott em apresentar as suas contribuições como uma continuação do trabalho de Freud. Por outro lado, a familiaridade com o pensamento de Winnicott nos permite interpretar a sua leitura de Freud à luz do "uso do objeto"; é bastante claro o conflito que vivia, entre a preocupação com a fidelidade na leitura e as considerações de filiação e o valor de seu próprio gesto criativo, o que o tornava sempre um pouco anárquico, aparentando uma quase irresponsabilidade marota e se dando a liberdade de usar as ideias à maneira de uma criança que brinca ou de um adulto que sonha. O problema passa a ser, então: como lemos a leitura que Winnicott fazia de Freud?

Fairbairn, em contraste – ainda que tenha "batido de frente" com a teoria freudiana –, era bastante exegético na leitura de Freud; a sua Tese de doutorado foi um estudo minucioso sobre os conceitos de dissociação e recalcamento, ele apresentava na Universidade seminários rigorosos sobre Freud e fez um estudo profundo e meticuloso sobre a segunda tópica. A sua formação original em filosofia certamente contribuiu para isto. Balint procurava sempre fazer uma leitura de Freud e construir, a partir daí, o seu pensamento, ao contrário de Winnicott que, depois de deixar-se levar pelas suas ideias, "corria atrás" de ligações e articulações com a tradição – como se depreende da carta a Jones. É claro que este método – e, no fundo, todos os grandes criadores o adotam secretamente em alguma escala – é um facilitador de "distorções" de leitura; mas, em última instância, a questão central aqui é: é possível e desejável suprimir a subjetividade do leitor, ainda mais em psicanálise? Portanto, cada um com "seu" Freud – e, paradoxalmente, todos com o mesmo Freud.

O debate prossegue

A avaliação crítica da revolução instaurada pela frase-ícone de Fairbairn, bem como daquilo que este gesto significou e produziu na história da psicanálise, continua em andamento. De modo discreto, ainda com pouca repercussão em larga escala, mas certamente – creio eu – como um processo de grande relevância.

Greenberg e Mitchell (1983/2003) assinalaram alguns problemas e limitações no sistema teórico de Fairbairn, que são consequência, segundo eles, de dois traços característicos de sua abordagem: a simplicidade do enfoque e uma tendência exagerada de rejeitar a teoria pulsional. Assim, ao apostar todas as fichas no problema da dependência, Fairbairn não contemplou a possibilidade de que os pais preencham importantes funções no desenvolvimento que não o atendimento da dependência infantil e subestimou o papel do pai, diferenciado da mãe. E, uma vez que a unilateralidade de sua concepção sobre os processos introjetivos exclui a ideia de objetos internos bons, sua teoria não fornece instrumentos para explicar o

526 BUSCA DE OBJETO?

estabelecimento de identificações saudáveis e valores autênticos, derivados de boas experiências e relacionamentos gratificantes. De um modo mais geral, Greenberg e Mitchell veem em Fairbairn uma dimensão reativa a Freud e Klein. A ênfase nas fantasias e impulsos na etiologia das formas psicopatológicas é substituída por um acento quase que exclusivo no fracasso dos pais; assim procedendo, Fairbairn parece ter retornado ao espírito da teoria da sedução, em uma "romântica reação excessiva aos aspectos mecanicistas e pessimistas do pensamento freudiano e kleiniano" (Greenberg & Mitchell, 1983/2003, p. 180). Como consequência, Fairbairn teria negligenciado alguns problemas importantes, como

> *o caráter insaciável e algumas vezes incompatível das necessidades infantis, as diferenças de temperamento entre os bebês e entre os bebês e seus respectivos cuidadores singulares, e as distorções e mal-entendidos da experiência resultantes das capacidades perceptivas e cognitivas primitivas. (Greenberg & Mitchell, 1983/2003, p. 181)*

Guntrip foi o primeiro grande divulgador do pensamento de Fairbairn, articulando-o com os de Winnicott e Klein e produzindo uma apresentação inédita e abrangente de sua obra nas décadas de 1960 e 1970. Ele foi um verdadeiro historiador da psicanálise das relações objetais. Por ter se analisado com Fairbairn e Winnicott e escrito sobre estas duas experiências, sua figura interessa particularmente como uma testemunha especial desta história em diversos aspectos. Além disto, ele contribui com suas próprias elaborações a partir do modelo de Fairbairn, especialmente sobre o tema da cisão do ego; para Greenberg e Mitchell, a leitura feita por Guntrip de Fairbairn comporta algumas distorções importantes e contribuiu, particularmente, para acentuar os traços românticos desta.

Depois de Guntrip e do estudo de Greenberg e Mitchell, o trabalho de Sutherland (1989/1999) sobre Fairbairn se destaca como uma importante referência sobre o assunto.[12] Ele foi aluno, colega e amigo de Fairbairn por mais de trinta anos, escreveu o seu obituário em 1965 e uma vívida biografia de Fairbairn, construindo, também, uma carreira própria de destaque. Tendo lecionado em Edimburgo, foi diretor da Clínica Tavistock por mais de vinte anos, bem como editor do *International journal of psycho-analysis* e de outras revistas de destaque; ao retornar para a Escócia no final da década de 1960, dedicou-se à transmissão da psicanálise local, mas tendo a preocupação de criar uma instituição aberta para a comunidade profissional mais ampla e para o contexto social e da saúde – o Scottish Institute of Human Relations. Segundo Harrow (1998), Fairbairn e Sutherland formam, juntamente com Suttie – autor pouco conhecido que teria "preparado o terreno" para Fairbairn – a "conexão escocesa", responsável por uma revolução silenciosa que construiu uma psicanálise voltada para "o *self* em sociedade".

---

12 Praticamente na mesma época, foi publicado o estudo de Judith Hughes (1990) – professora de história da Universidade da Califórnia – sobre os "domínios" da psicanálise britânica. Ela coloca Fairbairn em pé de igualdade, ao lado de Klein e Winnicott, como protagonistas da "transformação de paradigmas" então em curso. O seu livro tem sido apreciado como uma boa fonte bibliográfica, e é um dos poucos trabalhos sobre o assunto traduzidos para o português afora o de Greenberg e Mitchell. No espírito semelhante de uma história das ideias, destaca-se o livro de Mitchell e Black (1995). Ele é mais abrangente que o de Hughes pois, além de enfocarem a psicanálise britânica, os autores partem de uma apresentação sucinta do pensamento freudiano, passam pela psicologia do ego da psicanálise norte-americana e suas derivações contemporâneas, e chegam a assinalar brevemente o papel de Lacan. Mas a principal qualidade deste livro é a preocupação de apresentar a história do pensamento psicanalítico de uma forma viva e acessível a um público mais amplo, ao mesmo tempo que recheada de exemplos clínicos. Partindo da pergunta "o que é psicanálise?", os autores buscam desfazer diversos mitos que têm obstruído o desenvolvimento e a divulgação do arcabouço de pensamento construído por esta disciplina.

528 BUSCA DE OBJETO?

Sutherland (1989/1999) considerou que as reações ao livro de Fairbairn de 1952 se deveram a "resistências profundas", uma vez que as ferramentas conceituais dos analistas estão soldadas e entranhadas na sua personalidade: "a segurança do familiar é especialmente tenaz quando novas visões ameaçam a personalidade não apenas no plano intelectual" (p. 143). Segundo ele, Fairbairn se ressentiu da falta de compreensão de suas colocações teóricas, da falta de interesse e da indisposição dos colegas em examinar os pressupostos básicos de sua abordagem, e ficou muito desapontado (Guntrip já havia escrito sobre isto). Sutherland considerou a reação de Winnicott especialmente chamativa, dada a grande proximidade da contribuição dos dois autores. Apoiando-se em Greenberg e Mitchell, ele considerou a crítica de Winnicott à controvérsia Fairbairn *versus* Freud um "ataque selvagem" e arriscou uma "interpretação psicanalítica": o ataque era, na verdade, dirigido ao seu pai, que Winnicott invejava e odiava, sentimentos que teria projetado em Fairbairn. Sutherland opina que Freud era, para Fairbairn, um pai intelectual profundamente admirado, respeitado e reverenciado, e que foi perfeitamente "metabolizado" no seu próprio *self*, em contraste com Winnicott, cuja versão de Freud estava em desacordo com o que Freud mesmo postulava – e que, portanto, o estaria "atacando" inconscientemente. Ou seja: a "verdade mais profunda" seria exatamente o avesso daquela manifesta na resenha.

Muito se tem discutido sobre os riscos de um biógrafo que seja também psicanalista confundir suas tarefas, escorregando para uma "psicanálise selvagem" e fora de contexto. O curioso é que o tom do comentário de Sutherland não é acusativo, muito ao contrário: ele parece querer "perdoar" Winnicott por seu ataque e compara o episódio a atitudes insensatas do próprio Fairbairn. Os analistas que trabalham com níveis primitivos do desenvolvimento do *self* – argumenta ele – estão sujeitos a experimentar reações inconscientes de grande impacto. É claro que, ao colocar as coisas nestes termos,

Sutherland esvazia o valor do argumento de Winnicott e Khan, colocando-se ele mesmo como parte da contenda. Ainda assim, não se deve descartar a hipótese de que houve resistências profundas às novidades introduzidas por Fairbairn – hipótese que não é nova na história da psicanálise, já que Freud atribuía grande parte das reações a suas ideias a este fator.

Em 1994, foram publicados os *Selected papers* de Fairbairn em dois volumes. Até então, o único livro existente era o de 1952 e estes vieram complementá-lo. Naturalmente, a publicação faz parte de um movimento – o crescente interesse pela obra de Fairbairn – e abriu sem dúvida uma nova fase deste "renascimento", já que ela disponibilizou um conjunto muito mais completo da obra deste psicanalista. A empreitada foi abraçada por David Scharff e Ellinor Fairbairn Birtles. Ellinor, filha de Fairbairn, reside em Londres e tem se dedicado ao aprofundamento da dimensão filosófica de seu pensamento. Scharff trabalha em Georgetown e Washington; representante importante do pensamento das relações de objeto da psicanálise norte-americana, desenvolve extensa pesquisa sobre terapia de casal e família nesta perspectiva.[13] Ambos acalentavam o projeto há tempos e se conheceram por intermédio da esposa de Sutherland, que também planejava uma publicação com trabalhos de Fairbairn. O resultado do trabalho é notável: a quantidade de material novo é relevante e prodigiosa. O primeiro volume é formado pelos trabalhos posteriores ao livro de 1952; acompanhamos, assim, a consolidação, a reafirmação e o amadurecimento do modelo de Fairbairn e uma diversidade de material clínico muito rico. O segundo é um volume bastante mais extenso, contendo escritos anteriores e artigos

---

13 Scharff tem vários livros publicados sobre o assunto e dirige um projeto editorial entitulado *The library of object relations*. Em coletânea de artigos sobre o pensamento de Fairbairn (Skolnick e Scharff, 1998), encontramos dois capítulos escritos por Ellinor Birtles e Scharff, respectivamente, e que podem ser consultados para um conhecimento do trabalho de ambos.

530   BUSCA DE OBJETO?

variados. Com a publicação destes trabalhos, acompanhados de introdução e notas dos editores, uma grande massa de informações se torna acessível – e há ainda muito a ser explorado.

É curioso acompanhar como os debates evoluíram. Greenberg e Mitchell desenvolveram pesquisas próprias e nem sempre estiveram de acordo. Greenberg veio a sugerir que Fairbairn era menos revolucionário do que pensava e que, subjacente a suas proposições, encontra-se – escondida – uma teoria pulsional. Mitchell (1998) refutou tal visão. Ele retomou a resenha de Winnicott e Khan e opinou que eles, de fato, não compreenderam bem Fairbairn; pois uma escolha entre Freud e Fairbairn se faz necessária, já que uma combinação entre os dois modelos não é possível:

> *um modelo híbrido baseado no duplo princípio de que as pessoas buscam tanto o prazer quanto o objeto é certamente um sistema possível, mas não é mais a teoria de Fairbairn e não mais a inclui, a não ser em um sentido diminuído, ou como um recorte artificial. (Mitchell, 1998, p. 121)*

Temos, portanto, em Mitchell, um crítico dos modelos mistos, ou de qualquer interpretação que retire de Fairbairn a sua "pureza".

Kernberg (2000) vê as coisas de modo diferente. Ele concorda com as críticas de Winnicott e Khan – que, do seu ponto de vista, convergem com a visão de Balint – e acredita que Fairbairn não deveria ter "reivindicado" substituir Freud; ao fazê-lo, ele criou um clima de polêmica desnecessário, o que só foi agravado por Guntrip. No entanto, ele concorda com Sutherland que Fairbairn foi o teórico mais profundo, consistente e provocativo do *Middle Group*, pois

> *foi capaz de transformar em afirmação teórica o que os analistas há tempos já percebiam – e continuaram a*

perceber posteriormente –, a saber: que em todas as situações clínicas nós nunca encontramos pulsões puras, mas sempre a ativação de afetos que refletem tais pulsões, no contexto de relações de objeto internalizadas que são reencenadas na transferência. Eu penso que Fairbairn estava certo ao intuir que esta ideia já estava implícita em Freud e que era necessário apenas avançar um passo adiante para chegarmos a uma reexploração fundamental da metapsicologia; mas discordo completamente de seu pressuposto de que esta visão requer um abandono da metapsicologia freudiana. (Kernberg, 2000, pp. 59-60)

Aqui, as palavras falam por si só; elas explicitam, de forma cristalina, uma posição que acredita no valor do modelo misto como o paradigma da psicanálise contemporânea e que vê, em Fairbairn, um importante elo da construção deste modelo, que nasceu de uma reforma da metapsicologia freudiana.

Com um estilo bem menos pomposo, mas certamente muito convincente, vale destacar a leitura crítica que Bollas (2000) fez de Fairbairn. O foco do seu trabalho é, no caso, a clínica da histeria; mas, a partir desta ótica, ele nos apresenta indiretamente o seu modo de conceber o lugar das relações de objeto na história da psicanálise. Em sua convivência no ambiente psicanalítico britânico e norte--americano, e graças a sua independência de pensamento e seu espírito arguto, Bollas começou a notar um problema: os analistas não eram mais capazes de compreender a especificidade da histeria e, muitas vezes, tendiam a tomá-la como um caso *borderline*. Este fenômeno se relacionava com um viés comum nestes ambientes psicanalíticos, derivado do fato de que as atenções estavam voltadas para os pacientes regredidos e os níveis mais primitivos da mente. Bollas (2000) reconhece e destaca, em seu trabalho, o grande enriquecimento que a perspectiva das relações de objeto trouxe para a compreensão da histeria, esclarecendo como a internalização dos dinamismos relacionais e familiares da primeira infância são determinantes para sua etiologia; mas ele percebeu, ao mesmo tempo, que havia uma negligência do fator sexualidade.

É justamente por meio da análise do notável artigo de Fairbairn (1954/1994) sobre a histeria que Bollas nos mostra esta lacuna e desenvolve então uma "posição mista" na qual a teoria freudiana é integrada à tradição das relações de objeto. Ele propõe o que chama "epifania do sexual": por volta dos três anos de idade, toda criança se vê diante de um grande desafio, que é a emergência da experiência genital, e que exige uma total reconfiguração do *self*. Neste momento, a mãe e o pai são chamados a cumprir determinadas funções fundamentais, que são descritas em detalhe; caso eles falhem nesta tarefa, está aberto o caminho para a formação de um caráter histérico. A proposição de Fairbairn da conjunção entre um excesso de excitação e de rejeição por parte dos pais, levando à típica coexistência entre um lado provocante e um lado rejeitante da sedução do histérico, é adotada por Bollas. Mas, se estas experiências objetais primárias que redundam em uma introjeção do objeto insatisfatório são de fato determinantes, existe também o fator sexual, inerente ao desenvolvimento da criança, a ser considerado: "o foco virtualmente exclusivo de Fairbairn sobre o comportamento real dos pais é muito radical e, ironicamente, recusa o conflito com o sexual" (Bollas, 2000, p. 151). Aqui vemos Bollas rebatendo de uma maneira bastante interessante a crítica feita por Fairbairn à teoria freudiana. Se Fairbairn sugeriu que Freud "caiu no conto" da histeria ao tomar como primário e irredutível o resultado secundário da conversão – o engendramento de zonas erógenas – e, por isto, criou uma teoria ela mesma de uma certa maneira histérica, agora é Bollas quem sugere que a teoria de Fairbairn é, em sentido inverso, histérica:

pois ela entra em conluio com o apagamento da sexualidade genital buscado pelo histérico, que busca se relacionar com um objeto ideal purificado de elementos sensuais e agressivos.

No meio psicanalítico brasileiro, observamos despontar, ainda de forma bastante tímida, um interesse pela obra de Fairbairn. O trabalho de Luís Claudio Figueiredo se destaca neste panorama. Ao assumir como opção teórica um modelo misto, ou seja, um pensamento teórico-clínico que visa explicitamente articular o modelo estrutural-pulsional e o modelo das relações de objeto, Figueiredo (2003) reserva, no polo das relações de objeto, um lugar especial para Fairbairn, ao lado de Klein, Bion e Winnicott – além de afirmar sua proximidade com as abordagens de Green, Ogden, Kernberg e Grotstein. Na sua visão, em que pese o risco de certo ecletismo ou falta de rigor, esta articulação é "um desafio teórico e epistemológico que precisa ser enfrentado" (Figueiredo, 2003, p. 8); e, segundo ele, é justamente a clínica contemporânea dos ditos "casos difíceis" que assim o exige. Figueiredo destaca, da contribuição de Fairbairn, o lugar central atribuído às esquizoidias – aspecto que, aliás, também fora valorizado por Winnicott e Khan na sua resenha – e utiliza seu pensamento para compreender as chamadas "novas psicopatologias". Ele considera que vivemos hoje em uma "cultura da esquizoidia", caracterizada por um

senso de futilidade, o esvaziamento do sentido, a perda da vitalidade das relações do sistema fechado com objetos reais – pessoas, atividades, metas, ideais – e, paradoxalmente, a dinâmica demoníaca em que o indivíduo pode ser inesperadamente lançado no turbilhão das disputas entre promessas miraculosas de salvação e gozo e ameaças satânicas de aniquilamento e danação. (Figueiredo, 2003, pp. 55-56)

Para Figueiredo, Fairbairn foi o autor da psicanálise que mais contribuiu para criar as bases metapsicológicas para compreender o *modus vivendi* do mundo contemporâneo.

Ainda que a obra de Fairbairn seja relativamente desconhecida no Brasil, o "espírito" das relações de objeto certamente impregna uma boa parte do modo de pensar dos psicanalistas, seja pela tradição kleiniano-bioniana já instalada há décadas, seja pela descoberta entusiástica e difusão, mais recente, da obra de Winnicott. A variedade e quantidade de material bibliográfico disponível é, neste caso, bastante significativa, e não cabe ser aqui esmiuçada.[14]

Pudemos acompanhar aqui, assim, uma visão de conjunto dos debates que cercam o pensamento das relações de objeto e, mais particularmente, a polêmica aberta pela posição de Fairbairn, que colocou tal perspectiva como uma *alternativa* explícita ao modelo pulsional freudiano. A partir deste posicionamento, observamos duas reações principais: uma tentativa de levar adiante o projeto de construção de uma psicanálise das relações objetais por meio de um relativo abandono de alguns parâmetros fundamentais do sistema freudiano (por exemplo: o princípio do prazer e a pulsão como um de seus conceitos fundamentais, ou o modelo de desenvolvimento psicossexual e o papel central das zonas erógenas na determinação de suas fases sucessivas) ou, por outro lado, um trabalho de reinterpretação e assimilação de muitos destes parâmetros dentro da perspectiva das relações de objeto. Esta tendência parece ser

---

14 Apenas a título de exemplo, menciono, entre tantas possibilidades, o simpático trabalho de Purificacion Gomes e Ieda Porchat (2006) sobre a psicoterapia do casal. O tema é, em si mesmo, um *locus* natural para o pensamento das relações de objeto, já que aqui a psicoterapia incide justamente sobre o campo relacional; também Scharff, estudioso de Fairbairn e editor de suas obras, tem se dedicado à utilização deste referencial para desenvolver uma reflexão e embasar uma prática psicoterápica com casais e famílias. As autoras partem de uma análise tanto histórica quanto conceitual do tema e mostram a grande expansão que a teoria das relações de objeto proporcionou para esta dimensão da prática psicanalítica, com destaque para as pesquisas realizadas na Clínica Tavistock de Londres.

cada vez mais predominante e produz o que Greenberg e Mitchell caracterizaram por "modelo misto".

Neste ponto, é curioso, instrutivo e até irônico observar que, em trabalhos ulteriores, cada um dos dois autores desta obra de referência tenha assumido atitudes diferentes em relação aos modelos mistos. Esta divergência pode ser tomada como exemplar da complexidade da matéria que temos em mãos. Mitchell criticou os "modelos híbridos" e procurou denunciar a descaracterização que eles produziram (por exemplo, na leitura da obra de Fairbairn), enquanto Greenberg procurou mostrar o Freud que havia embutido em Fairbairn.

Procurei ressaltar aqui como Winnicott e Balint, mesmo sendo dois dos maiores talentos do pensamento das relações de objeto, foram talvez os primeiros a promover a ideia de um modelo misto. Eles provavelmente não concordariam com esta nomenclatura – *modelo misto* – já que defendiam a posição de que a psicanálise é uma – e que, como opinou McDougall, há nela apenas um paradigma; mas se trata de uma psicanálise em evolução, com seus desenvolvimentos, ampliações e contradições. Esta posição abriu caminho para que Kernberg, Green, Bollas, McDougall e muitos outros acreditassem e investissem em um *trabalho de articulação* entre a tradição freudiana e o pensamento das relações de objeto. Ainda assim, várias questões permanecem em aberto, como as diferentes maneiras como cada um destes autores "combina" os dois modelos e o risco sempre presente de, ao se adotar esta visão, "aplacar" as diferenças de pensamento e, com isto, gerar mais confusão e apenas contornar o problema, evitando um enfrentamento.

A sensação, ao se acompanhar este debate, é a de um jogo de pingue-pongue, com a bola batendo de lá para cá e deixando o leitor atônito, sem poder concluir quem é o vencedor ou escolher o "seu" lado. Esse efeito não deixa de ser saudável; ele nos mostra como as questões permanecem em aberto, mesmo para os "adeptos" das relações de objeto. As variações de interpretação e compreensão desta nova concepção que surgiu na história das ideias em psicanálise indicam a complexidade do tema e a sinceridade com que cada um tem se empenhado no exercío do pensamento, o que só atesta a vitalidade de um debate saudável; afinal, como dizia Nelson Rodrigues, "toda unanimidade é burra".

Assim, não creio que a resposta de Fairbairn a Balint, anteriormente aludida, tenha sido de fato suficiente, e nem que suas teorizações não apresentem algumas limitações importantes. Os próprios companheiros de *Middle Group* não compartilharam a radicalidade do seu projeto, que provavelmente padecia de uma unilateralidade exagerada; a "vara" havia pendido muito para um lado e foi necessário curvá-la no sentido oposto para que, posteriormente, se pudesse encontrar um ponto de equilíbrio. Uma grande quantidade de psicanalistas tem demonstrado um crescente interesse e assimilação da perspectiva das relações de objeto, mas têm, ao mesmo tempo, conservado aspectos importantes do modelo pulsional. Nem a convicção de Fairbairn, nem a engenhosidade de seu modelo "revolucionário", nem a extraordinária clareza e coerência de sua argumentação foram suficientes para tornar sua proposta hegemônica.

No entanto, considero o conhecimento de sua obra quase que obrigatório, tendo em vista a pertinência de seus questionamentos e o grande empuxo que elas representaram na história da psicanálise. Podemos seguir adiante desconhecendo Fairbairn, mas é ingênuo pensar que a psicanálise não foi profundamente afetada pelo que suas proposições comportam; é claro que outros também disseram coisas parecidas e promoveram uma discussão semelhante, mas o seu papel pioneiro é inquestionável, e o modo como ele abraçou a "causa" das relações de objeto foi provavelmente único.

Afinal, será mesmo que somos movidos pela *busca de objeto*?

Um *Fairbairn* vivo e reciclado

À maneira de síntese, creio ser útil recortar alguns aspectos fundamentais do pensamento de Fairbairn que merecem destaque e, ao mesmo tempo, assinalar certos materiais de sua obra que faríamos bem em reciclar à luz de uma visão atual e mais abrangente.

A distinção de Fairbairn entre necessidade libidinal de objeto e simples alívio da tensão é de grande relevância teórico-clínica. Ela pode ser aproximada da distinção necessária entre uma pura ação de descarga e uma ação de caráter simbolizante, ideia que se inscreve ainda no marco de um pensamento freudiano "além do princípio do prazer".[15] O trabalho de simbolização, que encontra sua matriz mais clara no funcionamento onírico, pode ser pensado como uma "função objetalizante", conforme expressão de Green. A busca de objeto proposta por Fairbairn pode ser considerada, neste sentido, como uma das maneiras de abordar a questão fundamental da simbolização. A ideia de um prazer que conduz simplesmente ao alívio da tensão – e que nada tem a ver com a libido que busca objeto – guarda uma relação com o agir por descarga, sem atividade representativa concomitante e associado à compulsão à repetição. Isso nos leva a pensar que, para Fairbairn, *a libido é objetalizante, enquanto o prazer hedonista não*. A libido é a própria manifestação do trabalho de Eros, criador da vida objetal e de suas formas simbólicas correlatas.

Certas mudanças sutis e importantes emergem com estes desenvolvimentos da psicanálise. A metáfora arqueológica de Freud é substituída, por Fairbairn (1952b/1994), pela metáfora da etologia e da antropologia, o que implica uma diferença importante na concepção de transferência. Para ele, a transferência é um laboratório para examinar a justaposição entre realidade interna e externa no aqui-e-agora:

---

15 Cf. "Clínica do agir" (Gurfinkel, 2008c).

538   BUSCA DE OBJETO?

> *o significado real da transferência se encontra, assim, no fato que ela representa não o reviver de situações e relacionamentos passados na forma de memórias, mas a manifestação de situações e relacionamentos inconscientes que, apesar de terem suas raízes em experiências do passado, pertencem ao mundo da realidade interna no presente...; o contraste entre passado e presente (como aquele entre inconsciente e consciente) veio a se tornar* amplamente subordinado ao contraste entre realidade interna e realidade externa. *(Fairbairn, 1952b/ 1994, pp. 109-110)*

Assim, como um etologista ou antropólogo, o psicanalista tem como meta observar a conduta do indivíduo em interação *no presente*: em uma sessão de análise, existem duas pessoas e, portanto, a contratransferência – em sentido lato – passa a ser tomada como um elemento constitutivo da situação terapêutica.

Ao lado do enorme enriquecimento que estes desenvolvimentos da psicanálise produziram, devemos lembrar da crítica incisiva de Bollas anteriormente mencionada: segundo seu testemunho vivo – que concorda com a observação de muitos analistas –, há um sério risco de se instalar, em nome destes princípios técnicos, uma perversão do sentido mais profundo do método freudiano e sua temporalidade tão peculiar. Não me parece casual, portanto, que Winnicott (1967a/1989) tenha considerado o *método* de Freud o seu principal legado, que desde jovem o impressionou tanto quanto as ideias de Darwin. É neste ponto que se encontra o seu maior acordo com o pai da psicanálise e é ao adotá-lo e utilizá-lo que Winnicott se vê mais profundamente freudiano. Ainda assim, Winnicott (1955/1992) também reconsiderou o problema da temporalidade na análise e na transferência e distinguiu, quanto a isto, uma transferência neurótica de uma transferência psicótica. Nesta última, nós permitimos que o passado do paciente *seja* o presente:

> *enquanto na neurose de transferência o passado entra em atividade na sala de atendimento, neste tipo de trabalho [com pacientes regressivos ou borderline] é mais verdadeiro dizer que o presente retorna ao passado, e ele então é o passado. O analista se vê, portanto, confrontado com o processo primário do paciente na situação na qual ele teve sua vigência original. (Winnicott, 1955/ 1992, pp. 297-298)*

Esta é uma estratégia típica de Winnicott para compor suas descobertas com a tradição freudiana: considerar que os parâmetros desta última continuam a se aplicar na clínica das neuroses e que as ampliações e alterações propostas produzidas pelos novos conceitos se aplicam à clínica dos casos não neuróticos. Tal estratégia foi veementemente criticada por Greenberg e Mitchell (1983/2003). Eles a consideraram uma saída inconsistente e motivada unicamente pela necessidade política de Winnicott de se manter fiel a Freud:

> *ao separar e isolar a "neurose" como uma área reservada na qual a teoria de Freud se mantém ao abrigo de desafios e sendo meramente aprimorada, Winnicott perpetua não a visão original de Freud, mas um ícone distorcido da mesma. (Greenberg & Mitchell, 1983/2003, p. 209)*

Em que pese um certo incômodo que advém desta divisão estrita entre neuroses freudianas e não neuroses não freudianas, deve-se notar que muitos analistas têm adotado uma maneira de pensar semelhante a esta. Não creio que todos adiram a ela apenas por

540   BUSCA DE OBJETO?

motivos políticos; é preciso considerar que aqui também conta o peso das observações clínicas.

Esta é, afinal, a perspectiva fundamental que não devemos nunca perder de vista: o grande valor do modelo das relações de objeto em termos de seus ensinamentos para o trabalho clínico. O princípio enunciado por Fairbairn (1944/1980) de que não se podem considerar os impulsos separadamente dos objetos – assim, por exemplo, a conduta oral está, desde o início, orientada para o seio, já que o impulso é primariamente orientado para a realidade – guarda consequências de enorme importância para o trabalho com as esquizoidias. Como ele observou, o tratamento psicanalítico de pacientes com tendências esquizoides, que parte da premissa dos impulsos como forças isoladas em si mesmas, mostra-se um procedimento totalmente estéril:

> *por meio de interpretações mais ou menos exclusivamente baseadas em termos de impulsos, é às vezes muito fácil liberar uma torrente de associações (por exemplo, sob a forma de fantasias sádico-orais) singularmente impressionantes como manifestações do inconsciente, mas que podem ser mantidas indefinidamente sem ação real na direção da integração e sem um desenvolvimento terapêutico significativo. (Fairbairn, 1944/1980, p. 67)*

E por que este fracasso terapêutico, se a livre associação é um sucesso e transcorre sem resistências? Pois o que se passa na análise reproduz precisamente o funcionamento esquizoide: uma técnica de defesa por meio da qual o *self* se mantém "de fora" da experiência real e relacional.

Uma "associação dissociada": aqui reside a essência do problema. O paciente esquizoide que associa o faz segundo uma atuação dissociada: ele não participa das fantasias descritas, exceto como um "agente registrador", e obtém uma satisfação narcisista de fazê-lo em primeira mão, sempre na frente e em uma posição de superioridade em relação ao analista. Ele, assim, evita o problema terapêutico central: libertar e dispor "as cargas dinâmicas conhecidas como impulsos" para investir na relação de objeto. Em contraste com esta psicanálise – ela mesma – esquizoide, é preciso repensar o trabalho do analista e seus pressupostos. Para Fairbairn, "os resultados terapêuticos estão intimamente relacionados com o fenômeno da transferência, isto é, com o estabelecimento por parte do paciente de um tipo especial de relação de objeto com o analista" (Fairbairn, 1944/1980, p. 69). É fundamental, antes de tudo, considerar a "estrutura dinâmica" que compreende a dimensão econômica e tópica da experiência psíquica como indissociáveis, sendo o *self* o lugar, o senhor e a sede dos impulsos. A tarefa terapêutica de toda análise passa a ser, então, para Fairbairn, trabalhar – dentro do possível – no sentido inverso do processo dissociativo da posição esquizoide universal do ser humano.

Descontadas as diferenças de linguagem entre os diversos autores da perspectiva das relações de objeto, é de grande importância reconhecermos nesta visão *uma vacina e um antídoto fundamental contra as mazelas da intelectualização e do conluio esquizoide que muitas vezes se instala na situação analítica.* A experiência de uma análise nada tem a ver com um exercício intelectual e interpretativo dissociado, que cai no vazio e apenas reforça o sentimento de futilidade da pessoa esquizoide.

* * *

Se tomarmos Fairbairn ao pé da letra, podemos dizer que há, em geral, na psicanálise de hoje, bem menos da ruptura epistemológica por ele concebida do que devia ter sido seu desejo e ambição; os próprios colegas de *Middle Group* trataram de dar início a

542   BUSCA DE OBJETO?

este processo de "castração simbólica". No entanto, há na psicanálise contemporânea muito mais do espírito de Fairbairn do que usualmente se reconhece; aliás, o próprio Winnicott demorou a perceber o que havia de Fairbairn nele mesmo...

É tentador recordarmos aqui a observação anedótica de Guntrip de que Winnicott, embora não fosse tão revolucionário na teoria como Fairbairn, era certamente bem mais revolucionário na clínica. Este testemunho de primeira mão[16] nos traz mais um elemento para construir imaginativamente um quadro destes dois fabulosos pensadores da psicanálise e que parece combinar com diversas informações que nos chegam de vários lados. A ambição de Fairbairn de uma revolução epistemológica contrasta bastante com seu estilo, mais formal, racional e acadêmico. Já Winnicott, com sua irreverência provocativa que transpira a cada texto, reafirmava, em seu discurso e em sua prática, alguns valores conservadores: a manutenção da tradição freudiana, a conservação da instituição psicanalítica a despeito de todos os seus vícios e descaminhos, a conservação de seu primeiro casamento difícil por muitos anos, até a morte do pai...

Ao longo do nosso percurso, vislumbramos um conjunto de traços pessoais e de formas de pensar de diversos autores – cada qual com seu "idioma"[17] singular, como diria Bollas – que resultou,

---

16 Guntrip (1975/2006) escreveu um relato de sua experiência de análise com Fairbairn e Winnicott, nos oferecendo a oportunidade rara de uma visão comparativa dos dois mestres das relações de objeto; esta fonte de informações – como toda fonte – comporta o seu viés, suas limitações e suas distorções. Sabemos, também, que uma parte da comunicação – bastante restrita – entre os dois se deu por intermédio de Guntrip e que ele acompanhou de alguma forma um sutil e discreto debate em curso; assim, Winnicott o teria aconselhado a "ter a sua própria relação com Freud, e não a de Fairbairn" (Guntrip, 1975/2006, p. 399).

17 "O idioma de uma pessoa refere-se ao núcleo único de cada indivíduo, uma figuração do ser, parecida com uma semente que pode, sob condições favoráveis, evoluir e se articular. O idioma humano é a essência definidora de cada sujeito e, embora todos nós tenhamos certo sentido sutil do idioma do outro, esse conhecimento é virtualmente impensável" (Bollas, 1989/1992, p. 236).

afinal, em um legado extremamente rico e fascinante. As diferenças efetivamente enriquecem e ali onde um foi simplista ou unilateral, outros vieram para questioná-lo ou reorientar a rota das elaborações conceituais. Me ocorre que o comentário de Balint (1957/1994) sobre Fairbairn foi um dos mais "analíticos", já que ele pôde deixar as possibilidades em aberto e sustentar o não saber: "não creio ser possível decidir em favor de uma ou outra destas possibilidades [as três alternativas por ele propostas] apenas com base na experiência clínica. Se é que desta questão pode-se de fato chegar a alguma escolha, isto deverá acontecer por outros meios" (p. 141).

Esta frase é um tanto enigmática; é com ela que Balint encerra o seu breve comentário, não deixando claro quais seriam estes "outros meios". O seu objetivo principal parecia ser, a princípio, desmontar o argumento de que Fairbairn estava estritamente apoiado em observações clínicas; pois, na parte anterior do texto, Balint argumentara que o material derivado da situação analítica é metodologicamente insuficiente para sustentar a afirmação geral de que a libido busca o objeto. No entanto – e ainda assim –, Balint mesmo reconhecia, em sua própria clínica, que pacientes que sofreram grandes privações são sedentos por desenvolver novas relações de objeto com o analista, apresentam muito pouco material relativo às zonas erógenas e são dominados por uma tendência à internalização da figura deste. Ora, tal observação não é difícil de ser repetida – *ad infinitum* – por grande parte dos clínicos de hoje!

Mas quais seriam – afinal – estes "outros meios"? Eles poderiam ser, por um lado, uma crença ou uma convicção pessoal – talvez até inconscientemente determinada –; mas, seguindo uma outra orientação interpretativa, podemos supor que eles apontam para uma dimensão de futuro que é necessariamente indeterminada: neste sentido, os "outros meios" podem ser quaisquer elementos que pesquisas ulteriores venham trazer à luz.

É justamente este caráter enigmático e "em aberto" – aberto para o porvir – que mais me atrai no comentário de Balint. Ele está em total conformidade com o método psicanalítico. Balint não estava comprometido nem com uma necessidade de defesa de uma opinião e nem como uma necessidade de ataque ou refutação; ele teve a tranquilidade de "escutar" o que estava em jogo, compreender a sua relevância e apontar as novas possibilidades que daí poderiam surgir. Bem: somos nós, hoje, que habitamos este "tempo futuro", e temos como tarefa acompanhar o desdobramento de tais proposições e buscar compreender as suas ressonâncias no pensamento psicanalítico contemporâneo.

Referências

Abraham, K. (1902, junho). Beiträge zur Kenntnis des Delirium tremens der Morphinisten. *Centralblatt für Nervenheilkunde und Psychiatrie, 25,* 369-380.

Abraham, K. (1904, março). Über Versuchemit "Veronal" bei Erregungszuständen der Paralytiker. *Centralblatt für Nervenheilkunde und Psychiatrie, 27,* 176-180.

Abraham, K. (1908a/1994). Las relaciones psicológicas entre la sexualidad y el alcoholismo. In *Psicoanálisis clínico* (pp. 60-67). Buenos Aires: Lumen/Hormé.

Abraham, K. (1908b/2002). Carta a Freud de 21/08/1908. In E. Falzeder, *The complete correspondence of Sigmund Freud and Karl Abraham* (pp. 56-57). London/New York: Karnac.

Abraham, K. (1911/1970). Notas sobre a investigação e o tratamento psicanalítico da psicose maníaco-depressiva e estados afins. In *Teoria psicanalítica da libido: sobre o caráter e o desenvolvimento da libido* (pp. 32-50). Rio de Janeiro: Imago.

546 BUSCA DE OBJETO?

Abraham, K. (1915/2002). Carta a Freud de 31/03/1915. In E. Falzeder, *The complete correspondence of Sigmund Freud and Karl Abraham* (pp. 303-306). London/New York: Karnac.

Abraham, K. (1916/1970). O primeiro estágio pré-genital da libido. In *Teoria psicanalítica da libido: sobre o caráter e o desenvolvimento da libido* (pp. 51-80). Rio de Janeiro: Imago.

Abraham, K. (1921/1970). Contribuição à teoria do caráter anal. In *Teoria psicanalítica da libido: sobre o caráter e o desenvolvimento da libido* (pp. 174-195). Rio de Janeiro: Imago.

Abraham, K. (1924a/1970). A influência do erotismo oral na formação do caráter. In *Teoria psicanalítica da libido: sobre o caráter e o desenvolvimento da libido* (pp. 161-173). Rio de Janeiro: Imago.

Abraham, K. (1924b/1970). Breve estudo do desenvolvimento da libido, visto à luz das perturbações mentais. In *Teoria psicanalítica da libido: sobre o caráter e o desenvolvimento da libido* (pp. 81-160). Rio de Janeiro: Imago.

Abraham, K. (1925/1970). A formação do caráter no nível genital do desenvolvimento da libido. In *Teoria psicanalítica da libido: sobre o caráter e o desenvolvimento da libido* (pp. 195-205). Rio de Janeiro: Imago.

Anzieu, D. (1989). *A auto-análise de Freud e a descoberta da psicanálise*. Porto Alegre: Artes Médicas.

Balint, E. (1979/1993). Prefácio da reimpressão de 1979. In M. Balint, *A falha básica: aspectos terapêuticos da regressão* (pp. viii-ix). Porto Alegre: Artes Médicas.

Balint, M. (1948). On the psycho-analytic training system. *The International Journal of Psychoanalysis*, 29, 163-173.

Balint, M. (1957/1994). Criticism of Fairbairn's generalisation about object-relations. In D. E. Scharff, & E. F. Birtles (Eds.),

From instinct to self: selected papers of W. R. D. Fairbairn (Vol. 1: Clinical and theoretical papers, pp. 139-141). New Jersey/London: Jason Aronson.

Balint, M. (1964/1991). Prefácio do Doutor Michaël Balint. In S. Ferenczi, *Sándor Ferenczi: obras completas* (Vol. 1, pp. vii-x). São Paulo: Martins Fontes.

Balint, M. (1967/1992). As experiências técnicas de Sándor Ferenczi: perspectivas para uma evolução futura. In S. Ferenczi, *Sándor Ferenczi: obras completas* (Vol. 4, pp. xvii-xxv). São Paulo: Martins Fontes.

Balint, M. (1968/1993). *A falha básica: aspectos terapêuticos da regressão*. Porto Alegre: Artes Médicas.

Bergeret, J. (1974/1988). *Personalidade normal e patológica*. Porto Alegre: Artes Médicas.

Bettelheim, B. (1982). *Freud e a alma humana*. São Paulo: Cultrix.

Bion, W. (1957/1994). Diferenciação entre a personalidade psicótica e a personalidade não-psicótica. In *Estudos psicanalíticos revisados* (pp. 55-77). Rio de Janeiro: Imago.

Bion, W. (1959/1994). Ataques à ligação. In *Estudos psicanalíticos revisados* (pp. 109-126). Rio de Janeiro: Imago.

Bleger, J. (1967/1977). *Simbiose e ambiguidade*. Rio de Janeiro: Francisco Alves.

Bollas, C. (1987/1992). *A sombra do objeto*. Rio de Janeiro: Imago.

Bollas, C. (1989/1992). *Forças do destino: psicanálise e idioma humano*. Rio de Janeiro: Imago.

Bollas, C. (1998). Pulsional impiedoso e receptividade materna. *Percurso*, (20), 136-145.

Bollas, C. (2000). *Hysteria*. São Paulo: Escuta.

Bollas, C. (2001/2003). Abandonar o habitual: a derrota da psicanálise freudiana. In A. Green (Org.), *Psicanálise contemporânea – revista francesa de psicanálise, número especial 2001* (pp. 275-289). Rio de Janeiro: Imago.

Braunschweig, D., & Fain, M. (1975/2001). *La noche, el día: ensayo psicoanalítico sobre el funcionamiento mental*. Buenos Aires: Amorrortu.

Fairbairn, W. R. D. (1940/1980). Fatores esquizoides na personalidade. In *Estudos psicanalíticos da personalidade* (pp. 3-22). Rio de Janeiro: Interamericana.

Fairbairn, W. R. D. (1941/1980). Uma revisão da psicopatologia das psicoses e psiconeuroses. In *Estudos psicanalíticos da personalidade* (pp. 23-46). Rio de Janeiro: Interamericana.

Fairbairn, W. R. D. (1943/1980). Repressão e retorno dos objetos maus (com especial referência às "neuroses de guerra"). In *Estudos psicanalíticos da personalidade* (pp. 47-64). Rio de Janeiro: Interamericana.

Fairbairn, W. R. D. (1944/1980). As estruturas endopsíquicas consideradas em termos de relações de objeto. In *Estudos psicanalíticos da personalidade* (pp. 65-107). Rio de Janeiro: Interamericana.

Fairbairn, W. R. D. (1946/1980). Relações objetais e estrutura dinâmica. In *Estudos psicanalíticos da personalidade* (pp. 108-119). Rio de Janeiro: Interamericana.

Fairbairn, W. R. D. (1951/1980). Sinopse do desenvolvimento das ideias do autor sobre a estrutura da personalidade. In *Estudos psicanalíticos da personalidade* (pp. 103-110). Rio de Janeiro: Interamericana.

Fairbairn, W. R. D. (1952a/1980). *Estudos psicanalíticos da personalidade*. Rio de Janeiro: Interamericana.

Fairbairn, W. R. D. (1952b/1994). Experimental aspects of psychoanalysis. In D. E. Scharff & E. F. Birtles (Eds.), *From instinct to self: selected papers of W. R. D. Fairbairn* (Vol. 1, pp. 103-110). New Jersey/London: Jason Aronson.

Fairbairn, W. R. D. (1954/1994). The nature of hysterical states. In D. E. Scharff & E. F. Birtles (Eds.), *From instinct to self: selected papers of W. R. D. Fairbairn* (Vol. 1, pp. 13-40). New Jersey/London: Jason Aronson.

Fairbairn, W. R. D. (1956/1994). Reevaluating some basic concepts. In D. E. Scharff & E. F. Birtles (Eds.), *From instinct to self: selected papers of W. R. D. Fairbairn* (Vol. 1, pp. 129-138). New Jersey/London: Jason Aronson.

Fairbairn, W. R. D. (1957/1994). Fairbairn's reply to the comments of Balint, Foulkes, and Sutherland. In D. E. Scharff & E. F. Birtles (Eds.), *From instinct to self: selected papers of W. R. D. Fairbairn* (Vol. 1, pp. 149-154). New Jersey/London: Jason Aronson.

Fairbairn, W. R. D. (1958/1994). On the nature and aims of psychoanalytical treatment. In D. E. Scharff & E. F. Birtles (Eds.), *From instinct to self: selected papers of W. R. D. Fairbairn* (Vol. 1, pp. 74-92). New Jersey/London: Jason Aronson.

Fédida, P. (1986). Introdução a uma metapsicologia da contra-transferência. *Revista Brasileira de Psicanálise, 20*(4), 613-629.

Fédida, P. (1999). *Depressão*. São Paulo: Escuta.

Fédida, P. (2002). *Dos benefícios da depressão: elogio da psicoterapia.* São Paulo: Escuta.

Fenichel, O. (1945a/1981). *Teoria psicanalítica das neuroses.* Rio de Janeiro/São Paulo: Atheneu.

Fenichel, O. (1945b). Neurotic acting out. *The Psychoanalytic Review, 32*, 197-206.

Ferenczi, S. (1909/1991). Transferência e introjeção. In *Obras completas* (Vol. 1, pp. 77-108). São Paulo: Martins Fontes.

Ferenczi, S. (1913/1992a). O desenvolvimento do sentido de realidade e seus estágios. In *Obras completas* (Vol. 2, pp. 39-53). São Paulo: Martins Fontes.

Ferenczi, S. (1918/1992a). A técnica psicanalítica. In *Obras completas* (Vol. 2, pp. 357-367). São Paulo: Martins Fontes.

Ferenczi, S. (1924/1993). Thalassa, ensaio sobre a teoria da genitalidade. In *Obras completas* (Vol. 3, pp. 253-326). São Paulo: Martins Fontes.

Ferenczi, S. (1926/1966). Las órganoneurosis y su tratamiento. In *Problemas y métodos del psicoanálisis* (pp. 21-26). Buenos Aires: Hormé/Paidós.

Ferenczi, S. (1927/1966). El problema de la terminación del análisis. In *Problemas y métodos del psicoanálisis* (pp. 68-76). Buenos Aires: Hormé/Paidós.

Ferenczi, S. (1928a/1992b). A adaptação da família à criança. In *Obras completas* (Vol. 4, pp. 1-13). São Paulo: Martins Fontes.

Ferenczi, S. (1928b/1992b). Elasticidade da técnica psicanalítica. In *Obras completas* (Vol. 4, pp. 25-36). São Paulo: Martins Fontes.

Ferenczi, S. (1929a/1992b) A criança mal acolhida e sua pulsão de morte. In *Obras completas* (Vol. 4, pp. 47-51). São Paulo: Martins Fontes.

Ferenczi, S. (1929b/1966). El principio de la relajación y la neocatarsis. In *Problemas y métodos del psicoanálisis* (pp. 95-110). Buenos Aires: Hormé/ Paidós.

Ferenczi, S. (1931/1966). El análisis infantil en el análisis de adultos. In *Problemas y métodos del psicoanálisis* (pp. 111-126). Buenos Aires: Hormé/Paidós.

Ferenczi, S. (1933/1966). La confusión de lenguajes entre los adultos y el niño: el lenguaje de la ternura y la pasión. In *Problemas y métodos del psicoanálisis* (pp. 139-149). Buenos Aires: Hormé/ Paidós.

Ferenczi, S. (1966). *Problemas y métodos del psicoanálisis*. Buenos Aires: Hormé/Paidós.

Ferenczi, S. (1991). *Obras completas* (Vol. 1). São Paulo: Martins Fontes.

Ferenczi, S. (1992a). *Obras completas* (Vol. 2). São Paulo: Martins Fontes.

Ferenczi, S. (1992b). *Obras completas* (Vol. 4). São Paulo: Martins Fontes.

Ferenczi, S. (1993). *Obras completas* (Vol. 3). São Paulo: Martins Fontes.

Ferraz, F. C. (1997). Das neuroses atuais à psicossomática. In F. C. Ferraz & R. M. Volich (Orgs.), *Psicossoma: psicossomática psicanalítica* (pp. 23-38). São Paulo: Casa do Psicólogo.

Figueiredo, L. C. (2002). A tradição ferencziana de Donald Winnicott: apontamentos sobre regressão e regressão terapêutica. *Revista Brasileira de Psicanálise, 36*(4), 909-927.

Figueiredo, L. C. (2003). *Psicanálise: elementos para a clínica contemporânea*. São Paulo: Escuta.

Figueiredo, L. C., & Araujo, T. W. (2013). *Fairbairn em sete lições*. São Paulo: Escuta.

Freud, S. (1896/1981). Nuevas observaciones sobre las neuropsicosis de defensa. In *Obras completas de Sigmund Freud* (Vol. 1, pp. 286-298). Madrid: Biblioteca Nueva.

Freud, S. (1897/1981). Carta 69 a Fliess de 21/09/1897. In *Obras completas de Sigmund Freud* (Vol. 3, pp. 3578-3580). Madrid: Biblioteca Nueva.

Freud, S. (1900/1981). La interpretación de los sueños. In *Obras completas de Sigmund Freud* (Vol. 1, pp. 343-720). Madrid: Biblioteca Nueva.

Freud, S. (1905a/1981). Tres ensayos para una teoría sexual. In *Obras completas de Sigmund Freud* (Vol. 2, pp. 1169-1237). Madrid: Biblioteca Nueva.

Freud, S. (1905b/1981). Mis opiniones acerca del rol de la sexualidad en la etiología de la neurosis. In *Obras completas de Sigmund Freud* (Vol. 2, pp. 1238-1243). Madrid: Biblioteca Nueva.

Freud, S. (1907/1981). El poeta y los sueños diurnos. In *Obras completas de Sigmund Freud* (Vol. 2, pp. 1343-1348). Madrid: Biblioteca Nueva.

Freud, S. (1908/1981). El carácter y el erotismo anal. In *Obras completas de Sigmund Freud* (Vol. 2, pp. 1354-1357). Madrid: Biblioteca Nueva.

Freud, S. (1911a/1981). Los dos principios del funcionamiento mental. In *Obras completas de Sigmund Freud* (Vol. 2, pp. 1638-1642). Madrid: Biblioteca Nueva.

Freud, S. (1911b/1981). Observaciones psicoanalíticas sobre un caso de paranoia ("dementia paranoides") autobiográficamente descrito. In *Obras completas de Sigmund Freud* (Vol. 2, pp. 1487-1528). Madrid: Biblioteca Nueva.

Freud, S. (1912a/1981). La dinámica de la transferencia. In *Obras completas de Sigmund Freud* (Vol. 2, pp. 1648-1653). Madrid: Biblioteca Nueva.

Freud, S. (1912b/1981). Sobre las causas ocasionales de la neurosis. In *Obras completas de Sigmund Freud* (Vol. 2, pp. 1718-1722). Madrid: Biblioteca Nueva.

Freud, S. (1913a/1981). La iniciación del tratamiento. In *Obras completas de Sigmund Freud* (Vol. 2, pp. 1661-1674). Madrid: Biblioteca Nueva.

Freud, S. (1913b/1981). Totem e tabu. In *Obras completas de Sigmund Freud* (Vol. 2, pp. 1745-1850). Madrid: Biblioteca Nueva.

Freud, S. (1913c/1981). La disposición a la neurosis obsesiva: una aportación al problema de la elección de neurosis. In *Obras completas de Sigmund Freud* (Vol. 2, pp. 1738-1743). Madrid: Biblioteca Nueva.

Freud, S. (1914a/1981). Historia del movimiento psicoanalítico. In *Obras completas de Sigmund Freud* (Vol. 2, pp. 1895-1930). Madrid: Biblioteca Nueva.

Freud, S. (1914b/1981). Observaciones sobre el "amor de transferencia". In *Obras completas de Sigmund Freud* (Vol. 2, pp. 1689-1696). Madrid: Biblioteca Nueva.

Freud, S. (1915-1917/1981). Lecciones introductorias al psicoanálisis. In *Obras completas de Sigmund Freud* (Vol. 2, pp. 2123-2412). Madrid: Biblioteca Nueva.

Freud, S. (1915a/1981). Los instintos y sus destinos. In *Obras completas de Sigmund Freud* (Vol. 2, pp. 2039-2052). Madrid: Biblioteca Nueva.

Freud, S. (1915b/1981). Adición metapsicológica a la teoría de los sueños. In *Obras completas de Sigmund Freud* (Vol. 2, pp. 2083-2090). Madrid: Biblioteca Nueva.

Freud, S. (1915c/1981). Lo perecedero. In *Obras completas de Sigmund Freud* (Vol. 2, pp. 2118-2120). Madrid: Biblioteca Nueva.

Freud, S. (1915d/1981) Fases evolutivas de la organización sexual. In *Obras completas de Sigmund Freud* (Vol. 2, pp. 1209-1211). Madrid: Biblioteca Nueva.

Freud, S. (1916/1981). Varios tipos de carácter descubiertos en la labor analítica. In *Obras completas de Sigmund Freud* (Vol. 3, pp. 2413-2428). Madrid: Biblioteca Nueva.

Freud, S. (1919/1981). Pegan a un niño: aportación al conocimiento de la génesis de las perversiones sexuales. In *Obras completas de Sigmund Freud* (Vol. 3, pp. 2465-2480). Madrid: Biblioteca Nueva.

Freud, S. (1920/1981). Mas allá del principio del placer. In *Obras completas de Sigmund Freud* (Vol. 3, pp. 2507-2541). Madrid: Biblioteca Nueva.

Freud, S. (1923a/1981). La organización genital infantil (adición a la teoría sexual). In *Obras completas de Sigmund Freud* (Vol. 3, pp. 2698-2700). Madrid: Biblioteca Nueva.

Freud, S. (1923b/1981). Neurosis y psicosis. In *Obras completas de Sigmund Freud* (Vol. 3, pp. 2742-2744). Madrid: Biblioteca Nueva.

Freud, S. (1927/1981). Fetichismo. In *Obras completas de Sigmund Freud* (Vol. 3, pp. 2993-2996). Madrid: Biblioteca Nueva.

Freud, S. (1930/1981). El malestar en la cultura. In *Obras completas de Sigmund Freud* (Vol. 3, pp. 3017-3067). Madrid: Biblioteca Nueva.

Freud, S. (1931/1981). Sobre los tipos libidinales. In *Obras completas de Sigmund Freud* (Vol. 3, pp. 3074-3076). Madrid: Biblioteca Nueva.

Freud, S. (1933/1981). En memoria de Sándor Ferenczi. In *Obras completas de Sigmund Freud* (Vol. 3, pp. 3237-3239). Madrid: Biblioteca Nueva.

Freud, S. (1938/1981). Escisión del "yo" en el proceso de defensa. In *Obras completas de Sigmund Freud* (Vol. 3, pp. 3375-3377). Madrid: Biblioteca Nueva.

Fulgencio, L. (2007). Paradigmas na história da psicanálise. *Revista de Filosofia e Psicanálise Natureza Humana, 9*(1), 97-128.

Fulgencio, L. (no prelo). Incomensurabilidade entre paradigmas, revolução e *common ground* no desenvolvimento da psicanálise.

Gay, P. (1989). *Freud: uma vida para nosso tempo*. São Paulo: Companhia das Letras.

Gomes, P., & Porchat, I. (2006). *Psicoterapia do casal*. São Paulo: Casa do Psicólogo.

Green, A. (1975/1988). O analista, a simbolização e a ausência no contexto analítico. In *Sobre a loucura pessoal* (pp. 36-65). Rio de Janeiro: Imago.

Green, A. (1977/1988). O conceito do fronteiriço. In *Sobre a loucura pessoal* (pp. 66-89). Rio de Janeiro: Imago.

Green, A. (1980/1988). A mãe morta. In *Narcisismo de vida, narcisismo de morte* (pp. 239-273). São Paulo: Escuta.

Green, A. (1986/1988). Pulsão de morte, narcisismo negativo, função desobjetalizante. In A. Green et al., *A pulsão de morte* (pp. 57-68). São Paulo, Escuta.

Green, A. (1997/1999). A intuição do negativo em *O brincar e realidade*. In *Livro anual de psicanálise IJPA 1997 – tomo XIII* (pp. 239-251). São Paulo: Escuta.

Green, A. (1998/2005). O intrapsíquico e o intersubjetivo: pulsões e/ou relações de objeto. *Revista de Psicanálise da SPPA, 12*(1), 51-83.

Green, A. (1999/2000). Génesis y situación de los estados fronterizos. In J. André (Org.), *Los estados fronterizos: nuevo paradigma para el psicoanálisis?* (pp. 27-59). Buenos Aires: Nueva Visión.

Green, A. (2002/2008). *Orientações para uma psicanálise contemporânea*. Rio de Janeiro: Imago.

Greenberg, J. R., & Mitchell, S. A. (1983/2003). *Object relations in psychoanalytic theory*. Cambridge, MA/London: Harvard University Press. Em português: Greenberg, J. R., & Mitchell, S. A. (1983/1994). *Relações objetais na teoria psicanalítica*. Porto Alegre: Artes Médicas.

Grosskurth, P. (1986/1992). *O mundo e a obra de Melanie Klein*. Rio de Janeiro: Imago.

Grotstein, J., & Rinsley, D. B. (Orgs.). (2000). *Fairbairn and the origins object relations*. New York: Other Press.

Guntrip, H. (1975/2006). Minha experiência de análise com Fairbairn e Winnicott: quão completo é o resultado atingido por uma terapia psicanalítica? *Natureza Humana, 8*(2), 383-411.

Gurfinkel, D. (1992). *A teoria das pulsões em Freud e a questão da toxicomania* (Dissertação de mestrado). Instituto de Psicologia, Universidade de São Paulo, São Paulo.

Gurfinkel, D. (1996). *A pulsão e seu objeto-droga: estudo psicanalítico sobre a toxicomania*. Petrópolis: Vozes.

Gurfinkel, D. (2001). *Do sonho ao trauma: psicossoma e adicções*. São Paulo: Casa do Psicólogo.

Gurfinkel, D. (2008a). A mítica do encontro amoroso e o trabalho de Eros. In S. L. Alonso, D. Breyton, & M. F. M. Albuquerque (pp. 131-148), *Interlocuções sobre o feminino: na teoria, na clínica e na cultura*. São Paulo: Escuta.

Gurfinkel, D. (2008b). *Sonhar, dormir e psicanalisar: viagens ao informe*. São Paulo: Escuta/Fapesp.

Gurfinkel, D. (2008c). A clínica do agir. In R. M. Volich, F. C. Ferraz, & M. H. Fernandes (Orgs.), *Psicossoma IV: corpo, história, pensamento* (pp. 435-455). São Paulo: Casa do Psicólogo.

Gurfinkel, D. (2010). Balint e a formação psicanalítica. *Percurso*, (45), 25-34.

Gurfinkel, D. (2011). *Adicções: paixão e vício*. São Paulo: Casa do Psicólogo.

Gurfinkel, D. (2012). A adicção como patologia transicional. In J. Outeiral et al. (Orgs.), *Winnicott: seminários cearenses* (pp. 75-81). São Paulo: Zagodoni.

Gurfinkel, D. (2013a). Excitação e trabalho de simbolização. In L. C. Figueiredo, B. Savietto, & O. Souza, *Elasticidade e limite na clínica contemporânea* (pp. 267-284). São Paulo: Escuta.

Gurfinkel, D. (2013b). A psicanálise do fronteiriço: André Green, entre Freud e Winnicott. *Percurso,* (49-50), pp. 39-50.

Gurfinkel, D. (2016). O viver criativo: saúde e educação em Winnicott. In G. Bandeira, *Viver criativo: escritos de educação com Winnicott.* Curitiba: CRV.

Harrow, J. A. (1998). The Scottish connection: Suttie-Fairbairn--Sutherland. In N. J. Skolnick, & D. E. Scharff (Eds.), *Fairbairn, then and now.* Hillsdale (NJ)/London: The Analytic Press.

Haynal, A. (1988/1995). *A técnica em questão: controvérsias em psicanálise de Freud e Ferenczi a Michael Balint.* São Paulo: Casa do Psicólogo.

Hopkings, L. B. (1998). D. W. Winnicott's analysis of Masud Khan: a preliminary study of failures of object usage. *Contemporary Psychoanalysis, 34*(1), 5-47.

Hughes, J. M. (1990). *Reshaping the psycho-analytic domain: the work of Melanie Klein, W. R. D. Fairbairn and D. W. Winnicott.* Los Angeles/London: University of California Press. Em português: Hughes, J. M. (1998). *Reformulando o território psicanalítico: o trabalho de Klein, Fairbairn e Winnicott.* Rio de Janeiro: Revinter.

Isaacs, S. (1952/1982). A natureza e a função da fantasia. In M. Klein, P. Heimann, S. Isaacs, & J. Riviere, *Os progressos da psicanálise* (pp. 79-135). Rio de Janeiro: Guanabara.

Jones, E. (1918/2005). Traços do caráter anal-erótico. In M. Berlinck (Org.), *Obsessiva neurose* (pp. 295-325). São Paulo: Escuta.

Jones, E. (1926/1970). Introdução. In K. Abraham, *Teoria psicanalítica da libido: sobre o caráter e o desenvolvimento da libido* (pp. 1-31). Rio de Janeiro: Imago.

Jones, E. (1952/1980). Prefácio. In W. R. D. Fairbairn, *Estudos psicanalíticos da personalidade* (p. v). Rio de Janeiro: Interamericana.

Jones, E. (1989). *A vida e a obra de Sigmund Freud*. Rio de Janeiro: Imago.

Kaës, R. (1985). La catégorie de l'intermédiaire chez Freud: un concept pour la psychanalyse? *L'évolution Psychiatrique, 50*(4), 893-926.

Kernberg, O. (2000). Fairbairn's theory and challenge. In J. S. Grotstein, & D. B. Rinsley (Eds.), *Fairbairn and the origins of object relations* (pp. 41-65). New York: Other Press.

Klein, M. (1946/1982). Notas sobre alguns mecanismos esquizoides. In M. Klein, P. Heimann, S. Isaacs, & J. Riviere, *Os progressos da psicanálise* (pp. 313-343). Rio de Janeiro: Guanabara.

Kohon, G. (Org.). (1986/1994). *A escola britânica de psicanálise: a tradição independente*. Porto Alegre: Artes Médicas.

Kuhn, T. (1977) *The essential tension*. Chicago: The University of Chicago Press.

Kuhn, T. S. (1962/1978). *A estrutura das revoluções científicas*. São Paulo: Perspectiva.

Laplanche, J. (1985). *Vida e morte em psicanálise*. Porto Alegre: Artes Médicas.

Laplanche, J. (1988). *Teoria da sedução generalizada e outros ensaios*. Porto Alegre: Artes Médicas.

Laplanche, J. (1992). *Novos fundamentos para a psicanálise*. São Paulo: Martins Fontes.

Laplanche, J. (1998). *A angústia: problemáticas I*. São Paulo: Martins Fontes.

Laplanche, J., & Pontalis, J.-B. (1985). *Vocabulário de psicanálise*. São Paulo: Martins Fontes.

Loparić, Z. (1996). Winnicott: uma psicanálise não-edipiana. *Percurso*, (17), 41-47.

Loparić, Z. (1999a). Heidegger and Winnicott. *Natureza Humana*, *1*(1), 103-135.

Loparić, Z. (1999b). É dizível o inconsciente? *Natureza Humana*, *1*(2), 323-385.

Loparić, Z. (2001). Além do inconsciente: sobre a desconstrução heideggeriana da psicanálise. *Natureza Humana*, *3*(1), 91-140.

Maciel, M. R. (2013). Psicanálise e educação: do barulho à batucada. *Cadernos de Psicanálise – CPRJ*, *35*(28), 169-181.

Marty, P. (1984). *Los movimientos individuales de vida y de muerte*. Barcelona: Toray.

Marty, P. (1998). *Mentalização e psicossomática*. São Paulo: Casa do Psicólogo.

McDougall, J. (1982/1992). *Teatros do Eu: ilusão e verdade no palco psicanalítico*. Rio de Janeiro: Francisco Alves.

McDougall, J. (1995/1997). *As múltiplas faces de Eros: uma exploração psicanalítica da sexualidade humana*. São Paulo: Martins Fontes.

Menezes, L. C. (1993). Algumas reflexões a partir de uma situação de análise mútua. *Percurso*, (10), 15-18.

Menezes, L. C. (2001). O homem dos ratos e o lugar do pai. In *Fundamentos de uma clínica freudiana* (pp. 131-155). São Paulo: Casa do Psicólogo.

Mezan, R. (1983/1988). Rumo à epistemologia da psicanálise. In *A vingança da esfinge: ensaios de psicanálise* (pp. 43-60). São Paulo: Brasiliense.

Mezan, R. (1985a/1988). Desejo e inveja. In *A vingança da esfinge: ensaios de psicanálise* (pp. 75-106). São Paulo: Brasiliense.

Mezan, R. (1985b/1988). Inveja, narcisismo e castração. In *A vingança da esfinge: ensaios de psicanálise* (pp. 218-243). São Paulo: Brasiliense.

Mezan, R. (1985c/1988). Klein, Lacan: para além dos monólogos cruzados. In *A vingança da esfinge: ensaios de psicanálise* (pp. 244-251). São Paulo: Brasiliense.

Mezan, R. (1989/1995). Metapsicologia/fantasia. In *Figuras da teoria psicanalítica* (pp. 51-82). São Paulo: Escuta/Edusp.

Mezan, R. (1990a/1993). Existem paradigmas em psicanálise? In *A sombra de Don Juan e outros ensaios* (pp. 63-83). São Paulo: Brasiliense.

Mezan, R. (1990b/1993). Que significa "pesquisa" em psicanálise? In *A sombra de Don Juan e outros ensaios* (pp. 85-118). São Paulo: Brasiliense.

Mezan, R. (1993/2002). Do auto-erotismo ao objeto: a simbolização segundo Ferenczi. In *Interfaces da psicanálise* (pp. 151-173). São Paulo: Companhia das Letras.

Mezan, R. (1998a). Metapsicologia: por que e para quê. In *Tempo de muda: ensaios de psicanálise* (pp. 328-356). São Paulo, Companhia das Letras.

Mezan, R. (1998b). Do relato à teorização. In *Escrever a clínica* (pp. 163-182). São Paulo: Casa do Psicólogo.

Mezan, R. (1999/2002). O inconsciente segundo Karl Abraham. In *Interfaces da psicanálise* (pp. 115-150). São Paulo: Companhia das Letras.

Mezan, R. (2002). Sobre a epistemologia da psicanálise. In *Interfaces da psicanálise* (pp. 436-519). São Paulo: Companhia das Letras.

Mezan, R. (2014). *O tronco e os ramos: estudos de história da psicanálise*. São Paulo: Companhia das Letras.

Mijolla, A. (2005). *Dicionário internacional de psicanálise*. Rio de Janeiro: Imago.

Millot, C. (1987). *Freud antipedagogo*. Rio de Janeiro: Jorge Zahar.

Mitchell, S. A. (1998). Fairbairn's object seeking: between paradigms. In N. J. Skolnick, & D. E. Scharff (Eds.), *Fairbairn, then and now*. Hillsdale (NJ)/London: The Analytic Press.

Mitchell, S. A., & Black, M. J. (1995). *Freud and beyond: a history of modern psychoanalytic thought*. New York: Basic Books.

M'Uzan, M. (2001/2003). No horizonte: "o fator atual". In A. Green (Org.), *Psicanálise contemporânea – revista francesa de psicanálise, número especial 2001* (pp. 397-405). Rio de Janeiro: Imago.

Pontalis, J.-B. (1978). *Entre el sueño y el dolor*. Buenos Aires: Sudamericana.

Pontalis, J.-B. (1991). *Perder de vista: da fantasia de recuperação do objeto perdido*. Rio de Janeiro: Jorge Zahar.

Pontalis, J.-B. (1999). ISSO em letras maiúsculas. *Percurso*, (23), 5-15.

Riviere, J. (1952/1982). Introdução geral. In M. Klein, P. Heimann, S. Isaacs, & J. Riviere, *Os progressos da psicanálise* (pp. 11-47). Rio de Janeiro: Guanabara.

Rodman, F. R. (1987/1990). Introdução. In D. W. Winnicott, *O gesto espontâneo* (pp. xiii-xxxi). São Paulo: Martins Fontes.

Rodman, F. R. (2003). *Winnicott: life and work*. Cambridge, MA: Perseus.

Roudinesco, E., & Plon, M. (1998). *Dicionário de psicanálise*. Rio de Janeiro: Jorge Zahar.

Sabourin, P. (1985/1988). *Ferenczi: paladino e grão-vizir secreto*. São Paulo: Martins Fontes.

Scharff, D. E., & Birtles, E. F. (Eds.). (1994). *From instinct to self: selected papers of W. R. D. Fairbairn*. New Jersey/London: Jason Aronson.

Schneider, M. (1993). Trauma e filiação em Freud e em Ferenczi. *Percurso*, (10), 31-39.

Skolnick, N. J., & Scharff, D. E. (Eds.). (1998). *Fairbairn, then and now*. Hillsdale, NJ/London: The Analytic Press.

Sutherland, J. D. (1989/1999). *Fairbairn's journey into the interior*. London: Free Association Books.

Torok, M. (1968/1995). Doença do luto e fantasia do cadáver saboroso. In N. Abraham, & M. Torok, *A casca e o núcleo* (pp. 215-235). São Paulo: Escuta.

Winnicott, D. (1945/1992). Primitive emotional development. In *Through paediatrics to psychoanalysis: collected papers* (pp. 145-156). London: Karnac.

Winnicott, D. (1947/1992). Hate in the countertransference. In *Through paediatrics to psychoanalysis: collected papers* (pp. 194-203). London: Karnac.

Winnicott, D. (1948/1992). Reparation in respect of mother's organized defence against depression. In *Through paediatrics to psychoanalysis: collected papers* (pp. 91-96). London: Karnac.

Winnicott, D. (1949/1992). Mind and its relation to the psyche--soma. In *Through paediatrics to psychoanalysis: collected papers* (pp. 243-254). London: Karnac.

Winnicott, D. (1951a/1992). Transitional objects and transitional phenomena. In *Through paediatrics to psychoanalysis: collected papers* (pp. 229-242). London: Karnac.

Winnicott, D. (1951b/1990). Carta a James Strachey de 01/05/1951. In *O gesto espontâneo* (pp. 21-22). São Paulo, Martins Fontes.

Winnicott, D. (1952a/1990). Carta a Melanie Klein de 17/11/1952. In *O gesto espontâneo* (pp. 30-33). São Paulo, Martins Fontes.

Winnicott, D. (1952b/1992). Psychoses and child care. In *Through paediatrics to psychoanalysis: collected papers* (pp. 219-228). London: Karnac.

Winnicott, D. (1952c/1992). Anxiety associated with insecurity. In *Through paediatrics to psychoanalysis: collected papers* (pp. 97-100). London: Karnac.

Winnicott, D. (1952d/1990). Carta a Roger Money-Kyrle de 27/11/1952. In *O gesto espontâneo* (pp. 34-38). São Paulo, Martins Fontes.

Winnicott, D. (1953). Transitional objects and transitional phenomena. *The International Journal of Psycho-analysis*, *34*(2), 89-97.

Winnicott, D. (1954a/1992). Metapsychological and clinical aspects of regression within the psycho-analytical set-up. In *Through paediatrics to psychoanalysis: collected papers* (pp. 278-294). London: Karnac.

Winnicott, D. (1954b/1992). The depressive position in normal emotional development. In *Through paediatrics to psychoanalysis: collected papers* (pp. 262-277). London: Karnac.

Winnicott, D. (1954c/1990). Carta para Anna Freud e para Melenie Klein de 03/061954. In *O gesto espontâneo* (pp. 63-65). São Paulo, Martins Fontes.

Winnicott, D. (1955/1992). Clinical varieties of transference. In *Through paediatrics to psychoanalysis: collected papers* (pp. 295-299). London: Karnac.

Winnicott, D. (1956/1990). Carta a Enid Balint de 22/03/1956. In *O gesto espontâneo* (pp. 85-86). São Paulo, Martins Fontes.

Winnicott, D. (1957/1989). Excitement in the aetiology of coronary thrombosis. In *Psycho-analytic explorations* (pp. 34-38). London: Karnac.

Winnicott, D. (1958a/1990) The capacity to be alone. In *The maturational processes and the facilitating environment*. London: Karnac.

Winnicott, D. (1958b/1989). Psychogenesis of a beating fantasy. In *Psycho-analytic explorations* (pp. 45-48). London: Karnac.

Winnicott, D. (1958c/2001). A família afetada pela patologia depressiva de um ou ambos os pais. In *A família e o desenvolvimento individual* (pp. 73-88). São Paulo: Martins Fontes.

Winnicott, D. (1959/2001). Consequências da psicose parental para o desenvolvimento emocional da criança. In *A família e o desenvolvimento individual* (pp. 101-114). São Paulo: Martins Fontes.

Winnicott, D. (1959-1964/1990). Classification: is there a psycho-analytical contribution to psychiatric classification? In *The maturational processes and the facilitating environment* (pp. 124-139). London: Karnac.

Winnicott, D. (1960a/1990). String: a technique of communication. In *The maturational processes and the facilitating environment* (pp. 153-157). London: Karnac.

Winnicott, D. (1960b/1990). The theory of the parent-infant relationship. In *The maturational processes and the facilitating environment* (pp. 37-55). London: Karnac.

Winnicott, D. (1960c/1990). Ego distortion in terms of true and false self. In *The maturational processes and the facilitating environment* (pp. 140-152). London: Karnac.

Winnicott, D. (1960d/1990). Carta a Michael Balint de 05/02/1960. In *O gesto espontâneo* (pp. 111-112). São Paulo, Martins Fontes.

Winnicott, D. (1962/1990). Ego integration in child development. In *The maturational processes and the facilitating environment* (pp. 56-63). London: Karnac.

Winnicott, D. (1963a/1990). Communicating and not communicating leading to a study of certain opposites. In *The maturational processes and the facilitating environment* (pp. 179-192). London: Karnac.

Winnicott, D. (1963b/1989). Fear of breakdown. In *Psycho-analytic explorations* (pp. 87-95). London: Karnac.

Winnicott, D. (1963c/1990). Morals and education. In *The maturational processes and the facilitating environment* (pp. 93-105). London: Karnac.

Winnicott, D. (1963d/1990). From dependence towards independence in the development of the individual. In *The maturational processes and the facilitating environment* (pp. 83-92). London: Karnac.

Winnicott, D. (1963e/1990). Dependence in infant-care, in child-care and in psycho-analytic setting. In *The maturational processes and the facilitating environment* (pp. 249-260). London: Karnac.

Winnicott, D. (1964/1989). Psycho-somatic disorder. In *Psycho-analytic explorations* (pp. 103-118). London: Karnac.

Winnicott, D. (1965/1999). Dissociação revelada numa consulta terapêutica. In *Privação e delinquência* (pp. 291-319). São Paulo: Martins Fontes.

Winnicott, D. (1967a/1989). Postscript: D. W. W. on D. W. W. In *Psycho-analytic explorations* (pp. 569-582). London: Karnac.

Winnicott, D. (1967b/1996). Mirror-role of mother and family in child development. In *Playing and reality* (pp. 111-118). London: Routledge.

Winnicott, D. (1967c/1989). The concept of clinical regression compared with that of defence organisation. In *Psycho-analytic explorations* (pp. 193-199). London: Karnac.

Winnicott, D. (1967d/1990). The concept of a healthy individual. In *Home is where we start from* (pp. 21-38). London: Pelican Books.

Winnicott, D. (1967e/1996). The location of cultural experience. In *Playing and reality* (pp. 95-103). London: Routledge.

Winnicott, D. (1969a/1989). Mother's madness appearing in the clinical material as an ego-alien factor. In *Psycho-analytic explorations* (pp. 375-382). London: Karnac.

Winnicott, D. (1969b/1989). Development of the theme of the mother's unconscious as discovered in psycho-analytic practice. In *Psycho-analytic explorations* (pp. 247-250). London: Karnac.

Winnicott, D. (1969c/1989). The mother-infant experience of mutuality. In *Psycho-analytic explorations* (pp. 251-260). London: Karnac.

Winnicott, D. (1970/1990). Living creatively. In *Home is where we start from* (pp. 39-54). London: Pelican Books.

Winnicott, D. (1971/1996). *Playing and reality*. London: Routledge.

Winnicott, D. (1984). *Therapeutic consultations in child psychiatry*. London: Karnac.

Winnicott, D. (1988). *Human nature*. London: Free Association Books.

Winnicott, D. (1989). *Psycho-analytic explorations*. London: Karnac.

Winnicott, D. (1990). *O gesto espontâneo*. São Paulo: Martins Fontes.

Winnicott, D. (2001). *A família e o desenvolvimento individual*. São Paulo: Martins Fontes.

Winnicott, D. W., & Khan, M. M. R. (1953/1989). Review of *Psychoanalytic studies of the personality*. In D. W. Winnicott, *Psycho-analytic explorations* (pp. 413-422). London: Karnac.

Wulff, M. (1932/2003). Sobre um interessante complexo sintomático oral e sua relação com a adicção. In B. Brusset, C. Couvreur, & A. Fine (Orgs.), *A bulimia* (pp. 59-79). São Paulo: Escuta.

Wulff, M. (1946). Fetishism and object choice in early childhood. *Psychoanalytical Quarterly*, *15*, 450-471. Publicado em português na revista *Percurso*, (40), 2008.